生活不是当下的苟且，从人文会计出发，还有梦想和远方。

起而论道

「人文会计的遐想」

张连起◎著

中国财政经济出版社

图书在版编目（CIP）数据

起而论道：人文会计的遐想/张连起著.—北京：中国财政经济出版社，2013.10

ISBN 978-7-5095-4833-2

Ⅰ.①起… Ⅱ.①张… Ⅲ.①会计学—研究 Ⅳ.①F230

中国版本图书馆CIP数据核字（2013）第228872号

责任编辑：宋学军　　　　责任校对：王　英

中国财政经济出版社 出版

URL：http：//ckfz.cfeph.cn

E-mail：ckfz@cfeph.cn

社址：北京市海淀区阜成路甲28号　邮政编码：100142

发行处电话：88190406　财经书店电话：64033436

北京富生印刷厂印刷　各地新华书店经销

787×1092毫米　16开　26.75印张　416 000字

2013年10月第1版　2014年7月北京第4次印刷

定价：78.00元

ISBN 978—7—5095—4833—2/F·3913

（图书出现印装问题，本社负责调换）

本社质量投诉电话：010—88190744

反盗版举报热线：88190492　88190446

梦想、会计与远方

世界上的一切事物都是相互联系的，会计当然也不例外。

我心目中的人文会计，就是会计与人文（主要指“文、史、哲”三个方向）的联系和影响，就是“文、史、哲”对会计的投射与互鉴。本书呈现的，是我多年来头脑中萦绕贯通的人文会计思绪集结，充盈着人文会计鲜活的、独特的、丰富的元素。

这本书，从4000多年前的大禹会计写到“中国梦”，大跨度，长纵深。假如你是会计人士或相关财经人士，你一定看过太多的纯技术书籍，而这本书，是唯一的、交叉的、立体的，需要先期的激情和神秘的忠诚来阅读。

我所论道的“人文会计”，概括地说，就是“文史哲”与会计的交融与共生。会计只能给你谋生的饭碗，而人文给你自由的意识和健全的人格。

（一）

文学，人文会计的水中树影。

这里指的是广义的文学，包括文学、艺术、美学等领域。会计为什么要融入文学？因为，文学能强化我们的价值判断，使看不见的东西被看见。

鲁迅先生的小说，栩栩如生地塑造了孔乙己、祥林嫂等艺术形象，你不仅看见其中的愚昧、无奈和悲伤，看见透彻骨髓的国民性，还看见深刻的悲悯、切肤的痛苦、无言的抗争。《红楼梦》中能看见内部控制，《三国演义》中能看见公司治理……

文学与艺术使我们看见现实背后贴近生存本质的现实，在这个现实里，除了理性思考之外，还有对“美”的感性顿悟。如同水边的树木，一定会在水中留下倒影。究竟岸上的树木是唯一的现实，还是水中的树木倒影是唯一的现实？生活中的我们通常认为岸边的树木是现实——可抵近、可触摸，却往往忽视另一个世界的真实存在，那就是水中与我们的心灵直接观照的倒影。

我常说，会计分录如同岸上的树和水中的倒影，对称平衡。这倒影，波光如镜时清丽静美，风吹雨打时细碎飘零。而文学，正是心灵与影子的对白。

（二）

历史，人文会计额头上的矿灯。

我们对历史的胃口，都让学校的教科书、参考资料给“倒”了。死记硬背历史事件、年代的结果，任谁都会一谈历史都要色变。

但是，漫长的煤矿巷道里，不能没有头上的矿灯——历史。如果你缺少基本的历史训练，你很难获得洞察、辨识和质疑的能力。罗素说：“对历史的透视能够使我们更清楚地看出，什么事和哪种活动有着永久的重要性。”所以，历史是鉴往知来，你能看到多久的过去，你就能看到多远的未来。

赤足踩在历史松软的沙滩上，俯身拾起一个个散发着智慧光芒的五光十色的贝壳，细细把玩，心中一片慨然。合上历史书籍，那些人、那些事儿不会就此消失，会跟着他们的故事进入我们的心灵深处，不时与我们或怅然、或欣然地对望一眼。

读历史，最好捧着纸本读，味道远好过对着屏幕看。

（三）

哲学，人文会计的夜空星辰。

哲学一词的本义是爱智慧，通俗地说，就是不愿糊里糊涂地活着。苏格拉底有一句名言：“未经省察的人生是没有价值的”，就是说要活得明白。而要活得明白，就必须用自己的头脑去想世界和人生的根本问题。在此意义上，可以说哲学就是世界观和人生观。请注意“观”这个词，世界观就是“观”世界，人生观就是“观”人生。第一，要用自己的眼睛去“观”；第二，所“观”的应是世界和人生的全局。我们平时往往沉湎于身边的琐事之中，有时也会从中跳出来，想一想世界究竟是什么、人生究竟有什么意义这样的问题，这时候就是在进行哲学思考了。

生命的意义又是什么呢？千百年来，古今中外的哲学家们都被这些问题搞晕了，至今也没有一个统一的定论。但至少有一点可以达成共识，那就是，意义不在于意义本身，不在于意义的结果，而在于创造意义的过程，如果没有这个过程，意义也就没有意义了。

哲学让人综观世界和人生的全局，实际上就为人的进取方向提供了一个坐标。一个人活在世上如果只是追求世俗的成功（如赚了多少钱、当了什么官），他的成功就只是表面的，仍然是在混日子而已，区别只在混得好不好。真正的成功是做人的成功，也就是做一个有灵魂的人，一个精神上优秀的人、一个大写的人。这样的人即使不属于世俗意义上的成功，他的人生仍充满意义。事实上，人类历史上一切伟大的成功者恰恰出于这样的人之中。不管在哪一个领域，包括创造财富的领域，做成大事业的绝非只有一些小伎俩的精明之人，而必是对世界和人生有广阔思考和独特领悟的拥有大智慧的人。

生命究竟有没有意义？这么一问，意义就产生了。很少人能达到圆满的境界，但生命的意义不就是在追求圆满的过程中吗?！只有人才会有这样的提问，才会有这样的终极思考，动物不会，这就是动物与人最根本的区别。

生活在“白天不懂夜的黑”的日子里，我们可能不知道自己站在什么方位，也不知道这个方位在人生格局里有什么意义；既不清楚来时走的是哪条路，也不明白前面的路往哪里去。这时，头上的星辰给我们指引方向——那就是哲学。

（四）

几年前，我到美国访学，发现会计专业80%的课程都和我们认为的专业内容没有直接关系，其中主要课程是人文学科。

通识教育和专业教育构成了现代大学教育的灵魂。专业教育好理解，无非是以后在社会上混个吃饭的饭碗。而通识教育的概念却很抽象，抽象到中国的大学几乎都忽视了其存在。其要义就是让学生入学后全方面地接触各种学科，尤其是人文，以此培养自由的意识和健全的人格。这是美国大学教育兴盛不衰的秘诀之一，也是培养批判性思维的唯一途径。

在通识教育下，要学些什么科目呢？写作、文学、哲学、历史、艺术、宗教、沟通等等。这似乎都是我们所说文科教育，按我们传统的思维，就是死记硬背。可是真正的文科教育却不是这样，好书也不是用来背的，而是用来讨论的。

你会读书吗？你会思考问题吗？神学教授在第一堂课的时候就说："我并不要求记住多少基督教的东西，因为这些都无所谓。重要的是，通过你们坚持的阅读和讨论，我希望引导你们独立思考和全面分析，这样以后不容易被别人的蛊惑所左右。"

美国人超前的思想并不在于多看了多少书，而在于正确看待书本和作者的眼光。在不断阅读、思考、质疑、讨论和再思考的过程中，你才能排除外在一切刻意的影响，形成自己的价值观。

你所形成的观念能否适用于别的领域呢？这时，通识教育的好处就显现出来了。在交叉学习众多人文科目的时候，你的思考呈现的是立体和多面性。也许你一辈子都用不着文学、历史、哲学等书本上的东西，但这些内容在你的思考和批判中塑造着你独特的思维和灵魂。这与众不同的思维将成为你获得成功的钥匙。是的，专业知识只能让你有个饭碗，而人文素养却能让你变成一个真正自由的人。

在此，我想稍稍指出人文素养和人文知识的区别。

人文知识是外在于你的东西，是材料、是工具、是可以量化的知道；必须让知识进入人的认知本体，渗透你的生活与行为中，才能称之为素养。人文素养是你在涉猎了文、史、哲之后，以"知"践"行"，以"行"促"知"。

（五）

这世间上没有容易获得的东西，基于"文、史、哲"基础上会计也不例外。如果你不读书，没有人能帮得了你。如果你以为微博、微信上那些夸张的、惊悚的、匪夷所思的内容，就是这个世界的真相，那么你永远都无法真正认识这个世界。

朋友，能望远的人才能登高。生活需要我们抬起头来做人，而不是鼠目寸光地盯着一处处琐碎、一处处肮脏。

注册会计师是市场经济的“啄木鸟”，公众利益的“守夜人”。注册会计师具有接触微观经济面广、贴近经济社会前沿等天然优势。在本职工作之外，我注重发挥这一专业优势，把脉财经冷暖，瞭望经济风云，洞悉问题关键。潜心参政、专业咨政、务实议政、理性问政。在全国政协无党派界别，名家荟萃，大家咸集，得以与林毅夫、李稻葵等著名经济学家时时沟通，快何如哉。每当想到建言献策可能助力政策，我的内心暖意顿生。我知道，这是中国知识分子家国情怀的折射。

忘不了一个个夜深人静的日子，我神驰于专业的绚丽绽放、人文的光荣梦想。我愿我的文字，向传统致敬，给深藏赤子之心的人以丰盈、以昂扬、以力量！生活不是当下的苟且，从人文会计出发，还有梦想和远方。

2013 年，对我而言是一个重要的时间节点，这本书算是对这一历程的总结与告慰。本书内容，也有王兆蕊、王燕、刘霄等同好的贡献，由衷感谢！

是为序。

2013 年 8 月 1 日于福连运起斋

目录

历史的天空 / 1

寻觅孔子 / 2
中国会计"六君子" / 16
在路上：注册会计师之360度观照 / 29
结语：李嘉诚的忠告 / 39

宗教的慧根 / 41

基督教会的牧师会计 / 42
伊斯兰会计 / 50
佛教会计：云在青天水在瓶 / 56
黄老道家与辩证会计：万物负阴而抱阳 / 62
会计遇上理学与礼教 / 68
结语：花开并蒂，溢彩流光 / 73

思想的历程 / 74

源起结绳 / 75
千秋鸿儒灵光闪 / 80
百花齐放的计学思想 / 93
经济插上思想之翼 / 97
结语：章鱼的故事 / 103

哲学的慰藉 / 105

比哲学家更难当的会计师 / 106
古国的诡秘档案 / 112

大家来找茬 / 122
故事的升华 / 130
结语：会计哲学启人生 / 135

戏剧的魅力 / 138

爱情的内控：《威尼斯商人》和《西厢记》/ 139
注册会计师那些事儿：《审计风云》/ 145
戏曲：以歌舞塑会计 / 151
《华尔街》：没有硝烟的战场 / 163
结语：本色出演 / 171

小说的闪电 / 172

三国中的信息与博弈 / 173
红楼理财奥秘多 / 182
内控与管理思想 / 187
会计理论的文学应用 / 197
结语：南山的晚岚 / 207

诗词的朝霞 / 208

恰有三百青铜钱——诗词中的数字和货币 / 208
簿书堆满床——诗词中的会计景色 / 220
早知潮有信，嫁与弄潮儿——诗词中的成本概念 / 227
《惶然录》：会计的诗歌和文学 / 231
结语：此身合是诗人末？——宿命的坚持 / 236

美学的风景 / 238

数据如何能吸引人？/ 239
真正的美，你可曾看到 / 245
蓬门今始为君开：以会计视角审美 / 256
用标准化商业语言阐释经济世界 / 261

结语：美在其中，意在其中 / 273

逻辑的引擎 / 275

今夕？何夕？/ 275
名不正，则言不顺 / 286
会计三段论 / 293
站在市场的坐标系 / 297
结语：是逻辑，还是奥秘？/ 304

文字的诱惑 / 306

点亮蛮荒年代的明灯 / 307
形而上的文字 / 317
中国数，中国文 / 325
阿拉伯数字的长征 / 336
拥抱会计文明 / 343
结语：借文字之力，塑公允永恒 / 356

散文的意蕴 / 358

世界有多大 / 359
身为会计的散文家——兰姆 / 363
真实：共同的灵魂 / 374
结语：会计人的散文，散文的会计人 / 378

文化的自信 / 380

百年会计的主体性视角 / 381
中国会计的“文化道路”/ 390
同心共筑中国梦，奋力锻造会计梦 / 401
结语：我有一个会计梦 / 408

参考文献 / 410

历史的天空

【题记】读史使人明智。昨天是今天的镜子，今天是明天的历史。

今年（2013）是伟大的思想家孔子诞辰2564年。

20世纪末，世界诺贝尔奖获得者共同发表了一个宣言：人类要想在21世纪生存下去，就必须回首2500年前，从孔子那里汲取智慧。今天的国人面临摆脱浮躁、矫正物欲、照镜正冠、回归内心的历史任务，更应寻觅孔子！

我于孔子，自认为是他的一个远年弟子。我常为自己的这种虔诚追随而倍感孤独与压力。因为在离我们不远的岁月里，孔子被冠以“孔老二”的贱称而广受揶揄、非议和责难。彼时，“子曰”成了人们的笑柄。于是，对孔子的追随和坚守在一定程度上意味着对时代和大众的背离，其难堪与隐忍可想而知。尽管如此，我依然坚持着，我从原典的阅读和生命体验中感悟到孔子思想和人格的光芒。我深信，如同孔子所说“德不孤，必有邻”，如此坚守的远远不止我一个人，我们所执着坚守的不仅是孔子本身，也不仅是传统文化和社会理性，而是一个文明复兴的曙光，是对一个民族所拥有的美德、力量和智慧的恒久信念。

历史的天空，闪现着会计的倒影。

寻觅孔子

古人云："凡饮井水处，皆能诵《论语》"。我没有想到，在2008年北京奥运会这一宏大唯美的盛典上，历史回归了！当孔门三千弟子忘情吟诵《论语》，当清脆悠远的竹简清音和馥郁飘逸的儒门书香漫卷而来，人们由衷感受到一种久违的从容与优雅。我多么希望，那峨冠博带的三千弟子所发出的震撼吟诵，既是中华儿女的虔诚缅怀，更是全体国民对自身文化信仰的最后一次救赎！

2008年北京奥运会开幕式节目：3000孔子弟子手执竹简，高声吟诵《论语》。

先师自春秋归，不亦乐乎！

我愿意梦回公元前500多年的山东：那时的孔子是一个面含微笑的东方圣人，他正直善良、智慧通达，乐观向上、求仁得仁，一生都在追求真、善、美，一生都在追求理想社会和终极关怀。他活着的时候可能都没影响到当时的鲁国，却在死后影响了中华民族2500年。

我们学习孔子，就是要学习他"学而不厌"的求学精神，生命不息，"充电"不止；学习他"诲人不倦"的师道风范，升华自身境界的同时也提升他人；学习他"知其不可而为之"的职业理想，以"少能鄙事"为荣，认认真真做人，踏踏实实做事；学习他"己所不欲，勿施于人"的君子情怀，学习他"安贫乐道"的淡泊心态，学习他"仁远乎哉，吾欲仁，斯仁至矣"（仁在远处吗？我想求仁，这仁就到了）的社会责任意识……

孔子在河边感叹道："逝者如斯夫！"时光如水，究竟在追求什么？今天的我们仍在追问。为难的是，我们要么找不到自己的精神家园，要么怀着理想毅然前行之后，沉溺在有学历没文化、有技能没思想、有理论没见识的现状中，迷失在生活压力与生命尊严的两难选择里，反而忘记了出发时的初衷。何不去问问孔子，我们该怎样守望充盈的精神家园？

至圣先师

孔子（公元前551年9月28日～前479年），名丘，字仲尼，鲁（今山东曲阜）人，伟大思想家，伟大的教育家，伟大的会计。这位中华文化的核心学说——儒家的首代宗师，在世时已被誉为“天纵之圣”、“天之木铎”，被后世尊为至圣（圣人之中的圣人）、至圣先师、万世师表。

孔子的身世，有一段至今都有争议的公案。司马迁的《史记》上说，孔子是他66岁的父亲叔梁纥和20岁的母亲颜徵“野合”之后而生。

孔子出生时头顶长得像“山丘”。司马迁在《史记·孔子世家》中说，孔子“生而首上圩顶，故因名曰丘。字仲尼，姓孔氏”。

在孔子的标准像中，孔子双手交叉，护在胸前。这是古代表示尊重的礼仪，孔子倡导“克己复礼”，造像大部分都是这个造型，表现孔子“礼乐先行”的思想。

孔子早年生活极为艰辛，他说：“吾少也贱，故多能鄙事。”年轻时做过季氏的委吏（司会计）和乘田（管畜牧）。

在困厄中，孔子发愤好学，他遍访名师，虚心求教，先后“问礼于老聃，学鼓琴于师襄子，访乐于苌弘。”（《孔子家语》）

30岁时，孔子广收门徒，相传弟子三千，贤人七十二。他首倡有教无类及因材施教，成为当时学术下移、私人讲学的先驱和代表。

35岁时，鲁昭公被三桓大夫击败，逃到齐国后，孔子便到齐国。齐景公数次问政于孔子，想封孔子为尼谿田，遭齐相国晏婴进言劝阻。后来孔子得知不被受用后，便重回鲁国，聚徒讲学。

鲁定公九年至鲁定公十四年，孔子在鲁国做官，初为中都宰（中都为今山东汶上县），又做司空，后以大司寇行摄相事，这是他政治生涯的巅峰。

孔子治下的鲁国颇有起色，引起齐人警惧，齐大夫黎锄设计，使孔子与鲁公、季子等在道德与政见上的分歧难以弥合。无奈，孔子率弟子周游列国，创办了一所“流浪大学”，然而均未获重用。

前484年，年近70岁的孔子被季康子派人迎回鲁国尊为国老，但未受鲁哀公的任用。其间，孔子专注于教育和古籍整理。5年后，孔子赍志以殁。

回首一生，孔子说：“吾十有五而志于学，三十而立，四十而不惑，五十而知天命，六十而耳顺，七十而从心所欲，不逾矩。”

孔子所处的春秋时代，正是中国人的文化自觉最初发生的年代，古典成为时尚，一些人开始思考天道、人生和世界秩序等哲学问题，孔子凭《诗》《书》《礼》《易》《乐》《春秋》《论语》等学说熔铸成这一时代精神的集大成者。

定义会计

青年孔子，长得高大而透出少有的文气。曾亲赴曲阜寻访过孔子事迹的司马迁，如此描绘先生：“孔子长九尺六寸，人皆谓之‘长人’而异之。”周尺小于现在的市尺，按周尺一尺折合现代公制十九点九厘米计算，则孔子身高为一米九一。放在今天，孔子说不定会成为运动健将。然而，让我们欣喜的是，孔子成了会计的另一个祖师爷。

还在母亲健在的时候，少年孔子就干过很多贵族子弟不屑干的杂活，比如扫地、打柴、推车、洗衣、挑担等。但是他真正走上社会，却要在母亲去世之后了。家道中落，又没有资格承袭官爵，却从另一方面帮助了他，让他在艰困之中学会了生活与做事的本领，锤炼了他应对困境的意志。同时，也让他有机会看到贵族与平民阶层的真实状况，为他日后思考人生问题，提供了独特的视角。“吾少也贱，故多能鄙事”，“吾不试，故艺”——我小时候贫穷没有地位，所以能够干许多被人认为鄙贱的事；我不被任用，所以才学到了许多技艺——（《论语·子罕》）。

这个博学而挺拔的青年，十九岁时娶了妻子宋人亓官氏。一年之后，孔子有了自己的儿子“孔鲤”。结婚生子后的第一份工作，便是在鲁国权臣季孙氏家里担任委吏。委吏，即管理仓库的会计。看似容易，做好却难。他的前任即因贪污嫌疑而遭季孙氏除名。孔子并不嫌这个职位低下，勤勉尽责，使自己的能力得到了充分展示。料量升斗，会计出纳，全部做得井然有序、真实有效。

我曾经在《孔会计理论》一文中写道：那时候的会计虽然简单，但孔子却很投入。他终日守候在库房里，数着数码，划着记号，监督着仓库的财物出入。他谨慎地（会计的谨慎性原则就是从那时开始孕育的）辨别着出入事项，一一在竹简上刻画、登记，力求使每一笔“账目”都正确无误。

刀子刻在青竹片上，一刻上去，竹片直冒水，像是流汗一样，故名“汗青”。汗青，实际就是账本，象征着书籍、历史，诗云：“留取丹心照汗青”，盖源于此。

孔子并不忌讳谈论自己曾经干过草根阶层的工作，他甚至带有某种自豪的口吻谈起自己的这一经历。“孔子尝为委吏矣，曰，‘会计当而已矣。’尝为乘田矣，曰，‘牛羊茁壮长而已矣。’”《孟子·万章下》他说：“叫我管仓库，我就把仓库里的账目计算得清清楚楚”，“叫我管牛羊，我就把牛羊管理得肥胖强壮起来。”

何谓“会计当而已矣”？根据我的训诂钩沉，内含四层意思：一是账务核算要“得当”（明晰）；二是会计结果要“恰当”（公允）；三是事项行为要“正当”（合规）；四是会计人员要“适当”（专业胜任能力适当）。这是关于会计最早最精辟的定义，蕴涵了会计的本质属性！孔子之后的会计定义，皆无足观。

后世史家对孔子做“委吏”的艰辛给予充分肯定：汉王充《论衡·自纪》：“为乘田委吏，无于邑之心；为司空相国，无说豫之色。”宋沉辽《次韵酬公夫》之二：“强从委吏心虽易，欲避宵人势亦难。”清蒲松龄《代笏》诗：“委吏一饭难，感激结心胸。”

孔子既是会计实务工作者，也是会计理论研究者，更是会计思想家！与他相比，今天的会计审计人的“学识”往往是有“学”无“识”，还常常自以为是，实在应该从孔会计那里传承一些俯仰天地的人文香火。

为木铎

“木铎”，据东汉经学家郑玄的解释：就是木舌的铜铃，“文事奋木铎，武事奋金铎。”发布政令的时候，木铎便满街满巷地摇起来。《论语》“以孔子为木铎”，指的是宣扬教化、担当精神领袖的人物。“万世师表”的孔子就是这样的角色。

《杏坛讲学图》在题材上并不十分新颖，但画家努力讴歌圣人孔子的勇气和形式上的创新手法，把孔子“杏坛讲学”这一经典故事用他那想象力丰富的头脑昭示给观者，颇具魄力和胆识。作者孔维克（1956.6－），山东汶上人。为孔子第78代嫡系裔孙。创作于1994年。

孔子一生颠沛流离，政治幻想破灭之后，神情黯然地回到故乡。此时，他已经变成了68岁的老人。来日无多，不如开门办学吧。泗水、洙水是两条古河，淙淙流水环城而过，孔子创办的私塾就坐落在曲阜的松柏树影之间。

教学是开放式的，廊前杏花开，老师弹琴，学生诵书，不相干的人还可驻足旁听，听着不顺耳了，揶揄几句也没关系，倘若讲得有一番道理，还能拽着圣人的尾巴，被收录到《论语》之类的典籍中呢。曲阜和雅典的课堂都没有围墙，孔子与柏拉图率领着一群志愿者作学生。老师散漫的言谈既是选修课，又是必修课。

《史记·孔子世家》说："孔子以诗书礼乐教。弟子盖三千焉，身通六艺者有七十又二人。""六艺"是什么呢？"礼"，指礼仪制度、道德规范；"乐"，指音乐、诗歌、舞蹈；"射"，指射箭；"御"，指驾车；"书"，指文字读写；"数"，则是算法。看来，孔子的教学概括起来就是综合素质，全面发展，所谓："志于道，据于德，依于仁，游于艺。"杏花春雨，琴音诵读，文化传播的脉搏开始舒缓地律动。

泗洙书院的学生也是"有教无类"，什么人都有。颜回"贫居陋巷，箪食瓢饮"，是个穷苦人；子路先后做过两家贵族的家臣（宰）；子贡则在曹、鲁之间做生意，而且富至千金，还当过鲁、卫的官员。尽管弟子们贫富悬殊，但还是要出些钱物供养孔子的，否则书院也就关门歇业了。那么，孔圣人教书，究竟收多少学费呢？

《礼记·少仪》说："其以乘酒壶、束脩，一犬赐人或献人。"这里的"乘壶酒"是"四壶酒"；"束脩"则是十条绑在一起的干肉，古代诸侯大夫拿这些东西互相赠送，学生入学时也向老师进献这种礼物。孔子说："自行束脩以上，吾未尝无悔焉。"什么意思呢？"只要人家能送我十条肉干儿做见面礼，我不会拒绝收留他做学生的。"

几条肉干儿算不得什么值钱的东西，带一点儿这个，聊胜于无吧。看来，学费近乎象征性的。

对于今天的会计人，特别是对于志在领军的人而言，播会计之道，授会计之业，就要像孔子那样学为人师，行为世范，氤氲当下黾勉与鼎新的时代气质，勾勒未来奋进和发展的干云豪气！

诚信观

诚信的基本意义是诚实信用的品行，包含着"诚"与"信"两个方面的内容，二者互为表里。"诚"主要是指"内诚于心"，更多地是对道德个体的单向要求。其作用主要在于约束自己：而"信"主要是指"外信于人"，更多地是针对社会群体提出的双向或多向要求，其作用也主要在于规范社会秩序。"诚"一般是指道德主体的内在德性，"信"则多指"内诚"的外化，体现为社会化的道德践行。

耶稣会士描绘的关于中国光辉灿烂的图景在法国乃至欧洲都成为轰动一时的事物，18 世纪是一个“中国世纪”，在当时的法国，“中国比英格兰更受青睐”，“中国比欧洲本身的某些地区还要知名”。图为 18 世纪欧洲的孔子画像。

生活在春秋时期的孔子，针对当时礼崩乐坏、诚信缺失的社会现实，不仅在社会生活中以身作则，倡导诚实守信，而且对诚信思想提出了独到的见解。

诚实守信是为人之本。诚实守信，是为了实现自身的承诺而勇于承担社会责任和严格履行道德义务的表现。正由于此，孔子一再告诫其弟子。诚信是个人安身立命的基础。他说：“人而无信，不知其可也。大车无輗，小车无軏，其何以行之哉？”人缺少了诚实守信的品德，就如同车子缺少了輗軏这类枢纽无法行进一样。在社会上将寸步难行。对于“诚信”的意义，《论语》中反复提及：“与朋友交，言而有信”、“主忠信，无友不如己者，过则勿惮改？”、“吾日三省吾心，为人谋而不忠乎？与朋友交而不信乎？传不习乎？”，等等。在孔子的思想中，诚实守信是为人处事的基本态度。离开诚信，无论何人，在社会上都势难立足。

诚实守信是立业之基。做人要讲诚信，立业更离不开诚信。大弟子子贡曾询问治国之道，孔子说：“足食，足兵，民信之矣”。子贡又问，倘若不得已，于三者之中去掉一个何者为先，孔子回答说去兵。子贡又问，如果必须再去掉一个呢？孔子回答说去食，并再次告诉子贡：“自古皆有死，民无信不立”。孔子虽说的是治国，其实与立业异曲同工。在立业之道中，诚信是放在兵强马壮与丰衣足食之上的，可以没规模，可以没实力，但不能没诚信。

诚实守信是交往之道。诚实守信是沟通人际关系、促进人与人之间相互尊重与理解的精神纽带，子曰：“益者三友。损者三友。友直，友谅，友多闻，益矣。友便辟，友善柔，友便佞，损矣”。有益的朋友有三种，有害的朋友有三种。与正直的人交朋友，与诚实的人交朋友，与见闻、知识广博的人交朋友，是有利的；与谄媚奉迎的人交朋友，与巧嘴利舌的人交朋友，是有害的。一个人只有具备了“诚信”的品质，才能受到他人的尊重，要求“与朋友交，言而有信”，认为“信则任焉”。强调只有诚实守信，才能建立起良好的人际关系。

诚实守信目的在“仁”。孔子的诚信思想是建立在“仁”的基础之上的，在孔子看来，各种德行都不过是仁的外在表现形式。他在《论语》中指出，能够在实践中时时处处实行“恭、宽、信、敏、惠”五种品德便是仁。

诚实守信贵在践行。诚信作为道德规范，其重要表现就是言行一致，身体力行，信然守诺。孔子提出“言必信，行必果”的道德准则，要求人们切实履行自身的职责和社会义务。所谓“言必信”，就是要恪守信用；“行必果”，就是履行诺言要坚决有效。孔子始终认为，最有真实感人力量的不是一个人的言语承诺，而是身体力行的品质。在谈到榜样的作用时，孔子说：“其身正，不令而行；其身不正，虽令不从”。他还认为，一个人对于诚信的守护，最有效的辨别方法是“听其言而观其行”。

会计诚信建设既重言，更重行，行胜于言。

学习观

孔子的思想是从哪里来的？他自己说得非常清楚：“我非生而知之者，好古，敏以求之者也。”他认为，10 户人家之中，必有像他那样忠信的人，而未必有像他那样好学的人。“好学”、“有恒”、“学而不厌”，这正是孔子有别于他人、又长于他人的地方。

孔子把学习看作人生最大的快乐。《论语》开篇就是，“子曰：‘学而时习之，不亦说（悦）乎？’”许多人把学习当作“苦差事”，而孔子却乐此不疲。他认为：“知之者不如好之者，好之者不如乐之者。”对于学问，懂得它的人不如喜爱它的人，喜爱它的人不如以它为乐的人。孔子晚年读《易》，“韦编三绝”，由于反复翻阅，编竹简用的绳子多次断开，其刻苦精神可见一斑。他曾用“其为人也，发愤忘食，乐以忘忧，不知老之将至云尔”来评价自己，这是恰如其分的。

孔子注重学思结合，求真，求新。他“信而好古”，却从不食古不化。

他认为，“学而不思则罔，思而不学则殆”。只有把学习与思考结合起来，才能“温故而知新”。他善学多思，从古代典籍中思考、引申、发挥出许多新的思想。他学无常师，注重向他人和实际生活学习。“三人行，必有我师焉：择其善者而从之，其不善者而改之”，就是他的经验之谈。

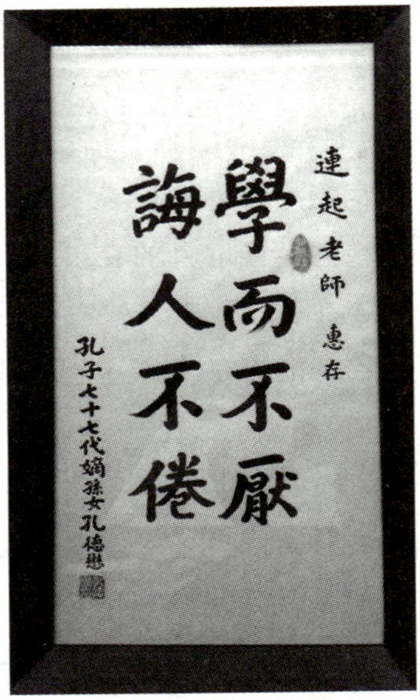

孔子第77代嫡孙女孔德懋女士1988年书赠本书作者孔子语录：学而不厌，诲人不倦。孔德懋女士现任中国孔子基金会副会长、中国和平统一促进会理事等职务。2010年胡玫导演的电影《孔子》片名即为孔德懋女士亲笔题写。

孔子强调学习要实实在在，言行一致。他说：“知之为知之，不知为不知，是知也。”他认为，做学问与做人要相一致，君子的行为比言语更重要，应当“先行其言，而后从之。”还要知错必改，“过则勿惮改”，有了过错不要害怕改正。有错不改，才是真正的错误。

今天的会计人，难道不该好好传承扬孔子这种学而不厌的求知欲望、学思结合的求真精神、学用一致的求实态度吗？

做人观

道德修养是一个人成为君子的基础，对此孔子提出“君子不器”的思想，就是说君子不只是一种器物，不能“小器”。君子与小人成为孔子划分人群的“黄金分割线”。

子曰：“君子中庸，小人反中庸。”中庸（“不偏不倚，无过不及”）是修养的最高境界，同时也是方法论，有着丰富而精微的内涵。有些人反感于中庸，大概是将它误解为同流合污、毫无原则的伪君子行径，其实这样的乡愿也是孔子所深恶痛绝的，他说：“乡愿，德之贼也。”他认为，如果不能达到中庸，狂狷是次好的境界，毕竟“狂者进取，狷者有所不为”。孔子又说：

——君子喻于义，小人喻于利。

——君子坦荡荡，小人长戚戚（患得患失）。

任时光流去，几千年前的《论语》仍被历朝历代所推崇并深刻地影响着现世，《论语》里所包含的思维仿佛具有时间的穿越性和空间的自由性。无论在哪个时代，哪个国家都会为此深深折服并致上最高的敬意。图为清·道光：官版大字《论语》。

——君子泰（安舒）而不骄（傲慢），小人骄而不泰。

君子历来被看成是能够履行“修、齐、治、平”使命的人。这样的人，应该博学多才、志存高远、才华过人，适应性强、有亲和力、处惊不变、喜怒不形于色，“达则兼济天下，穷则独善其身”。试想这样的人怎么能够像某件器物那样只有一种用途呢？

君子不器，还有更深一层的意思，即君子善于因变而变、因地制宜、因人而异，从实际出发解决问题，不拘泥，不受限制，不墨守成规。在问题丛生、矛盾交织的今天，我们不仅要追求君子的人格修养，更要学习君子的行为方式，敢于并且善于打破常规，寻求发展创新的途径。

关于君子的处事之道：行动走在语言之前。“子贡问君子。子曰：‘先行其言而后从之。’”子贡求教怎样做才能成为君子。孔子说：对于你要说的，先做了再说出来。这样的解释与孔子提出的“君子敏于事而慎于言”的一贯主张十分吻合。

孔子提出区分小人与君子的标准：“君子周而不比，小人比而不周。”君子和群而不与人勾心斗角，小人相互勾结而不和群。孔子把是否搞阴谋诡计作为区分君子与小人的重要标准。这个观点在今天仍有现实意义。做君子就要有君子的胸怀、君子的修养，然后才能有君子的作为。能够与大多数人融洽相处，不与个别人结党营私，坚持依靠大多数人的力量，这才是君子所为。如果在单位里只与个别人合得来，只与个别人打交道，这是很危险的事情：要么是你的人际交往有问题，要么就是你的品质有问题。

学孔子，就是学做人。所谓“半部《论语》治天下”，其实讲的就是如何做人：一是讲一个人的自我修养，如“见贤思齐”、“文质彬彬”；二是讲与人相处，如“与朋友交，言而有信”；三是讲个人与家庭、社会的关系和谐、和睦。

消费观

孔子主张消费节俭，要求各社会阶层成员安于与其社会阶层相适应的生活水平。这对于反思此次国际金融风暴的产生具有重大启示意义。孔子的消费观是以崇俭为基础的，但俭并不是要违礼。孔子曾表扬弟子颜回：“一箪食，一瓢饮，在陋巷，人不堪其忧，回也不改其乐。贤哉，回也!”还说：“君子食无求饱，居无求安”。对于前人住宅的俭朴，孔子也是大加赞扬，例如：子谓卫公子荆：“善居室。始有，曰：‘苟合矣。’少有，曰：‘苟完矣。’富有，曰：‘苟美矣。’”即孔子说到卫国的公子：“他修治住宅，刚有一点就说：‘差不多够了’。稍微有一些就说：‘差不多齐全啦’。多了就说：‘几乎是富丽堂皇的了’。上述节俭主张和观点并不意味着孔子个人对生活质量的否认态度，孔子自己的养生之道也是“居必迁坐，食不厌精。”可见孔子并不是不注重生活质量而一味追求节俭，而是主张施舍要厚，聚敛要薄，不能违礼而贪得无厌。

我们正在建设的“资源节约型和环境友好型社会”，旨在告别“先破坏后恢复、先污染后治理”之道，并不是抑制消费、存天理灭人欲，而是要避免复制类似西方社会过度透支、寅吃卯粮的生活方式。

财富观

道德在孔子的财富观中占有绝对重要的地位。《论语》“里仁篇”中就有“富与贵，是人之所欲也；不以其道得之，不处也。贫与贱，是人之所恶也；不以其道得之，不去也。”“述而篇”中有“不义而富且贵，于我如浮云。”不胜枚举。这表明孔子财富观强调的是伦理规范对人们经济活动的制约。

事实上孔子并不是认为利不应得，只是要建立在道德的基础上得到。

《论语》“述而篇”提到“富而可求也，虽执鞭之士，吾亦为之。如不可求，从吾所好。”即致富如果真可以求得的话，即使做个手持皮鞭的小官，我也去做。可见孔子对于做官得利还是向往的，但是孔子又于“子路篇”中说到“见小利，则大事不成。”此亦印证孔子认为君子不能只顾小利而误了大事。

没有道德的财富“天厌之”，但道德不是求利致富的枷锁。

孔子赞同什一税率，主张减轻税负。《论语》中有“哀公问有若曰：年饥用不足，如之何？有若对曰：盍彻乎。”（哀公问主管财务工作的有若：饥荒年资金运用不足，怎么办呢？有若说：何不采取什一税率？）“彻”就是什一税率。当然，随着经济社会的发展，单一税率已不适用。但是孔子反对重税沉负，倡导薄敛轻税的重要思想却发人深省。特别在稳增长、调结构、惠民生的当下，结构性减税无疑是立竿见影的调控手段。

哲学观

第一，生存哲学：命。子曰：“不知命，无以为君子也。”《中庸》：“天命之谓性，率性之谓道，修道之谓教”。就是说，天所赋予人的就叫做人性，依循人性去做就叫做道，研修并遵循道就叫做教。孔子说：“君子有三畏：畏天命，畏大人，畏圣人之言。小人不知天命而不畏也，狎大人，侮圣人之言。”敬畏自然，也就必须遵重自然所赋予的人性，更要珍惜人的生命。《周易》有天、地、人的“三才”观。天地人三才，人居中位。这种“三才”天命观和畏天命的生存哲学，正是儒家的人文精神的哲学根基。

第二，境界哲学：仁。《论语》载：“樊迟问仁。子曰：“爱人。”仁就是爱，就是对生命的关怀、对自然的爱。子曰：“能行五者于天下，为仁矣。请问之，曰：恭、宽、信、敏、惠”。子曰：“夫仁者，已欲立而立人，已欲达而达人”。以仁爱之心修己，以恭、宽、信、敏、惠修己，以“齐家治国平天下”。孔子的境界哲学，以安人，以致和，使“近者说，远者来”，使组织形成向心的凝集力。这种做人的境界正是产生组织凝集力的哲学基础。

第三，行动哲学：中。毛泽东说：“孔子的中庸观念是孔子的一大发现，一大功绩，是哲学的重要范畴，值得很好地解释一番。”（《毛泽东书信选集》147页）孔子的中庸思想，确实有独到创见：其一是依准绳执行要“无过无不及”，其二是执行要“时中”，懂得权变（与时俱进）。以礼制为准绳，以中庸哲学为行动指南，从理智上求真的治理理论也就拥有了哲学依据。子曰：“过犹不及”，要求人们不偏不倚地执行信条。子曰：“君子之中庸也，君子而时中。”指明“时”变了，执行就须依时而变，以求其和谐。

第四，形而上学：道。子曰：“朝闻道，夕死可矣。”足见孔子十分注重“道”。儒家经典《周易·系辞》说：“形而上之谓道，形而下之谓器”。“道”就是儒家的形而上学。缺乏形而上学的坚实基础，理论大厦就会摇晃、坍塌。子曰：“无为而治者，其舜也与？夫何为哉？恭己正南面而已矣。”不妄作为而能够治理天下的人，就是舜吧？他做了些什么呢？只是毕恭毕敬地坐在王位上罢了。对什么毕恭毕敬呢？天命。恭恭敬敬地遵从天之令，也就是遵循道。由此孔子总结说：“人能弘道，非道弘人。”人能遵循道，能弘道，这正是孔子治理思想的哲学根基。

把握了“命、仁、中、道”这四字箴言，我们才不至于成为“关起门来看得见五里地的蚊子，开门却被大象拌了一脚”的“小会计”。

人才观

人才，是世间诸多资源中最宝贵的第一资源，事关国家兴衰、事业成败、社会进步、人心向背。孔子提出人才必须具备多种才能，应“义以为质，礼以行之，孙以出之，信以成之”。是说以道义作为做人的根本，按礼仪来实行，用谦逊来表达，用忠诚来完成；子曰：“吾日三省吾身”。每天多次反省自己，不断修正错误，“修己以敬，修己以安人，修己以安百姓”。修养自己，使自己严肃恭敬；修养自己，使社会的人安乐；修养自己，使所有百姓安乐。

孔子主张“非才不用，唯才是举”，只要是人才不论出身贵贱都要任用。孔子的人才观是志向远大、高度自制，具有使“老者安之，朋友信之，少者怀之”的远大理想，成为修身完善、老少敬仰、世人追随的典范。

孔子从“仁”的思想观念出发，对内在的人格之美的升华，认为一个人的成长需要以“仁”和“义”为本。他以“松柏”作喻：“岁寒而后知松柏之后凋也”，赞扬了在任何不同的社会背景与条件下，都要保持自己的独立的人格，顽强挺立，不屈不挠，为中华民族留下一个永恒的经典性的精神意象。在讲到君子人格精神美的形成时，孔子更是以“仁”为核心，做了这样的概括：“君子义以为质，礼以行之，逊以出之，信以成之。”其中“义”是最本质的精神；在实行“义”的同时，需要符合“礼”的要求。在与别人的交往中，则应当表现出谦逊的态度；而诚实守信则是他追求达仁的目标。在他看来，“义”和正直是塑造人格美的要素。有了“义”，就有了做人的根本。孔子十分重视人的内在精神的培养，使他的人格力量在言行中得以表现：“其身正，不令而行；其身不正，虽令不从”。他强调了正派的品格、高尚的道德是具有感染力和召唤力的，有了这样一种内在的精神力量，也就形成了他的人格的魅力。有了这种浩然正气，就可以做到无所忧虑，无所畏惧：“智者不惑，仁者不忧，勇者不惧”。

知今须鉴古，无古不成今

孔子给我们以智慧，他教导人“博学之，审问之，慎思之，明辨之，笃行之”；孔子给我们以境界，他用“仁爱”思想去育人，抑恶扬善，“仁民爱物”；孔子给我们立德立功的学问，他强调修身养性，倡导人的尊严和人格的完满；孔子给我们追求和谐的学问，他提倡“忠恕”之道，主张“和为贵”；孔子给我们培养人才的学问，他实行“有教无类”的教育，主张“因材施教”、“循循善诱”教育方法，着力塑造道德素质和文化素质相统一的人才；孔子给我们以管理的学问，他通过以人为本，以人性善的假设为基础，以道德自律为核心，以阴阳互补为其方法论，对组织实施管理，把组织引向有序化，以图实现组织的管理目标……

我读孔子，是在倾听，倾听来自宇宙深处的报告，倾听发自人类心底的声音，倾听生命未来的呐喊，倾听人与自然与自身的共鸣！

孔子，千年又千年，你走了，在泰山崩坏，梁柱摧折的雨夜。你登东山而小鲁，登泰山而小天下，你的胸中身藏何等的风景？你高举着圣洁的经幡，在知命之年，背乡去国，推广《论语》的版权。

孔子，无边的旷野上，北风凛冽，就让问津的子路，燃起熊熊的篝火，共以达旦的弦歌，向纷争的俗世宣告：我们不是——迷途的孤儿！

你衣袂飘飘，辉映了山重水复的神州；你临川冥想，悟透了逝者如斯，千秋功过——只让江河知道。

你绣口一吐“当而已矣”，千年会计找到了精神的天空。

中国会计“六君子”

对于那些遥远的背影，我总是力图将之从文献中发掘出来，然后勾勒一番他们与会计审计的关系。我暗自思忖，倘若中国会计审计史没有他们，将是何等的落寞与贫瘠！

我不知道今天的会计人还有谁能时时记起他们，也不知道有谁还能时时感知他们与会计审计的联系，但我知道，我的记忆中离不开“六君子”的身影。有这些身影在，中国会计才不至于失去传承的根基，不至于失去前行的底气。

我愿在这个物欲横流、精神逃跑的时代，以后学的名义，捧出一瓣心香，遥寄虔敬之情，在宁静的心底镌刻下“六君子”的名字——

会计始祖大禹

会计审计比其他行业古老得多，人类的秩序，说到底还是与钱有关，终究是个会计问题。我们这些做了或准备做会计审计的人，须随时追踪中华文化和会计文明的根。早在公元前 2198 年，即距今 4211 年的时候，大禹做了王。大禹王为公益事业最早构建了国家税赋制度，有了税赋制度自然就有了会计审计工作。在浙江绍兴的会稽山（原来称茅山），大禹集合全国的诸侯，召开了中国乃至世界历史上第一次会计审计工作大会。考评九州诸侯的业绩，加爵记功，用今天的话说就是：绩效考核，提拔干部。

会稽山，中华会计文明史的重要标志，中华历史长河中的会计丰碑，世界会计文化的源头。对此，司马迁先生为我们留下伟大的《史记. 夏本纪》载：“禹会诸侯江南，计功而崩，因葬焉命曰会稽，会稽者，会计也”。会稽的“会”，意指综合算之；稽，意指审计监督。大禹先生治理水利的同时，创立了会计审计制度。

清代学者吴乘权的《纲鉴易知录》也记载了这一史实：“大会计，爵有德，封有功，更名茅山曰会稽，会稽者，会计也。”

两大文献及相关记载充分表明，“会稽山会计文明”作为会计审计萌芽是有根据的。一是这里面有会计人（大禹），二是有会计活动（庆功大会），三是有会计功能（确认、计量、记录、报告的雏形），四是有绩效考核与奖惩的内容（或被封功，或被诛杀——防风氏）。

大禹先生开完这次“庆功会”后，功成身死。于是，就地埋葬在茅山脚下。诸侯们集体研究，为纪念大禹先生以及他主持的最后一次会议，将茅山更名为会稽山，以彰显会计审计工作对于后世的重要意义及其重要地位。这一命名，使中国会计审计有了4211年的文明史。

大禹为公益事业最早建立了国家税赋制度，有了税赋制度便开始了会计、审计工作，即“会稽”工作。图为大禹立像。作者马麟，生卒年不详，南宋画家。

会计的祖师爷就是夏朝大禹，还有什么行业比会计审计更悠久呢？站在中华会计先祖大禹先生安葬的“会稽山”下，我们后世从业者可以平添一分职业自尊心与自豪感，会计文化自觉与自信油然而生。

先生开山，气象万千！

伟大的仓库保管会计孔子

仲尼先生是一个面含微笑的东方圣人（“夫子莞尔”），他一生都在追求仁、义、礼、智、信，集华夏上古文化之大成。后世尊之为“至圣先师、天纵之圣”，列“世界十大文化名人”之首。

在我看来，他长得什么样，说过什么话不是最重要的，重要的是他曾做过会计，他和我们在一起。

“吾少也贱，故多能鄙事。”生活艰难的孔子终日守候在库房里，数着数码，划着记号，监督着仓库的财物出入。他谨慎地辨别着出入事项，一一在竹简上刻画，登记，力求使每一笔“账目”都准确无误。

他不仅能做好会计实务，更青睐于会计理论。孔子研究问题常常“发愤忘食，乐以忘忧”。做会计的关键是什么呢？久思久酌，某天他深有感触地说：“会计，当而已矣！”一个“当”字，精辟概括了会计工作的应当、适当、恰当、允当、正当，即所谓真实性、准确性、中立性、公允性、合法性。

总有好事者不懂“风情”，指孔子那时不可能对会计有如此深邃的思考。我不禁哑然，世界上哪个思想体系不经过后人的阐释、充实、完善呢？

孔子财务基因图谱照亮了千年理财的发展道路。在孔子看来，当下的“经济学”实为“理财术”。《易经系辞传下》第六章载：“理财正辞，禁民为非曰义”。理财的目的是达到社会公正和防止人肆意舞弊。

在孔子的词典里，“消费”（consumption）一词，即是“节用”。“道千乘之国，敬事而信，节用而爱人，使民以时”，证明节省公共资源的必要性。孔子主张消费节俭，要求各社会成员安于与其社会阶层相适应的生活水平。这对于反对形式主义、官僚主义、享乐主义、奢靡之风具有重大启示作用。夫子的消费观是以崇俭为基础，但“节用以礼”，并非不注重生活质量。孔子最反对的是富人过度消费，穷人宁愿入不敷出，靠借贷也要保面子。两者都是违反“礼”的表现。

2006 年 9 月，在孔子诞辰 2557 年纪念日前夕，中国孔子基金会在孔子故里山东曲阜向海内外正式发布了孔子标准像。经过修改的孔子像看上去比原来更加慈祥，宽鼻、阔嘴、浓眉、长髯，国字形脸，眼神比原来的温和，是一个具有山东人相貌特征的忠厚长者。

《论语·学而》中，“子贡曰：贫而无谄，富而无骄，何如？子曰：可也，未若贫而乐，富而好礼者也”。子贡说：“贫穷而能不谄媚，富有不炫耀骄傲，怎么样？“孔子说：“这也算可以了。但是还不如贫穷却安于乐道，虽富裕而又好礼之人。”联想起当下草根阶层对财富的饥渴，“富二代”、“官二代”对财富的嚣张，不得不对孔子的预见和洞察折服！

道德在孔子的财富观中占有显著地位。《论语·里仁》就有“富与贵，是人之所欲也；不以其道得之，不处也。贫与贱，是人之所恶也；不以其道得之，不去也。”孔子强调伦理规范对人们经济活动的制约，但并不认为利不应得。《论语·述而》提到“富而可求也，虽执鞭之士，吾亦为之。如不可求，从吾所好。”就是说，致富如果真可以求得的话，即使做个手持皮鞭的小官，我也去做。但接下来，他义正辞严地指出：“不义而富且贵，于我如浮云！”（这大约是网络语言“神马都是浮云”的最早出处）

孔子对财富的认识是义利兼顾，义在利先。从此，孕育出节俭用财、以德求财、科学理财的民族，再也走不出，仲尼先生偌大的衣冠……

我一直怀念这位“言而世为天下则，行而世而天下法”的“仓库保管会计”，怀念这位伟大的会计实务工作者、伟大的会计理论研究者、伟大的会计思想家！我想，今天的会计审计人或者有知识没文化，或者有理论无实务，或者有技能无思想，或者有地位无仁礼，是否应该从孔会计那里传承一些人文香火呢？

先生启智，万世师表！

中国注册会计师第一人谢霖

晚清时期（1843～1910），英美人士薛迈罗克、克佐时、达利、汤笙等，在上海设立西方会计师事务所，其服务对象包括洋行、江海关、盐务、铁路和邮政以及私营工商企业。民国成立后，随着经济社会的发展，涉及会计事务纠纷受制于外国列强的不公正现象增多，“国人之含冤不白者，实不可胜计”（谢霖语），迫切需要中国自己的会计师事务所浮出历史地表。

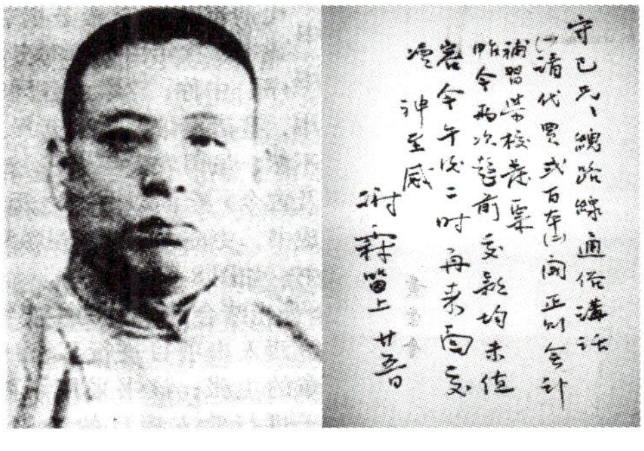

谢霖（1885～1969，字霖甫），江苏武进人。中国会计界先驱，知名会计学者，中国会计师制度的创始人，会计改革实干家和会计教育家，中国的第一位注册会计师。右为谢霖手迹。

先生年少时东渡日本，攻读明治大学商科，1909年毕业获商学学士学位。回国后，先生有感于日本在1914年前后纷纷创立“会计事务所”，出于维护我国主权和民族利益的考虑，遂于1918

年 6 月上书农商、财政两部，建议设立“中国会计师制度”。农商部是当时北洋政府主管全国工、农商业经济的部门，认为谢的申请“有利商民”，应予照准，并委托谢霖起草了《会计师暂行章程》10 条。

1907 年，谢霖先生和清史专家孟森在东京出版《银行簿记学》，在中、日两国发行，这是我国继《连环账谱》后的第二部会计著作。这本书结合银行业务，将借贷记账法原原本本地引进中国，使中国人初次见识了西式簿记的真面目。该书理论部分以日本学者森川镒太郎所著《银行簿记学》的基本内容为基础，在银行簿记设置方面借鉴了早稻田大学的研究成果，同时又参考了日本学者米田喜的《簿记学讲义》，兼容了西欧及日本学者的研究成果，它比《连环账谱》要更进一步。这部书对于清末民初中国自办银行进行会计改良与改革有着直接影响，先生也因此被称为“中国现代会计的拓荒者”。

《连环账谱》参照意大利借贷复式簿记原理，吸收中国传统收付账法的精华，列示实例，设计完整的账簿体系，对复式记账原理、账簿组织、记账程序、账簿总结等进行全面系统的阐述。《连环账谱》是改良中式簿记的先声，也是我国第一部介绍和研究借贷复式簿记的著作，作者蔡锡勇（1847~1897）中国速记法的创始人，西方复式会计科学的引进人，也是清末洋务实业的开拓者。『帐谱』，即『账谱』。

先生自 1917 年进入交通银行至 1925 年 5 月离开，前后在交行 8 年，做了三件大事。

第一件大事是为交通银行改良中式簿记。

先生不仅著书介绍，还实际参与了银行会计改良工作。1912 年元月，先生任大清银行总司账；次月，中国银行组建，遂继任总会计。从 1912 年至 1917 年分别为中国银行、交通银行改组账簿组织，首次采用西式账页的横写方式和阿拉伯数字，并改“收付”为“借贷”，将中国传统现金收付记账法改革为借贷记账法，即复式记账法，成效显著。

先生理论联系实际的努力，使得北洋政府统治时期的中国银行、交通银行两行的会计改良工作始终走在金融界的前列，成为改良中式簿记的先驱者。

第二件大事是担任交通部投资的戊通公司总经理。

戊通公司是戊通航业股份有限公司的简称，建于 1919 年 3 月 10 日，于 1925 年 9 月 1 日改组为东北航务局。戊通公司初为民办，后为官商合办，拥有股本 200 万元，轮拖船舶 49 艘。除了在哈尔滨设立总公司外，还在黑河和苏联伯力、庙街设有分公司。开辟了松花江、黑龙江、乌苏里江、嫩江及额尔古纳河长达 4500 余公里的营运线，停靠码头 142 个，为当时我国东北各水系中成立较早、规模最大、影响很广的民族航运业机构。戊通公司董事中有梁士诒、曹汝霖、任凤苞等交通银行高管。先生从 1919 年 4 月 1 日至 1922 年 2 月 9 日期间担任该公司总经理。

在先生主政期间，从总公司到各基层单位修订了明确的工作职责，而且企业标识和员工服装鲜明，具有先进航运企业的特色，各项经营比较正规。交通银行出于对交通事业的关注，当时即以其正式发行的 500 万元哈大洋向公司作了贷款。1921 年交通部投资 150 万元并成为第一大股东。

先生去职后，因戊通公司经营不善，交通银行的巨额贷款无法收回。为了“补偿”，张作霖先后两次准予交通银行增发哈大洋 300 万元和 200 万元。戊通公司之于交通银行，可谓“成也萧何，败也萧何”。

第三件大事是参与旨在商业化转型的交行改组、整顿。

离开戊通公司之后，先生参与了交行改组、整顿等一系列工作。1922 年 1 月，受交通部委派，先生代理帮理一职并兼任业务课主任；5 月，专任业务课；6 月股东会议选举产生了交通银行第三届董事会，先生当选为董事；8 月，先生接受董事会的聘任，担任总秘书这一颇为特别的职务。交通银行各个时期颁布的组织章程，惟有 1922 年的《交通银行总管理处章程》规定，设立总秘书一职，代表总、协、帮理指挥各股事务，可谓责任重大。先生是 1917 年进入交行的，短短五年居此高位，实赖其在改组中所起的重大作用。

总理张謇常住南通，交行的许多具体事务交由先生负责，奔走于南通、上海、北京之间，是先生的一项重要工作。当时交行江浙财团的董事很多，无暇北上与会时往往委托谢霖代理，先生在会议中的言行就显得特别重要。北方股东对此渐生不满并提出异议，先生对此深感委屈，“自觉股东之议似有不信任之意”。

好在他与张謇是私交甚笃的忘年交，张謇将私章交给先生，由其代拆信件、代理行务。先生卧病上海期间，张謇以 71 岁高龄，亲去探视，可见张謇对先生的信任和交谊至深。因而在此风波中，先生当然得到了张謇的倾力支持。钱新之更是赞赏“热心行务如谢霖甫董事者，不辞劳苦，夙夜从公，匡助擘画，其功尤伟”。上海银行公会主席、沪行经理盛竹书也在行务会议上力挺先生：“大凡当局苦衷，断非外人所能深悉，况且道高谤至，德盛毁来，蜚语伤人识者辄以一笑置之。”

先生处事豁达，行为果决，学识渊博，阅历丰富，品行高洁，在行内外享有良好的口碑。在张謇、钱新之主持交行期间，交行挽回了亏损的局面，开始转向商业化经营，先生的才能得到了充分发挥。1924 年 12 月，先生辞去总秘书一职。1925 年 5 月，梁士诒再次当选为总理，先生按“进退与共之约”，于张謇、钱新之被迫辞职之际，辞去董事之职，不久就任中央银行秘书长之职。

1944 年，先生随卢作孚出席美国国际通商会议，会上卢与加拿大代表谈妥，以 1275 万加元购买九艘轮船。先生经审核发现，加方定价偏高，后加方同意减收 150 万加元和十年本息一次还清。此事使外国代表非常佩服，不久美国加利福尼亚州立大学即授予先生名誉博士。

1937 年日本入侵上海，先生受张寿镛校长的委托，赴蓉筹办光华大学分部（现为西南财经大学），呕心沥血，备尝辛劳，终于在成都草堂寺西建起了一所设施完备的新校舍，小桥流水，垂柳疏篱，鸟语花香，窗明几净，是一处幽静的读书环境。

先生常在朝会上告诫学生：“天下兴亡，匹夫有责。现在前方将士正浴血抗战，才换来个安宁的学习环境，不努力学习，怎么对得起抗日战士？我们是炎黄子孙，要发扬祖先遗德，光我华夏！”

先生两袖清风，节俭度日，却对他人宽厚有加。他在光华大学只领上课工资，不领校长津贴。他的事务所免费供给伙食，对少数无住处者，还提供住房。先生为学生谋求工作至为操劳，曾成批地介绍去资源委员会、直接税局、田粮管理处、盐管局等。谢霖的为人和高风亮节由此可见一斑。

先生治学严谨，著述等身，出版《银行簿记学》、《簿记学》、《改良中式会计》、《中国之会计师制度》、《实用银行会计》、《会计学》、《审计学要义》、《现行公司法要义》等数十种。与孟森合著的《银行簿记学》在日本东京出版，同时在中、日两国发行，成为中国学者系统介绍西方复式簿记的经典著作。

先生之行，伟绩丰功！

注册会计师的精神导师顾准

我常常为注册会计师行业是否有思想大师级的人物而迷惑，及至听到了如下一则故事，始得宽慰与震撼。在一次国际学术会议上，有国外学者问及中国大陆思想界，在20世纪六七十年代，你们有没有可以称得上稍微像样一点的人物？面对这样一个潜含挑战的问题，一位学界前辈佝偻而起，应声而答：有，他就是顾准！

1927年，先生在黄炎培所办中华职业学校旧制商科初中毕业后，因为家庭无力继续承担学费，不得不停止学业。于是，他由小学教师殷亚华推荐，并经潘序伦的留美同学王志莘介绍，进入潘先生主持的立信会计师事务所当练习生。

顾准（1915.7.1～1974.12.3），上海人，字哲云，中国当代学者，思想家，经济学家，会计学家，历史学家。中国提出社会主义市场经济理论的第一人。右为顾准手迹。

在立信会计师事务所，先生前后工作了14年。从刻蜡纸、印讲义、改课卷，到在夜校讲课、担任夜校部主任、事务所稽核员、撰写会计学著作、担任之江和沪江等几所大学兼职教授，用他自己的话说，这一时期，是职业向上的时期。注册会计师工作，是先生人生旅途的重要驿站，是先生砥砺专业的所在；同时也是他投身爱国救亡运动、从事地下斗争的依托。

1931 年，16 岁的先生成为立信会计补习夜校的教师。此时，先生稚气未脱，年龄还不如在座的学员。但他已经成为立信会计师事务所出类拔萃的尖子，他以“天资聪颖”、“年少志高”、“才华出众”而被会计界、教育界称颂。上海工商界将他誉为“奇特的天才少年”。会计学家娄尔行后来回忆少年顾准：“30 年代初，我在上海商学院求学，曾于暑期到立信事务所实习。实习期间，有几次与顾准一起奔赴客户处查账。他身材颀长，双目炯炯有光，动作敏捷，查账极其熟练……”

1934 年，先生编写了他的第一部会计专著——《银行会计》（商务印书馆出版）。他以此为教材，应聘到沪江大学、上海法学院、圣约翰大学等校授课。先生教课深入浅出，理论与实务紧密结合，深受同学们欢迎。先生所教授的同学大都是银行界职员、练习生，与先生相处甚欢，先生不以教授自居，成为大家值得信赖的朋友。

先生是会计革新运动的主将和先锋。19 岁时，先生投身簿记改革与改良的优雅论争，挥斥方遒，纵横捭阖，开中国会计国际化风气之先。当时，受“实业救国”思潮的积极影响，民族工商业呈现勃兴之势，而作为核算工具的传统簿记，似乎走到它的尽头。那些毛笔楷书的上收下付、项目又颇为简略的中式簿记，面对日趋繁复的财务资金活动，显得力不从心。会计界涌动一股改革与改良的思潮，而会计革新运动便是这一思潮的直接产物，一场是否以科学的西式会计取代传统的中式簿记的论争开始了。辩论的一方是以徐永祚为代表的改良中式簿记派，另一方则是以顾准为主将的引进西方会计的改革派。持平而论，两个学派的目标是一致的，其分歧点在于所选择的道路或方法不尽相同。

先生是先进思想的承继者与捍卫者。上海解放后，先生担任了上海财政局局长兼税务局局长，作为陈毅市长的主要助手掌管这座东方大都市的财税工作。先生专业经验丰富，对如何征收税款、如何恢复工商企业生产经营等问题见解独到。陈毅市长如此夸赞：“顾准确有倚马可待之才，足见平日的积累。”先生谙熟东、西方财税制度，根据解放初期上海的现状，主张应依照税法所规定的税率依法查账征收，“自报实交，轻税重罚”，这与当时税收工作中的通行做法“民主评议”——由税务机关提出税收任务，然后组织评议每个纳税户负担——相违，于是，他遭受了人生第一次劫难。

先生是苏式会计的质疑者与颠覆者。1962 年，先生把脉我国沿用的苏式会计，认为“资金会计”只满足于国家财政监督控制企业流动资金的要求，却不能满足企业经济管理和会计实践。甘冒再被戴上“右派”帽子的政治风险，先生鲜明提出“社会主义的企业会计既是经营基金循环的计算体系，也是成本和利润的计算体系。”“成本——利润体系”，现在听来或许觉得没什么，但在舆论一律、思想禁锢的那个时代，该付出何等的理论勇气与精神气节啊！

先生是终身学习的倡导者与践行者。先生曾说，如果能够静下心来，我拿三个博士是没有问题的。这三个博士，第一是经济学（会计）博士，第二是历史学博士，第三是数学博士。“文革”期间，先生曾拟订一个宏大的计划，准备以 10 年时间全面彻底研究西方、然后是中国历史（包括哲学、政治、经济、文化史等），用他自己的话说就是：先作一番“漫游”，然后在此基础上，达成对历史未来的“探索”。先生沿坡探源，点亮真理，为中国引入市场经济作了理论准备，直到走完虽历尽炼狱却无比绚丽无比悲壮的人生。

我曾经在《愧对顾准》一文中写道：顾准离我们的生活很遥远，遥远到连伤心都找不到出口。但在今天，我要说，哪怕小声说一句：我们愧对您，前辈同行！你的价值，既是学术的，也是人格的；既是智识的，更是道德的。你的求学求真，是廓清浮躁、喧嚣与物欲的一股清流，这股清流，必将成为重塑中国注册会计师灵魂的澎湃主流。

先生之思，激荡东方！

“三位一体”组合链创始人潘序伦

1927 年 1 月，先生在爱多亚路（今延安东路）39 号创办潘序伦会计师事务所（后改名立信会计师事务所）。该所初创之际，只聘用助理人员 1 人。以后业务迅速发展，到 1937 年已拥有工作人员 70 多人。

先生推广应用“新式簿记”，书写了中国现代会计史的崭新一页；先生创设会计师事务所、会计职业教育、会计宣传出版的“实业组合链”，塑造了现代会计“三位一体”的自主创新运营模式；先生首倡诚信文化，揭示了会计职业存在的前提，为后世注册会计师树立了人文标杆；先生著述甚丰，编译众多，时至今日会计界使用的不少名词和概念，仍拜先生之赐；先生桃李芬芳，遍及宇内，为中国会计的传承与发展贮备了丰富的人才资源。

潘序伦（1893～1985），宜兴丁蜀镇人，中国民主同盟盟员，是国内外极负盛名的会计学家和教育家，被国外会计界誉为中国会计之父。右为潘序伦手迹。

前现代会计时期的“三脚账”与“四柱清册”，与欧洲文艺复兴时期诞生的复式簿记殊途同归；近代中式簿记的一骑绝尘，掩映在商行、票号的账册间……然而，传统会计毕竟植根于农耕文明的土壤，要想反映和记录以社会化生产、交换为特征的工业文明，必然要进行世代交替。正是在这一历史分界点上，先生以其深厚的西学功底和身体力行，筚路蓝缕，孜孜以求，推进了20世纪前半叶中国会计的现代性、国际化改良，不禁令人击节而叹！

先生创建的会计师事务所、会计职业教育、会计宣传出版“三位一体”的“实业组合链”，既是培养中国现代会计人才的摇篮，也是会计实务创新与发展的平台，又是先进会计理论与方法的孵化器。“潮平两岸阔，风正一帆悬。”先生的创新性、系列性、结构型发展模式雕刻在中国现代会计史的首页上，永不褪色！

先生一生新论迭出，饮誉八方。出版专著、译著30多部，学术论文百余篇，逾千万字。其代表作包括《立信会计丛书》《高级商业簿记教科书》《公司理财》《基本会计学》等，于中国会计学术而言，起到了重大启蒙与传播作用，“与天壤而同久，共三光而永光”（陈寅恪挽王国维碑铭）。

先生熟稔王安石语录："夫合天下之众者财，理天下之财者法，守天下之法者吏也。吏不良，则法而莫守；法不善，则有财而莫理。"意思是，满足大众意愿的，就是财；要想理好财，必须首先设计会计制度，健全财务管理；而有了好的制度以后，还必须有公正无私、忠于职守的专业人员来执行。人才，的确是会计文明的轴心。在多个历史时期，由先生创办的立信会计学校培育的会计才俊，遍布全国各地，远播美、德、日等 20 多个国家和地区，据粗略计算，总数在 20 万人以上（引自陈敏之《潘序伦传》序）。

先生谆谆告诫："夫学识经验及才能，在会计师固无一项可缺，然根本上究不若道德之重要。因社会环境，千变万化，利诱威胁，无所不及。会计师苟无强固之道德观点，则在执行职务之际，在在可以代人舞弊，在在可以为己舞弊。然会计师之为职业，实为工商企业保障信用而设，苟有不道德行为，而自丧其信用，则此职业，即失其根本存在之理由，殊背国家期望之厚意，可不慎哉。"先生将诚信文化熔铸为"信以立志，信以守身，信以处事，信以待人"的思想信条，如空谷足音，鸣响于中国注册会计师上下求索的时空，回荡不已。

先生捐资办学与襄助会计事业不遗余力。1945 年，他捐出私宅五开间三层楼房一幢，继而又捐出美金万元，为立信学校建造体育馆。十一届三中全会后，先生将文革期间被抄财物的赔偿款 8 万元，一半捐给刚建成的上海市会计学会，另一部分捐给恢复重建的立信会计专科学校。而先生日常生活非常简朴，斗室中唯一床一几一柜，一桌四椅，别无他物。

先生之德，金声玉振！

会计审计实务"播火者"徐永祚

先生毕业于浙江高等学堂和上海神州大学经济科（1915 年）。毕业后在天津中国银行担任练习生。曾任上海《银行周报》编辑、主编，银行公会书记长和上海证券物品交易所会计科长和常务理事、上海市参议会参议员，先后担任神州大学、上海商学院、复旦大学、光华大学教授。1945 年加入中国民主建国会。

1921 年获得会计师证书并执业，在上海设立徐永祚会计师事务所（1949 年之前的民族品牌四大所之一，抗战时改称正明会计师事务所），并举办会计培训班，普及新式簿记知识。先生的家乡海宁县也在其帮助下，以《改良中式簿记》为教材，办起了会计补习班。先生在30多年的会计师活动中，培育了大批财务会计管理人才。

徐永祚（1893～1961），又名玉书，浙江海宁金石墩（今属祝场乡）人。先后毕业于浙江高等学堂和上海神州大学经济科（1915年）。曾任上海《银行周报》编辑、主编，银行公会书记长和上海市参议会参议员，曾担任神州大学、复旦大学、光华大学教授。新中国第一位来自会计界的全国政协委员。右为徐永祚手迹。

在工商企业流行中式簿记的彼时，先生编著《改良中式簿记》一书，出版后颇受工商企业欢迎，纷纷采用。先生所创的收付记账法，在税算会计、商业会计领域沿用至20世纪90年代。1933年12月24日，他应上海市商会之请，发表了改良中式簿记的演讲，盛况空前。举办改良中式账簿表单展览，陈列账簿表单共四五十种，参加者竟有万人之众。

1937年八一三淞沪之战爆发，上海人民踊跃捐献，支援前线。先生经手捐款捐物的文件和账册。日本侵略军侦悉此事，将其拘捕入监，再三逼问财物所在。先生大义凛然，坚贞不屈，后经多方营救获释。

先生创办的正明会计师事务所下设计核、训练、出版三部，承办查账、会计制度设计、咨询顾问、出版会计刊物等事务。事务所开办的20多年间，业务迅速扩展，拥有资本较大的客户有：上海金融界的“南四行”（上海商业储蓄银行、浙江兴业银行、浙江实业银行、新华信托储蓄银行）、“北四行”（盐业银行、金城银行、中南银行、大陆银行）等。为了实践中式会计改良的构想，先生在南洋兄弟烟草公司等企业试点，经他设计指导、实行改良中式簿计的企业，不下四百家。先生还创办《会计杂志》，介绍国内外财会管理的新知和经验，开展会计学术研究和改良中式簿记的宣传，闯出了一条理论与实践互动共生的会计改良之路。先生撰写了大量著作和论文，影响较大的有《改良中式簿记概况》、《英美会计师制度》、《决算表的分析》、《所得税与会计》等，对于丰富中国会计审计学术、改良中式会计，发挥了普罗米修斯式的“播火者”功效。

新中国成立后，先生当选为全国政协委员。毛泽东主席握着先生的手，诙谐地说：“你是孔夫子的同行嘛。”

先生之风，山高水长！

我之所以绘制中国会计“六君子”群像，是为了向他们身上闪耀的中国会计民族的、历史的、文化的光芒致敬，向“虽千万人，吾往矣”的大格局、大视野致敬，向诚实守信、勤勉尽责的专业品格致敬，向学而不厌、诲人不倦的大道风范致敬！

我之所以绘制中国会计“六君子”群像，还为了唤醒会计审计史上一段尘封的记忆，让新时期的会计审计人告别矛盾而分裂的自我（用《金瓶梅》里的话说：隔五十里看见苍蝇拉屎，出门却叫大象绊了一脚），找到向上、向前、向外的“路线图”。凝视先贤大师逝去的背影，我神驰于古今对照的忧患：当下的我们缺少了什么，又遗失了什么？

一片叶子落下一大片天空，我捡起叶子，让它在体内过冬……

在路上：注册会计师之 360 度观照

如果说哲学家是真理的追问者，科学家是真知的追问者，伦理家是真善的追问者，艺术家是真美的追问者，那么，注册会计师就是真相的追问者。

这是一个追问的时代，每一个领域每一个事件，我们都可以看到公民在网络上、媒体上发出的不懈追问。在众多的追问声中，注册会计师的角色是最不可或缺的，因为注册会计师是财务信息真相的追问者，是专业训练的“啄木鸟”。注册会计师秉持独立精神、客观立场、正直意识与质疑态度所发出的“追问”，代表着正义与公正。

哲学家追求真理给人类带来智慧，科学家追求真知给世界带来新知，伦理家追求道德让世人收获仁爱，艺术家追求真美让人类提升审美，而注册会计师追求公正给经济带来秩序。

世界第一个注册会计师

要了解和梳理这个行业，我们不妨把目光延伸到注册会计师浮出历史地表的那一刻——

只要有证券市场存在，就会有各种各样的故事。英国南海公司，诞生在一个充满创新的时代，今天，我们称那个时代为“工业革命”。

物理学奠基人、高等数学奠基人牛顿，经济学奠基人、《国富论》作者亚当·斯密，化学奠基人普列斯利特，医药学奠基人波义耳，蒸汽机改良者瓦特等文化巨匠全部属于那个时代。正是有了他们，人类才有了高等数学、理论物理、化学、西医和近代工业，人类才有了现代文明。

南海公司经过了 10 年的惨淡经营，1719 年政府允许中奖债券的 70%（约 1000 万英镑）与南海公司股票可进行转换。该年底，一方面政府扫除了殖民地贸易的障碍，另一方面，公司的董事们开始对外散布利好消息，并预测在 1720 年的圣诞节，公司可能要按面值的 60% 支付股利。1719 年中期，南海公司股价为 114 英镑，1720 年 3 月，股价劲升至 300 英镑。

1720 年 7 月，公司老板布伦特实施以数倍于面额的价格发行可分期付款的新股，同时又将获取的现金转贷给购买股票的公众，此时南海的股价扶摇直上，股价高达 1050 英镑，一场投机浪潮席卷全国。各种职业的人都被卷入这场漩涡。《大恐慌》一书描写当时的情形：政治家忘记了政治，律师忘记了法庭，贸易商放弃了买卖，医生丢弃了病人，店主关闭了铺子，教父离开了圣坛，甚至连高贵的夫人也忘记了高傲和虚荣。

其实，1720 年 6 月英国国会已通过了《泡沫经济取缔法》，许多公司被解散，公众的怀疑逐渐扩展到南海公司，继股价高达 1050 英镑后，外国投资者首先开始抛售南海的股票。1720 年 9 月 28 日公司股票下跌到 190 英镑，1720 年 12 月公司股票下跌到 124 英镑，1720 年底，政府对公司财产清查，其资本所剩无几。

“南海公司”倒闭的消息传来，惊呆了陶醉在黄金梦中的债权人、投资者和社会公众。迫于舆论压力，1720 年 9 月，英国议会组织了一个由 13 人参加的特别委员会，对“南海泡沫”事件进行调查。

南海泡沫事件（South Sea Bubble）是英国在1720年春天到秋天之间发生的一次经济泡沫，它与密西西比泡沫事件及郁金香狂热并称欧洲早期的三大经济泡沫。经济泡沫一语即源于南海泡沫事件。

在调查过程中，特别委员会发现该公司的会计记录严重失实，存在蓄意舞弊行为，于是特邀了一名叫查尔斯·斯内尔的习字教师，对南海公司分公司“索布里奇商社”的会计记录进行检查。查尔斯·斯内尔审计理论功底扎实，审计实践经验丰富。他通过对南海公司账目的核查，于1721年提交了对索布里奇商社的会计账簿进行检查的意见。这就是世界上第一份审计报告，查尔斯·斯内尔也成了世界真正意义上的第一个注册会计师。

“南海泡沫”事件，连伟大的牛顿先生也难以幸免。他赔了5万英镑，感叹道：“我能计算出天体的运行轨迹，却难以预料到人们如此疯狂。”267年后，美国总统里根回答了牛顿的疑问：“没有你们（指注册会计师），金融市场将土崩瓦解！”

是的，注册会计师职业是应对公司舞弊的制度安排。沿着查尔斯·斯内尔的足迹一路走来，失信与守信、逐利与独立、舞弊与反舞弊，始终是注册会计师行业面临的艰难大考，始终是注册会计师行业化挑战为机遇、变压力为动力的激烈变奏，始终是注册会计师行业去伪存真、追问公正的时代主题。

中国注册会计师的发轫

西方市场经济诞生的注册会计师“种子”，是怎样在我国生根发芽呢？

1918年，第一次世界大战结束。一战期间，中国民族工商业趁着老牌帝国主义国家在欧洲战场上相互厮杀而无暇顾及东方的机会，快速成长起来。设立商行票号、筹集公司资本、设计会计管理制度、解决经济纠纷等业务需求，如雨后春笋般勃发。这就需要一个独立、客观、公正的中介行业为之服务，注册会计师无疑是当仁不让的角色。然而，举凡涉及会计鉴证服务的事项，特别是对外经济纠纷，当时只能求助于在中国开业的外国注册会计师，中方当事人难以维护自身权益。即使是当事双方都为中国人的案件，也只能委托外国注册会计师承办，受外国注册会计师操纵。

曾在日本留学的谢霖被深深触动了。他不由想起了东邻的日本在1914年前后纷纷创立会计事务所的情景。日本能，中国为什么不能？谢霖遂于1918年6月向当时北洋政府的农商、财政两部申请。农商部认为谢的申请“有利商民”，应予照准，但苦于无法可依，只好“就近取材”，委托在中国银行任总司账的谢霖先生起草了《会计师暂行章程》。《章程》规定：凡中国人民年满30岁以上、大学经济学科毕业主修会计的，或曾在资本50万元以上的银行或公司任主要会计人员5年以上的，经农商部批准，即给予会计师证书，准其开业，办理会计的组织、查核、整理、证明、鉴定、和解等事务。这就是说，当时注册会计师资格采取核准制。据此，我国第一位注册会计师（当时称会计师）和第一部注册会计师法正式诞生。

了解这个行业的人们都知道，1918年，谢霖先生创办了第一家会计师事务所——正则会计师事务所。1927年，著名会计学家、教育家潘序伦先生在上海创办了潘序伦会计师事务所。有趣的是，这两位前辈先贤都有国际化教育背景，谢霖先生负笈东瀛，潘序伦先生留学美国。他们为改变会计事务受制于外国列强的不公正现象贡献良多。

潘序伦说，“会计师制度，实为经济进化后之产物。际此商业勃兴，企业组织日益复杂之秋，举凡创设之设计，平时之检查，以及之清理，胥有赖于会计师为之整理擘画，以证明财界诸般之真相，以坚社会之信用，而供公众投资之参证。”

潘序伦认为，“会计师方诸于律师、医师，其相需之切，未为多让。而又处于超然地位，本其独立不倚之精神，证明金融界诸般之真相，以坚社会之信用，而供公众投资之参证，其影响所及，正不独直接利害关系人而止。”因此，会计师的职业修养十分重要，“会计师之职业，实为商界保障信用而设，苟其有不道德行为，而自丧信用，则此项职业即失其根本存在之理由。”

谢霖先生在银行任职期间签字的银行发行的纸币。上图为二年版交通银行长春地名小洋券1元（左为谢霖英文签字），下图为九年版中华汇业银行天津地名券5元（左为谢霖英文签字）。

说到早期会计师，顾准是无论如何绕不过去的山峰。

顾准没有上过大学，甚至连高中也没有上过。他在中华职业学校旧制商科初中毕业以后，就进入上海立信会计师事务所任练习生，时年仅12岁。但他刻苦自学，19岁时著述《银行会计》独领风气之先，20岁时成为簿记方法改革派的主将。

潘序伦先生对顾准非常器重，师生友谊从未间断。抗日战争时期，顾准与远在重庆的潘序伦通信，潘序伦还汇款予以接济。上海解放初期，就任上海市财税局长的顾准代表潘汉年副市长去探望潘序伦，以后又多次见面交谈，各自发表对祖国建设的真知灼见。图为顾准（右）与潘序伦先生（左）合影。

天资聪慧的顾准洋溢着对自身才华的笃信，这种“骄傲”也成为他命运多舛的始因。1949年年底，上级指令，上海税制要以“民主评议”进行，即按口头协定各家企业的应缴税款，因为“资产阶级的账簿不可信，属于资产阶级知识分子的注册会计师也不可信”。

彼时的上海财政局局长兼税务局局长的顾准并没有惟命是从。他挑选了20位以前的会计师同事，延聘为“特约查账员”；他指示税务局公告全市，按照当时人民币币值与物价，重新评估所有企业的财产实际价值，作为计税依据。在对纳税大户实行“自报实交，轻税重罚”等措施后，顾准积极采用“专户专管”、“查账，店员协税”等符合市场规律的征税方式。他认为，上海原本具有良好的财会制度，税制可以用查账解决。

在全国执行统一财政方针的背景下，顾准的这些做法遭到党内部分力量的反对。1952 年，全国发起“三反”运动。是年 3 月 4 日，《解放日报》头版头条称：市委财政经济委员会委员顾准，一贯地存在着严重的个人英雄主义，自以为是，目无组织，……决定予以撤职处分，并令其深刻反省。至于其华东军政委员会财政部副部长、上海市人民政府财政经济委员会副主任、财政局局长和税务局局长等职，建议有关方面一并撤除。

1957 年 11 月，顾准被打为中科院系统最大的“反党反社会主义右派分子”，开除党籍，人间炼狱开始了……

顾准一生，遭遇的磨难车载斗量。然而，这丝毫没有动摇他研究会计的信念与动力。他坚信，会计决不是一种可有可无、无足轻重、纯属技术性的工作，如果没有一种科学的会计确认、计量、记录、报告企业经济活动的方式，那么企业经营管理除了乱作一团的结局以外，不可能有别的结果。

顾准遗著《会计原理》虽属残卷，但自成体系，独创一格而不拘泥于习俗。比如，用数理矩阵方式，阐释说明复式簿记恒等原理。潘序伦评价说：“顾准同志在现代会计界中，可称为一个难得的人才。”吴敬琏如此评价顾准：“顾准是一座巍然屹立的山峰。不管是在天赋聪明才智方面，还是在道德文章方面，我们不一定都能接近于他所达到的境界！”

谢霖、潘序伦、顾准等民国会计师接过了西方注册会计师制度的接力棒，汲取了崇尚诚信的价值传统，点亮了追问公正的审计火炬。今天，站在辛亥百年的节点上，我们发现一条昭示格外鲜明：哪里有市场经济，哪里就要有注册会计师；哪里有注册会计师，哪里就有诚信的坚守。

诚信溯源与守望

诚信，注册会计师行业存在的唯一理由。

中国最早的历史文献《尚书》中已出现“诚”的概念，《尚书·太甲下》中有“神无常享，享于克诚”的记载，此时“诚”为笃信鬼神的虔诚。

《周易》中，“诚”已摆脱纯粹的宗教色彩，具有日用人伦的道德意义，“修辞立其诚，所以居业也”（《周易·乾》），认为君子说话、立论都应该诚实不欺、真诚无妄，方能建功立业。孟子说：“诚者，天之道也；思诚者，人之道也。至诚而不动者，未之有也；不诚，未有能动者也。”（《孟子·离娄上》）孟子以此告诫人们，“诚”是顺应天道与人道的基本法则。荀子发挥了孟子“诚”的思想，并开始以“诚”涉政，将“诚”从做人之道扩展为治世之道，指出“诚”乃“政事之本”。在儒家经典《礼记·大学》中，“诚意”作为“八条目”之一，连接着“格物”、“致知”与“正心”、“修身”、“齐家”、“治国”、“平天下”，成为道德内养与外成的关键环节。明末清初的哲学大师王夫之在道德修养论上充分肯定“诚”的价值：“诚者，实也。实有之，固有之。”（《尚书引义》）他认为，“诚”就是“实”。

《论语》中“信”字使用了38次，在与道德有关的字眼中，其频率高于含有其他美德的字眼——“善”、“义”、“敬”、“勇”、“耻”。关于“信”，孔子有三句代表性的话，第一句：“吾日三省吾身——为人谋而不忠乎？于朋友交而不信乎？传不习乎？”现代人耳熟能详。第二句：“子路曰：愿闻子之志。子曰：老者安之，朋友信之，少者怀之。”孔子一个很有名的弟子子路，愿听听老师谈自己的志向，孔子说，我的志向就是老年人可以依赖我，同龄人可以信任我，少年人可以怀念我。最后一句：子贡问政，子曰：“足兵，足粮，民信之。”子贡又问，“逼不得已而去之，于斯三者，何先？”子曰：“去兵”。又问“逼不得已而去之，与斯二者，何先？”子曰：“去粮”。在治理国家时，即使“去兵、去食”，也不能“去信”，将“信”置于至高无上的地位。

西方著名的文献《圣经》中trust和confidence也出现了不下六十次。

中国古代，“诚”与“信”单用较多，连用较少。春秋时期著名政治家、先秦法家创始人管仲曾将“诚”与“信”连用：“先王贵诚信。诚信者，天下之结也。”（《管子·枢言》）认为诚信是集结人心、使天下人团结一致的保证。战国末期，荀子也曾将“诚”与“信”连用，“诚信生神，夸诞生惑。”（《荀子·不苟》）诚实守信可以产生神奇的社会效果，相反虚夸妄诞则产生社会惑乱。由于“诚”、“信”意义相近，常常被互换互用，到东汉许慎的《说文解字》，仍然是以诚释信，以信释诚。

现代汉语中，人们已经广泛使用诚信概念，不再基于“诚”与“信”的本体论意义，而是从规范层面取其“诚实守信”的基本内涵。但仔细考察，“诚”与“信”的规范意义仍然是存在细微差别并各有侧重的：“诚”更多地是指“内诚于心”，“信”则偏重于“外信于人”；“诚”更多地是对道德个体的单向要求，“信”更多地是针对社会群体的双向或多向要求；“诚”主要指道德主体的内在德性，“信”则主要指“内诚”的外化，体现为社会化的道德践行。当然，这种区分并不具有绝对的意义，二者是相互贯通、互为表里的，“诚”是“信”的依据和基石，“信”是“诚”的体现与表征。正如北宋理学家张载所言：“诚故信，无私故威”（《张载集·正蒙·天道》）。

近年来，我国相继发生“毒奶粉”、“瘦肉精”、“地沟油”、“彩色馒头”等食品安全事件，这足以表明诚信缺失、道德滑坡到了何等严重的地步！人为本，诚为基，德为先。一个受人尊敬令人信赖的会计行业一时一刻也离不开诚信，如同人一时一刻离不开阳光与空气。

注册会计师作为一种减少经济社会交易费用的制度安排，其存在和发展内在地需要追问公正、追寻诚信的力量。这种追问追寻本身，透过财务信息的鉴证，有力、有序、有效地维护了市场经济秩序。

捍卫市场诚信，瞭望财经风云，把脉经济安全——这就是注册会计师的职业使命！

走向未来的拐弯处

新中国成立之初，主管经济工作的陈云同志出于争取国家财政经济状况尽快好转的考虑，选聘上千人次注册会计师，对工商企业依法查账。然而，随着国家“大一统”计划经济体制的确立，注册会计师行业失去了存在基础和意义，进而转入漫长的30年“空窗期”。

1978年12月召开的党的十一届三中全会，标志着我国进入改革开放新时代。为了适应对外开放、引进外资的需要，1980年12月23日财政部发布《关于成立会计顾问处的暂行规定》，旋即，会计服务国际化需求的大门洞开，会计师事务所如雨后春笋般在全国各地设立起来。

我国改革开放的重要成就之一，就是请回了市场经济之子——注册会计师。别小看这一成就，有了注册会计师，就有了维护市场经济秩序和重塑商业文明的主角，就有了按照经济规律和市场法则保障微观主体财务信息质量的载体，就有了减少社会交易成本、捍卫公众利益的主抓手。

回望30多年的注册会计师发展历程，不得不说：取得的成绩来之不易，积累的经验弥足珍贵，创造的精神财富影响深远。

然而，当下注册会计师行业发展的短板历历在目：会计师事务所市场定位模糊、服务特色浑浊，无序竞争不同程度地存在；事务所治理机制粗放、核心竞争力缺失，合伙文化与品牌效应没有得到有效发挥；高素质、复合型、国际化人才匮乏，注册会计师的职业自豪感下滑，人力资源缺少可持续发展的支撑；外部环境有待进一步优化，市场人为分割、多头重复监管、行政干预执业的现象比较严重……所有这些，都成为制约行业平稳较快发展的主要症结。

有人说，刚开始做注册会计师时，总觉得行业的明天会更好。而如今，预期不再，耐心不再，淡定不再。

没有稳定的职业预期，这个行业还要经历更多蜕变的阵痛。

也不必太悲观。到2020年，中国注册会计师行业仍处于大有可为的战略机遇期，时不我待、稍纵即逝，我们唯有注重“终身学习”、“全员学习”、“全过程学习”和“团体学习”，不拘泥书本，不墨守成规，不小富即安，在学习中创新，在创新中提高，协调好“无内不稳，无外不强”的关系，运用好“借船出海，借梯登高”的模式，就一定能孕育出创先、创新、创造的领军特质，不仅做中国的注册会计师，更要做世界的注册会计师！

经济全球化已是滔滔不息的世界潮流。中国作为“国际”的重要组成部分，做好中国自己的事情，在某种意义来说，就是对国际化的重大贡献。换言之，国内国际化，国际国内化，是注册会计师行业为之努力的演进方向，也是改变后发劣势、推进产业升级的关键抉择。

未来十年，最受尊敬、最具价值的会计师事务所一定是国际视野、本土经验、民族品牌、中国气派的集大成者，换言之，是迭加的发展要素之和。

——规模为立身之基。没有规模化，就没有为关乎国计民生的大企业和公众利益实体服务的能力；没有规模化，就没有强大的技术研究、质量控制、教育培训等后台支持系统；没有规模化，高增值服务、高智慧密度、高质量水平的“三高”服务以及抗风险能力就无从谈起。

——人才为成长之本。人才是会计师事务所的第一资源，有了高端人才，不愁没有高端业务；没有高端人才，即使有了高端业务也会失去。当下的注册会计师行业，是财经青年择业就业的依托，是会计职业生涯进步的梦想，是业内人士能够过上好日子的期待。然而，工作强度与压力较大、薪酬与待遇相对较低、职业界外部机会诱惑等等，给“待遇吸引、事业吸引、理想吸引、感情吸引、理念吸引”的纽带造成极大挑战。为此，笔者提出五个“重要的不是……而是”定律，以调适从业的预期：重要的不是梦想成功，而是始终如一地坚持与忍耐；重要的不是力求改变别人，而是向上提升自己；重要的不是期待永远站在人前，而是不失时机地甘为人后；重要的不是拥有看得见的财富，而是拥有看不见的精神境界；重要的不是追求太多的快乐，而是得到恰当的幸福。

——创新为力量之源。梳理创新优势，培育创新亮点，向“国际化创新型事务所”迈进，需要做好“三个创新”。一是组织创新，以特殊普通合伙转制为契机，紧紧抓住“一体化”整合难题，大力推动总分所治理的一体化、内部资源整合的一体化、合伙人与员工共享发展成果的一体化，实现人事、财务、业务、技术标准和信息系统平台等方面的实质统一。二是制度创新，通过制定《特殊普通合伙协议》统御下的制度体系，进一步优化合伙治理结构，理顺合伙人利益分配机制，确立合伙人进入退出标准、业绩考评制度、分所财务管理办法、执业质量管控制度，建立起准入平等、科学激励、制约有效、财务统管、信息共享、风险共担的合伙机制新格局，着力促使全体合伙人成为目标一致、价值趋同、尊重少数、服从多数的执业命运共同体。三是文化创新。机构之魂，文以化之；机构之神，文以铸之。文化的本质是“人化”，文化的功能是“化人”。比如，瑞华会计师事务所出版《啄木鸟》杂志，提供“专业圆桌”和“声音广场”，砥砺专业、传递动态、阐释新知、沟通情感、增进认同；遴选“啄木鸟”为执业吉祥物，以诠释注册会计师“企业医生”和“清除错误与舞弊害虫”的寓意。

——专业为竞争先导。无论是国际会计审计准则，还是中国会计审计准则，抑或是特定国家和地区的会计审计准则，都需要致力于专业为先的会计师事务所弄清楚、搞明白、吃透彻，使之融会贯通、运用自如。道理很简单：不熟悉国际规则，无法具备国际视野；没有与众不同的专业特色，无法在充分竞争的市场中傲视群雄。

——多元为业务之要。在巩固传统审计业务的同时，大幅提升非审计业务的比重，着力开展审慎调查、战略规划、经济分析、并购重组、风险管理、内部控制、涉税咨询、金融顾问等定制服务。贴近有效市场需求，提高增值服务供给，实施结构调整和转型升级，突破传统业务制约的瓶颈，围绕服务种类多元化、服务产品精细化、服务价值高端化，以价值回报价值，以财富创造财富。

——品牌为价值中枢。事务所品牌是执业观、价值观以及行为方式的总和，是带来溢价、产生增值的一种无形资源，它体现了一种文化情愫和人文精神，是服务理念和服务艺术的集中呈现。事务所品牌增值的源泉来自于委托者心智中形成的有别于其他竞争者的印象。品牌内涵不同，产生的附加值也就不同。本土事务所之所以品牌不够响不够亮，原因有三：品牌理念传播不够，品牌经营时间不够，品牌推广手段不够。因此，事务所只有整合提升委托者及相关公众的评价与认知，耕耘筑牢与委托者及相关公众的信任基础，才能不断擦亮品牌。

结语：李嘉诚的忠告

一篇读罢头飞雪。读会计史，就是贴近沧桑，就是贴近大贤，就是贴近智慧。

李嘉诚在给员工的一封信中写道：当你们梦想伟大成功的时候，你有没有刻苦地准备？当你们有野心做领袖的时候，你有没有服务于人的谦恭？我们常常都想有所获得，但我们有没有付出的情操？我们都希望别人听到自己的说话，我们有没有耐性聆听别人？每一个人都希望自己快乐，我们对失落、悲伤的人有没有怜悯？每一个人都希望站在人前，但我们是否知道什么时候甘为人后？你们都知道自己追求什么，你们知道自己需要什么吗？我们常常只希望改变别人，我们知道什么时候改变自己吗？

每一个人都懂得批判别人，但不是每一个人都知道怎样自我反省。大家都看重面子，but do you know honor？大家都希望拥有财富，但你知道财富的意义吗？

这封信堪称会计人职业生涯行动指南。我们为什么要付出？就是为了对得起这份薪水吗？不，每个人都是在为了自己的未来与梦想，为了能够拥有一个成功、幸福的将来。既然如此，惟有积极主动、创造性而非被动、得过且过地工作。

不要问会计师事务所或企业能为你做什么，而要问你能为企业或会计师事务所做什么。同时要记住，不光要埋头干活，还要抬头微笑。

你不是在为谁打工，更不是单纯为了赚钱生活，你是在托举自身的梦想，为自己的远大前途执业。不要祈求绝对的公平，唯一能改变的只有你自己，付出了就不要抱怨。

不要问喜欢不喜欢，而要问应该不应该，事情做得不好，只能是自己的责任，而不要找外在的原因与借口。

我们为什么要追求卓越？因为，取法乎上，得乎其中，取法乎中，得乎其下。怎样做到最好？把小事与细节做好。为什么某些事情没做好？因为没用心！

你愿意盲人摸象、刻舟求剑吗？如果答案是否定的，那么就向书本学习、向实践学习、向他人学习吧。终身学习是会计人生存的第一且唯一动力，舍此别无他途。

有方向，在路上。

宗教的慧根

【题记】从侧面看，会计也是一种宗教，也有信仰，也有禁忌。

古老的宗教是更古老的会计的分支。会计学不可避免渗透到宗教的日常事务，甚至在教义理论中。会计与宗教，如影随形，相伴相生。

“天下名山僧占多”、“扬歧灯盏留千古”，甚至“十分天下财，而佛有其七八”，兴建寺院，管理财物，记载捐赠，都需要会计工作支持。而寺院施粥贫民、扶危济困、甚至抚养孤老，也离不开会计记录。某些收益，是指定专款专用的，比如“恩田”的收入专门用于供养父母，“敬田”的收入专门用于供养僧尼，“悲田”则专门施予贫苦者，这就需要分类核算、逐项报告。

接受信徒的奉献，收纳捐赠款物，乃宗教财务之本。基督教教会或教堂，总能收到衣物、金钱、乐器、图书等各种捐赠，无疑都需要良好的会计管理。佛教对外行善事，比如捐建学堂，更需要详细制定预算，跟踪善款进展。历史上著名的“什一税”制度，就是指教会有权向居民普遍征税，这有赖于财税体系的支撑。

2012 年，伊斯兰金融机构会计和审计组织（简称 AA · IFI），将宗教条例引入金融监管，设置了七项新标准。涉及范围包括金融权力、破产、资产保护、投资信托和合同终止等方面。AA · IFI 成立于 1991 年，是伊斯兰世界负责会计、审计准则制定的国际组织，获得了 45 个国家中央银行、伊斯兰金融机构、国际伊斯兰银行业和其他金融行业参与者等 200 多个成员组织的支持。

宗教改变会计，会计影响宗教，不仅及于古代，更涵盖了包括金融在内的当代经济社会发展。

基督教会的牧师会计

表面看来，无论是与基督教教义神学、历史神学、实用神学，还是与道德神学、圣经神学相比，会计学似乎不是太重要的课题，只在一些边缘性的伦理讨论中涉及。但事实上，会计学是一面镜子，映照出基督教神学的若干深意。

19 世纪以前的西方历史，经济发展从来不是国家目标。贵族们喜欢擎着高脚杯流连穿梭于风花雪月的社交场所侃侃而谈，宗教或者哲学、神秘或者冒险都是话题；贫民们或许在泥泞小巷里躲在无人问津的角落啃着干硬的面包，梦想哪天可以财运亨通。然而时至今日，环顾现代西方社会，包括会计在内的经济与人们的生存与生活高度相关。

一般来说，西方国家多为宗教国家，主要信仰基督教。信教人士较中立和诚实，这与会计的核心要求相吻合。个中三昧，值得我们揣摩再三。

教会会计的形成

有了基督教，有了教会，也便有了教会会计。教会会计产生之初，反映着当时教会经济活动的情形；而发展至中世纪，教会对于财政经济事项的管理极为重视，会计成为教会经济管理的重要抓手。教会设置专门机构、专门人员，主管教廷收支的核算和管理，并发展出一套适应于教会的会计制度和方法，教会会计成为欧洲会计发展的重要支柱之一，而且越来越巩固和统一。

当时，所有的文化不过是宗教文化，基督教犹如无边际的阴影笼罩着欧洲文化的大地，又宛如沉重的枷锁钳制着欧洲进步科学家的思想和言行。

拜占廷帝国的教会势力十分强大，不仅在帝国的思想文化方面发挥强大作用，在帝国的经济方面也同样占据着重要的地位。教会是作为国家政体的支柱而存在的，拜占廷的教会不仅是封建制度的思想卫护者，同时是大量土地的直接占有者。

1265 年前后的拜占庭帝国（ByzantineEmpire）疆域。拜占庭帝国（希腊语：Βυζαντιναυτοκρατορα），又称东罗马帝国（拉丁文：Imperium-RomanumOrientale），位于欧洲东部，领土曾包括亚洲西部和非洲北部，是古代和中世纪欧洲历史最悠久的君主制国家。中国史籍称“大秦”，也名“拂菻”或“海西国”。

公元 590 年，格里高利一世①结束了隐修士的生活，开始了他 14 年的教皇统治，公元 595 年他又兼任罗马行政长官。在这个时期，教会和修道院享有免税权，并且占有三分之一以上的帝国土地，因此能够积累数量惊人的财富和地产。他广建修道院，又允许修士从事经济活动，扩大教会资产。他经常举办大规模的救济事业，将千千万万的灾民，由死神手中挽回。他还常用大量金钱将俘虏由伦巴第族人手中赎回。并且认真叮嘱主教们将教堂的金属器皿拿去变价，用以赎回俘虏。公元 590 年～600 年间，格里高利一世承

① 格里高利一世（Gregory Ⅰ，约 540～604），第 64 任罗马教皇（590～604 在位），中世纪教皇之父。曾当过隐修士、590 年被选为教皇，595 年兼任罗马行政长官，对意大利中部、西西里、撒丁尼亚和科西嘉进行政教合一的统治。

接了向君士坦丁的皇帝贷款的业务。格里高利一世一方面代皇帝向军队发放军饷，另一方面就按照拟定的协议征收税款。为了记载这些经济事项，并便于查阅监督，教会特别设置了君士坦丁皇帝的专门账册，该项贷款的所有相关收支，均要在这一专门账册上作详尽反映。

罗马法王派遣的执事（Deacons）和副执事（Subdeacons）负责管理教会的土地。为了防范和揭发可能的舞弊行为，这些执事们的会计账册均定期受到严格的审查。耕种教会土地的农民，每年都要向教会交纳租税，以现金或实物的形式，包税人负责为教会收取这些租税。当时的征税方法虽然未必没有漏洞，但在剥削农民这一点上所发挥的作用却非常残酷。据记载，当时的教会广泛采用一种记录簿（Libellussecuritatis），它可以反映对农民的土地支付价格。倘若农民认为土地价格不合理，随时都可以向这一记录簿提起诉讼。

教会会计在10世纪末有更新的发展，教皇在教会中设置了相当于总会计师的会计管理官，专事负责教会内部的所有会计事务，其管理范围含大量的地租以及工商业税收、高利贷，甚至连一些国家的皇帝为出征作战的军费和平时的饷银，也向教皇请求借支。

现代会计的启蒙

15世纪是世界史发生重大转变的一个世纪。文艺复兴冲破了欧洲中世纪的黑暗统治，带来了科学的发展、艺术的繁荣，以及社会经济的深刻变化。在这场狂风骤雨般的变革开始之前的1445年，意大利托斯卡地区的一座名叫博尔戈·圣塞波尔罗（BorgoSanSepolcro）的小镇上，一名男婴诞生了。他家境寻常却勤奋好学，在免费的教会学校学到了语言、修辞、逻辑和神学。1464年，他离家远游，在堪称世界商业中心的威尼斯，他在一位富裕的犹太商人家里找到一份家庭教师的职业，并居住6年。其间，他接触并了解了当时流行的威尼斯簿记法，对其产生了浓厚的兴趣。1494年，他举起数学与经济革新的笔，书写了心血结晶——《算术、几何、比及比例概要》，即《数学大全》，开创了借贷记账法在世界广泛运用的新时代。他，就是现代会计之父——卢卡·帕乔利。

1475年，帕乔利受聘于佩鲁贾大学，成为该校首席数学讲师，这一年，他加入了圣芳济修道院，拜倒在上帝的面前，成为一名虔诚的修道士。冥冥中，似乎注定从这时起，基督教和现代会计学就结下了延绵不绝的缘分。

1482年，帕乔利开始在佩鲁贾大学撰写《数学大全》一书，这时他已成为该校的著名教授。1482年至1490年这八年间，他往来于罗马、那不勒斯、比萨与威尼斯等城市，实地考察了复式簿记在商品货币经济发展中的种种表现，透过繁荣发展的经济对簿记的需求这一客观事实，观察到经济管理工作中存在的种种弊病以及早期复式簿记在运用中暴露出来的缺陷。1494年11月10日，《数学大全》在威尼斯正式出版，那时，铅字印刷术刚刚问世32年，哥伦布发现新大陆也刚刚两年。

身着灰色方济各会会服进行《数学大全》创作的卢卡·帕乔利（Luca Pacioli，又译：帕西奥里，1445～1517），现代会计之父。《数学大全》中介绍复式簿记的篇章，有力地推动了西式簿记的传播和发展。

在复式记账法的论述中，帕乔利构建了簿记信息系统的基础，使账簿组织与记账程序得以规范化与系统化，以便人们获取优化的簿记信息。在帕乔利确定的备忘性记录和分类记录之间，由分录账起转换作用。由此出发，帕乔利进一步明确了分录账在确定“借主”与“贷主”记账地位中的重要性，并把以往人格化的“借主”与“贷主”，抽象为规范化的记账符号。这是会计理论建设的一个里程牌式突破。

建立记账规则，是会计事项处理规范化的前提条件。帕乔利从经济事项实质与对应账项的互动规律中，描述了“有借必有贷，借贷必相等”这一复式记录规则，并且从形式上明晰了“两侧型账户”在借贷账项左右对照布局中的重要作用，开辟了复式记账的双线通道。

在帕乔利之前，会计方程式的探索处于原始阶段，人们尚未认识到从平衡原理方面分析方程式各要素之间内在关系的必要性与账目平衡的客观必然性，而帕乔利在其著作中首次解决这一问题。他确立了借贷复式记账法的第一方程式——“一人所有之财产＝其人所有权之总值”，从本质上揭示了资产与资本、负债三要素在企业经济活动中的内在关系，该理论奠定了以后各会计学派理论建设的基础，演化到当今的会计实务，就变成了“企业所拥有的财产（资产）=债务人的所有权（负债）+股东的所有权（所有者权益）”这一基本的会计公式。

帕乔利关于建立平衡关系的原则，揭示了试算平衡、测试各相关要素之间的关系。此外，他创造性地构建了簿记原理与基本理论框架：簿记的地位与作用、账户的设置与账户体系、定期结算与转账关系、现金管理重要性及其方法等，形成了彪炳史册的复式记账理论体系。

1510 年，帕乔利回到阔别多年的故乡，担任修道院院长。1878 年，圣塞波尔罗市民为他建立了大理石纪念碑，碑文中写道：“他创立了复式簿记并撰写了其后成为未来思想的基础和不变形式的数学著作”。

《簿记论》的基督教色彩

《数学大全》分为五部分：算术和代数，商业算术和商业代数，簿记，货币、度量衡和兑换，几何学的理论和应用。

Summa de
Arithmetica geo
mentia. Proportioni: et proportionalita:
Continentia de tutta lopera:

《算术、几何、比及比例概要》（即《数学大全》）发表于 1494 年。其出版标志着现代会计的发端，是近现代会计史的“零公里处”。

美国著名投资家，沃伦·巴菲特的黄金搭档，伯克夏·哈撒韦公司（Berkshire HathawayInc）的副主席查理·芒格说：“经济学并非只令人想起一栏栏的数字。经济学中还蕴藏着巨大的美德效应。意大利人帕乔利修道士 1494 年出版了一本名为《算术、几何、比与比例概要》（即《数学大全》）的著作。这本著作中的复式记账法的传播是经济学的一大美德。当时，他令商业变得不可操纵，使商业活动变得更诚实。另一个是现金出纳机，它的出现为人类道德作出的贡献比公理会更多，他使经济学系统能运行得更好。一个像现金出纳机那样很难弄虚作假的系统，可以通过减少罪恶，推进经济行为的文明程度。与此相反，一个容易导致欺诈的系统会令文明毁于一旦。但经济学领域很少有人用这种思维思考。”这是对复式记账的高度评价，鉴于复式记账在经济史中起到的无与伦比的作用，即便更高的评价也不过誉。

帕乔利有关复式簿记的论述，是该书第三卷第九部的第十一篇，题为《计算与记录详论》（De Computis et Scrpturis），亦译为《簿记论》，汇集了当年流行于意大利热那亚、那不勒斯等地商业交易中的记账方法，并加以说明，首次总结出若干重要的记账要素，构成了现在我们称之为复式簿记的记账方法。

《簿记论》共设三十七章和两个附录。第一章至第四章，主要说明财产盘存与财产目录的编制方法，第三章还列举了一个完整的财产目录编制的实例。第五章至第十四章，介绍了簿记中的三本账簿：备忘簿、日记账簿和分类账簿，通过介绍各账簿的登记方法，说明了复式簿记的核心——借贷记账的基本原理与应用；第十五章至第二十七章，详细说明了有关交易如资本投入、商品买卖、损益确定等的会计分录的编制与分类账的登记；第二十八章至第三十四章介绍了结账与编制试算平衡表的方法；第三十五章说明凭证的保管；第三十六三十七章对分类账不得登记规则和登记内容做了概述；最后的两个附录分别是“商人需要记录的项目”和“分类账过账举例”。

《簿记论》要求商人在完成财产盘存之后必须开设三本账簿：备忘簿、日记账簿、分类账簿。备忘簿是因经营业务繁多而设置的，它要求将所有的经济业务按照发生的时间顺序详细地加以登记，以免遗忘或遗漏。日记账簿就是我们今天所用的普通日记账，它是运用复式记账方法对所有经济业务编制应借、应贷的分录。分类账簿相当于现代会计的总分类账簿，帕乔利还详细地说明了如何将日记账项过入分类账簿。如今的账务体系，也仍能看见这三类账簿的影子：用日记账记录现金、银行存款的金额变化，用总分类账、明细分类账记载各种经济业务，用备查账记录重要的、以备日后多次翻阅或者调整的事宜。

《簿记论》在细致生动地讲述账务操作时，言简意赅地提及宗教，将基督教精义植入会计理论中。例如：

在第一章《成功的商人必须具备的条件，威尼斯和其他地方正确设置分类账和分录账的方法》中说："人们对商人的诚实抱有极大的信任。毫不奇怪，因为诚实的确挽救了每一个人，没有诚实，就不可能取悦于上帝"。财富和机遇出自上帝的恩赐，但神的恩惠不是无条件的，上帝只赐福于诚实的人，因此，商人们对生意伙伴保持诚实，犹如对神保持敬畏，既坚守了原则，又得到实际的好处。

基督教的象征，还被铭刻于每册账簿里。第七章："你要以上帝的名义来记录自己的全部交易。"第二章："商人在开始记录自己的业务之前应在每本账簿的扉页上写下上帝的圣名，并必须始终牢记上帝的圣名。"第六章："在基督徒中间有这样一个良好习俗即他们在各账本的前面都标上一个荣耀的符号，它将使异教徒望而生畏，使魔鬼胆战心惊。这就是神圣的十字架符号。"

来往信函，早于账簿记述经济业务，为体现宗教的神圣，在信上也要写神的名字，或者用十字架代替。第三十五章《怎样保存以及按什么顺序保存交易凭证底稿、机密信件、保险单据、诉讼传票、法庭判决和其他重要文件。重要信件的登记》："商人们已经习惯于将自己的名字签署在信末的右下角，而将年份、日期和地址写在信首。但是首先记住，应像一个虔诚的基督徒那样，写上我们救世主的荣耀名字，季度耶稣亲切的名字（或者以神圣的十字架记号代替），所有的业务均应在他的名下进行，如：'十，1494年，4月17日，威尼斯。'"

虔诚的信仰和对宗教的热忱，有助于顺利完成财产盘存等财产管理事宜。在第四章《对成功商人的训诫与忠告》中，作者娓娓劝诫说："最重要的是时刻牢记上帝，千万不要忘记每日清晨的祈祷，恰如圣诗所云'祈祷不浪费时间，犹如施舍不失去财富'"。帕乔利引用《马太福音》，并说："希望这些训诫将足以指导你们进行财产盘存和完成类似的其他任务。"

不仅账簿和书信要体现宗教诚意，连这本卓越的著作，也是基于对上帝的赞美而作出努力的成果。作者在第三十四章说："请记住为我祈祷上帝：为了对主的赞美和荣耀，我将一如既往，继续努力。"

帕乔利本人是修道士，老年还做了修道院长，自1464年开始，他一直是连续七任罗马教皇的私人朋友。他同弗朗西斯教团有矛盾时，可能还请安诺圣特八世代为说情，缓和了关系。作为教徒，虔诚是最重要的，但不是唯一重要的事情。帕乔利接受了神学教育，但他的主要著作都是数学，他是以科学和艺术的成就，以传播学识的实际行动去赞美上帝。宗教的神圣，绝非只存在于庄严的教堂之内，一切自然的规则和人们的行为，都可以有宗教的解释或指引，或许，这才是宗教魅力的真实所在。

准则与戒律

宗教有戒律，会计有准则。宗教以神圣事物为核心，而以各种戒律规定为神圣物的支撑，使宗教神秘性得以强化。事实上，如果宗教不围绕神圣的教义设定一系列戒律规定，它就和普遍凡人、凡物处于同等地位，不再有神秘和神圣，更没有不可侵犯的宗教地位。

基督教著名的“摩西十诫”，简约规定了人们“应当”如何，“不可”如何。这些基本的规则，被后人做了许多深刻释义，去思考为什么“应当”、为什么“不可”，而“十诫”本身，对其中的原因、理由、后果，以及各条戒律之间的关系，只作了很少解释。这些令人联想到会计准则，各条准则以“应当”、“不可”详细划定了会计处理的行为规范，却很少叙述原因、理由、后果、各准则之间的关系，对这些逻辑关系的阐述，都是由准则之外的会计理论体系完成的。

假如我们把基本会计准则视为财务会计的教义，假账问题（广义上的假账，包括审计失败）也就可以很简单用一句话来概括——做假账这种行为违反了财务会计的教义。

假账问题普遍存在于当下经济活动的交易或事项中，在信息不对称的现实条件下，治理层、管理层试图通过对财务报告会计信息生成的过程进行人为操纵，来影响最终的财务报告结果，借以图利，这就是假账形成的深层原因。不少企业，做账的目的不是为了客观公允地反映在一定时期内的财务状况、经营成果和现金流量，而是意图为背后的“人”服务，实现管理层或控股股东的特定指向。在这种环境下，账务处理流程的每一个环节都有可能出现人为操控，从而造成对外披露的报告数据失真失实。

前世界贸易组织总干事穆尔曾明确指出，中国加入世贸组织后，从长远看，最缺乏的不是资金、技术和人才，而是整个社会的规则意识。对于会计这一高度依赖规则的职业，做假账无疑是对准则、对坚持准则的会计人和信赖会计信息的人们的一种亵渎，严重背离了会计的教义。

对于违反教义的行为，耶稣在《圣经》中告诉我们：“不要怕他们。掩盖的事，没有不露出来的；隐藏的事，没有不被人知道的。”这段话说明了一个很简单的道理，做假账的目的是为了掩盖和隐藏一些事实，而做假账的行为是早晚会被识破的。管理层造假手段再高明，也总会露出蛛丝马迹。

复式记账法使得会计各个账户之间存在着逻辑严密的勾稽关系。错报和舞弊只能是靠无中生有、拆东补西来实现，必然有破绽可循。只是在被识破之前，假账的提供者大多已经达到了做假账的目的，损害了正直的人们的权益。

在宗教活动中，违反戒律和禁忌的行为将会受到惩罚，这些惩罚既有肉体上的又有精神上的。对于会计人员而言，操纵会计信息也终将受到应有惩罚，既有经济上的，也有精神上的。经济上一时，精神上一世。

即使法律规定了对假账行为的明确惩罚，仍然需要一系列的制度联动使得违反会计准则的成本真正大于其收益，才能将惩罚落到实处。宗教的戒律之所以能够传递几千年而毫不动摇，在于教义本身的内在说服力和约束力，在于深入人心的对宗教规则的畏惧，也在于若干年来热忱的宗教人士的不懈传播、有效维护。而财务会计舞弊之所以越演越烈，关键是人们缺失了对专业禁忌的心灵感应与心灵依归。倘若会计人和相关各方在做假账时畏惧制度、畏惧法律、畏惧道德、畏惧历史，信仰就会不期而至。

宗教的逻辑和会计的逻辑的最大不同是，宗教逻辑是通过改变人心来达到善的行为，而会计逻辑并不改变人心，而是规范人的行为，即通过经济活动中参与各方的行为规范，实现自利和利他的终极追求。这一追求与宗教的教化殊途而同归。

环顾会计界（当然不限于）——心灵——在极端物质主义和功利主义面前，懈怠了，麻木了，僵硬了。没有了敬畏，也就没有了禁忌。

在我心中，总忘不了这句话：人在做，天在看。

伊斯兰会计

阿拉丁手持神灯轻轻擦拭，蓦地灯灵浮现；阿里巴巴大喊一声“芝麻开门”，四十大盗的宝库应声而开；渔夫解开宝瓶的封印，却无意间放出了贪婪的魔鬼；辛巴达刚刚逃离巨鲸的追逐，却又落入食人怪的魔爪……一个一个精彩的故事，串联出了一部色彩斑斓的《天方夜谭》，勾勒了伊斯兰教的阿拉伯古代社会生活。贯穿其中的哈里发①，便是伊斯兰教穆罕默德先知的继承人，是《古兰经》第二章所说的“我必定在大地上设置一个代理人”，其身份地位相当于阿拉伯帝国国王加上伊斯兰教教皇。

伊斯兰会计之滥觞

在宗教中，关于人的概念是教义逻辑的重要组成部分，其中包括人的本质、人生的意义与目标、人与上帝（真主）的关系、人与人之间的关系等的论述，以及由此衍生的对一系列问题的看法与认识。所有这些问题，难免会涉及经济方面，由此产生的论述也就构成了宗教经济观的内容之一。

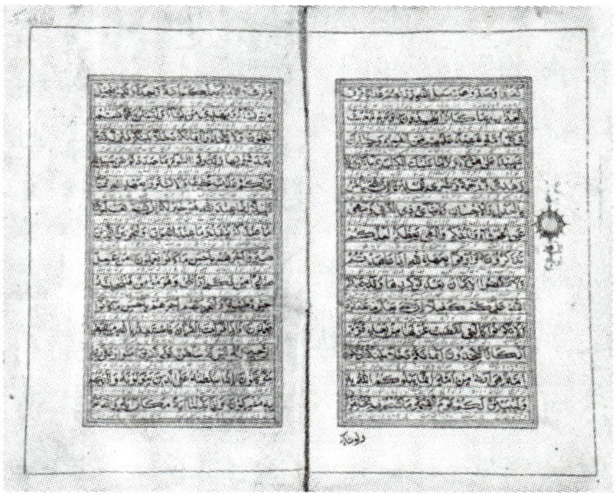

《古兰经》（内容截图），是伊斯兰教唯一的根本经典。它是穆罕默德在 23 年的传教过程中陆续宣布的“安拉启示”的汇集。“古兰”一词系阿拉伯语 Quran 的音译，意为“宣读”、“诵读”或“读物”，复述真主的话语之意。

按照《古兰经》第六章的说法，人是安拉创造的，天地万物同样是由安拉创造的，“他创造天和地，造化重重黑暗和光明”。真主对人和天地万物的创造并不是无依据的，“真主已本真理而创造天地”，而那些被创造的人，“他们本着真理引导他人，主持公道”。真主没有消除所有人的罪恶。他通过让人类在正确道路和恶魔的诱惑之间进行选择而使人的生活复杂化。人的灵魂有善良的一面也有邪恶的一面，通过虔诚和善行担当善人的角色，是一个真正的穆斯林的人生基本目标。

《古兰经》及伊斯兰教法，是伊斯兰民族宗教信仰、伦理道德、思维方

① 哈里发（Khalifah），伊斯兰教职称谓。原意为“代理人”或“继位人”。被用于指称穆罕默德逝世后继任伊斯兰教国家政教合一领袖的人，伊斯兰教初期执政的四大哈里发即属此范围。

式、价值观念和社会理想的核心，是源远流长的伊斯兰文化的基础。在伊斯兰形成初期，由于阿拉伯半岛生产力较为低下，非农业的单一经济结构决定了它的社会发展基础和经济条件。伊斯兰经、训中的经济法规就是这种情况下的产物。它既带有原始游牧部落文化的“公正、平均分配、互助”等传统的道德价值观念，同时在一定程度上也反映了商人、小手工业者阶层的利益和愿望，比如，有人请教穆圣：“主的使者啊！哪种谋生最正当?”穆圣说：“亲手劳动，合法经商。”（散伊德·萨比格《伊斯兰教法》）

随着阿拉伯帝国的向外扩张，各地区在生产结构、生产水平以及经济发展状况上出现了多层次的差异，有了大量的剩余产品和战利品，从而开始出现最初的私有财产的积累。于是，旧的社会经济结构逐渐解体，而与之相适应的、建立在原始非农业文化基础之上的经济思想也不可避免地发生了变化。为了适应经济活动扩展的需要，逐步形成了一种能够容纳不同经济形式的新文化，它就是构成目前伊斯兰世界经济形式和生活方式基础的“沙里阿”（Shariah）法律体系。这一法律体系是世界五大法律体系之一，由若干具有不同实践意义的法律来源组成，主要有四个方面，即古兰经、圣训、公议和类比（什叶派为推理），其中最主要的来源是《古兰经》。随着这一法律体系的形成，宗教文化同伊斯兰社会、经济、国家、生活等问题紧密地连在一起，成为几乎涵盖社会所有领域的规范准则。

伊斯兰教法在政治、经济等各方面对伊斯兰地区居民产生着深刻影响。每个信教者都必须遵从伊斯兰教法及其衍生道德标准。在伊斯兰社会，会计理论的发展同样是建立在伊斯兰教法相应条款的基础上。

伊斯兰会计就是建立在伊斯兰教道德标准基础上，旨在使会计反应的经济活动遵从相应的规章准则。这些道德标准，内容涵盖了公平正义、企业责任的本质，以及一些特定的会计原则。伊斯兰金融机构会计和审计组织（AAOIFI）在制定金融机构会计、审计及公司治理准则时，通常是先基于现代西方会计思想确立相应的会计目标，然后将这些目标与伊斯兰教法一一对应，与教法精神相一致的予以保留，不一致的则予以剔除。然而，这些标准和准则并未被所有的伊斯兰国家全面遵循。在现实中，有相当一部分伊斯兰国家，通过吸取 AAOIFI 及西方会计准则中的相应内容，制定了自己的准则。

伊斯兰会计也在很大程度上受到伊斯兰经济和金融的深刻影响。如前所述，伊斯兰金融具有禁止利息、限制投资范围等一些特性。共担风险、共享利润的方式，取代了传统的基于利息的借贷活动，成为伊斯兰银行系统的运行核心。而银行这一共享利润的投资行为，为会计理论和实务带来了一定的模糊性，这在西方传统的银行体系中是不存在的。此外，基于教法的伊斯兰会计，也在世俗与宗教之间产生了微妙复杂的关系。相关会计主体要同时备有两套会计及审计系统，以满足信教审计师和外部审计师的各自需求，这也是其与西方传统会计实务存在很大差异的一个方面。

跨国资本加速流动

西方金融体系主导金融全球化的格局激发了伊斯兰世界建立自己的金融体系的愿望。20 世纪初，非穆斯林的西方商人控制着中东地区的金融贸易，连奥斯曼银行和埃及国立银行都由西方人把持。这些银行主要从事大宗贸易和安排政府贷款，不直接为当地穆斯林服务。

二战后，中东伊斯兰国家在政治上摆脱宗主国的控制后，强烈要求在经济上取得独立。为了服务广大穆斯林与遵守伊斯兰教原则，他们开始了建立伊斯兰银行的探索。早期的伊斯兰银行希望通过吸引和筹集穆斯林各阶层群众的闲散资金，引导和控制投资，照顾中小企业家和工商业主的利益，侧重于农村经济发展与社会服务。

金融全球化产生的金融风险加大、贫富两极分化、国际金融犯罪增加等现象，使伊斯兰世界重新审视西方的价值观。他们努力寻求一种有别于西方金融体系的金融制度，防止或降低世界经济金融不稳定因素造成的冲击。例如在 20 世纪七八十年代，马来西亚为了维护穆斯林的经济利益和政治权力，也为了摆脱西方“腐朽”价值观的“入侵”，在全国范围内进行了一场声势浩大的“宣教运动”——倡议回归伊斯兰教的运动，其结果之一是使马来西亚政府在经济领域内大力引进伊斯兰文化，推动了马来西亚伊斯兰金融的创立和发展。

金融全球化加速了国际间资本流动，为伊斯兰金融的发展提供了大量资金来源。伊斯兰金融尽管在 20 世纪四五十年代就开始兴起，但真正获得大发展还是 1973 年后。这主要得益于大量石油美元涌入中东伊斯兰世界。

——1975 年阿联酋迪拜伊斯兰银行、马来西亚伊斯兰发展银行；
——1977 年科威特伊斯兰银行社、苏丹和埃及的费萨尔银行；
——1978 年约旦伊斯兰投资开发银行；
——1979 年巴林伊斯兰银行；
——1981 年埃及开罗国际伊斯兰投资开发公司……

众多冠以“伊斯兰”名称的银行或投资公司相继成立，若没有石油美元这种跨国资本的流动，是根本不可能的。

伊斯兰会计辐射全球

由于伊斯兰金融的巨大潜力以及全球经济的一体化发展，伊斯兰金融业务已深入到全球越来越多的国家和地区，并被更多世人所接受。随着伊斯兰金融的发展蔓延，伊斯兰会计也得到了业界的广泛关注，世界各地会计师行业组织纷纷在伊斯兰地区设立机构，而各地伊斯兰金融的引入和开展，也对接触到这一新领域的注册会计师的专业素质提出了更高的要求。

穆斯林世界以外的国家中，英国是伊斯兰金融业务发展最迅速的国家。英国政府一直以来都致力于通过调整监管法规，吸引伊斯兰金融业在本国发展。英格兰及威尔士特许会计师协会（ICAEW）也一直致力于拓展其中东地区的机构和业务。2009 年底，ICAEW 位于迪拜的中东办事处宣告成立，促进了其与中东当地政府、监管者以及利益相关者的合作，有助于发挥自身的专业特长，推动高透明度的信息披露和公司治理，为海湾经济的持续发展贡献力量。此外，ICAEW 还同迪拜金融服务局（DFSA）达成协议，对海湾地区在 DFSA 注册的事务所进行协助监管，共同对事务所执行的审计工作进行评价，同时还将评价事务所履行持续性职业发展要求的情况。

迪拜，受益于政府对伊斯兰金融业的支持、有利的监管环境以及国内与伊斯兰教和伊斯兰教法的紧密联系，成为伊斯兰银行业的中心。图为举世闻名的迪拜帆船酒店（阿拉伯塔酒店）。

在其他国家和地区，地处东南亚的马来西亚已经成为区域性的伊斯兰金融中心，并将发展伊斯兰金融提高到了“金融国策”的战略地位。此外，日本、新加坡等国也大举进军伊斯兰金融，参与到相关债券及保险业务中来。这一系列举措，为推动这些国家和地区的会计师行业与伊斯兰业务相结合，促进伊斯兰会计的全球化进程必将起到重要作用。

早在2007年，时任香港特别行政区行政长官曾荫权就宣布了香港建立伊斯兰债券市场的消息，并在其施政报告中提出了打造“伊斯兰金融平台”的目标。为此，香港会计师公会通过职业继续教育项目及研讨会的形式，为这一新兴产业培养精通伊斯兰金融技能的专业人才。

在中国内地，伊斯兰会计离我们的现实并不遥远。宁夏回族自治区就曾表示，有意将银川打造成为中国内地的伊斯兰金融中心。东北地区最大的城市沈阳，作为10万穆斯林人口的聚集地，早在2008年1月就与马来西亚相关方面签订了一份协议，委托其对当地金融与会计行业相关人员进行伊斯兰业务的培训。相信未来会有越来越多的会计师事务所为伊斯兰会计及相关领域服务。

艾提尕尔清真寺始建于1442年，占地25.22亩，坐落在新疆维吾尔自治区喀什市中心艾提尕尔广场西侧，是全国最大的一座伊斯兰教礼拜寺。这是一个有着浓郁民族风格和宗教色彩的伊斯兰教古建筑群，坐西朝东，由寺门塔楼、庭园、经堂和礼拜殿四大部分组成。

佛教会计：云在青天水在瓶

诸相真来幻影观。
恍疑梦到佛生前。
奇光异彩激心泉。
只为深悲捐大欲，
争看满月照中天。
皈依歌呗遍人间。

中国佛教协会会长、中国佛学院院长赵朴初居士曾于1956年写下这一首《浣溪沙》。从观看皮影戏中感悟到剔透的菩提境界，可见其深厚的佛学造诣。

赵朴初（1907～2000），安徽太湖人。卓越的佛教领袖、杰出的书法家、著名的社会活动家与伟大的爱国主义者。

佛教是佛陀的教育。佛教虽是世界三大宗教之一，但很多人认为，讲佛教是宗教，只是一种通俗的、权宜方便的说法而已，从多个角度看，它更是充满智慧的哲学，而不是只以般若的智慧自内证打破众生的无明烦恼，成就菩提（觉悟）之道。历史上，佛教对世界文化传播作出了不可磨灭的贡献，至今依然深刻影响着大众。进而言之，佛教甚至影响现代会计关于会计期间、要素平衡等思想的发展与演进。

计学的轮回

佛教说，人生一切只是轮回。

其实轮回流转之意，在公元前七百年至公元前五百年间的印度，是奥义书时代各派宗教的共通思想，起于梵书时代（公元前一千年至公元前五六百年间），成熟于奥义书时代。

早期的轮回理论，于今不同。那时以为，轮回转生的范围，不仅限于有情的天、人、鬼神及一般动物，也可能遍及植物。佛教采纳了印度民族的通说，并经由禅定的体验，而倡六道轮回或五趣轮转之说，将三界有情众生分作天、人、修罗、地狱、鬼、异类傍生等六道，有的略去修罗，成为五趣。

“轮回”的梵语为 Samsara，音译僧娑洛。谓众生由惑业之因（贪、嗔、痴三毒）而招感三界、六道之生死轮转，恰如车轮之回转，永无止尽，故称轮回。所谓“六道轮回”，就是指一切有生命的东西，人也好，动物也好，如不寻求“解脱”，就永远在“六道”（天、人、阿修罗、畜生、鬼、地狱）中生死相续，反反复复，看不到有停止、解脱的希望。

轮回是佛教的基本理论，认为人永远处于生死循环状态，循环的线路有六条，在哪条道上循环，也就是来生的生命质量如何，取决于此生所做的善事和恶事。轮回，与会计的期间理论暗合。企业会计准则规定：会计期间一般应从公历 1 月 1 日开始，12 月 31 日结束，又称会计年度。所谓轮回，实际上是上下浮沉的生死流转，在流转中不断变换，而并不真的像轮子一般机械重复同一个动作。所谓期间，就是为了及时提供决策和管理所需要的信息，在会计工作中，人为地在时间上把连续不断的企业经营活动及其结果用起止日期加以划分，形成会计期间，这就是会计分期的基本假设。

轮回的范围共有六大种类，佛教称为六道，由上而下分别是：天道、阿修罗道、人道、畜生道、恶鬼道、地狱道，这都是由于五戒十善①及十恶五逆②而有的类别，五戒十善分为上中下三品，感生天、人、阿修罗三道，十恶五逆分为下中上三品，感生地狱、恶鬼、畜生三道。作善业，生于上三道，作恶业，生于下三道。一个会计主体在持续经营的情况下，其活动轨迹也如轮回一般循环往复、周而复始：采购、生产、销售；再采购、再生产、再销售……表面看来循环往复，但是每一周期都与以前不同，企业可能在经营中壮大，也可能萎缩。于是会计工作也在循环中轮回，或兴盛，或下行。

敦煌的会计师

飞天多画在墓室壁画中，象征着墓室主人的灵魂能羽化升天。佛教传入中国后，与中国的道教交流融合。在佛教初传不久的魏晋南北朝时，曾经把壁画中的飞天亦称为飞仙，是飞天、飞仙不分。随着佛教在中国的深入发展，佛教的飞天、道教的飞仙虽然在艺术形象上互相融合，但在名称上，只把佛教石窟壁画中的空中飞神称为飞天。敦煌飞天就是画在敦煌石窟中的飞神，后来成为敦煌壁画艺术的一个专用名词。

提及敦煌，我们首先想到的，就是莫高窟中一组组栩栩如生的飞天壁画。飞天的原始故乡在印度，但敦煌飞天却是印度文化、西域文化、中原文化共同孕育的结晶。敦煌飞天是中国古代艺术家最天才的创作之一，也是世界美术史上的令人惊叹的奇迹。飞天是印度佛教天人和中国道教羽人、西域飞天和中原飞天融合为一的产物，不长翅膀不生羽毛、借助彩云而不依靠彩云，凭借飘曳的衣裙、飞舞的彩带而凌空翱翔。

莫高窟出土的敦煌文书，则是敦煌神秘佛教文明的又一个至宝。敦煌文书最早由道士王园箓于1900年发现于莫高窟17窟藏经洞。1944

① 五戒：不杀生、不偷盗、不邪淫、不妄语、不饮酒；十善：不杀生、不偷盗、不邪淫、不妄语、不两舌、不恶口、不绮语、不贪欲、不嗔恚、不邪见。

② 十恶：杀生、偷盗、邪淫、妄语、两舌、恶口、绮语、贪欲、嗔恚、邪见；五逆：杀父、杀母、杀罗汉、破坏和合的僧团、出佛陀的身血。

年在莫高窟土地祠塑像中、1965 年在莫高窟 122 窟窟前又陆续有发现。文书总数超过四万件，其中汉文写本在三万件以上。

敦煌文书记载的经济活动主要归属于吐蕃占领敦煌和归义军节度时期，在我国宗教经济史上颇为典型。当时的寺院已经建立了较为完善的会计体系，包括财务岗位设置、账簿体系、记录和报告方法，以及内部控制系统等。循着文献的片断记载，我们可以对这些最神秘的财务记录有所知晓。

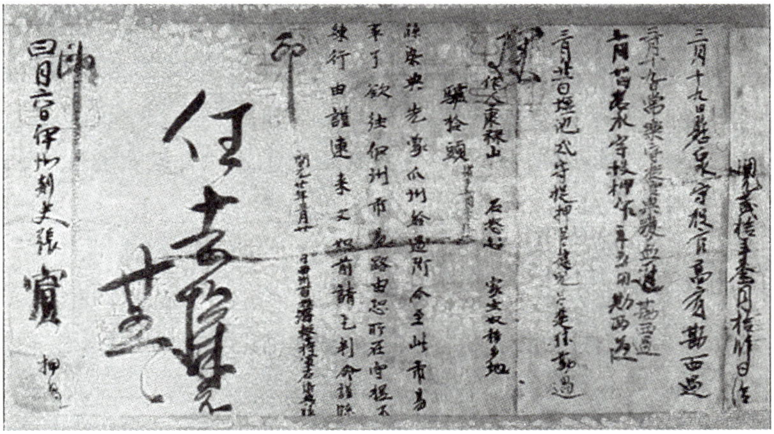

敦煌文书（图为残页）多为卷轴式。北朝写本书法均带隶意，南朝及隋、唐、五代、宋写本则为楷书或草书。8 世纪末，有木笔、苇笔书写的卷子。9 世纪以后，出现经折装、册子本和木刻印本。敦煌文书发现以后，在 1907～1914 年间，英国人斯坦因，法国人伯希和日本人桔瑞超、吉川小一郎，俄国人奥尔登堡等，先后来到敦煌，使用诱骗方法，劫走大批文书卷子。

公元 1 世纪，“金人入梦，白马驮经”，佛教传入中国，唐代武则天当政，佛教盛行。从魏晋至唐、五代，由于皇帝的赏赐，信徒的布施、奉献，加之合法和非法的掠夺，寺院拥有了大量财富。然而，寺院一直笼罩着神秘的宗教光环，在芜杂尘世里扮演慈悲净土的角色，寺院的财产无论如何都不能比佛法更重要，也就不被宣扬，因此，除非有可靠典籍，外人难以猜度其数量，而“管理”寺院财产的寺院会计就更不为人知。

让我们翻开神秘的敦煌文书，揭开寺院会计的神秘面纱。寺院里一般设有“三纲”——“上座、寺主、都维那”，这是三个发号施令的掌权者职位。“三纲”之下，设“典座”主管总务、设“直岁”主管会计、设“库头（或佛事）”主管出纳，以上三职为财权的执掌者。事实上，“直岁”早在东汉末年就已出现，但最初其主管事务繁杂，并不专注于财计。随着经济事务在寺院中的地位不断提高，直岁的职能便逐步专一起来，成为寺院的“主管会计”。

直岁掌管寺院的经济事务，负责寺院的收支，并将其详细记录，每年年终还要写成年终结算报告，向众僧汇报。考虑到财务直接影响到寺院的存续和发展，因此直岁都是从受教育最多、书法最好的和尚中选择。

据敦煌文书记载，敦煌寺院基本的簿历是“入历”和“破历”。此外还有便物历、各种凭证、唱卖历、官斋历等。所谓入历，即收入账，分为序时流水式入历、汇总的诸色[①]入历、分类入历三类。

序时流水式入历，即按日期顺序依次记载的收入日记账。

汇总的诸色入历，是供编制“会计报告”用的，数据的重心在会计年度。因此，除在起首部位写明年、月、日外，每笔收入账一般都不记日期，这是它与“序时流水式入历”显著的不同点。

分类入历，系由汇总的入历过账而成，按照分类对象的不同，有麦入、粟入、油入、米入等，数量颇多。

与“入历”对应的称为“破历”，即支出账，又名破用历、付历、出历等。破历也可分为序时流水式破历、汇总的诸色破历、分类破历，它的基本结构与入历大致相同。

“寺院诸色入破历算会牒”，这就是寺院的会计报告了。专家从敦煌文书考证得出，在唐、五代时期，敦煌寺院的会计报告就广泛采用了“四柱结算法”。数量最多的是四柱式的，非四柱式的数量很少。典型的四柱式“会计报告”的结构可分为起首、第一柱、第二柱、第三柱、第四柱、结尾六个部分。

起首部分，包括上状的单位、执掌僧的寺职、法名、算会起讫年月日、

① 诸色即各种、各类。

地点、在场参加者，上一会计年度结存和本会计年度收入的项目、物品名称以及总数和分类数。分类数相加等于总数。

第一柱为“承前账旧”，即上期结余，包括物品名称、总数和分类数。

第二柱为“自年新附入”，即本期收入，其汇总数据来自于“汇总的诸色入历”，包括本期麦粟油苏米面等新收入总数，它的分类数和明细账数据来自于分类入历。

第三柱为“破用”，即本期支出，包括支出总数、分类数和明细账，其中总数来自于汇总的诸色破历，分类和明细账数据来自于分类破历。

第四柱为“破除外应及见在”，即本期结余，包括结余物品的名称、总数及其分类数。总数以斛斗为单位计算。总数控制分类数，分类数控制明细账，层次分明，钩稽清楚。

结尾部分包括牒状套语、上状年月日、上状者的单位名称、职掌僧法号，以及徒众和僧官具名签字。

上述六部分，其核心由四柱分隔组成。其结算公式为：承前账旧（上期结余）+新附入（本期收入）-破除用（本期支出）=应及见在（本期结余）。应及见在转入下会计年度即成为承前账旧。其形式，四柱都顶格起写，直至行末，形似一条柱子，分类数居中偏下起写，新附入和破用明细账，起首书写高度在第二、三柱与分类数之间，按麦粟等货物分类顺次记载，记完一类，再记一类。每笔账只记物品名称、数量、来源或用途，不记日期，形式非常清楚。

在寺院的佛事中，月考、岁计是尤为重要的佛事。月考俗称“算账”。由上座僧召集禅堂班首、都维那等各路相关人员到丈室聚会，监听直岁僧宣读月度会计报告。大家听后可对疑问当场发话，要求直岁僧解释清楚；如无疑问，便签字通过。寺院一般以旧历正月初一日为岁首，以旧历十二月末为算期，于新春正月十五日左右举行全寺决算会议称为岁计。只有通过岁计考量，直岁才算是完成了任务，考核合格。

敦煌寺院不仅有全面详细的会计记录，还建立了完善的内部牵制、岗位轮换和责任审计制度。寺院里的各项财物，实行划类分仓保管的制度，现金、衣食、其他财物各归其类。凡现金出纳由一库头掌管，但每开钱柜必须三人在场。寺主、直岁等主要职事僧人总管寺院的常住什物（日常用品）

和诸色斛斗（各种粮食），同时又有若干僧徒结伴、结团集体执掌，分工负责，实行定期轮换差替制。执掌僧上任取得领物凭，作离职结算时的底账凭证。执掌期间由入历、破历等记载财务收支变化，并定期结算。离职时，对在职期间执掌的财物及其变动情况，要造具“常住什物交割历牒”、“诸色斛斗入破历算会牒”等，面对本寺徒众和上级僧团派来的僧官，进行宣读，听取质疑、审查。宣读通过后，上报河西都僧统，经审核无误，再由都僧统签具“勘算既同，连附案记”才能结案。离职结算时，如发现财物缺少，执掌僧要承担经济责任，或以现物赔偿，或作为欠债入账。这一点类似当今的离任审计制度。

敦煌寺院存续和兴盛离不开完善的财产管理和财务会计制度，这对当今经济社会仍然具有重要启迪意义。正是由于寺院经济在我国封建经济体系中的重要地位，寺院会计一度处于我国民间会计的领先位置，给我国会计审计史留下了浓墨重彩的一笔。

黄老道家与辩证会计：万物负阴而抱阳

老子在《道德经》中说：“道生一，一生二，二生三，三生万物。万物负阴而抱阳，冲气以为和。”

老子即李耳，字聃，一字或曰谥伯阳。汉族，楚国苦县历乡曲仁里人（今河南省鹿邑县太清宫镇），约生活于公元前571年至471年之间。是我国古代伟大的哲学家和思想家、道家学派创始人，被唐朝帝王追认为李姓始祖。存世有《道德经》（又称《老子》）。

一阴一阳之谓道，阴阳的运动与转化推动着事物的变化与发展。

常言说善为阳、恶为阴，但是，阴阳的本质本来不是要制造阳为善、阴为恶这种简单易记的标签，阴与阳只是表示相对状态，而不是就意味着正反善恶。阴阳，有始生、渐盛、旺盛、盛极、始衰、转复，或者潜伏、显现、成长、跃动、充足，或者小、壮、老之序。

会计亦阴阳

我们产生的观念是认识的产物。认识的前提支配着在此基础上形成的意识。对获利、利益的想法随着时代而变化。

在收付实现制的时代，利润的数字构成，就是收支以及收支之差额。到了权责发生制时代，利润的数字构成变为期间损益。在道家的眼中，构成这些事物并影响它们变化的要素就是阴阳五行。

损益也是阴阳。假如对损益简单认为损为恶、益为善的话，就不能理解利益的真正涵义。损为阴，益为阳，损与益相协调才能带来生生不息的效果。损的力量过强是失调，益的力量过强也是失调。道家的方法论，是阴阳平衡，是负阴抱阳，是阴极生阳、阳极生阴，是阴阳的相互运动与转化。阴阳五行学说，可以用来观察、分析包括会计在内的各种现象，并洞悉其本质。

道家阴阳太极与八卦的理论，是观察和分析世界的方法与系统。其实，会计也是一种观察、计量与分析经济世界的方法与系统。会计方法也可以用来分析经济世界的种种现象，会计系统也可以用来计量任何经济对象系统，这些特点，与道家学说有共同之处。

将阴阳五行的原理运用于会计，损为阴，益为阳；收入为阳，支出为阴；采购为阳，出库为阴；债权为阳，债务为阴。

资产是阳，而负债与股东权益是阴。在资产负债表的左侧，流动性最大的资产为阴，流动性最小的资产，则为阳。在资产负债表右侧，负债是阴，而股东权益为阳。

资产、收入是阳，负债、成本费用是阴。阴阳之力在抗衡，也在抗衡中保持平衡。

资本是太极，损益是资本运营的结果，因而损益也是太极。资本与损益的不同在于静与动。资本为静，损益为动。阴阳即借贷总是保持均衡，这种均衡是动态的均衡。

太极只有一个，分为阴阳而为二。会计只有一个，分为借贷而为二。一生二，二生三，三生万物，以致无穷。一个会计，生出两个分录（借和贷），进而生出三张报表（资产负债表、损益表、现金流量表），于是，构成了整个会计世界。

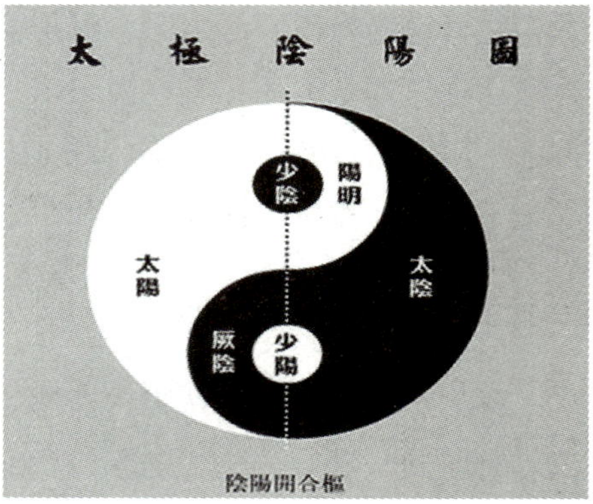

太极图据说是宋朝道士陈抟所传出，原叫《无极图》。陈抟是五代至宋初的一位道士，相传对内丹术和易学都有很深造诣。《太极图》经陈抟学生传给周敦颐。周敦颐写了《太极图说》加以解释。现在我们看到的太极图，就是周敦颐所传的。图中文字“六气”代表事物发展的六个阶段：太阳表示阳盛阶段，阳明为阳气极盛，少阳为阳气衰少阶段，少阴是阴气衰少阶段，太阴是阴气大盛阶段，厥阴为阴尽阳生。

黄老何能通经济

西汉初年，黄老思想一度占据了统治地位，但由盛而衰也仅仅七十余年的时间，可谓短暂。黄老之学何以最终让位于儒学而失去统治地位？有人往往将这一转变归结为：汉武帝时期，西汉已经强盛，武帝要变“无为政治”为“有为政治”，以抗击匈奴。

这个理由，虽有历史事实作为旁证，但其逻辑显然是可疑的。如果仅仅因为武帝的个性使然或者匈奴问题的原因而改变国家统治思想，那么汉武帝百年之后黄老思想依然无法复兴就难以合理解释了。当然，也有学者罗列了汉初实施黄老政治所显现出来的诸多弊端，将这些弊端归结于“黄老之学”与生俱来的理论问题，说是这些因素导致了黄老思想的衰落，应该说这一解释有其合理性，但似乎仍没有将问题诠释清楚。

具体说来，黄老思想无法解决的四个基本层面的矛盾有：无法消解政府集团与豪强集团之间的不平衡；难以消解政府集团和劳动阶层的不平衡；无法满足中央集权统治模式的需要；缺乏社会政治文明必需的文化建设。

如果继续按照黄老的无为政治理念行进，西汉社会土地兼并很快就会达到难以容忍的程度，必然会带来系统性的社会问题，乃至改朝换代。黄老思想非但不能减缓这一社会财富向豪强集团的流动趋势，反而有助长这一趋势的作用。很显然，这是黄老无为理论所表现出来的明显缺陷。

基于西汉建国的社会现实，汉初黄老思想对于“仁义”的理解更倾向于实行“无为而治”。这种思想的指导方针显然也是消极的，劳动阶层难以对现实状况得到合理的解释，无法从根本上得到精神上的满足感，这样就很容易导致社会混乱与动荡。

自秦朝正式确立中央集权的大一统模式之后，汉承秦制，西汉帝国也在秦朝的基础上建立了大一统中央集权统治模式的国家，这一模式由于要求国家权力高度集中于皇权，就要求社会的制度、权力、思想、秩序都要高度统一。但是汉初以来奉行的“无为而治”的黄老思想，其理论本源上并不强调集权，无法给至高无上的强力统治提供宗教理论依据，也就缺乏有效的政治手段和制度建构加强中央集权，显然无法满足这一统治模式的需求。

对于社会政治文明来说，必要的文化建设是其所必需的，这是维系社会秩序与稳定的有效手段。而黄老道家中“清静无为”的思想内核，使其整个理论体系中并没有系统的文化思想建设内容，任何性质的规范化、秩序化，都是与“无为”的理念相冲突的。在黄老思想的指导下，社会秩序逐渐变得混乱与无序。

让黄老道家作为一种统治思想，特别是作为大一统的农业经济社会的统治思想，存在着许多源自于其思想本源的难以调和的矛盾，而这些矛盾与大一统中央集权的统治模式所寻求的政治解决途径有着很大的距离，从而注定了黄老道家作为一种统治思想只能是暂时性和阶段性的。当西汉社会的“休养生息”的阶段性政治目的达到之后，黄老道家退出统治思想的位置也就只是时间问题了，这便有了后来以董仲舒为代表的西汉儒家思想的繁荣。

摆出黄老这面镜子，提示会计一刻也离不开程序化、规范化、科学化，一刻也离不开文化建设；提示会计人有为才有位，有位才有味。

阿米巴经营：阴阳学说的现代延续

俯仰千年，在西汉无法实现管理社会意识形态的黄老思想发展到了今天，渐渐在日本企业家中衍生出一种新的管理模式——阿米巴经营。

公司的发展靠什么？事实上，公司的发展不完全依靠高级管理层的远见卓识，更是依靠每一位员工的日常努力积累。只有让每一个员工发挥能动性，企业才能够真正的强大。阿米巴经营的核心思想就是让员工都主动参与工作，亲身感受到生产、营销和市场的每一个环节对自身发展的影响，从而激发员工的全部热情，并投入到工作中来。

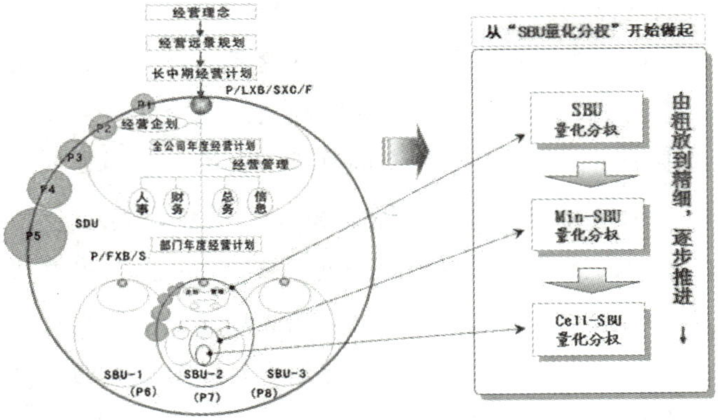

阿米巴经营模式源于稻盛和夫创业早年的困境，当时他一个人既负责研发，又负责营销，当公司发展到100人以上时，觉得苦不堪言，非常渴望有许多个自己的分身可以到各重要部门承担责任。于是，他把公司细分成所谓“阿米巴”的小集体，从公司内部选拔阿米巴领导，并委以经营重任，从而培育出许多具有经营者意识的领导。

这种以小集体影响全局的经营模式，恰似千年前中国古代黄老思想的“周而复始”、“否极泰来”的管理理念。阿米巴经营的创始人稻盛和夫①先生曾指出：

“我的观点与中国道教遵循的‘道法自然’观点相近，即要以基本的道德观、伦理观为前提去办事。我是企业经营专业的外行，但我本着这一思想经营企业一辈子，也获得了事业的成功。

“如果我当初学了经营学，想到的只是赢利，甚至想到一些投机取巧的办法一味通过人际关系去赢钱，一切为了少吃苦多获名利，那也就没有今天。”

---

① 稻盛和夫1932年出生于日本鹿儿岛，鹿儿岛大学工学部毕业。27岁创办京都陶瓷株式会社（现名京瓷Kyocera），52岁创办第二电电（原名DDI，现名KDDI，目前在日本为仅次于NTT的第二大通讯公司），这两家公司又都在他的有生之年进入世界500强，两大事业皆以惊人的力道成长。

“我就是从做人的道理出发，提出我自己的经营哲学，并做到与全体员工共享。我始终如一地去做，悟出道理就记在本子上，始终保持自己追求的人生理想。”

基于这些理解可以想见，阿米巴经营的实务，乃是最基本的管理控制会计（也被称为“责任会计”）应用。由于管理控制会计本身的理论完整性、可操作性，以及实施工具（例如ERP信息系统）的普及性，我不赞成国内企业在导入类似管理系统（Management System）时，追逐阿米巴管理的细枝末节作为普适方针；应该正本清源，从基本的管理会计做法入手。不过，阿米巴所倡导的经营人心，全员参与，透明经营，追求完美，在工作中感受人生的意义，为人类和社会的进步和发展做出贡献等等企业经营价值观，是相当有意义的。阿米巴是一种东方式的阴阳哲学，用经营哲学的阴柔抵充科学管理的刚强，来取得执行力的平衡。

早在20世纪90年代初，稻盛和夫管理哲学和管理系统（即阿米巴）在美国管理学界就受到过重视。1991年，著名领导学家John Kotter撰文认为稻盛和夫是用个人领导力和企业文化，在保持以阿米巴为特征的利润中心的自主性的前提下，消弭其所潜在的利益冲突，他称之为“文化性控制”（cultural control）。

当时致力于研究日本管理模式、作业成本法提出者之一Robin Cooper，1994年在《哈佛商业评论》上撰文并于其后出版了专著，系统分析了阿米巴管理系统，将其称为“微利润中心”（Micro Profit Center，即MPC）。他认为从成本核算、利润核算和转移定价等管理会计意义上，MPC和传统利润中心在业务计划、管理控制、经营决策上并没有什么不同，其独特之处在于：按月制定绩效计划、逐日监控，绩效结果在内部公开，各MPC相互比较，促使MPC负责人激发企业家精神，保持紧迫感。同样，作者认为MPC既有降低决策重心，避免组织僵化的好处，也有局部利益最大化造成组织冲突的风险，所以“管理哲学”成为调和这种潜在风险所不可缺少的手段。

在这个层面上说，阿米巴经营是管理学概念，也是心理学概念。稻盛和夫先生，是一位管理学大师，也是一位心理学大师，他就是在经营管理中摸索出了激发大家斗志的方法，从而让他的企业在多次世界性金融危机中处于不败之地，这也是我们学习他的重点所在。

会计遇上理学与礼教

“礼”虽然在严格意义上并不能称为一种宗教，但在中国古代，礼被用于定亲疏、决嫌疑、别同异、明是非，其本质作用不亚于宗教对社会的巨大影响，故在此一并说之。《释名》曰：“礼，体也。言得事之体也。”《礼器》曰：“忠信，礼之本也；义理，礼之文也。无本不立，无文不行。”礼是一个人为人处事的根本，也是人之所以为人的一个标准。故《论语》曰：“不学礼，无以立。”《诗经》云：“人而无礼，胡不遄死？”

“礼”在中国古代是社会的典章制度和道德规范。中国古代贵族在举行祭祀、宴飨、征伐及丧葬等礼仪活动时会使用专属的礼器。左图为后母戊鼎，是世界迄今出土最重的青铜器，是商王祖庚或祖甲为祭祀母亲戊而作的祭器，收藏于中国国家博物馆。右图为大盂鼎，是西周早期青铜礼器中的重器，造于西周周康王时期，现收藏于中国国家博物馆。两只鼎一方一圆，转意可指会计的规矩——没有规矩，无以成方圆。

“礼”对会计的文化定位是礼对会计发生作用的起点。在礼的视野内，会计处于从属性和依赖性的地位。礼文化对会计活动规范是礼文化对会计角色的文化定位的逻辑推论。礼为任何一种社会角色定位的根本目的，都在于为其制定相应的活动规范。礼对会计的文化定位也是为会计的活动提供一个行为准则。

对中国传统的经学或儒学而言，礼学是它们的核心组成部分，但礼学又不完全局限于经学或儒学。一方面，礼和法一样，具有强制性和事后警示作用，任何被认定为违反礼的行为，都必然会受到严厉的惩罚；另一方面，礼和德一样，具有柔性特点和事前预防效果，它十分注重通过礼仪示范等方式对社会成员进行教化。

会计缠成三寸金莲

“礼”的实质是等级制度，它要求每一个社会成员都能安分守己以保证整个社会秩序有效地运行。根据社会统治的需要，设定地位尊卑不同的社会等级；为不同的社会等级规定相应的社会待遇和言行标准。

当代中国社会，礼的表现形式发生了很大的变化，但是“讲等级重身份”的礼教观念依然现实存在并对社会生活产生深远而广泛的影响。同样，礼文化对会计的角色定位以及对会计的评价和期望两方面也有着深远的影响。

受礼教观念的影响，社会职业分成等级。在重农抑商经济思想的支配下，封建社会长期将社会职业按照士、农、工、商的顺序排列等级。在这个等级序列中，“工商”业已是“末流”职业，而会计职业作为依附于工商业的职业则成为社会“末流之末流”而被贬为“账房业”，受到社会的极度轻视，社会地位很低。现代市场经济中，尽管会计职业的社会地位有了很大的提高，然而人们对会计地位的认识却尚未实现根本性转变，依然认为会计是“为实体算账，为别人管钱”的从属性和服务性职业。许多颇具才华的社会精英往往认为会计职业没有太多创造性而不愿投身其中；很多具有创新才能而又具有现代意识的会计人觉得有些压抑，认为自己不能主动把握自己的命运、实现自身价值；会计从业人员中女性比例明显偏高，会计行业的男性表现出内向、拘谨的性格特点，整个会计行业呈现出一定的女性化、单向度色彩。

人们知道，宪法规定了法律面前人人平等的原则，会计人员和企业领导在地位上的平等正是这一精神的体现。会计人员有权监督企业的财务活动、有效贯彻会计政策和财经法规、客观公正地进行会计事务的处理报告。

礼教却对会计的规范，即礼为会计活动提供了一般标准：作为下级，会计言行首先应该符合“上下有义”的基本要求。会计人的行动应该是领导意图和权威的体现。任何违背领导意志、损害领导权威的行为，即使是“合法合理”，也会被认为是“不守本分”的“违礼”；反之，那些服从领导意志、维护领导权威的行为，即使“违规违法”，也因为其“合礼”，而能得到某种程度的同情或理解。

理学与经济伦理精神

在中国的思想文化领域内，宋元明时期占统治地位的是理学，名之为新儒学，又称宋明理学。宋明理学是传统礼教的重要组成部分。

儒学发展到宋朝，面目为之一新。先秦儒学至两汉而形成经学，依附经学又产生谶纬之学，因而汉代儒学具有神学化的倾向。唐代儒学承袭汉代经学传统，以章句注释、训诂考据为主，但义理之学已引起一部分人的重视，开宋明理学之先河。宋代学术风气大变，出现了一股疑古思潮，一些学者不满于汉唐的章句注释之学和训诂考据之学，大力倡导发明儒家经典义理，重视把握儒学精神实质，理学遂勃然而兴。

北宋前期，范仲淹、欧阳修等人继承唐代韩愈、柳宗元等人的儒学复兴运动，大力提倡儒家思想，揭开了新儒学诞生的序幕。北宋中期的周敦颐、邵雍、张载、程颢、程颐等人继之而起，开展了声势浩大的儒学复兴运动，形成了理学。南宋时期的朱熹，最终完成了这一思想体系。可以说，作为一个独具特色的时代思潮和完整的理论体系，理学是由周敦颐开其端绪，二程奠定基础，朱熹集其大成。

宋以后的封建统治者和学者们均把程朱理学奉为正宗，到了明中叶以后则主要盛行以王守仁为代表的主观唯心主义。

德国社会学家马克斯·韦伯[①]曾提出，西方清教主义的特征是对追求利润的行为进行理性和伦理上的限制，以强化勤勉苦劳的人生态度，故新教伦理孕育着近代的资本主义精神。相反，讲礼仪和重和谐的儒家或儒教，却不能逐渐形成带有新教意义上的资本主义精神。

---

① 马克斯·韦伯（Max Weber，1864.4.21－1920.6.14），德国的政治经济学家和社会学家，被公认是现代社会学和公共行政学最重要的创始人之一。最初在柏林大学开始教职生涯，并陆续于维也纳大学、慕尼黑大学等大学任教。对于当时德国的政界影响极大，曾前往凡尔赛会议代表德国进行谈判，并且参与了魏玛共和国宪法的起草设计。

针对韦伯的命题，人们提出了种种的反驳的意见。如余英时就认为，若按韦伯的推论，理学和禅宗的伦理其实也包含着构成所谓的资本主义精神的要素，如禁欲的精神、苦劳的精神等，故问题就错在韦伯的提问方式本身。有关儒家（包括理学）的伦理精神是否构成中国近代资本主义发展的人文动力问题，终究属于宏观的理想型的讨论，并非一时能道出个寅卯来。但韦伯命题无疑给人们一个启示：我们应该重新估计儒家的思想和其他的思潮在中国社会经济变迁中的作用。

中国古代社会的传统一直是以农立国，农为国本，一贯奉行荣宦游而贱工商的伦理规范。社会各阶层士农工商，等秩俨然。但到了近世的明清时期，随着东南商业经济的发展，传统重农主义的伦理规范受到了很大的冲击，"工商皆本"的重商主义的思想交汇迭起。许多商人以及商人世家，都为提高商人的社会地位而大声疾呼，甚至把为商之道与儒家的伦理道德、天道相提并论。如出身新安商人的汪道昆，便是明中叶江南新兴商人阶层的代言人。他称"大江以南，新都以文物着。其俗不儒则贾，相代若践更。要之，良贾何负闳儒[①]"，"藉今服贾而仁义存焉，贾何负也"？认为或商或儒并无所谓的贵贱之分，良贾也能和儒者一样具有仁义精神。而一些从商者，特别是弃儒投贾者业已自觉地用儒家（包括理学）的伦理精神来指导自己的从商的行为。

"礼""德"相撞，会计何从

"礼"作为一种柔性的社会规范，只是为会计活动提供了一般的标准。社会价值则通过对会计活动提供更具体的标准，尤其是对会计违法活动的期望和评价间接地体现出来。礼教如此深刻地影响着现代观念：那些能够"积极配合"领导违法意图的会计人不但不会受到社会的否定和摒弃，相反，通常被认为这样做是会计潜规则的本色所在；那些接受指使而牺牲职业道德"消极迎合"领导违法意图的会计人则会得到同情和默许；那些坚持原则、诚实守信的会计人则往往遭到排挤与打击。

---

① 语出汪道昆为徽州盐商程启明所作的墓志铭，见汪道昆《太函集》卷五十五《诰赠奉直大夫户部员外郎程公暨赠宜人闵氏合葬墓志铭》。

传统礼文化对会计人参与管理舞弊现象给出了一定的解释。我国目前资本市场的恶性会计舞弊案屡见不鲜。由于会计学科的经济和管理性质，人们对财务会计舞弊原因的分析大多是从经济、管理和法律角度进行的。实际上，财务会计舞弊除了经济、管理和法律上的原因外，还有深刻的文化原因。

近年来，一批上市公司涉嫌财务造假丑闻陆续被曝光，而幕后少不了一个“倒霉蛋”：会计师事务所。这一现象背后有“礼文化”的影子。图名《同流合污》，作者为漫画家韩恩胜。

礼文化对会计活动的折射，影响了会计人在财务会计舞弊中的行为选择。从一定意义上来说，被动参与舞弊是会计人自身在礼文化的影响下作出的无奈选择。会计人在文化上的从属性和依附地位，决定了会计人在财务会计信息处理的整个过程中都处于被领导、被支配的地位，重大会计事项的确认、计量和报告以及会计程序和方法选择通常是事前由上级领导层决定的，会计人员对这些影响会计信息质量的行为并没有决定权。会计人在错报和舞弊链条中的作用是参与性的、工具性的，也就是说，会计人只是为财务会计错报和舞弊提供技术支持。

按照礼的要求，会计人员作为下级，服从领导意志、配合领导行动是“身份”决定的“本分”。不管管理层的行为是否违法，会计人都应该“积极配合”；如果做不到“积极配合”，至少也要做到“消极迎合”；如果连“消极迎合”也做不到，则会计职业生涯面临重大灾难。首先，这样的会计人一旦离开原单位，很难再有别的机构聘用。其次，对于该会计人的遭遇，整个社会的非利益相关方不但不会同情，反而会给予嘲讽和躲避，因为，作为下级拒绝合谋的“守法”行为，违背了依然潜藏在国人心灵深处的礼教等潜规则。于是，自觉或不自觉地参与财务会计信息操纵，成为相关会计人无奈、无畏的选择。

与经济学、管理学、法学认定的管理角色不同，文化上的会计是在社会等级观念上的具有服务性和从属性的下级。这种下级地位决定了会计行为服从领导意志是会计人的基本文化准则。会计人在会计活动中的作用并非全部是主动性的。会计人有时被迫选择配合“演出”，一方面是基于自身地位的现实考量，另一方面也是长期受礼文化诱导的结果。了解了财务会计错报和舞弊链条的这一现象，制度建设、体制机制重建就可以有的放矢，避免劳而无功，避免误伤弱势。

结语：花开并蒂，溢彩流光

走过耶稣基督的神圣教堂，
穿越轮回生世的佛殿回廊，
翻阅传承千载的古兰经文，
推开阴阳双鱼的神秘之门，
漫溯贯穿华夏文明的礼教儒学，
无论你身在何处，蓦然回首，总能看到会计学的身影。

花开并蒂，溢彩流光。这就是会计与宗教早已注定的缘分。每一个会计人都需要向内心深处搜寻，寻觅一个不变的信仰，只待风雨过后，铅华洗净，濯然独立，如莲花般，清简明媚，佛性盎然，圆润完满。

思想的历程

【题记】会计的思想，就是人类经济社会的思想之核。

思想无价，无法称量。

在生命的寂静处，燃烧热烈的星光，腾起排排热浪。给惺忪的天空，献上追寻目光的深情一望。

思想境界，无限高尚。

大脑的沟回，数不清弯道的曲折，撑起一副骄傲的心脏。有力地跳动生命，让欢乐的岁月之神，刻上年轮的辄痕，额前的光亮。

思想追寻，无尽漫长。

让影子伸缩在，跋涉的路上。一生的长短，不是时序的过往，而是前进之路，足迹的遥长。是无畏者的前行，无悔的乐章。

无须怀疑，这是支撑人生的柱梁。缺少，便是沉沦，便是死亡。

人只不过是一根苇草，是自然界最脆弱的生物，但思想是河岸。用不着整个宇宙都拿起武器来与苇草抗衡，它便会灰飞烟灭。然而，这河岸不同，纵使宇宙毁灭了他，这河岸的记忆还在，被世世代代流传，思想的伟大亦如是。

中国人讲悟性，“悟”即领会、觉醒，成语中有恍然大悟、执迷不悟之说。“会计当而已矣”中，何为“当”？“当”就是量入为出、谋求收支平衡。至于如何“当”则无具体规范可循，全靠一个“悟”字。凡事必有神秘，人们不愿意将隐性知识显性化，故凡事只能靠“悟”。

上下五千年，华夏文明历经重重劫难却生生不息，代代先人不断奋起的根源何在？源在思想。思想是一系列的信息，输入人的大脑后，经历一个包括采集、整理、汇总、分析、判断等细节得出一个成型结论的复杂过程，形成的一种可以用来指导人的行为的意识。

会计思想，就是在人们在会计实践中对会计活动的思考所形成的观点、想法和见解的总称，它是人们对会计实践中经济交易或事项种种关系及其矛盾运动自觉的和系统的反映。它经历了从思想萌芽、思想形成到不断系统与深化的发展历程。

源起结绳

思想是思维的结果。它有着古朴的意解，也有着时代的意义。简言之，就是人们在脑中产生了对某事、某物的判断，这种判断源于思考产生的记载。

最初，人们对生产耗费和生产成果的关心只是生产过程中的一种附带工作，表现为“结绳记事”、“垒石计数”、“刻契计数”等原始记录形成。

美国数学家仙农（Claude Elwood Shannon，1916～2001）创立了经典信息论，其假说提出思想和记忆都是信息的表现形式。记忆是思想的特化，当信息引起摩擦碰撞的分子恰好是以前产生思想的分子（记忆的决子）时，以前的思想便会再次通过特定信息子的规则排布表达出来。

信息技术发展到现在，按照信息论假说，思想其实就是一种信息。大脑中的某些特定分子摩擦碰撞，引起了某些信息子的规则排布，在三维空间中的表现就是产生电流，引起脑细胞的活动，这便是思想的本质。当然，不同信息表现出不同思想。

这难道不是说我们的思想是早已限定好的吗？其实就是如此，只不过我们脑中分子数量是庞大的，其能引起信息子的排布形式的种类是极其多的，我们现在的思想不过也只开发了很少一部分。

现实中我们所谓的思想还要有另一个因素，那就是需要通过一个完整复杂的调节机制将其表达出来，这个调节机制对于人类来说便是神经系统，因此只有人类才能将复杂的思想表达出来。

推而广之，现代会计业务操作和数据的处理恰有相似之处。在计算机的支持下，由具体的人，在一定的规则约束下工作，并参与监督企业的经营活动，参加企业的管理。而其中蕴含的思想，却又交互叠加、生生不息。

会计思想发轫于夏

会计思想形成之初，实际就是简单的计数观念。思想脱胎自农业生产技术的发展，市场经济思想的演进是会计思想发展的主要推动力。而会计本身则是应一定时期的商业需要而发展的，并与经济发展密切相关。

我国的会计思想出现于夏朝，形成于商朝。

自夏朝开始，古中国正式进入文明时代。这个时期已经出现会计思想的最初萌芽，大禹在会稽山“计功而崩”可为佐证。作为奴隶制的形成时期，有关夏朝的史料非常缺乏，我们不得不靠推测和传说来考察这一时期的会计思想。

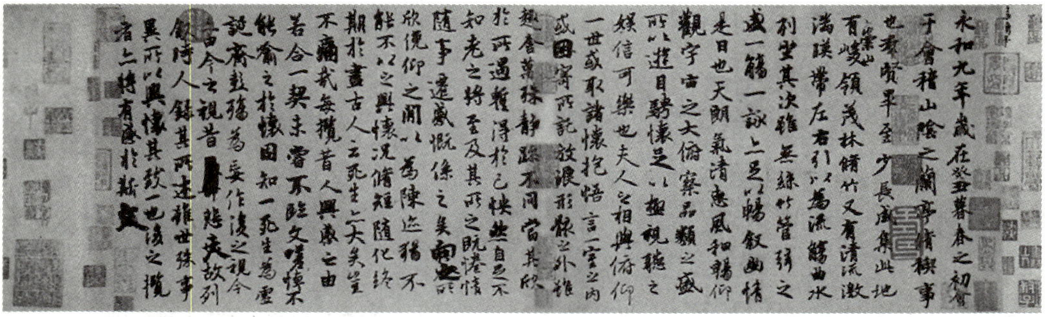

东晋书法家王羲之《兰亭序》中记叙兰亭周围山水之美和聚会的欢乐之情，抒发作者好景不长、生死无常的感慨。法帖相传之本，共二十八行，三百二十四字，章法、结构、笔法都很完美。“会于会稽山阴之兰亭”一句中，会稽，郡名，今浙江绍兴，相传为大禹计功、归葬之地，即会计文明之源。

夏朝时已有石骨器铜器和车舟的制造技术，陶器的制作也比以前更加精细，生产工具也由石器演变为铜石并用。由于铜器在生产中的使用，耕地面积迅速扩大，加之农业施肥和灌溉技术的发明，原始社会的生产协作逐步向生产过程的个人化发展。土地所有制由原来的氏族所有渐渐演变为大家族所有，氏族内部逐渐分化为大家族和特殊的小家族，原来以性别和年龄的分工逐步演化为家族与家族的分工。

生产过程的个人化既是私有财产制度出现的前提，又是它的结果。

私有财产的出现促使人们更加关心投入与结果的比较，从而使会计思想从简单的计数反映发展到主动的核算和监督。家族间分工活动的出现产生了交换的需要，商业活动的出现也就成为一种必然，会计作为一种“商业语言”也就相伴而生了。

社会进一步发展，生产技术不断提高，剩余产品的出现使人们逐渐产生计数的思想，这是人们识别和关心自己劳动成果的一种本能体现。《资本论》提到：“在一切社会状态下，人们对生产生活资料所耗费的劳动时间必然是关心的，虽然在不同的发展阶段上关心的程度不同。”会计计量思想的最初萌芽——“简单刻记”和“结绳记事”也应运而生，这种计量思想是人类在缓慢进化过程中，为了生产实践的基本需要而产生的，是社会生产力发展的客观需要，也是人们注意管理经济的最初表现。

后来，随着生产技术的进一步发展，大约是原始社会末期到奴隶社会初期，由于部落间交换活动的日益频繁，仅靠结绳已无法满足交易和生产活动的需要，最初意义上的会计凭证——“书契”开始出现。

“黄帝命隶首做数，比率其羡，要公会，而律度量衡由是而成焉”。制定会计计量标准的思想——度量衡的出现，则标志着会计记录方式有了最初的萌芽。不仅有明确的量的观念，而且对实物的确认也有质的思想的“书契”作为记账凭证的应用，使我国会计出现了最简单的轮廓，是我国古代会计思想史上的一件大事。

然而，技术进步只是会计思想向前发展的一个必要条件，但不是充分条件。会计思想能反映和促进技术的进步，制度和意识形态的演进必须能够容纳和促进，也就是说，一个国家以文化为主线的制度背景对会计思想的形成和发展，起着决定性的作用。在原始社会末期，部落间剩余产品的交换活动一般是在氏族首领间进行的。这为氏族首领利用公共权力为个人利益而侵占公共财产创造了条件，从而刺激了氏族首领对公共权力的崇拜和追求，更多

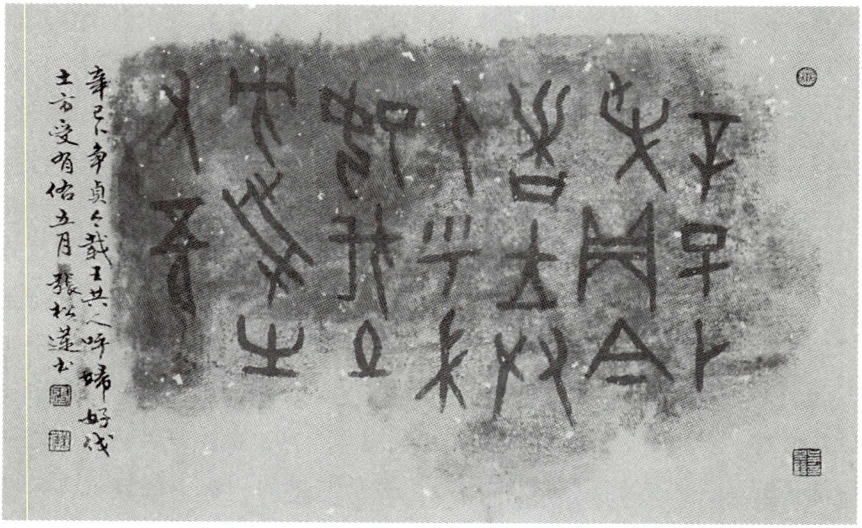

把文字刻在木片的一侧即为书契，是远古时代的一种文字，一般认为是契约之类的文书凭证。图为台湾书法家张松莲女士书写的甲骨书契。

的公共权力只有通过战争的手段来获得，频繁的战争最终导致一个凌驾于整个社会的力量——国家。

与雅典和罗马均不同，中国的国家形成是由一个大大小小的以血缘为基础的家和各种各样拟血缘的“家”，按照君君臣臣父父子子的伦理宗法原则，所构成的“家国同构”的社会。在这种社会里，各种形式的产权都带有超经济的色彩。“凌驾于所有这一切小的共同体之上的总和的统一体，表现为更高的所有者或者唯一的所有者”最终形成“朕即国家，朕即天下”的思想。而会计作为反映产权变化的工具，以及产权超经济的特点，必然对会计思想的发展产生深远影响。统治者为维护自己作为国家财产“唯一所有人”的需要，必然会把会计作为保护“国家利益”的载体。

没有某种价值衡量形成，财产权就不可能建立，交换也不会发生。会计作为反映财产权变化的思想，也必然是计数思想的延伸和发展。

会计思想形成于商

商朝为奴隶制文明发展时期，在这一时期，已经出现明确的会计凭证和会计计量方法。从这个时期开始，真正的会计思想雏形发育形成。

商朝时期，“官厅经济”垄断着农牧业和手工业，奴隶主控制着商朝的经济命脉，会计思想远远落后于其应该达到的水平。商朝政治制度的典型特征是王权和神权的紧密结合，以土地所有权为基础的一切产权都是奴隶主的代表——国王所有，广大的劳动者——奴隶只是“会说话的工具”，这种残酷的剥削制度严重挫伤了劳动者的积极性和创造性。

会计作为奴隶主监督奴隶劳动的工具，再加上商品交换只是在代表少数奴隶主利益的商人之间进行，使得会计无法在商业活动中得到广泛的使用，也不能构成奴隶主日常经济决策的支撑。因而商朝会计思想只能是处于“官厅会计”体系开始形成，会计记录、会计账簿、会计报告等会计循环思想初步显现的阶段。

文字的发明是会计思想进一步演进的基础。在商朝后期的甲骨文中，已经出现反映事物变化的数字系统，进而出现日期和货币计量相结合来反映经济活动的会计思想。但由于奴隶社会制度的局限性，会计只能作为奴隶主“计算和监督奴隶的劳动，保护日益膨胀起来的私财的工具”。

官厅会计相当于现在的政府会计和预算会计，官厅会计之称在我国是有其历史渊源的。《周礼·天官·大宰》有“官厅”之称，“以八法治官府，八曰官计，以弊邦治”，此后，汉唐宋均称之为“官计”，至明清仍依此说，故以“官厅会计”概括我国历代国家会计比较适当。商朝是我国官厅会计的形成时期，也是中国古代官僚制萌芽时期，对中国古代会计思想以官厅会计思想为主起着奠基性的作用。

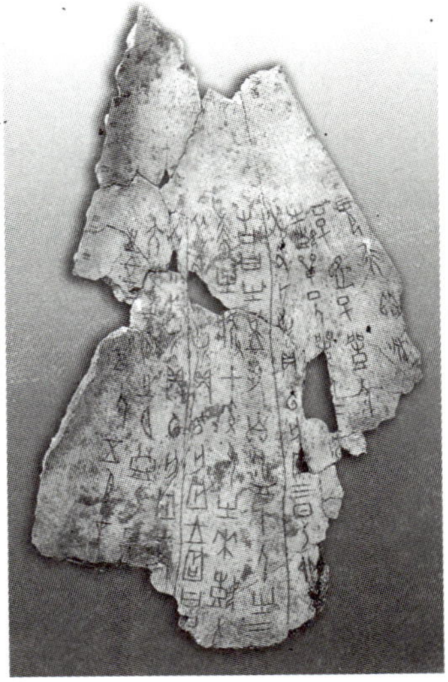

商朝殷墟甲骨文（残片），是中国已发现的古代文字中时代最早、体系较为完整的文字。商朝后期的甲骨文已经出现反映经济活动的内容。

商朝的会计记录方法已经有了单式记账的思想。从甲骨文的记载中可以看出，当时会计记录已涉及经济事项发生的时间、实物的数量和种类。只能反映经济业务的一个方面，无法全面地反映该项经济活动对会计主体的影响，这与当时的产权状况是密不可分的。产权的超经济特征只要求会计能够反映实际的现象，而无需计算其投入与产出比，奴隶主只需了解拥有资产的静态状况，经济业务盈亏无关紧要。

商朝形成的官厅会计的思想一直影响着后世的中国，无论是周朝的奴隶社会还是从秦到清的逾两千年的封建社会，都一直延续着官厅会计的思想。如果问什么限制了会计思想的发展，那就是中国古代的官僚体系和超经济的制度。

会计是随着社会生产的发展和管理经济的需要而产生的，会计的发展以社会生产的发展为背景基础，以当时的科学技术水平为条件；会计思想的发展对经济社会发展具有明显的反馈作用，经济社会越发展，会计思想越重要。会计产生于历史实践又在经济社会发展中不断得到强化。

瞭望当代中国会计，经济社会发展是会计研究和会计实务得以蓬勃生长的热土，“云计算”、“XBRL”等信息技术成为会计理论和会计实践得以展翅飞翔的羽翼，会计思想的成长成熟则是这一古老而年轻的学科与职业得以创新驱动的引擎。

千秋鸿儒灵光闪

将记忆的断片拾起，从它的纹路中搜寻那些逝去的过往，那些断片是某件东西的一部分，假如我们把各种成分组合在一起，得到的便是这件东西本身。

理性的世界观，亦是和谐的社会观。几千年来，伟大的思想家如星星之火在思想的世界里不断地闪烁。而燃烧最明亮的火焰的，非中国古代的儒家思想莫属。打开这思想世界的大门当然离不开这把人文的钥匙。诚、信、仁、义思想已经积淀为一种遗传基因，塑造成为无法轻忽的珍贵价值。儒家思想并未过时，相反，儒家思想的价值观是构建会计伦理不可或缺的思想资源。

制度是上帝　思想是天

西方国家与中国的思想完全不同。西方国家更多会追逐利益平衡的文明，重在竞争，构建社会秩序的手段只能是以法治国，是个人利益至高无上。其经济思想重微观，强调富民，体现在经济关系中，讲究的是制度安排，要求大家共同遵守办事规程或行动准则。

思想和制度，宛如两座航船在会计的海洋中航行。

制度是上帝。曾听过这样一个故事：1770 年英国人霍克发现了澳大利亚大陆，于是英国人掀起了开发澳洲的热潮。人手不够怎么办？把囚犯拉到澳大利亚去，但英国官方没有足够的船，只好征用民船，运得多自然运费就多。于是船主们为了多挣钱，就拼命多装囚犯，少带粮，少带水，航行时间约两到三个月，一路颠簸，囚犯大批死亡。事情传回英国后，正直的人们义愤填膺。怎么办？改。下船之前不给钱，下船后按活囚犯付运费。制度一改，魔鬼变天使，因为每死一名囚犯都是船主的净亏损。

会计思想和制度一样，它的传承和记忆影响着日后的行业发展。

从《周礼》中可知，在会计分工上有“财物保管”与“会计”两个组成部分，各司其职，权责明确，相互分离、相互制约。而“九贡”、“九赋”、“九功”、“九式”的设置，在会计科目上得以体现，对经济事项分门别类，进行会计核算。在会计考核手段上，有“司书、职内、职岁与职币之间的参交互考”，也就是今天会计人员的内部控制制度。“职内”专管收入，“职岁”和“职币”专管支出，其考核目的是实行“相互牵制，防止伪诈之事发生”。这样就便于统治者控制财物的出入。

经典记载仿佛打开了千年历史的那扇门，穿越回到那旧朝故都，思想与会计都已浓缩进那逝去的岁月中。倘若你漫步在旧时的某个街角，学堂前不断传来的朗朗读书声，让儒学似乎植入你的血液。

思想究竟是什么？

思维之思维即思想。

思想这个词汇，我们需要借助罗丹雕塑《沉思者》去悟道：

《沉思者》采用了现实主义手法来表达人文主义精神。雕像人物俯首而坐，把右肘放在左膝上，手托着下巴和嘴唇，目光下视，表情痛苦地陷入深思、冥想之中。罗丹用此形象来象征诗人但丁，也象征罗丹自己，甚至全人类，该雕像表达了但丁对地狱中的种种罪恶以及目前眼下的人间悲剧进行思考，在对人类表示同情与爱惜的同时，内心也隐藏着苦闷以及强烈的思想矛盾。而前额与眉弓突出但双目下凹以致出现黑影、加上压弯的肋骨和紧张的

《沉思者》（法语：Le Penseur/英语：The Thinker），又称《思想者》，是奥古斯特·罗丹的铜雕与大理石雕塑作品，目前存于法国巴黎的罗丹美术馆（Musée Rodin）。

肌肉、紧收的小腿肌腱以及痉挛弯曲的脚趾则体现出人物内心的压抑和隐藏的痛苦。

我能想象一个人可以没有显赫的社会地位和卓越的功勋、巨大的财富，然而，却也不能想象一个伟大的人可以没有思想。“思想形成人的伟大。”如雨果所说：“未来将属于两种人：思想的人和劳动的人。实际上这两种人是一种人，因为思想也是劳动。”

这看似摸不透、看不清的思想又如何与会计紧密联系呢？在中国，儒家思想历久弥新，被国人所接受并遵循。它是国学中最美味的那道佳肴，从中能品读出它与会计的不少有趣的交集。

以人为本　以诚为源

《大学》中说：“小人闲居为不善，无所不至，见君子然后厌，掩其不善而著其善。人之视之，如见其肝然，则何益矣。此谓诚于中，形于外，故君子必慎其独也。”就是说，道德修养必须诚心诚意，不能自欺欺人。一个人做了坏事，是掩盖不了的，它躲不过众人的眼睛，他的恶行人们早已看得一清二楚。

自省是指自我反省和剖析。曾参就提出了“吾日三省吾身”的修养方法；孟子也提出了自反、反求诸己的思想。会计职业道德的实践主要取决于内在的自律自觉，慎独和自省仍然是提高职业道德修养的有效途径。

“仁”是儒家思想文化的核心，是儒家道德的基础。“仁”的核心是仁爱，即同情人和帮助人。会计人在工作实践中应与儒家的仁爱思想相结合，形成为了人、爱护人、依靠人的良好氛围，创立以爱心换取被爱、以奉献换取真情的人际关系环境，促使会计人勤勉尽责、诚实守信。

现代生产的规模化、劳动的复杂性和高新技术趋势，要求从事会计工作和从事其他行业一样，敬业重道，乐业爱岗。敬业先需要爱岗，这是基本的道德要求。瑞典物理学家汉内斯·阿尔文博士（1970年诺贝尔物理学奖获得者），在其等离子物理学研究领域中的辉煌生涯将近结束时，发出了内心的呼唤：人类要生存下去，就必须回到25个世纪以前，去汲取孔子的智慧。现今的西方管理理念，也正从科学管理、作业管理向伦理管理的方向转变。

索物于暗室者，莫良于火；索道于当世者，莫良于诚。讲求诚信，素来是以儒家为主导的中国传统伦理思想的核心，在中国长达几千年的封建社会中，诚信一直是人们社会经济生活中所奉行的基本准则。

在市场经济不断发展的今天，我们却正面临着十分严峻的会计诚信缺失问题，会计信息失真失实、舞弊泛滥……导致全社会付出高额失信失范失格成本。

重塑会计诚信，仍应找寻我国传统诚信伦理思想。传统诚信文化作为一种宝贵精神文化财富，作为一种非正式约束，对于引导、推动、弘扬会计诚信价值观具有十分重要的理论和实践意义。

诚信观念发源于古希腊，兴起于古罗马，体现于商品经济活动中，是契约的基础。在现代汉语中，“诚”、“信”二字通常合并使用，取其“诚实、守信用”的意思。但从文字的规范意义来看，“诚”与“信”仍然存在细微差别并各有侧重。“诚”更多地是指“内诚于心”，“信”则偏重于“外信于人”；“诚”更多地是对道德个体的单向要求，“信”更多地是针对社会群体的双向或多向要求；“诚”主要指道德主体的内在德性，“信”则主要指“内诚”的外化，体现为社会化的道德践行。二者是相互贯通、互为表里的，“诚”是“信”的依据和基石，“信”是“诚”的体现与表征。

中国传统伦理对诚信问题的探索，可以追溯到先秦儒家。

“诚”字，最先见诸于我国的历史文献《尚书》。《尚书·太甲下》中就有“神无常享，享无克诚”的记载，此时“诚”主要指笃信鬼神的虔诚。在《周易》中，“诚”已摆脱纯宗教色彩，具有了日用人伦的道德意义。《周易·乾》中讲“修辞立其诚，所以居业也”，认为君子说话、立论都应该诚实不欺，真诚无妄才能建功立业。

在孟子那里，“诚”逐步成为体验道德本体，规范人们道德行为的一个重要概念。《孟子·离娄上》中说：“诚者，天之道也，思诚者，人之道也，至诚而不动者，未之有也；不诚，未能有动者也。”孟子以此告诫人们，“诚”是顺应天道与人道的基本法则。

荀子发挥了孟子“诚”的思想，指出“诚乃政事之本”，使“诚”成为道德内养与外诚的关节点，具有促进道德完善、家庭和睦、国家兴旺与安宁的多种社会功能。思孟学派的名著《中庸》，更进一步地发挥了“诚”的思想，不诚无物。认为人之于诚，如同鱼之于水，不可须臾而离，把“诚”视为一切道德的根基。

荀子，著名思想家、文学家、政治家，儒家代表人物之一，时人尊称“荀卿”。图为电脑绘画作品《荀子讲学图》。

北宋的周敦颐在《通书·诚》中也说“诚”，为“五常之本，百行之原也”。春秋以前，“信”和“诚”一样，多用于对鬼神的虔诚。后经儒家提倡，“信”逐步摆脱宗教色彩，成为经世致用的道德规范，并将朋友有信与父子有亲、君臣有义、夫妇有别、老幼有序并列为五伦。综观古代儒、道、墨、兵各家，他们都肯定“信”的治人、治兵、治国、治世之功。先烈们为了取得“信”，也留下了不少史话。

先秦时期，商鞅为了变法，而立本取信。三国时诸葛亮为了让众将士相信军法的权威，真正做到令行禁止，在用人之际，虽然主观上极不情愿，但还是挥泪斩马谡。

中国古代，“信”与“诚”之间有着密切的联系，“诚”是指真实的内心态度和品质，重心在我；“信”是指使人信任，是“诚”的外在表现。许慎在《说文解字》中就说：“诚，信也；信，诚也。”诚信连用最早见于著名政治家、先秦法家创始人管仲的《管子·枢言》。

《论语·述而》中写到：“富而可求也，虽执鞭之士，吾亦为之。”意思是说只要能发财，无论从事什么职业。但在《论语·里仁》中孔子又说：“富与贵，人之所欲也，不以其道得之，不处也。”也就是追求富贵不得损害社会秩序。《朱子语类》中对此说得更明白：“然须是食期所当食，饮期所当饮，乃不失所谓道心。若饮盗泉之水，食嗟来之食，则人心胜，道心亡矣。”所以儒家提出的道、德、仁、义、礼、智、信是中国传统文化的精髓，是儒学之中的基本概念。

讲信修睦是君子的一种美德，是交友和处世的基本准则。中国传统诚信伦理思想，教化了世代炎黄子孙。著名的晋商、徽商和潮商，都十分讲求“以义取利，以德经商”。

现代经济学的鼻祖亚当·斯密曾揭示过人性的二重性，从同情心出发，人是道德人，产生了伦理学的仁爱；从利己心出发，人又是经济人，产生了经济学的自爱。人性善与恶时隐时现，利他性与利己性时强时弱，交融成一个完整的社会人。

制度建设才是构建诚信之要。

循着历史的足迹走进平遥、走进19世纪中国的“华尔街”，在这里，在我国第一家票号“日昇昌”，我们强烈地感受到我国金融业初长成时浓郁的“会计底蕴”。

1823年，在这里诞生了中国第一家票号——日昇昌。日昇昌，日日升日日，古语意为日新，日又新，日日新之意，可见这个名称寓意不凡，其思想深处蕴含着中国儒商的智慧；同时，这个名字也表达了一种美好的愿望，即希望这个新兴产业能蒸蒸日上、欣欣向荣。

为了更好地经营和管理商号，首先要做到的就是实现所有权和经营权的分离。

山西商号实现所有权和经营权分离至少有300年的历史。“人们普遍认为两权分离是西方市场经济发展的产物，实际上300年前的晋商商号就是两权分离的实践者。明清时期，许多商号的投资者基本是自己投资自己经营起家的，但当资本积累到一定程度、经营达到一定规模的时候，投资者没有精力料理全部业务时，就需要采用委托代理的形式聘用经营管理人员，出让资本经营权，实行所有权与经营权的分离。”

当时的掌柜实际上就相当于我们今天的职业经理人。股东们集资入股，完成了资本的筹集，就不再参与商号的后续管理，而是雇佣掌柜和伙计，由掌柜和伙计作为东家经济活动的受托人，实际掌控经济活动的过程和结果，对东家负责。如当时，日昇昌票号的东家是平遥县达蒲村的李大全，大掌柜是雷履泰；蔚泰厚票号的东家是介休北贾村的侯荫昌，聘用的掌柜是日昇昌票号原来的二掌柜毛鸿翎。

晋商时代，商号一般设大掌柜、二掌柜、三掌柜、账房、柜员和学徒等人。大掌柜、二掌柜和三掌柜由东家直接出面雇佣，大掌柜主持全面工作，而二掌柜实则为财务副总，三掌柜主管行政工作。

在会计诚信的重构中，不能只针对经济人一味强调制度和法治的约束作用，还应针对道德人发挥诚信伦理文化的约束作用，唯有如此，当巨额的经济利益与严正的诚信道德规范发生碰撞时，理性的天平才有可能倾向于诚信道德规范。

正式约束与伦理道德、民风习俗、价值观念等非正式约束一道，起着车之两轮、鸟之两翼的作用。

千年之后的大儒

时过境迁，真理不变。人无信不立，业无信不固。会计泰斗潘序伦先生的一生非常重视会计人的职业道德。他反复指出：“从事会计工作的人，必须在立志、守身、处事、待人等方面建立信用，人无信不立，信是立身之本……信以立志，信以守身，信以处事，信以待人，毋忘立信，当必有成。”这是潘先生会计职业道德思想的宗旨。潘先生不愧是中国会计界的诚之大儒。

早年，潘先生把会计职业道德归纳为“一曰公正，二曰诚信，三曰廉洁，四曰勤奋”。潘先生认为，公正是会计师职业第一应具之公德，即具有不屈于任何诱惑或威胁之勇气，依其常识经验才能，观察会计之正确与谬误，毫不徇私。会计师职业之作用，小而言之，则为各国企业信用之凭借；大而言之，则为整个社会信用之保障。会计师执业时，应公平处理，不得稍存偏私，致失社会公正之地位。诚信则为会计师职业成败之系，“人而无信，不知其可也”。潘先生还指出，会计师苟存贪念，则将时时以收益报酬为重，而办事之结果，难免偏私或欺伪。勤奋则是会计师之美德，会计账目事项之繁重，会计师必须勤学苦练技术，具有勤奋刻苦负责的工作精神。

后来，潘先生又将会计师职业道德归纳为六个字：公、信、廉、密、勤、敏。

公，以“公”为第一义，大公无私，公正严明；

信，以保持信誉，建立信用，会计师之使命原在建立社会之信用，必须于“信”字上多下功夫；

廉，应操守严谨，廉洁自重，若欠廉失信；

密，会计师对于查核账目事项，非经委托者之许可，不得宣布；

勤，会计师授办案件，事繁责重，必须朝斯夕斯殚精竭虑，“业精于勤”；

敏，会计师承办业务，必须按程序，限期完成，不能停滞拖延，漫无期限。

概括说来，潘先生的会计职业道德思想分为两个方面，一是以“信”字贯穿着儒家道德思想，另一方面，则渗透着现代会计道德思想，恪守“实”字。信实相连，以求实为信用的基础，信用作为求实的保证。结合现代会计发展，潘先生进一步提出：现代会计作为信息系统，提供的所有信息资料，必须准确无误。

质量和信誉是会计师执业的生命线。潘先生的求实精神，以职业道德为核心，贯穿会计师工作的始终。潘先生认为，会计师工作必须求实。他对各个查账案件都亲自过问，并经常到被查单位，同查账人员一起进行实际审计工作。他规定：每一个查账案件，事先都规定工作天数，分清责任，安排审计进程和确定审计的重点，写好查账日记（底稿），存入查账档案。对重点审计案件工作，不讲时间，日夜奋战。某一年黄河大水成灾，上海各界成立“黄河水灾救济委员会”，登报拟请会计师审计（稽核），以示公开。因责任重，收入低，别的会计师事务所不愿意担任，潘先生得知这一消息，义担重任，不分昼夜工作，取得民信。

审计的任务，不限于纠正错误，揭发诈伪，而必须进一步就会计记录所表现的事实，向管理层提出积极的建议，取信于民，以促进事业的发展。“信用昭著，就能促进事业的发展”，这就是潘先生的求实精神的实质。

潘先生又认为，会计师的业务不限于查账，查账只是其中之一。十年抗战全面爆发，当时中国银行总行迁往香港，由潘先生承担中国银行准备基金的检查。他在查核中发现金银准备不足，不符合规定，就拒绝出具证明。中央银行及该银行特派员跟踪上海，以“破坏抗战”之罪相压，潘先生仍不为所动，坚决拒绝，并说“人压信不立，信是立身之本”。这种求实以立信的精神，如已故知名会计学家杨纪琬所说：“潘老有顽强的精神，锲而不舍，坚毅不拔，终于攀登上了会计学术的高峰。”

君子也喻利

不少人认为，儒家思想与市场经济不相适应，很重要的一个理由就是儒家“重义轻利”的思想与市场经济的趋利性相冲突，使得会计人员在两种价值观中出现了道德价值观的间断，进而出现了会计职业道德失范的现象。这种观点的问题在于，没有对儒家的义、利思想进行辩证地分析，错误地把历史上轻工商的现象一股脑儿地归罪于儒家。

实际上，通过对儒家思想不同发展阶段地辩证分析，我们看到，儒家初步辩证地分析了义和利的关系。它承认义和利都是客观存在的，主张当二者发生矛盾时以义为先，反对见利忘义，所谓不义而富且贵，于我如浮云。同时，它还认识到义和利的辩证关系，即以义制利进而达到义利统一。

北宋程颐认为，君子未尝不欲利，但专以利为心则有害；惟仁义则不求利而未尝不利也。

理学大家朱熹也提出利在义中，义中有利，强调德得相通，义利合一，见利思义，以义制利。

传统职业道德的义利观在会计职业中具体表现为廉洁奉公、坚持原则、公正无私等方面的职业品质。据《宋史·沈伦传》记载，沈伦在太祖幕府为从事，掌留使财贸，以廉闻。《明史·周经传》云，周经掌户部，内官传旨索太仓银计三万两为灯费，持不与。在现代社会，这些职业品质在会计人员的职业活动中显得尤为重要。

一方面，趋利性是市场经济发展的一种内在动力，其负面因素必然影响着会计人员在职业活动中的客观性；另一方面，市场经济并不是利己主义经济，它追求社会资源的合理配置，市场是建立在道德选择基础上的。市场经济的价值观也追求社会价值与自我价值的统一，与传统的义利观一脉相承。

儒家文化源远流长，如今已不再有正式制度的支持。在经济社会不断进步、文化生态不断发展的今天，很难期望当今人们能像传统时代中的人那样恪守儒家思想文化。但就整个文化民族而言，儒家文化的基本价值没有完全离我们而去，在某种程度上仍然影响着人们的思想，决定人们的行为。

许多相关的研究证实，当今中国人的待人接物、处世方式等，暗中依然由儒家思想文化主导。在遵守会计职业道德过程中，儒家思想仍起着一定作用。

儒家思想的“和谐”说明义和利在根本上是统一的。当义和利发生冲突而不可兼得时，儒家思想强调义重于利，精神价值高于物质价值，重视道德境界的追求，重视人格尊严和气节。正所谓“君子爱财，取之有道”。不能见利忘义、惟利是图。在会计实践中，如果会计人遵循这样的道德意识模式，就能有效地权衡利弊，就能遏制见利忘义、重利轻信、弄虚作假等不道德的行为。

我国自古以来奉行的都是社会价值决定个人价值，认为只有在实现社会价值的基础上，个人价值才能得到体现。如“修身、齐家、治国、平天下”，“个人利益服从集体利益”等。把个人利益同家族、民族和国家的群体价值紧密联系起来，实际上是一种集体利益至上的价值观，但在一定程度上消弱了个人能力的发挥。

儒家传统的敬业重道，诚实守信，注重反省、反思的思想在会计职业道德中存在着适应性，并有其体现。不但在现实条件下对会计职业道德产生着正效应，而且有利于会计职业道德的发展，对加强和完善会计职业道德起着推动性作用。同时，在弘扬儒家思想文化的同时，也要摒弃那些与会计职业道德不相适应的消极因素和道德弱点。

近年来，我国文化方面的变迁十分明显，积极、进取、竞争、开拓、创新、变革成为社会主流意识，现代观念深入人心。从会计领域看，会计工作者从机械、被动地记账、算账和报账，转变为积极参与会计改革，特别是会计准则的讨论和征询意见的反馈工作，积极参与会计改革的选择和调整、自发进行必要的财务信息披露、主动参与企业财务和经营方面的决策等。面对挑战，会计人员应不断加强自身的职业道德素质和个人专业技术的培养，摈弃儒家思想文化中抹煞个人能力及自身价值，以及不愿冒险、不求进步的中庸思想，树立竞争精神、创新观念和民主意识，顺应时代的新期待，不断丰富和完善会计职业道德的时代内涵。

中庸与会计

“中庸之道”可以说是被大多数中国人认可的，“中庸”算是中国人的天性。儒家伦理的“中庸”有两个基本特征：第一，中庸是指恰到好处，过犹不及。在“过”与“不及”之间“中行”。第二，作为儒家特色的中庸之道要求人们在考虑问题、采取行动时，从全局出发，不是从一己立场出发。会计是判断的艺术，做判断时就不能偏执，过分激进或者过分保守都有违“守正执中”的职业判断原则。

我理解的中庸，重要的就是在做人、做事时，既要把握永恒的原则，又要顺应变化的环境，因时、因事、因势、因地、因人制宜，力求做到恰如其分，恰到好处。“化而裁之谓之变，推而行之谓之通”，中庸是需要变通的，不能应循守旧、刻舟求剑。

中庸对中国传统文化的折射，给中国会计文化留下了深深的烙印。

中庸之道，亦即君子之道，是传统儒家修行的法宝。中庸之道不是简单的中立，不作为，甘于平庸；更不是庸俗，和稀泥，隔岸观火。有人认为，保持中立就是中庸，甚至举例说既不做坏事也不做好事是中庸。那是完全错误的，中庸之道不是麻木之道，它是很注重人的主动性的，只不过它侧重一个“度”，不能强出头，但也不能麻木不仁，而是量力而行。图取自蔡志忠漫画《中庸》。

——会计精神文化：

中国传统文化中群体本位的价值取向、道德中心取向、社会政治和文化权威的一元化、非宗教性的以人为本、封闭性和保守性等特点在会计精神文化中得到十分明显的体现。会计价值观以群体本位的价值取向为基础，提倡凡事以社会、集体利益为重，个人利益应该融入集体利益、必要时可牺牲个人利益。群体取向在一定程度上伸延就变成了他人取向。这种价值取向表现在为人处世上，就是做事时重面子，通常先考虑别人怎么看、怎么说，言行上不愿意得罪人，万事和为贵。表现在利益取舍上，提倡“重义轻利”；在道义与功利上，儒家一贯主张义是最高价值标准，利必须服从于义；在公利与私利的关系上，主张私利必须无条件地服从公利。正如孟子所云：“生，亦我所欲也，义，亦我所欲也；二者不可得兼，舍生而取义者也。”可见，对义的推崇是儒家文化的核心价值观，它认为倡导道德、奉行仁义，就会达到社会秩序的和谐井然，而这正是最根本和最长远的群体利益所在。

——会计制度文化：

中国文化中推崇集体主义、权距较大的特征对会计制度文化的内容和形成及发展过程都产生了明显的影响，具体表现为会计制度制订过程中的集权特色。目前世界各国的会计准则制定机构有3类，即民间组织、官方组织和半官方组织，而我国的财务会计准则一直是由财政部采取自上而下的方式制定及颁布的。集体主义取向的文化决定了一个社会中政府主导制定的会计准则比较完善并且具有很高的权威性，事务中较少需要职业判断，会计职业界的力量相对较弱。随着经济的不断发展，集体主义取向使得中国在几乎所有的社会活动中已形成了一种强烈依赖政府部门的社会定式。在这种环境下，政府、企业界、会计职业界等各类人员很难在短期内从根本上认识到在准则制定过程中民间组织的应有的地位与作用。而社会等级制度中较大的权距，使得人们长期思维定式于“服从权威”、“不在其位不谋其政”等思想，造成会计业界人员和民间组织缺乏参与制度制订的积极性。

——会计行为文化：

中庸文化在个人行为上表现出的主要特征是无为与不争，“天之道，利而无害；圣人之道，为而不争”，这些处世观念渗透于国人行为处世的方方面面，同时也出现了许多弊端。在行为上，许多人习惯于事不关己，高高挂起；处理问题则大事化小，小事化了。这些使得大家都不肯多做事，造成整个组织机构经常处于人浮于事、效率低下、推诿塞责的状态。

——会计物质文化：

随着我国经济的不断发展和科技的日益进步，我国会计物质文化也不断得到丰富和完善，从原始社会结绳记事到现代社会的会计信息化，会计从业环境、物质条件和技术手段有了巨大的改变，实现了质的飞跃。作为会计文化的外在物化表现，会计物质文化的发展依赖于其他会计文化的共同进步。

“执其两端，过犹不及”是中庸之道的基本原则。你首先得清楚这两端是什么，这两端，就是过与不及这两个部分。这两个极端是我们都不能取的，在这两个极端的中间，我们一定能找到那个协调点，我们就用其“中”。就是在充分了解两端的情况下，去做着两端的协调，从而达到最理想的结果。

举个例子，如果有人问：在企业管理中，是员工更重要，还是顾客更重要？得到的回答，要么是员工重要，要么是顾客重要，而且都能说出充足的理由。其实，这个问题再简单不过了，两个都重要。忽视了员工，企业没有现在；忽视了顾客，企业没有未来。

我们生活中很多问题都不能用“是”或者“不是”去回答，所以才有“不一定”这个模糊的正确答案。过犹不及，还体现在行为适度上，恭敬、谨慎、勇敢、直率，都是人的美德，但必须要做得适度，否则，一旦偏激，美德也就成了毛病：太恭敬了则很辛苦，太谨慎了则成窝囊，太勇猛了则容易冲动而添乱，太直率了则容易伤人而误事。

古人讲：气度高远旷达的人，易流于妄自尊大放荡不羁；心思缜密的人，易流于琐碎拘泥或心机太重；性情淡泊的人，易流于孤芳自赏；自己操守严谨的人，易流于对人苛刻。如果掌握不好度，事情就会走向反面。中庸之道是避免走上极端的最好的理论。

中庸之道像是理性的结晶，明白了中庸之道，就不会一味悲观，也不会盲目乐观，就会从容淡然面对生活。对不如意事一笑置之，不计较得失荣辱。

会计工作亦然。

会计政策的选择既不激进，也不保守，就是中庸；旧的会计平衡打破了，取得了新的会计平衡，也是中庸。面对以美国为代表的西方会计，既不高傲自大，也不妄自菲薄，就是中庸；把握执行会计审计准则的核心精神，既不能简单说“不”，也不要弹性过大丧失底线，这也是中庸。

百花齐放的计学思想

中华文明虽然学术的起源很早，但是到了春秋时代才真正迎来了繁盛时期。这时的学术思想，可以说是中华文明的大黄金时代。

解读春秋战国时代的诸子百家，从古文化中找出经济文化养份、会计文化养份，不妨一窥其中究竟。

诸子百家闹东周

由于政治经济发生剧变，春秋战国时代，王权衰落，诸侯争霸，各国开放政权以延揽人才，于是贵族政治逐渐消灭。又因为人口的增加，土地分配困难。社会发生剧变，民生苦痛日增。于是有思想的知识分子，面对现实的社会问题、人生问题等，提出了解决的办法和思想。此外，教育的推广和思想的自由因此诸子争鸣，百家蜂起。中国人把这一时期称为“诸子百家”时期。

孔子以《周易》中人与人，人与自然的和合关系为出发点，综合三代以来思想文化的精髓，寻求挽救世风颓废、礼乐崩坏的方法，创立了以仁为核心的儒家学说。在孔子看来，仁就是爱人，孝悌是仁的根本，礼是仁的规范，提倡为了实现仁的最高道德境界而献身。仁的思想推行于政治上，就是行德治、礼治。整顿政治的方法是正名。人们应该修身、齐家，然后才可以治国、平天下。

比孔子稍前的老子，创立了以道为宇宙本体论的哲学体系，从道出发，主张人要顺应自然，无争于世，返璞归真，培养个人崇高的精神境界，对自然、社会和人本身，都有许多深入准确的洞察，蕴涵了许多理论生长点。孔子和老子的思想，经过孟子、荀子和庄子的阐发，形成儒家和道家学说，构成中华传统文化的主体，奠定了中国思想文化发展的基础。

战国时代，社会的剧烈变革对学术文化提出了一系列要求，加上士阶层的形成和统治者的提倡，许多学派纷纷出现，形成了百家争鸣的局面。

当时，最有影响的，除了儒道二家以外，还有以墨翟为代表的墨家，以韩非为代表的法家，以邹衍为代表的阴阳家，以公孙龙子为代表的名家，以孙膑为代表的兵家，以许行为代表的农家，以张仪、公孙衍、苏秦为代表的纵横家，以吕不韦为代表的杂家等。各派各家都著书立说，广授弟子，参与政治，互相批判，又互相渗透，学术思想极为繁荣。

秦统一六国，崇尚法家，兼用阴阳家，焚书坑儒，迷信暴力，将法家学说过分夸大君权的一面发挥到极致。

思想如新竹般拔节

春秋战国时期是我国历史上从奴隶社会转变为封建社会的重要时期，生产力的发展促进了经济的发展。而这个时期的会计思想，恰如雨后新竹般迅速成长。

在各级官厅中设置主掌财计核算的职官，会计核算中使用各种凭证和账册，会计报告已形成制度。会计记录方法采用“出入”作记账符号，四柱式记账方法已初步得到运用。此时会计信息系统趋于严密。

当时颁布的法律也有许多关于会计的条款，如《云梦秦简》中反映战国时期的法律，其中的会计法规已相当具体。《管子》一书再三强调会计必须“明法审数”。“明法”就是要按照君主颁布的规章制度和法令条文办事，“审数”就是对于各项收支几个方面的数据做到心中有数。货币计量单位已为账目登记和会计报告所使用。

春秋战国时期是我国封建社会会计发展的重要起点。在中国古代，统治者非常重视官厅会计，中国官厅会计的发展远比民间会计的发展速度快，中国官厅会计的水平代表着古代世界会计的水平。官厅会计是为管理国家财政收支而设，因此，会计与理财自古就紧密联系。理财的原则往往就是官厅会计核算的原则。

春秋时期，理财家从不同方面论述了会计在国家理财中的重要作用，如孔子提出“政在节财”的原则，他认为，节约费用开支是理财的重要方针。《管子》一书更指出，通过会计核算与审查，才能达到节用的目的，“崇尚节用”后来成了我国古代理财家的共同思想。

军事方面，讲求庙算，这也需要计算和统计。《孙子兵法·作战》说“凡用兵之法，驰车千驷，革车千乘，带甲十万，千里馈粮。则内外之费，宾客之用，胶漆之材，车甲之奉，日费千金，然后十万之师举矣”。出兵作战前的部署，需要就兵力配置、粮草、器械、路途远近、地势等进行了解、安排，这些都必须用到统计和计算。古代军队里有会计人员担负这项工作。

《六韬·龙韬·王翼》说：“武王问太公曰：王者帅师，必有股肱羽翼，……太公曰：……有股肱羽翼七十二人，……腹心一人，……，法算二人，主计会三军营壁粮食、财用出入。”此“法算”就是这类人员。

会计核算发现经济工作中的差错，要追究相关人员的责任。睡虎地秦简《效律》说：“计校相谬也，自二百廿钱以下，谇官啬夫；过二百廿钱以到二千二百钱，赀一盾；过二千二百钱以上，赀一甲。人户、马牛，赀一盾；自二以上，赀一甲。”会计经过校算发现差误，错算数目在二百二十钱以下的，斥责该官府的啬夫；超过此数而不多于二千二百钱的，要罚一盾；超过二千二百钱的，要罚一甲。错算人口一户或牛马一头的，要罚一盾；错算两户或更多的，要罚一甲。可见当时对一般的下级官吏在计算能力上已有较高的要求，由此可以想见当时数学应达到了很高的水平。

负责计算的人员如果有失，其长官也要承担责任。睡虎地秦简《效律》云：“尉计及尉官吏即有劾，其令、丞坐之，如它官然”，“司马令史掾苑计，计有劾，司马令史坐之，如令史坐官计劾然”。这是说县尉的会计以及县尉官府中的吏如有罪行，该县县令、县丞应承担罪责，和其他官府一样；司马令史掾管理苑囿的会计，如会计有误，司马令史应承担罪责，和令史承担官府会计的罪责一样。这说明，会计之过失，不仅他自己有责任，而且上司也应承担责任。睡虎地此墓的下葬年代只比秦统一全国晚 4 年，《效律》不避秦始皇讳，其时代当早于公元前 246 年嬴政登基之前，所以上述法律实际反映战国时代秦国的情况，上述材料说明当时对会计工作有很高的要求，实际上是以发达的数学知识为前提的。

可见，春秋战国时期，会计核算已经比较规范，会计法规已经初步建立，统治者开始认识到会计管理的意义，并确立了会计理财思想和法制观念。

接过思想的火炬

中华文化是中华民族生生不息，团结奋进的不竭动力。管子的《立政》篇思想对中国会计文化建设奠定了理论基础，所以，我们要全面认识祖国传统文化，取其精华，去其糟粕，使之与当代社会相适应，与现代文明相协调，保持民族性，体现时代性。

回顾中国传统诚信伦理思想及其发展演进，分析导致我国当代会计诚信缺失的主要原因，确定中国传统诚信伦理思想作为一种精神文化财富，在当代会计诚信的重塑中仍具有十分重要的意义。重塑当代会计诚信应注重正式约束和非正式约束两种手段的并用，除加强制度建设和法治的硬约束外，通过伦理、道德教育，培育当代诚信意识等软约束手段亦不容忽视。

历史上，1720 年英国的南海公司事件和 1929 年美国的股市大崩溃，都是因会计诚信沦丧而直接引发的严重后果。在会计诚信缺失、舞弊盛行的当今社会，重塑会计诚信已成为全球性的难题之一。那么，如何才能有效减少舞弊行为，重塑会计诚信呢？答案很简单，要注重正式约束和非正式约束的双管齐下。

1929 年 10 月的美国股市大崩溃，是华尔街有史以来形势最为严峻的时刻。当时不论是美国的股市投资者，还是世界上其他的股市投资人绝对不会想到的是，1929 年 9 月 3 日是股票平均价格最高的一天，股市大崩溃以后，要等待整整 25 个春秋，股价才恢复到 1929 年的最高水平。图为焦虑不安地注视着华尔街金融界动向的人们。

我注意到，美国“四大”之一的某会计师事务所宣布，投入巨资开发商业道德系列课程。然而，这些课程既不是为会计专业和 MBA 在校生开设，也不是为执业会计师开设，而是为全美 300 万在校中小学生专门定身设计。这家会计公司培育会计诚信的做法，正是从普及诚信教育、培育诚信意识和树立诚信价值观入手，实践也已证明，道德建设对于引导和激励人们自动守信是有明显作用的。有些时候、有些地方之所以违反职业道德行为很少发生，决非缘于法律的约束，而纯粹是出于道德的压力，出于传统文化、社会伦理和道德习俗的无形规范作用。

美国开国元勋之一的富兰克林年轻时，去一位老前辈的家中做客，昂首挺胸走进一座低矮的小茅屋，一进门，“嘭”的一声，他的额头撞在门框上，青肿了一大块。老前辈笑着出来迎接说：“很痛吧？你知道吗？这是你今天来拜访我最大的收获。”

有了思想，才能像富兰克林那般洞明世事、练达人情，才能真正拥有一份与众不同的持重和淡然。持盈若亏，不骄不狂。思想带来的品格、姿态、风度、修养、胸襟、智慧、谋略，是做人的最佳姿态。欲成事者必要宽容于人，进而为人们所悦纳、所赞赏、所钦佩，这正是人能立世的根基。根基既固，才有枝繁叶茂，硕果累累；倘若根基浅薄，便难免枝衰叶弱，不禁风雨。

经济插上思想之翼

自由就是不受限制，无拘无束。思想从来不只是思想本身，它还是一种所有人都在寻觅的境界。

人类社会的自由经济时代大约是从资本主义的原始积累时代开始的。此前封建社会的几千年，经济的主要特征是自然经济；奴隶社会奴隶主占有奴隶的人身、实行超经济奴役，主要特征依奴隶主的意愿与其所选择的生活方式而定；原始社会的经济，如果一定要说出主要特征的话，就是所有的经济活动都是人们尽一切力量满足自己最基本的生存、最起码的延续来进行的。

自由的远行

1405 年 7 月 11 日（永乐三年六月十五），34 岁的郑和，奉明成祖之命，与王景弘率 27800 人首下西洋，仅仅是大船就有 200 多艘，这应该是世界历史上最早时间、最大规模的远洋航行，阵势远远超过了现在美国的第七舰队。

明成祖派郑和远行，想的当然不是为中华民族的生存与发展未雨绸缪，而是炫耀明朝的富有与强大，中国明代以后自以为是的封建帝王中，鲜有能摆脱老子天下第一的思想羁绊，他们的思想的自由全部局限于孤芳自赏的自我陶醉中，待忧患临头，大限已至。空余“雕栏玉砌应犹在，只是朱颜改。问君能有几多愁，恰似一江春水向东流”的慨叹。

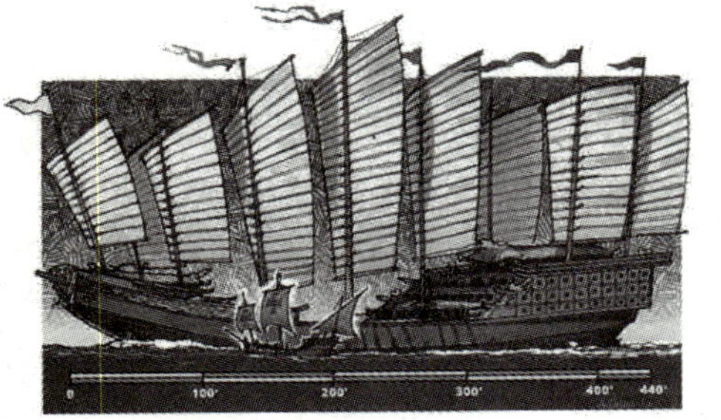

郑和的航海壮举并没有像西方探险家那样深刻影响和改变人类文明进程。不同的动机和目的必然带来不同的结果。轻视商贸的传统和海禁政策的愚昧使中国遥遥领先的海上优势荡然无存。“沉舟侧畔千帆过”，中华民族失去了最重要的历史机遇，这个教训值得永远记取。图为郑和宝船和哥伦布圣·玛丽亚号的比例。圣·玛丽亚号吨位只有郑和宝船的百分之一。

在郑和首次下西洋之后87年的1492年，意大利人哥伦布仅仅带了88人（是郑和所带人数的1/316），支持哥伦布远航的西班牙国王想的，好听一点，是帮助西班牙王室寻找黄金，直白一点，就是侵略，就是为西班牙扩张自己的经济政治的势力范围。

比较起来，中国的帝王，夜郎自大，没有丝毫的忧患意识；而欧洲许多国家如西班牙、葡萄牙的帝王，则忧心忡忡，唯恐因为自己的大意自满使国家陷入绝境不能自拔而惶惶不可终日。中国明代以后的帝王，其思想的局限性决定了中国经济发展的局限性，欧洲某些国王思想的超前性决定了欧洲经济在近代远远超过了中国。这仅仅是从上层建筑对经济基础的作用而言。

我这样讲，当然不是反对经济基础决定上层建筑，存在决定意识。恰恰相反，辩证唯物主义的基本原理告诉我们，在上层建筑相对稳定的时期，上层建筑对经济基础的反作用是无论如何都不能忽视的。中华人民共和国60余年的历史经验已经证明并将继续证明这一点。

经济的自由决不是信马由缰任意裁量，资本主义的自由经济发展到垄断时代，经济的“自由”受到了价值规律、市场、原材料、供求关系等多种因素的制约，由此，就有了帝国主义的殖民战争和帝国主义国家之间为争夺殖民地而进行的战争，有了殖民地半殖民地人民反对帝国主义侵略掠夺的战争，有了资本主义的经济危机以及他们为了转嫁经济危机而进行的争霸世界的局部战争与世界大战。局部战争也好，世界大战也罢，从本质上讲，是帝国主义的经济垄断决定了他们思想自由的“垄断”，由于他们经济上的强大决定了他们思想上的“强大”，强大到他们最终要强奸全世界的民意即全世界人民的思想。

只有这样，才能最大限度地获得经济的自由与思想的自由，才能真正的独立于世界民族之林。任何妥协、退让，都会压缩自己的生存空间，最终窒息而死。

经济学思想管窥

自由主义思想最初形成于17世纪的英国，它是在古希腊等古代西方思想的基础上产生的，对现代经济思想、社会思想和政治思想都产生了很大的影响。以亚当·斯密为代表的古典政治经济学的自由主义思想被称为古典自由主义，而新自由主义经济学是当代西方经济理论中强调自由放任理论与政策的经济学体系和流派。

新自由主义经济学引起世界广泛关注源于20世纪二三十年代的一场关于市场与政府计划的大论战，一方为奥地利经济学家米塞斯、哈耶克为首的新自由主义者；另一方为意大利经济学家巴罗纳、波兰经济学家兰格为代表的市场社会主义者，这场论战无果而终，却成为新自由主义开始登上历史舞台的一个里程碑。其后，新自由主义经济学经过近百年的发展，演绎出众多学派思想和理论体系。

新自由主义经济学给会计带来的启示是：不是在交易和事项中寻找会计所要的东西，而是要确认计量报告到底发生了什么；会计并不只是表述某种存在，而是要揭示存在的原因与影响。

新自由主义经济学产生之初，遭遇1929~1933年席卷整个资本主义世界的经济大危机，此次危机彻底暴露了自由放任市场经济的弊端，它不仅是对古典自由主义经济理论的一次全面否定，而且实际上宣告了自由竞争资本主义时代的结束。于是，一种反映国家垄断资本主义要求的着重主张以扩大政府支出创造需求和通过政府干预推动经济增长的凯恩斯主义便应运而生。“罗斯福新政”则以政策实践的形式表明了凯恩斯主义的有效性，并使凯恩斯主义上升为资本主义世界的主流经济学，主导国家垄断资本主义的宏观经济运行长达40年之久。这40年既是国家干预主义盛行和国家垄断资本主义取得成功的“凯恩斯时代”，同时又是新自由主义受到冷落的时期。

1973年10月16日，第一次石油危机爆发。由于1973年10月第四次中东战争爆发，石油输出国组织（OPEC）为了打击对手以色列及支持以色列的国家，宣布石油禁运，暂停出口，造成油价上涨。当时原油价格从1973年的每桶不到3美元涨到超过13美元，是20世纪下半叶三大石油危机之一。图为1974年美国的汽油定量配给票。

以20世纪70年代初期爆发的两次石油危机为导火线，导致整个资本主义世界陷入了“滞胀”的困境，凯恩斯主义政策束手无策。新自由主义者将其归结为国家干预过度、政府开支过大、人们的理性预期导致政府政策失灵所致。也正是在这种情况下，多年受冷落的新自由主义适应这一需要，伴随美国总统里根和英国首相撒切尔夫人的上台，在否定凯恩斯主义的声浪中，占据了美、英等国主流经济学地位。新自由主义的重要特征是把反对国家干预上升到了一个新的系统化和理论化高度，是对凯恩斯革命的反革命，也正是在这个意义上，西方学者又称新自由主义为新保守主义。

同时，20世纪七八十年代以来，在早期结构主义发展经济学理论影响下，依靠计划化、国有化来加速资本积累和工业化，实行进口替代战略的大多数发展中国家和社会主义国家，在经济运行过程中间出现了各种各样的问题和矛盾，经济发展裹足不前。与此形成鲜明对比的是开放程度较高、注意发挥市场作用、实行出口导向战略的发展中国家（例如东南亚地区），在经济上取得了较大的突破。这种情况也使得自由主义经济思想在发展中国家影响日益增强，拉美国家的经济改革更进一步巩固了新自由主义经济思潮在西方经济理论中的主流地位。

进入20世纪90年代之后，国际政治经济形势发生了重大变化，苏联东欧社会主义国家解体，世界经济全球化，东亚经济经过几十年的努力，取得了经济的飞速成长。1990年由美国国际经济研究所牵头，有国际货币基金组织、世界银行和美国财政部及拉美国家、其他地区部分学术机构代表参加，并最终达成包括十项政策工具的“华盛顿共识”，新自由主义的华盛顿共识指的是以市场经济为导向的一系列理论，它们由美国政府及其控制的国际经济组织所制定，并由它们通过各种方式进行实施。简单地说就是：贸易经济自由化、市场定价、私有化和消除通货膨胀。

事实证明，这些“西方经”并不适用中国这样的转型经济国家。一如美国会计准则，在中国采用很容易“南橘北枳”，显然我们不能直接拿来。

绽放思想之花

“新结构经济学”（林毅夫创立）是应用新古典的分析方法来研究一个国家经济结构的决定因素和它的变迁。“新结构经济学”认为，现代经济发展在本质上依然是一个技术、产业、软性制度和基础设施结构不断变动的过程。它的基本理论前提是：任何经济结构都是内生的。所谓“内生”指的是它受其要素禀赋结构决定。一个国家的要素结构在任何一个给定的时间都是特定的，包括其劳动力、资本和自然资源。一个国家的产业结构、经济结构应该由其特定时间内的要素禀赋结构决定。“要素禀赋”实际上是一个国家的总预算，包括其劳动力和各种资源等；其次，不同国家拥有的要素禀赋不一样，这就决定了各种要素的相对价格。总预算和相对价格是经济学分析当中最重要的两个变量。

发达国家的要素禀赋结构特点在于资本相对多，包括劳动力资本和物质金融资本，因此它在资本、技术密集产业就有优势。发展中国家则相反。它劳动力相对多，所以在劳动密集型产业上有优势。这种要素禀赋相对丰富的产业就构成了一个国家的比较优势产业，也就是这个国家最有竞争力的产业。

一个国家要在产业上、收入水平上赶上发达国家，前提条件是其要素禀赋结构要赶上发达国家。发展中国家劳动力相对丰富，资本相对稀缺，所以它们应该想方设法增加资本在其禀赋结构中的比例。这就必须利用其现有的要素禀赋结构，按照比较优势发展最有竞争力的产业，创造最多的剩余和最快的积累，从而提升要素禀赋结构。要素禀赋提升以后，原来有比较优势的产业会失掉比较优势，而新的优势产业也会涌现，这样产业升级就变得可能。贫困问题和收入分配问题也可以在发展过程当中得到改善。

要理解根据要素禀赋转变产业结构的重要性，有必要理解拉美国家长期深陷的“中等收入陷阱”和大多数国家从18、19世纪以来遭受的“低收入陷阱”。拉美国家石油丰富，一开始就是中等收入国家，但因为没有有效地根据自己的内生禀赋及时升级产业结构，所以与发达国家的差距并没有减小，这就是“中等收入陷阱”；而有些国家在工业革命时期后，没有有效地进行结构调整和升级，而只是边边角角地修整，所以收入状况一直没有得到改善。

要做到以要素禀赋结构为基础的产业布局，唯一可能的制度安排是市场制度。所以比较优势实现的前提是有比较完善的市场制度。市场中各种价格信号可以稳定各种要素。

在提升要素禀赋结构的过程中，国家的产业结构不断变化；基础设施，包括交通、电力供应、港口等都需要改善；法制环境、金融系统也要慢慢完善。但是这种大环境的改善跟农民春种秋收、自给自足的经济结构不一样。它们都不是个人或者企业所能决定的。有的改善是可以靠私营企业提供，但是这种提供也是需要协同的。这种基础设施的改善和企业行为的协同都需要政府发挥作用。这是现代经济增长过程当中的一个特性。除了基础设施，交易成本也必须最低，这决定于各种基础制度安排，也必须发挥政府这只看得见的手的作用。

此外，产业升级、技术变迁都有一定的风险。企业在判断一个产业是否具有比较优势或者是否会成为比较优势产业可能出现失误。所以政府要给先行者一定的外部性补偿，鼓励他们“先行先试”。

这种要求政府在产业升级中扮演引导角色的理论也可称为“超越凯恩斯主义”。传统的凯恩斯主义建议政府在就业率很低时，通过积极的财政政策刺激就业。但这也意味着政府的公共债务增加、税收增加，导致人们消费欲望不强，必须储蓄以应对即将到来的高税负。但“超越凯恩斯主义”所建议的投资项目是为了消除发展瓶颈、提高生产力、促进经济可持续发展的项目。比如，发达市场经济体的基础设施投资已经基本饱和，而公共投资空间有限，但是非洲基础设施投资的空间还很大。如果能由发达经济体对发展中国家的基础设施进行投资，就既能够帮助发展中国家改进基础设施、促进当地就业、提高经济增长潜力，也能够帮助发达经济体扩大市场范围，激活内生动力。

“新结构经济学”带给会计的启示是，中国会计要想实现从会计大国到会计强国的迈进，就不能跟在美欧后面亦步亦趋，而是要分析我国转型经济环境下的会计比较优势，运用“田忌赛马”策略，实现弯道超车。

Hawkin（当代德国数学物理学家）说，就是要有“跳跃性的思维”。所谓跳跃性的思维，就是说，要跳出原先理论范围的限制，以更宽阔的视野来看待先前研究的理论，而会计与思想也需要我们用这种跳跃性的思维来看待，用与众不同的视野才会真正领略到会计的智慧。

未来中国贡献给世界的，不仅包括硬实力，还必须拥有思想的创造；未来中国注册会计师贡献给中国和世界的，不仅是升级的服务，更应是具有普遍认同的思想观念。从观念束缚中走出，思想才能创新求变。

H. G. 韦尔斯曾经说过：“全部人类历史从根本上说是思想的历史。”时世变迁令多少昔日的荣耀和辉煌随风而逝，只有思想，包括会计思想在内的思想傲然独立。思想是普照世界之光，是人类最大的光荣。

伟大的思想虽然不能给我们带来面包，但是却能给我们带来拔地而起的尊严！穿越那些顽固的世俗之墙，让我们蒙尘的心灵清新自然，光洁明亮。

结语：章鱼的故事

解放思想，创新驱动，让会计领域的新思想影响中国乃至世界，需要放眼经济、政治、社会、文化、生态领域，找准会计思想的坐标点。

不妨讲一个章鱼的故事：一只章鱼的体重可以达到70磅。它们最喜欢做的事情，就是将自己的身体塞进海螺壳里躲起来，等到鱼虾走近，就咬住它们的头部，注入毒液，使其麻痹而死，然后美餐一顿。对于海洋中的其他生物来说，它可以称得上是最可怕的动物之一。

但是，人类却有办法制服它。渔民掌握了章鱼的天性，他们将小瓶子用绳子串在一起深入海底。章鱼一看见小瓶子，都争先恐后地往里钻，不论瓶子有多么小、多么窄。结果，这些在海洋里无往而不胜的章鱼，成了瓶子里的囚徒，变成了渔民的猎物，变成了人类餐桌上的美味。

是什么囚禁了章鱼？是瓶子吗？瓶子放在海里，瓶子不会走路，更不会去主动捕捉。囚禁章鱼的是它们自己。它们向着最狭窄的路越走越远，不管那是一条多么黑暗的路，即使那条路是死胡同。

不少会计人的思想也如同章鱼，一味向瓶子里挤，我们的思想越来越狭窄，越来越失去光亮。章鱼的故事给了我们一个答案：唯有一次思想的蜕变，中国会计人才能找到回家的路。

哲学的慰藉

【题记】会计师是商业领域的哲学家，解决的都是现实问题。

哲学到底是什么？

那些最著名的哲学家，并没有醉心于建构体系，也不是迷恋于思辨概念，而是在娓娓道来地说笑话，讲故事，写寓言。

《论语》不过是一部孔子和他的弟子的对话集，平实而亲切。

《庄子》不过是一部由寓言写成的散文诗，洒脱而浪漫。

苏格拉底没有留下任何文字，他的哲学像牛虻一样在雅典大街上与青年辩论；而维特根斯坦的哲学，不过是做了一些我们在日常生活中喜闻乐见的游戏而已。

会计师的工作呢？就是以世界通用的商业语言，描绘一个又一个经济领域的真实故事，对永无止境变化着的商业世界进行解读。

他们没有凌空高蹈，只是评述现实，却能帮助人们更好了解商业运行状况，帮助人们更清晰地认识到商业行为给人类创造的价值。

他们只是通过不断改进的认识和反映手段，使得会计信息更加接近商业实质，来帮助人们更好地进行商业决策。

我们惊讶地发现，会计师的工作与哲学家的工作何其相似，我们甚至可以自豪地说，会计师是商业领域的哲学家，更为重要的是，会计师要解决的是真正的现实问题。

比哲学家更难当的会计师

先有哲学家还是先有会计师？这是个问题。

“无厘头”的起源问题

根据目前的考古资料和学术界的观点，米利都的泰利斯（Thales，公元前580），是西方哲学史上公认的第一位记录在案的哲学家，而哲学的起源可以追溯到更早的时间。古印度教对于世界的认识方式通常被认为是有记载的、最古老的哲学思想，其载体是成书于公元前1400年前后的《吠陀经》（the Vedas）。

而世界上最早的会计记录，可以追溯到6000多年前的两河流域，那里的苏美尔、巴比伦、亚述、迦勒底文明为我们留下了最古老的商业记录，根据当时的记录，在这一地区的商业活动中不但使用金银作为计量标准——即今天我们常说的货币计量，而且至少有两家银庄，签发“汇票”进行异地支付的信用交易手段也被普遍采用，尽管世界上最古老的商业文书是在公元前3500年以前，但基本可以推断出，记账这一会计活动至少在公元前4000年左右就开始了。所以，从现在的记录来看，会计师先于哲学家产生。

“先有哲学家还是先有会计师？”，这是一个有些无厘头的问题，对于当今社会而言，也许是一个没有什么意义的问题，但有无意义从来不是学问家的考虑范围。

古巴比伦文明是两河流域文明的杰出代表。图为尼德兰画家彼得·勃鲁盖尔（Pieter Brueghel）于1563年根据圣经中的传说创作的想象图《古巴比伦通天塔（巴别塔）》。

哲学就是在“无意义”中产生的。

哲学家这个名词始于柏拉图对哲学的定义。在柏拉图的年代，哲学家还不是一个职业——当然现在也不算一个普世性质的职业——柏拉图把哲学家定义为某一类爱好者，这些爱好者们总是热爱智慧的，他们热爱智慧的表现就是提出各种诸如“宇宙是什么组成的”、“人类是从哪来的”、“我们应该做什么，不应该做什么”

之类的“大”问题，并努力找寻更有说服力的答案。每位哲学家似乎都在不停地提出问题，也在不停地解答问题，而下一代的哲学家们在对之前的哲学家们作出的解答以新的解答方式进行重新阐释，并进一步提出新的问题。

很明显，先不管会计师们追求的最终答案是什么，至少哲学家们的解答并不是终级真理——也许终级真理真的不存在，正如伯特兰·罗素爵士所言：“我们提出这些问题的能力，比我们无法得到令自己百分百满意的答案的无能为力要重要得多。”也许正是因为这种近乎于顽固的存疑精神，罗素于1902年提出了著名的罗素悖论，而这个震惊数学界的悖论使集合理论产生了危机，并最终导致数学的基础被动摇，这就是所谓的第三次“数学危机”。

伯特兰·罗素（Bertrand Russell，1872～1970年，右上图），人称罗素爵士，二十世纪英国哲学家、数学家、逻辑学家、历史学家，和平主义社会活动家。他提出的罗素悖论（左上图），其通俗表示形式为“理发师悖论”，即：某位理发师发誓“本人为本城所有不给自己刮脸的人刮脸，我也只为这些人刮脸！”可是，这位理发师能不能给他自己刮脸呢？如果他不给自己刮脸，他就属于“不给自己刮脸的人”，他就要给自己刮脸；而如果他给自己刮脸，他又属于“给自己刮脸的人”，他就不该给自己刮脸。

也就是说，从本质上，哲学是一种尝试，这种尝试始终是临时性的，它试图得出一种“视野更宽广”的观点，来理解关于世界、关于人类、关于价值的普遍问题。

对哲学家们的刨根问底先到这里，回过头来看看会计师们准许你的答案。我们是热爱智慧的会计人，关于会计，我们也试图提出几个问题，并尝试着以哲学家的方式进行思考，希望能够对这些“大”问题得到一些普遍性的答案，同时也非常乐于在这里分享我们的思考结果。我们也深知，我们的观点不可能是完美的答案，这仅仅是探讨的开始。

其为何物

第一个问题，会计是什么？

与哲学不同，会计是有其在“实用”这一层面的价值的。众所周知，哲学是人类大脑过度发达的副产品，是人类的思想超越日常惯例并寻求突破的结果，很难在人身上找到哲学产生的现实生理动机。也就是说，哲学缺乏实用性，换个更通俗点的说法，在很多人眼里，哲学家其实就是吃饱了撑的，想出一些问题，再尝试对它们进行解答。而会计师是完全实用的一个职业，以解决人类经济生活中的现实问题为己任，理解了这一点，对我们解答会计是什么这个问题有着非常重要的意义。

归根结底，哲学家的工作只有一项，那就是以人类的语言，对世界、人生、价值进行解读，并以人类的语言，对接受这些解读的人类进行影响，以使自己对世界的解读在未来尽可能长的时间里仍然有说服力。

在对于会计是什么这个问题进行哲学意义上的思考时，我们发现，会计师的工作与哲学家的工作十分相似。然而，会计师与哲学家之间的不同之处在于，成为一名会计师要比成为一名哲学家困难得多。成为一名哲学家可能比较简单，只要你思考过前面提到过的那些“大”问题，你就已经是一名准哲学家了。

泰利斯作为有记载的第一名哲学家，其哲学贡献并不在于他提出了“万物皆水”这一荒谬的理论，而在于他提出了“万物由何组成”这个重要的哲学命题，而仅靠这一问题就可以让他进入伟大的哲学家行列。假如会计师在财务报告中提出了一个荒唐的结论，例如——混淆了盈利和亏损的界限，那么结果就会云泥之别，他就会被大家质疑，认为他不配会计师这一称号。

理解了会计师的工作，我们也就可以更为清晰地说明会计到底是什么了。会计工作也是一种追求，追求的是商业领域的智慧，而这种智慧的载体是会计信息，这种智慧的目标是能够读懂经济行为的本质，这种智慧的现实意义在于经济决策的有用性。

所以，会计是对人类经济事项实质的解读。

解读，即认识。认识论“恰好”是哲学的一个重要组成部分，在哲学中指研究人类认识的本质及其发展过程的哲学理论。其研究的主要内容包括认识的本质、结构，认识与客观实在的关系，认识的前提和基础，认识发生、发展的过程及其规律，认识的真理性标准等等。

对于会计而言，会计认识论也面临很多课题，例如，会计解读的是哪些经济事项的本质？会计信息系统采用什么样的结构对经济事项进行解读？会计信息与经济实质之间的关系是怎样的？会计计量、确认和报告有哪些前提和基础？大数据时代有哪些基本假设？会计这个解读载体是如何产生和发展的？其产生和发展过程体现出哪些规律？哪些会计信息是对基于专业判断的最好解读？

任何学科到了一定层次，一定是哲学问题，会计也不例外。在我们以哲学家的方式深入思考这些问题之前，再“哲学”一次，会计是对人类经济行为实质的解读。

源自何方

第二个问题，会计是怎样产生的？

理解了会计是什么，就很好理解会计的产生了。既然会计是对人类经济行为实质的反映，那么其产生也必然与这种需求相关。

早在远古时代，人们就要面临资源的分配问题，资源分配——主要是生活资料的分配，无疑是一项非常重要的经济决策，而这项经济决策是每天都要发生的，对旧石器时代的母系氏族社会，历史教科书上的描述一般是：

“母系氏族公社内，财产公有，共同劳动，平均分配，过着原始共产主义的生活。这是由当时社会生产力水平极度低下决定的，劳动产品无剩余，氏族公社内部只能共同占有劳动产品，平均分配生产资料。”

我在《宗教的慧根》一篇中曾提到黄老思想。而从哲学角度来讲，道家是中国最早主张平均分配的哲学学派，老子的“天之道，损有余而补不足”充分表明了老子主张平均的分配伦理观念，道家的另一代表人物庄子也有同样的主张，如《庄子 · 胠箧》：“分均，仁也。”分配公平，这就是仁爱。《庄子 · 天道》：“夫明白于天地之德者，此之谓大本大宗，与天和者也；所以均调天下，与人和者也。与人和者，谓之人乐；与天和者，谓之天乐。”均平万物、顺应民情，便是跟众人和谐的人。这里面的“均”体现了庄子学派的平均思想，也突显了老庄道家学派的平均分配的伦理特质。

如果你是一个哲学家，或者是一个会计师，有一个问题是绕不过的：就是“平均分配”究竟是如何做到的？即使人类文明发展到了21世纪，对生产资料和生活资料进行平均分配也是一项几乎不可能的任务。举个最简单的例子，十个人分一头五百斤的野猪，无论是哲学家还是会计师都不会简单认为“每人分到五十斤猪肉”，因为不同部位的猪肉，对于人的效用不同。所以“平均分配”只是历史学家和空想家们一厢情愿的假设罢了。

精确的平均在现实生活的分配过程中基本是不可能发生的。既然我们不能做到平均分配，那另一个问题就会随之产生——如何做到尽量平均？想要做到尽量平均，有一个技术上的重要问题需要解决——如何“计量”，即我们先要对需要分配的资源进行量化，而不是简单的说“那头猪有五百斤”，我们才能知道平均分配时每个应该分配到的个体应该分配多少，以及如何分配。

“如何做到收入分配公平”也是中国社会转型期面临的一个现实问题。公平是一个内涵十分丰富的范畴，有人将其界定在经济领域，有人将其界定在法律领域，有人将其界定在道德领域，而有人又将其界定在政治领域等等。不管将公平界定在何种领域，准确的会计核算都是反映公平原则的最重要的衡量标准。

所以，对于会计的产生过程而言，计量是先于确认产生的，在人类的经济活动还没有复杂到产生负债和所有者权益这些概念前，我们最先进行计量的，是一个部落所拥有的“资产”，即使这些资产也许很快变成当期的费用——被消耗掉。会计就这样产生了，会计产生于分配活动，也成熟于分配活动。我想说的是基于复杂基础上的分配活动——委托代理行为，即经济利益在委托人和代理人之间的分配。

中世纪地中海地区的商业繁荣，促进了现代会计的产生。延续了近二百年的十字军东征使得意大利的威尼斯、热那亚、比萨等地的商人控制了地中海东部的商业活动而获得巨大利益，促进了意大利城市和东方贸易的发展。随后出现了代理商和合伙人，使资本家的财富和年轻商人的冒险精神相结合，贸易规模不断扩大，经济利益分配的问题更加凸显。这正是现代会计实践的萌芽期。

而现代会计，始于卢卡·帕乔利创立复式簿记（参见本书《宗教的慧根》）前后。复式簿记延续了五百余年而经久不衰，在其后的几个世纪的人类经济活动中发挥了至关重要的作用。

所以，会计产生于人类最基本的经济活动——资源的分配，也随着分配的日趋复杂而走向成熟。

价值何许

第三个问题，会计的价值在哪里？

既然会计是对人类经济行为实质的认识，那么会计的价值就在于这种认识对经济行为实质的接近程度。会计信息质量要求中的客观性，说的就是会计信息要尽可能客观地反映会计主体的经济实质，客观性又称真实性，是指企业应当以实际性的交易或事项为依据进行确认、计量和报告，如实地反映符合确认和计量要求的各项会计要素，保证会计信息真实可靠，内容完整。

由此可见，会计的价值在于其提供的信息与所反映的经济行为实质之间的关系，如果如实反映了重大经济行为的实质，那么就是可靠相关会计信息，否则，如果与实质相去甚远，那么其真实有用性就要大打折扣了。

哲学上的认识论探讨人类认识的本质、结构，认识与客观实在的关系，认识的前提和基础，认识发生、发展的过程及其规律等问题，从而形成了唯物主义和唯心主义两条基本路线。

唯物主义者认为物质决定意识，意识是客观世界在人脑中的反映，唯物主义认识论坚持从物质到意识的认识路线，认为物质世界是客观实在，强调认识是人对客观实在的反映，申明世界是可以认识的。站在会计的角度，经济实质决定会计记录，会计记录是客观的经济活动的本质在会计报告中的反映。

从经济活动到会计确认、计量和报告的认识路线，也阐明了会计执业者应该是百分之百的唯物主义者——经济活动是财务报告的来源，财务报告是

一张图来解释唯物主义和唯心主义。唯物主义以目观世界，认为物质决定意识，先有物质后有意识（右面的人）；唯心主义以心观世界，认为意识决定物质、先有意识后有物质（左面的人）。

会计人员对客观的经济活动的反映，并且客观的经济活动是可以被会计记录所反映的。在会计实践中，唯物主义认识论始终指导着会计人从经济活动的实质出发，沿着会计凭证一步步走向财务报告中的数字。

与之相对应的唯心主义认为精神或意识是世界的本原，物质世界是精神、意识的产物，精神、意识是第一性的，物质是第二性的。这种认识论在会计活动中的表现就是根据治理层、管理层所需要披露的会计数据——主要是净利润这一指标，采取倒轧的手法，推出所需要的收入和成本，人为的对财务报表进行干预，先编制财务报告，然后根据其中的数据需要来调节记录，甚至伪造和变造凭证。

这种处理方式抛弃了会计的“反映经济活动实质”的价值基础，给经济社会秩序造成了严重的负面影响，其行为严重危害了会计的生命力，是无法转回的资产减值。

唯物主义的会计人，始终认为会计信息反映会计主体经济活动的本质，这才是会计信息的价值所在。

古国的诡秘档案

翻开一部部史籍，时光一次次逆时针旋转。与中华文明齐名的古国——古埃及、古巴比伦、古希腊、古罗马，历史已被尘封。唯有中华文明从未中断，续写着属于自己的会计发展史。

古埃及、古巴比伦、古希腊、古罗马是较早进入奴隶社会的文明古国，出于国家统治的需要，加之经济社会条件成熟，会计终于浮出地表，进而发展起来。

古埃及的祭坛

搜索历史的地图，我们的目光停留在四大文明古国之一的埃及。埃及一直以神秘的面纱撩拨世界的心弦。揭开这面纱，看到东面是阿拉伯沙漠，南面是努比亚沙漠和大瀑布，西面是利比亚沙漠，北面没有可以停靠的海岸，这得天独厚的地理位置保护其不被外族入侵。

古埃及人相信人是由五样东西组成，巴、卡、伊卜、阿赫和躯体本身。其中卡是现世的灵魂，即精魂。巴则是死后才出现的，进入冥界的亡者之魂魄。

在历史的进程中，埃及人形成的一种信念，即认为人的肉体包含有各种永生的成分。其一是“巴”，其外形是一只人头鸟，相貌如死者，并具有人的双臂。

其二是“卡”，他是每个人的监护神，与本人一模一样，一生与本人同在，但在人死之前先到来世。

其三是“伊卜”，是每个人的良心，它指导人们一生的行为。

其四是“阿赫”，一种神性或超自然的力量，埃及人认为只有在人死之后才能得到。

最后是人躯体本身。“埃及人和其他古代各民族人民一样，他们相信死亡并不是人的消灭，而只是人的形态转到另一个世界中去。”比如说一个人死去，祭司可以在丧葬仪式上祈祷和供奉祭品，从而帮助死者转化为“巴”。另外，古埃及人认为人的躯体如果以适当的方式持久保存下来，使其与“卡”和“巴”一起，死后可以得到永生。这就是说古埃及人看到了死，但他们更肯定生命，生命在他们的眼里是永恒的，死只是暂时的，不过只是一种转变而已。

而这种肯定生命的观点，进而表现为对于神明的尽力虔诚，而客观上孕育了以计量为基础的会计思想。正如会计学者所认为的那样，先有的会计思想，经历漫长的发展，才出现了官厅会计①、民间会计。会计发展沿着一种先官后民的历史轨迹演进。

① 姑且称之为官厅会计，此处指处理古埃及国家会计事务的人员。

象形文字是我们所知道的最早构成体系的古埃及文字材料，也称圣书体。这种文字体系产生于公元前3000年。这种文字也成为埃及官厅会计使用文字的雏形。

公元前4000年左右，埃及的奴隶社会中，法老是国家高度中央集权制下的产物。法老之下，有严密的官僚机构，官厅会计在古埃及奴隶制国家开始建立。虽然古埃及此时出现了官厅会计，但并没有出现专司其职的机构和人员，而是由一些官吏兼职完成。今天，我们能够援引的实证是《帕勒莫石碑》，尽管这块石碑已残缺不全，但还是能通过它的记载发现第五王朝的记账特点。

VI 第五王朝

第五年：上下埃及之王乌塞尔卡佛以此作为他的纪念，对于：

赫里奥坡里诸神灵，每一［…］和每一［…］节日，二十分面包和酒；

在乌塞尔卡弗地产中［…］，土地三十六斯塔特；

塞普·拉的太阳庙诸神，在乌塞尔卡弗地产中土地二十四斯塔特，每月二牛，二鹅；

拉在北部诸州的土地四十四斯塔特；

荷鲁斯之房屋的诸神，土地五十四斯塔特；在克索伊斯州布陀建立他的神庙的神笼；

塞巴，土地二斯塔特，建造他的神庙；

在南部圣宫的涅赫布特，每月十份面包和酒；

在伯耳努的布陀，每月十份面包和酒；

在南部圣宫的诸神，每月四十八份面包和酒。

第三次清查大牲畜之年。

从这段勉强称之为报告的会计记录看，撇开埃及本身独特而浓重的神性色彩，这段记录采用了叙述式风格。先是神的位置与名称，然后是祭品的数量与土地的数目。需要指出，日常的会计记录与一定时期所做的会计报告中形式上是一致的，即采用叙述性的文体，逐一记录事情发生的地点、对象、时间、数量。早期的账簿与报告合二为一。

公元1~2世纪编制的啤酒销售计算单，可以看出古埃及的后期，民间的一些记账算账方法已经很有特色。计算单由八栏组成，前六栏记载啤酒和销售额，后两栏登记前六栏诸项目的合计和预计数额。

古巴比伦的理财经

巴比伦最初不过是幼发拉底河边的一个不知名的小城市。约公元前1894年，来自叙利亚草原的闪米特民族的一支——阿摩利人雅赫茹茹姆（Iahrurum）部落在首领苏姆阿布带领下攻占这座小城，建立了国家，他们骁勇善战，争夺汉谟拉比。

尚武的阿摩利人以此为中心，南征北讨，四处征战，最终建立了一个强大的巴比伦王国，历史上称之为“古巴比伦王国”。阿摩利人也因此被称为巴比伦人。巴比伦人继承了苏美尔人和阿卡德人的文明成果，并发扬光大，把美索不达米亚文明发展推到了顶峰。人们喜欢用“巴比伦”三个字来概括古代两河流域文明，足以表明巴比伦文明所创造的辉煌业绩和对世人展现的魅力。

在古巴比伦出土的陶砖上记载，巴比伦最有钱的人叫做阿卡德，他最早是做雕刻陶砖出生。为什么这个雕花的瓦匠这么有钱呢？

当年的古巴比伦，还没有纸张，当然就没有书，那些楔形文字，都是雕刻家们在陶砖上雕刻出来，而得以留存的。因此雕刻陶砖就成为了十分紧俏的职业。一日，一位有钱人欧格尼斯来他这订购一块需要刻法律条文的陶砖，阿卡德表示愿意为他彻夜雕刻，但希望得到富人如何致富的指导，欧格尼斯答应了他。于是，阿卡德通宵达旦，完成了雕刻，而欧格尼斯也履行了诺言，帮他解开了致富的谜局：你赚的钱中有一部分要把它存下来，财富就如同小树，是从一粒微不足道的种子开始生长的，第一笔你存下的钱，就是你财富之树的种子，无论你赚到多少，存下 10%。

就这样，过了一年，欧格尼斯再次回来时，他问阿卡德是否照做，存下那 10% 的钱。阿卡德很骄傲地回答，他确实照他的方法做了。欧格尼斯继续问：如何支配存下来的那些钱？

阿卡德说：我把它给了砖匠阿卢玛，因为他要去远方购买稀有的珠宝，等他回来，他们就能高价卖出珠宝，分到钱。

欧格尼斯责骂道：只有傻子才会这么做，为什么买珠宝要信任砖匠？那些钱已经泡汤了！你把你的财富之树连根拔掉了，以后做生意，买珠宝去找珠宝商，买羊毛去找羊毛商，不要和外行人做生意！

正像欧格尼斯说的那样，阿卢玛被人骗了，买回来的，只是长得和珠宝很像的玻璃。阿卡德下定决心，再次开始存钱。又一年过去了，欧格尼斯再来时，问阿卡德钱存的如何？阿卡德回答："我把存下的钱借给了铁匠，让他去买青铜材料，他每四个月付我一次租金。"

欧格尼斯说：很好，那你如何使用那些租金呢？

阿卡德：我用这些钱吃了一顿大餐，买了漂亮的衣服，还计划再买一头驴子。

欧格尼斯笑了：你把存下钱所繁衍的子孙给吃了，你如何期望他们和他们将来的子孙为你赚钱？只有当你拥有足够的财富时，你才能尽情去享受而无后顾之忧。

于是，阿卡德遵照欧格尼斯的话，把钱越滚越大，越滚越多。

短短的故事，却透露了千年前巴比伦人对于财富的哲学。

金钱的积累不是一蹴而就，而是慢慢流向那些不懈储蓄的人。金钱愿意为懂得如何去利用它的人工作，从那些不懂得管理的人身边溜走。

与古埃及的哲学不同，古巴比伦的财富哲学并没有那般清晰可循。古巴比伦的统治者出于统治的需要，非常注重财计方面的控制。与财计有关的较为重要的官员是记录官，在中央一级或神殿一级地方政府均有这类记录官。

记录官在国家和民间的财政经济事务中均发挥着极其重要的作用，在国家方面，他主要负责记录国库的收支以及征收贡赋；在民间方面，他负责监督民间契约的签订。从记录的文字和工具来看，所用的文字是苏美尔人创造的楔形文字，采用的工具则是粘土板和削成三角尖头的芦苇杆、木棒或骨棒。在记录的时候，用芦苇等在粘土制成的泥板上刻画，记录完毕将粘土板晒干保留。

后来人们发现晒干的粘土板容易碎裂，便又创造了焙烧的方法，将比较重要的记录泥板进行焙烧，便能较长时间地保存。随着民间契约的签订，记录的形式进一步复杂化。除在粘土板上记录契约有关事项并进行烧制外，为了保密和防止篡改，还要给契约粘土板做一个“外套”，即用粘土做一个薄薄的封套，在封套上简要刻画契约的有关内容，这样就使封套与其中的粘土板反映的情况是一致的，即使有人篡改了封套上的内容，在不打破封套的情况下，也无法修改粘土板上的内容。

我常常说，最早的会计账簿不过是土蛋耳！

巴比伦人酷爱管理，在官厅中重视财计，在民间也有广泛运用，像神殿会计、银行会计、商会会计都能反映这方面的情况。古巴比伦的神殿除发挥宗教职能外，还是商贸中心，为了处理每天大量的经济业务，寺院的僧侣们很重视会计记录，并把它作为向神报告的方式。

古巴比伦会计史上，值得一提的是汉谟拉比（Hammurabi）和《汉谟拉比法典》。汉谟拉比是古巴比伦第一王朝的第六代国王，公元前 1792 ~ 1750 年在位。公元前 18 世纪初，古巴比伦王国崛起，在汉谟拉比领导下，一跃成为囊括整个两河流域的帝国。为了强化统治，汉谟拉比制定了世界上古代的第一部比较完备的成文法典——《汉谟拉比法典》。他称自己是神宠爱的人。

《汉谟拉比法典》是目前所知的世界上第一部比较完整的成文法典。法典竭力维护不平等的社会等级制度和奴隶主贵族的利益，比较全面地反映古巴比伦社会的情况。法典分为序言、正文和结语三部分。正文共有 282 条，内容包括诉讼程序、保护私产、租佃、债务、高利贷和婚姻家庭等。其中对商业契约、授产契据、租地契约、地契、期票、利率、利息、税捐、财产清单等具有会计意义的事项都作了明确定义，从而对古巴比伦会计的发展产生了重要影响。

古希腊哲学之民主火花

公元前6世纪，东方伊奥尼亚地方的一些哲学家开始提出世界的本原问题，他们反对过去流传的种种神话创世说，认为世界的本原是一些物质性的元素，如水、气、火等。他们最早用自然本身来解释世界的本源，是西方最早的唯物主义哲学家。

与此同时，在意大利南部出现了另一种思想倾向的哲学学派。他们认为万物的本质不是物质性的元素，而是一些抽象的原则，毕达哥拉斯学派认为是“数”（推而广之，会计也成了世界的本源），以巴门尼德为代表的爱利亚学派认为是“存在”，并认为“存在”是不变的、不生不灭的，运动变化的只是事物的现象。他们提出的非物质性的抽象原则，对以后唯心主义哲学的产生影响很大。

公元前336年，马其顿王亚历山大即位，他建立了跨越欧、亚、非三洲的大帝国。这个帝国虽然很快瓦解了，但希腊文化以亚历山大里亚城为中心得到了广泛传播，历史上称为希腊化时期。当时自然科学迅速发展，德谟克利特提出原子论；哲学家伊壁鸠鲁基于原子论，比较正确地解释了必然与自由的关系问题，猜测到了事物运动的原因在于事物的内部。

当时，由于战争频繁，社会动乱不安，哲学讨论的重点转移到伦理方面，探讨人生的目的是什么、幸福是什么等问题。

进入雅典时期，民主政治制度开始建立，公共财产的管理成为一项重要内容，涉及财计管理方面的官吏主要有公卖官、出纳官和会计官。

在雅典的财计官员中，最重要的是会计官，也称“阿波德克塔埃”，人数10名，由会议选出，并配有10名助手。其主要工作是：处理政府各种收支业务，记录官吏账目和接受官吏离任报告账目等。另外，在雅典还出现了公开财政的做法，这也是当时民主之风盛行的重要体现。

希腊对会计发展的最大贡献是早在公元前630年，就发明铸币。当通过货币单位计量会计时，簿记就变得专业化了。

审计与会计如影随形。让我深感兴趣的，是由审计官执行的离任经济责任审计。

当时，审计官是罗基斯塔埃（Logistae）和埃乌苏诺衣（Euthunoi）。罗基斯塔埃是最高权威，起初为30名，后来减至10名，每个部落1名，由抽签法选出，任职是1年。

议事会的官员（500人）卸任时，均必须在离职后30天以内报送会计账册，不得延宕时日。只有罗基斯塔埃确认账簿记录中不存在任何差错和舞弊行为时，才允许他们卸任离职。否则，就要将事件送交法院裁决。倘若法院判决罪证属实，那么，就要课以贪污或受贿数额的十倍罚金。一般都是由罗基斯塔埃亲自担任法庭议长执行审理。埃乌苏诺衣亦为10名，并配备有以抽签法选出的称为帕勒德罗依（Paredroi）的辅助官2名。

在整个西方美术传统中，古希腊雕塑占有十分重要的地位。古希腊悠久的神话传说是古希腊雕塑艺术的源泉。左图为亚力山德罗斯创作于约公元前150年左右的著名大理石雕像作品《米洛斯的阿芙洛蒂忒》（俗称《米洛斯的维纳斯》、《断臂的维纳斯》、《维纳斯像》等），现收藏于法国巴黎卢浮宫。与之相对的是文艺复兴时期的艺术创作，右图为米开朗基罗的代表作《大卫雕像》。1504年9月8日，大卫像首次在佛罗伦萨展出。现藏于佛罗伦萨学院美术馆。

他们的主要职责是：严格审核各官报送的财产目录、证据文书和会计账册；编写审计意见，并报告给罗基斯塔埃。此外，他们还负责应收现金的收回等工作。

那时候，只要有人在私事（或公事）方面对任何一位已在陪审法庭报告账目的官吏提起诉讼，他就应该在其报告账目之日起3天之内，将自己的姓名和被告人的姓名，以及他控诉此人的罪行，再加上他认为适当的罚金数目，详细记录在一块木板上，然后提交给审计官。

审计官接受并审阅这些记录以后，倘若认为该起诉可以成立，就立刻分清它究竟是属于私人案件还是属于公众案件。如果系私人案件，就将该板交付司法执行官备案。司法执行官接受以后，再将该账目板向陪审法庭提出，由陪审官作出最后裁决。可见，追责观念在当时已深入人心，渗透到整个希腊政府，报送会计账册让审计官审查已蔚然成风。①

现存有关官吏贪污受贿的诉讼史料，其中有两件与古代雅典杰出的政治家伯里克利有关。那是发生在公元前5世纪中叶前后的事件：有人揭发古雅典大雕刻家、伯特浓神殿中雅典娜神像雕塑者菲狄亚斯（公元前490—前430年左右）有贪污黄金的嫌疑。当时伯里克利是菲狄亚斯的好友，他毅然出庭为其申辩，据说激动之时竟痛哭流涕，但他的努力无济于事，菲狄亚斯最终还是被判了刑。

审计官通过审查伯里克利报送的会计账册，认为他犯有擅自挪用公款罪。结果，伯里克利不仅被罚款，而且还丢掉了将军的职务。后来，雅典人有感于他对国家作出的独特贡献，认识到雅典确实缺他不可，才撤销了原判。当时就有人埋怨说："伯里克利与其报送会计账册，勿宁设法逃避报送账册更为得策"。

19世纪著名的美国史学家摩尔根在《古代社会》一书中指出："迄今为止在全人类中，雅典按人口比例而言，乃为最卓越、最聪明、最有成就的一支"。他和无产阶级思想家恩格斯都认为，雅典的民主制度在当时是进步的。

古罗马的会计警察

古罗马哲学深受希腊化时代斯多亚学派与伊比鸠鲁学派思想影响。代表思想家为西塞罗。他认为善行产生快乐，智者就是依照理性指导而生活的人，因而不为烦忧痛苦所困扰。哲学家卢克莱修著作的《论物性》是流传至今唯一阐述古代原子论的著作；五贤帝之一的奥理略，留下《沉思录》名著。

公元3世纪以后的新柏拉图主义成为具影响力的学派，有取代斯多亚学派之趋势。该学派的创立者为普洛提纳斯。他鼓吹苦行禁欲和内省思考；在宇宙本体的看法上，结合柏拉图、亚里士多德和毕达哥拉斯学派的学说，其主旨为太一或上帝生发出心灵和世界灵魂，然后到达认知的世界。新柏拉图

① 亚里斯多德：雅典政制，刊于《外国法制史资料选编（上）》，北京大学出版社1982年版，第126页。

意大利古罗马竞技场罗马斗兽场（Colosseum）是古罗马帝国专供奴隶主、贵族和自由民观看斗兽或奴隶角斗的地方，始建于公元72年，现在已经成为罗马的标志性建筑。

主义对早期基督教神学产生了深远影响。

此时的古罗马帝国出现了财务官（quaestor）。“quaestor”的意思是“提问的人”。这种官职最早是在十二铜表法中被提及，尽管也有报道指出，在王政时代就有服务于国王的财务官。他们的工作是调查谋杀案件，也就是说，那时候他们是警探。

最初的年代里，除非在军队有10年以上的服役经验，否则无法当选财务官。苏拉时代，他将此官职的最低年限定为30岁。奥古斯都将其降为25岁。他还中止了由部落大会选举财务官的传统，选举改由元老院举行。

在大部分时间里财务官年龄的下限是30岁。会计官的任务是监视军事财政，制止浪费军事开支的情况发生。按常理来说，这是要让一个没有军权的人去对统兵作战的人进行财政的限制，非德高望重的人是很难有说服力的。不过罗马有点不合常理地将年龄的下限定在30岁，这对希望从政的罗马青年来说，无疑是进入政界的门坎。让人年轻时就去批评别人、去学习如何批评别人也是件有趣的事。

财务官本身无侍从，但可以身着紫边托伽袍。

古代罗马国家审计官的职掌与古代埃及和中国一样，也不明确，但却初步具备了立法监督的精神。这种差别显示出罗马的国家审计更为先进。

当时，罗马共和国的最高行政机关，由两个权力相当的执政官掌握。由于他们的任期不长，而且彼此牵制，权力有限，因而罗马国家实际的行政指挥中心是元老院。元老院由贵族和退任的执政官组成，它拥有决定内外政策、审查和批准法案、控制预算并支配国家财产的权力。

主要的国库是萨特尼金库（aerariumsaturni），内存各项经常收入和临时收入，必要的费用也从中开支。它名义上是在财务官的领导下，实际上对它拥有绝对支配权的是元老院，没有元老院的同意，任何人均不得从中提款。除萨特尼金库外，还有神圣金库（aerariumsanctius）。该金库收存从奴隶那里征得的税收。这些税款是作为预备金来使用的，唯有元老院才享有从中提款的权力。这种由立法机关对国库进行监督的制度，对后世现代立法国家审计模式的形成，有着深远的影响。

帝国期间，民间金融业的发展成为帝国经济的重要因素。为了增加财政收入，预防和处理偷税漏税，政府部门曾一度将民间金融业也纳入了国家审计的范围之内。这项审计监督任务，在罗马由城市总监负责执行，在各省由城市长官设专人负责执行。彼时，罗马全土分成皇帝行省和元老院行省两部分，前者占绝大部分，由皇帝直接管理，后者则由元老院直接管理。

私人金融家必须对审计官员公开他们的会计账册，并呈交其的“营业执照”。这些会计账册主要分成三种：一是日记账，或称备忘录；二是现金出纳账，用于反映关于金融业务的各项现金收支；三是总分类账。

大家来找茬

西方学界大多数人认为：公元 1500 年是人类历史的一个重要分水岭。大约从那个时候开始，人类的历史才称得上是真正意义上的世界史。在此之前，人类生活在相互隔绝而又各自独立的几块陆地上，没有哪一块大陆上的人能确切知道，地球究竟是方的还是圆的，而几乎每一块陆地上的人都认为自己生活在世界的中心。

那么，究竟是什么力量，推动小小的地球迅速发展长达几个世纪呢？

绝大多数的人没有意识到，旧石器时代晚期的峙峪人、山顶洞人曾在骨片和鹿角棒上刻画过的一些简单的线条纹道，会在几千年后成为开启会计发展史的新篇章。

原始社会会计，是原始社会形态下会计孕育及萌芽的历史过程。在古老的东方——中国，这一时期约起始自170万年前旧石器时代初期。中国会计的历史早在原始公社制时代就已经开始。从那时起，人们已用“刻记记数”和“结绳记事”方法，反映渔猎收获数量及其他收支。这是最原始的会计活动。

那么，究竟是什么进程推动“刻记记数”到“会计思想”长达几千年呢？

哲学，如同一道隧道的光焰照进地球的每个角落，让人们在生活生产的过程中，开始寻找属于自己的信仰。

“大家来找茬”这个游戏，我们都玩过。这一篇，我们就本着“找茬”的态度，看看哲学和会计，到底是如何水乳交融的。

从牛奶打翻说起

哲学如何影响着世界？它的力量有多大，谁又在操纵着这种力量？哲学所编织的“网”，有多广、多深？这种深度与广度，又怎样与同样具有魔力的会计产生连锁反应呢？

讲一个牛奶的故事吧。一瓶牛奶不小心被打翻了，你会有什么反应？是马上擦干净继续工作，还是任由他流淌在桌子上忙完工作再处理？多数人会选择赶紧处理，然后继续专心工作。因为牛奶已经淌光了，无论怎么样后悔和抱怨，都没有办法取回一滴。你们要是事先想一想，加以预防，那瓶牛奶还可以保住；但是打翻之后，如果还为它劳心费神，分散精力，却是一点用处都没有的。

泰戈尔的一首诗，更加诗意地表述了这个故事：不要为错过太阳而流泪，否则你将错过月亮和星辰。以会计师的眼光来看，讲的就是沉没成本。和机会成本一样，这是我们进行决策时要重点考虑的。不同的是，机会成本虽然不是真实发生过的成本，但却是我们不能忽视的成本；而沉没成本则是已经过去的成本，是应努力忘记的成本。

人们在决定是否去做一件事情的时候，不仅是看这件事对自己有没有好处，而且也看过去是不是已经在这件事情上有过投入。我们把这些已经发生不可收回的支出称为“沉没成本”（Sunk Cost）。在经济学和商业决策制定过程中会用到“沉没成本”的概念，代指已经付出且不可收回的成本。

比如，企业花5000万元从国外引进一条先进生产线，但是很长时间都调试不好，原因是国内原材料精度不够，生产线经常出毛病；这时候国内也出现了这种生产线。企业就面临选择：是继续调试改造进口生产线，还是重新从国内采购一条生产线？

原先花的5000万元，就是沉没成本已无需再考虑，只需考虑继续调试改造的成本，与新上生产线的购买、安装成本进行比较，如果场地有限，拆除原生产线的花费也算是新上生产线的成本。

美国经济学家斯蒂格利茨讲过一个更生动的例子。他说，“假如你花7美元买了一张电影票，你怀疑这个电影是否值7美元。看了半个小时后，你最担心的事被证实了：影片糟透了。你应该离开影院吗？在做这个决定时，你应当忽视那7美元。它是沉没成本，无论你离开影院与否，钱都不会再收回。”如果你心疼那7美元，强迫自己看完那糟糕的电影，就是错过了太阳，又继续错过月亮和星辰。

很多企业，当开发某些在产品或者上新项目时，发现决策失误面临中止或者下马决断时，总是不甘心已经付出的成本，为此不断的追加，最终在不知不觉中又扔了很多钱。烂尾工程、钓鱼工程就是此类典型。2001年，诺贝尔经济学奖得主斯蒂格利茨教授说，普通人常常不计算“机会成本”，而经济学家则往往忽略“沉没成本”，这是一种睿智。他在《经济学》中说：“如果一项开支已经付出并且不管作出何种选择都不能收回，一个理性的人就会忽略它。这类支出就是我们常说的沉没成本。

沉没成本之所以叫人难以割舍，是源于人们心理上的“付出即有收获”

的主观愿望。眼看到自己的付出将一去不复返时，情绪和自尊心的爆发淹没了理智，强烈自尊心的驱使，人们不愿承认初始决策的失误，总认为之前的投资积累没有达到一个“质”的飞跃，继续加大“量”的投资以求达到那个质点。可谁料这并非“质”和“量”的问题，而是沉没成本中继续沉没和适时退出的问题。

如果不存在沉没成本的因素，我们眼下遇到的只是暂时困难，就不要放弃。放弃并不是也不可能是人生哲学的全部，放弃不能挽回的成本和付出，继续付出和坚持就可以越过眼前的沟坎而到达成功的彼岸。伦敦奥运会上，吊环王陈一冰、射击名将杜丽、篮球老将王治郅、国手王皓等虽没有获得最后的金牌，但依然赢得了人们的掌声，他们面对伤病没有放弃和退缩，而是勇敢超越自我，跨过了约束成功的种种限制条件，这本身就已经是一种成功。我们所说的是放弃沉没成本不是一遇到困难就退缩，过去的包袱可以不背，但将来的高栏一定要跨。

国人的哲学很奇妙，你“坚持到底”成功了，人们会说你持之以恒、水滴石穿；如果你失败了，可能就是顽固不化、固执己见。看来，沉没成本虽然是个管理会计概念，却有着深刻的哲学辩证思维。

不撞南墙不回头

古希腊的赫拉克利特说过：“智慧只在于一件事，就是认识那善于驾驭一切的思想。”以何为智呢？《尚书孔氏传》[①] 解释道：“哲，智也，无所不知，故能管人。”

哲学是一种智慧之学，从哲学中体味点滴，你会发现隐隐有一道光照亮前方的路。给人们以智慧，帮助人们获得知识，从总体上教导人们善于处理和驾驭一切。

一位男子行走在峡谷中，不小心落入河里，顺着激流急速地往下漂，更糟的是，他的一只脚踝被摔断了。但是他接受过从激流中逃生的训练，坚信能回到岸上，他做到了。

如何在脚踝受伤的情况下走出峡谷，他却没有受过训练。他沿着山岩中

① 《孔安国尚书传》。共十三卷。旧题西汉孔安国撰，经后人考证，实系魏晋时人伪造。

崎岖的小径走着，当初他就是从这小径走进来的。脚踝上的伤让他疼痛难忍，为了缓解脚踝的伤痛，他用树枝做成拐杖，准备继续往前走。如果沿着平整的人行道，走一小段下坡路，即使有伤也没问题。可是他正身处峡谷之中，四周是无边的荒野。这让他感到前路迷茫，于是他开始思考每一个可能的解决方案，试图选择一个最佳方案。从直升机到登山队，他想象着每一种可能出现的机会。

正思索时，河湾处漂来一个木筏。他设想了各种可能的解决方案，却从没想到会有一个木筏出现。不仅如此，筏上还有一个野外急救员。遇难的男子根本不知道这一带有野外急救员巡逻，自然不曾指望会有人驾着筏子漂来。

这下好了，急救员用输液管和树枝做成夹板，把他安置在筏上。那天晚上，他们在河边一处美丽的地方宿营，享用了墨西哥式鸡肉卷和草莓酥饼。他原本打算吃背包里的脱水鸡蛋。

他学到许多东西，许多想法也发生了意想不到的改变。我们姑且认为，他不经历这番磨难，就不会发生这些改变。在峡谷中的河边，在荒野之中，生命的前方有许多惊奇等待着，我们不可能一一预知。

从哲学角度上看，世界观和方法论是一致的，是一个硬币的两面。有什么样的世界观，就有什么样的方法论，两者是紧密联系、相依相克。记得有人说过，我们不必一味寻求新的前景，而要用新的眼光去看待现实。无论生活给了我们怎样的打击，总有一个木筏在河流转弯之处等待我们。

生命的辩证法告诉人们，有生就有死。诞生，就意味着死去。从这个意义上来说，人是向死而生的，但死的意义又各有不同。这就是德国哲学家海德格尔有关生死的命题——向死而生。远在两千多年前，中国战国时代的孟子就曾言：“生，亦我所欲也，义，亦我所欲也：二者不可得兼，舍生而取义者也。”

这则不慎落入水中的故事如同会计活动，具有活动的主、客体。哲学家们对于主体的思考是极其深入的，从庄周梦蝶到笛卡尔的我思故我在，体现的是唯心主义认识论对“我”这个主体的认识。而会计活动体现的则是唯物主义认识论的“反映观”，即会计报告是企业财务状况、经营成果和现金流量的综合反映，它反映了企业管理层受托责任的履行情况。

在这里，企业会计活动的基础，也就是我们通常所讲的会计主体，而现实经济活动中，很多企业家，特别是创始企业家的行为，总给人一种类似于佛家的理论的“梵我合一”的感觉，即混淆了企业这个会计主体与本人之间的界限。会计主体假设是会计活动的基本假设，根据“会计主体假设”的理论，会计主体是指财务会计为之服务的特定单位。会计学家葛家澍认为，会计信息系统所处理的数据、所提供的信息，不是漫无边际的，而是要严格限定在每一个经营上或经济上具有独立性或相对独立地位的单位或主体之内，会计信息系统所接受和所处理的数据以及所输出的信息，都不应该超出这些单位的界限。每一个具有独立性的单位，就是“会计主体”，会计信息系统在设计、运行时，要以每一个主体为空间界限，即“会计主体假设”。

在我们的工作中，结果与预想不一致，甚至南辕北辙，这是什么原因呢？有时候预想在具体实施时，或者在具体运用时会出现一些小问题，而小问题往往会演变成大问题。这又是为什么呢？我想，这恐怕是因为处理小问题的方法大有问题。如果说过去我们的工作存在许多不尽如人意的方面，仅从方法论上寻找原因恐怕是不够的，我们应从哲学的高度去认识。研究会计若仅限于形式要素而缺乏社会的、哲学的、人文的思考，也许交不出一份满意的答卷。

哲学的本质无时无刻不在砥砺着我们，用唯物辩证法去看待一切事物。因为一切事物都有矛盾，有矛盾才能引起事物的发展和变化，事物内部的这种矛盾性，就是事物发展的内因。同时任何事物都不是孤立的，事物之间的关系好比是钢琴的黑白琴键，黑白两色不可缺失，黑白齐鸣才能演奏出悠扬的交响曲。

会计的本质是一种哲学。会计是记录、分类和总结一个企业的交易并报告其结果的哲学。会计是一种哲学，旨在将具有或至少部分具有财务特征的交易事项，以有意义的方式且以货币来呈现，予以记录、分类和汇总并解释由此产生的结果。哲学认为没有恒常的存在，一切都在变迁和流逝当中；会计的职业判断也不应拘泥于既定的模式，如水随型。因为既有的模式都是在特定的历史条件下形成的，打算刻舟求剑，就会导致盲人摸象。

不断丰富充实职业判断，不断解析探索会计问题。这“两个不断”，就是会计哲学。

“道” + “术” =?

说到会计和哲学其他相似点，就是都讲究“道”与“术”。

中国是讲究道的国家，流芳百世的大家以研究“道”的居多。历代的统治者多以“道”来安天下，以“术”来抢天下。在中国，领导者如果要做大一个企业，首先要成为企业的精神领袖，成为哲学家，否则不可能真正成功。

孔子为什么能风靡至今？不得不说他早在数千年前就将“道”与“术”的研究深入骨髓。孔子对会计的哲学观，反映了孔子在管理方面的“中庸之道”思想，又反映在他“知人善任”的驭人之术。李约瑟在《中国人的世界科学技术观》中说：“古代中国人在整个自然界寻求秩序与和谐，并将此视为一切人际关系的理想。”这就是传统文化中“保合大和”“惟和唯一”的思想。

《孙子兵法》蕴含的军事与哲学思想绵延千载。其载明决定胜负的“道、天、地、将、法”五大因素，“道”独排第一。会计执业也要讲求这五大因素。所谓“不战而屈人之兵”，是这个道理的精髓。从古代的诸侯战争，到如今的领土争端，《孙子兵法》中“道”的核心一直被意识形态的主导者恰如其分的运用。“术”则集中在操作层面上，带有很强的目的性和功利性。因此，“术”有其不可扩展的局限，它或许可以使人获得某种延展的可能性，但这种延展之术无腾挪空间。“道”却是终极关照，它回答“会计究竟是什么？会计服务经济社会的职能在哪里？会计人应当具备何种境界？”等实质性问题。

《周易·系辞传上》有云，“形而上者谓之道，形而下者谓之器”，“器”也就是“术”是一种技巧，研究会计问题的技巧、处理各种人事的技巧。技巧高明的人往往能占得先机。同时，也容易让人感到太“精明”。而“道”却是规律、人性、习惯。理解人性，认知习惯，懂得按规律办事，跳出“小我”方得“大我”。悟“道”需要一个长期的过程，非急功近利者所能为，而是与人性修炼密不可分的心灵成长历程。会计人要想告别“术”的层次，升华至“道”的层面，就必须在会计研究和会计实务中跳出自我设置的小天地，着眼“大会计、大视野、大境界”，以“道”驭“术”，并最终实现“道”“术”合一。

在老子的《道德经》里，“道”的份量最重。老子认为，可以用言语表示的“道”，就不是永恒的“道”。探究知识，每天要增加一些；探究“道”，每天要减少一些。中华文化正是围绕这个“道”开展和演绎的，上到治理天下，下至起居风俗，无不体现人们对“道”的尊重。

千年之后。唐宋时期是我国封建经济发展的高峰期，也是文学艺术发展的辉煌时代。这一时期君主的治国理念“道”、“术”兼容并蓄，以“规范”划定准绳。所以唐宋会计模式的核心即“规范”，要求各方面规范化、制度化，形成比较完整的制度体系和方法体系。

又是一个千年之后。时代的如椽巨笔一挥，包括 1 项基本准则和 38 项具体准则在内的中国会计准则体系叹号般屹立！这是一次化蛹为蝶的蜕变，一次登高望远的审视，一次革故鼎新的迸发。

《企业会计准则——基本准则》明确规定了企业编制财务报告的目标是向财务报告使用者提供与企业财务状况、经营成果和现金流量等有关的会计信息，此为“道”；反映企业管理层受托责任履行情况，有助于财务报告使用者作出经济决策，此为“术”。这正是国际财务报告准则的哲学基石——决策有用观！与其说基本准则是国际财务报告准则之“概念框架”的演变，毋宁说是新会计理念和新准则体系的奠基。

不只着眼历史，更着眼未来——未来现金流量的现值；

不只着眼可靠性，更着眼相关性——为投资者、债权人和社会公众提供有用的信息；

不只着眼确认与计量，更着眼透明披露——以消除因信息不对称而给财务报表使用者造成的误导。

“经济利益的流动”作为主线贯穿于资产、负债等 6 项会计要素之中。会计计量的内容更多元。会计计量属性包括历史成本、重置成本、可变现净值、现值和公允价值。会计信息的质量要求更具体。“如实反映”、“真实可靠”、“内容完整”、“口径一致”、“相互可比”等可靠性和相关性特征得以凸显。不得不说，直至今日，“道”与“术”的辩证关系依然影响着哲学和会计。

环顾当今会计界，“术”太多而“道”太少，离道远矣！身为会计人，有16个字可让你受惠一生：为学日进（求学要每天进步），为道日损（求道要每天减少积非成是的东西），以道御术（用道来引导术），道不远人（道就离你不远了）。

故事的升华

哲学不都是宏大的道理，有时表现为一个个小故事。

石匠的工作

一个过路人问三个正在凿石的石匠他们正在做什么。第一个石匠回答说："我在挣钱过日子。"第二个石匠回答说："我在做国内最好的凿石工作。"第三个石匠昂起头来，眼中充满光芒地说："我在建筑一座大教堂。"

很显然，对于第一个石匠来说，工作只是为了养家糊口，至于工作的内容，无关紧要。第二个石匠就不同了，他有更高的目标：他要在他的领域中做得最好，他要成为一流。但是，第三个石匠的境界比第二个石匠更高，因为他看到了他的凿石工作的目的，是为了建筑一座精神的圣殿。这就是著名管理学大师德鲁克曾讲过的三个石匠的故事。

三个石匠可以化身为那些在无数个华灯初上的夜晚，莘莘学子们从寒窗苦读到成为一名优秀而专业的会计人。与这三个石匠故事有着异曲同工之妙的是，王国维曾提出的我们都知道的人生三重境界：

昨夜西风凋碧树，独上高楼，望尽天涯路；

衣带渐宽终不悔，为伊消得人憔悴；

众里寻他千百度，蓦然回首，那人却在，灯火阑珊处。

某些会计人仅仅将会计工作看作养家糊口，这是第一种境界；以会计领军作为目标类似石匠的第二种境界；把探求会计逻辑、探索会计真谛、影响经济社会作为目标是第三种境界。

说到境界，不妨谈谈会计哲学中看似简单却又不简单的道理。

"天下熙熙，皆为利趋；天下攘攘，皆为利往。"利，就是盈利，通俗地讲就是一切经营行为的目的都是为了赚钱。"断头的生意有人做，赔钱的生意没人做"。盈利的重要性自不待言。那何为盈利？

简单讲盈利就是收入超过成本。比如说，你花 2000 元买了一头牛，转手卖了 2100 元，收入就是 2100 元，成本就是 2000 元，盈利就是 100 元，这是最简单的情形。

是不是收入覆盖了料、工、费就是盈利呢？通常情况下是如此，最起码账面上是这样。

企业花 1 万元买了一台机器，能用十年，每年折旧就是 1000 元，每年生产 10 个机床，每个机床用钢 100 公斤，假设每公斤钢 7 元钱，冲压、锻造、加工、油漆等各工序的工人工资共计 100 元，每个机床售价 1000 元。则每年卖机床的盈利是：

$$\begin{aligned}盈利 &= 收入 - 成本 = 收入 - (料 + 工 + 费)\\ &= 1000 \times 10 - (100 \times 7 \times 10 + 100 \times 10 + 1000)\\ &= 10000 - 9000 = 1000\ (元)\end{aligned}$$

10 年的盈利是 $1000 \times 10 = 10000$（元）。

这生意不错，它与哲学的关系在哪呢？我们来换位思考，如果你是老板，会不会很满意呢？不会。赚钱为何不满意呢？因为 10 年后机器用坏了的时候，你要购买新机器，你发现 1 万元已经买不回来新机器了，因为物价的上涨，10 年后的机器已经不是这个价了。买不来新机器，你的企业都不能继续开下去了，企业没了，老板自然也做不久了。所以哲学带来的会计主要矛盾是在众多会计矛盾中起决定作用的矛盾，它决定着企业的进程和方向。在会计活动中主要矛盾与次要矛盾会在一定条件下相互转化。

机会成本是会计学中一种非常特别、既虚又实的成本。萨缪尔森曾用热狗公司的事例来说明机会成本的概念。热狗公司所有者投入 60 小时，但不领取工资。到年末结算时公司获得了 22000 美元的可观利润。但是如果这些所有者都能够找到另外其他收入更高的工作。使他们所获年收入达 45000 美元。那么这些人所从事的热狗工作就会产生一种机会成本，它表明因他们从事了热狗工作而不得不失去的其他获利更大的机会。可以这样理解：如果用他们的实际盈利 22000 美元减去他们失去的 45000 美元的机会收益，那他们实际上是亏损的，亏损额是 $45000 - 22000 = 23000$（美元）。

我们设想他们投入热狗工作 P 所得的收益仍然是 22000 美元，而投入某种工作 Q 所得的收益也是 45000 美元。那么按照人们所理解的机会成本概

机会成本（Opportunity Cost）是指为了得到某种东西而所要放弃另一些东西的最大价值。在进行选择时，力求机会成本小一些，是经济活动行为方式的最重要的准则之一。

念，他们投入工作 P 的机会成本是工作 Q 的收益即 45000 美元，投入工作 Q 的机会成本是工作 P 的收益即 22000 美元。工作 P、Q 之间收益互为对方的机会成本。

不妨暂时从会计管理的概念中跳脱出来，思考更深入的问题。认识规律并不是让我们更加的悲观，哲学最终还是“人的哲学”，关心的还是人的命运。对于人生的机会成本，虽然我们无法改变，但是我们却可以改变我们所选择的道路的最大价值。这份最大价值没有任何限制，主要由我们来创造，当我们使之接近、等于甚至超过机会成本的价值时，我们便拥有了无悔的人生。

扁鹊的哥哥

魏文王问名医扁鹊说：“你们家兄弟三人，都精于医术，到底哪一位医术最好呢？”扁鹊回答说：“大哥最好，二哥次之，我最差。”文王再问：“那么为什么你最出名呢？”

扁鹊答说：“我大哥治病，是治病于病情发作之前。由于一般人不知道他事先能铲除病因，所以他的名气无法传出去，只有我们家里的人才知道。我二哥治病，是治病于病情刚刚发作之时。一般人以为他只能治轻微的小病，所以他只在我们的村子里才小有名气。而我扁鹊治病，是治病于病情严重之时。一般人看见的都是我在经脉上穿针管来放血、在皮肤上敷药等大手术，所以他们以为我的医术最高明，因此名气响遍全国。”

扁鹊（公元前 407 ~ 前 310）姬姓，秦氏，名越人，又号卢医，春秋战国时期名医。由于他的医术高超，被认为是神医，所以当时的人们借用了上古神话的黄帝时神医“扁鹊”的名号来称呼他。

看了这个小故事你就能感觉出来，扁鹊是个聪明人，如果他不做大夫，做个注册会计师也必然能尽职守则。因为他懂得事后控制不如事中控制，事中控制不如事前控制，等到错误的决策造成了重大的损失才寻求弥补。弥补得好，当然是声名鹊起，但更多的时候是亡羊补牢，为时已晚。会计最忌讳亡羊补牢，对于一个出色的执业者最重要的才能莫过于能作出正确的判断，面对财务报表给予专业的判断。

现在的管理者和领导者们已经深知“事后控制不如事中控制，事中控制不如事前控制”了，但大多只停留在理论层面，真正能够象扁鹊的两位哥哥那样寥寥无几。

品读哲学，我们会发现内部控制设计和执行在哲学中充分体现。在内部控制改进中，强调改进木板最短的那一块。企业中各部门、各环节以及各流程的主要责任人都需要抓住和处理好薄弱环节。坚持均衡发展，不断地强化以流程型和时效型为主导的管理体系的建设，在符合企业核心竞争力提升的条件下，优化工作流程，提高贡献率。流程再造能将有限的资源和人力都用在刀刃上，能使企业整体层面和业务流程层面的运行更有效。内部控制建设跟上了，财务会计就能对外报告更加合法公允的数据，就能为企业内部各责任主体的绩效提供可靠依据，内部各责任主体对企业的贡献就一目了然了。

吐舌头的爱因斯坦

有人说，他拥有智慧之光。他就是那个顽皮喜欢吐舌头却又勤思睿智的爱因斯坦，他与会计之间的缘分可以追溯到他的相对论。

有一次青年们包围了从德国移居美国的科学家爱因斯坦，要他用“最简单的话”解释清楚他的“相对论”。据说，当时全世界只有几个高明的科学家看得懂他关于“相对论”的著作。爱因斯坦对大家说：“比如，你同一个美丽的女郎坐在火炉边，一个钟头过去了，你觉得好像只过了5分钟。反过来，你一个人孤单地坐在热气逼人的火炉边，只过了5分钟，但你却像坐了一个小时。——喏，这就是相对论！”你听了这样的解释能否悟出这其中的奥秘吗？相对论是关于时间的理论，时间并不是公认的、与条件无关的、均匀流逝的，而是因参照物不同而不同。

爱因斯坦妙解相对论给会计人以深刻启示，遇到与非会计人士沟通的场合，我们无需大谈专业，而是用他们听得懂的话去传递信息。这并不影响会

1951年3月，在爱因斯坦72岁生日聚会上，经过众多记者轮番拍摄之后，这位年逾古稀的老人脸都笑麻了。轮到赛西，他用吐舌头代替僵硬的笑容。这幅照片成为20世纪具有影响力的一张形象符号。

计人的专业形象。如同你我，表面上听懂了相对论，但是要深入研究还是需要爱因斯坦等专业人士。

会计知识体系称得上是人类历史上的伟大发明，有了它才能把纷繁复杂的经营信息浓缩在财务表上，据此可以对不同企业、不同时期的经营情况进行比较，从而使得经营业绩评价成为可能。马克思预测，即使到了共产主义，簿记工作依然需要。

财务会计的职业壁垒，就是会计人习惯用专业术语对外表达，习惯用自己听得懂的话去分析评价。一旦听众和使用者都是非会计人士，所起到的效用也就“相对”递减了。

尽管会计准则假定财务信息使用者为“具有一定的工商经济活动和会计方面的知识，并且愿意相当努力地去研究信息”，但是，会计人没办法作此要求。会计人的哲学就是深入浅出，在专业性和可理解之间寻求结合点。

二重性与二元性

爱迪生为了寻找合适的灯泡灯丝，曾做了7000多次试验，用了6000多种材料，都失败了，这时各种嘲笑之声不绝于耳，但他仅仅轻声地回应了一句：“至少我知道了这6000多种材料不适合做灯丝。”最后他成功了。研究会计亦可如是观。

会计数据显示的是一幅经济图像，通过这幅图像可以清晰地表明各种经济活动所产生的经济后果。如果说经济组织的经济活动是一幢建筑物，那会计记录好比是一扇扇窗户。若窗户是开着的，则人们可以透过它看清楚建筑物里面的内涵；若窗户关着，则可能漆黑一片，人们无法真切地看清建筑物里面所拥有的内容。会计本身并不是经济活动，它存在的意义主要在于反映经济活动所带来的经济后果。

以哲学视角看，世界是二重性的，主体和客体，物质和意识，在本体论意义上，物质的存在不以主体的意识为转移，客观实在性不需要逻辑证明。以会计视角看，经济活动是二元性的，借与贷、权利与义务。正如资产负债表，左边代表企业拥有的权利，右边代表企业拥有的义务，而权利和业务恰恰是相等的。

借方 账户	贷方
资产增加	资产减少
成本增加	成本减少
支出增加	支出减少
负债减少	负债增加
所有者权益减少	所有者权益增加
收入减少	收入增加

复式记账法体现出的两个基本特征：会计记录的二重性，全部会计记录的平衡性。而资产价值的二重性可以作为会计复式记账的理论基础。

会计对象是企业经营过程中的价值运动，会计对价值运动的刻画带有强烈的产权色彩，只有产权才能“成为真正的会计对象”。资产和权益（收入和费用可视为留存收益的分支）分别对应于企业主体的权利和义务，复式簿记正是使用“借”和“贷”来表示权利和义务的对立统一关系。

显然，权利和义务是对立存在的一对矛盾。在复式簿记中，借和贷时时处处体现出高度的对称性、严密的二元对立逻辑。对于任何一笔经济业务，“有借必有贷，借贷必相等”；对于任何一个资产/权益账户来说，借表示“+”则贷必然表示“-”，反之亦然……站在权利和义务的立场看，借贷记账法已经具备了制度完整性，任何试图添加第三记账符号的尝试都会破坏复式簿记的内在逻辑。

事实上，权利和义务的二元性并不是复式簿记产生后才出现的。单式簿记时期，类似于财产目录之类的工具反映财富的数量和变化，没有利润表，表面上只核算资产一个要素。但是会计天然是为产权的存在而存在的，核算了资产也就意味着核算了权益。从单式簿记发展到复式簿记，隐性存在的权益要素显性化，进一步细分成债权和股权，以适应企业所有权与经营权分离、产权多元化带来的产权保护需要。

结语：会计哲学启人生

今天，是一个哲学匮乏的年代。尽管如此，会计人要学哲学用哲学，虽不能“为天地立心，为生民立命，为往圣继绝学，为万世开太平”，但可力求有德为先、有才为重、有为为实，创新思维、超越自我、追求卓越。

明平衡辨是非。平衡是会计计量体系的核心规则，是资产负债表的基石。会计人都知道，账目正确的前提首先是平衡，不平衡一定是出了错误。所以，要把平衡的概念引入到工作生活中，引入到尊长爱幼的社会关系中，引入到当期后期的人生规划中。心中要有一杆秤，大事小情都要讲平衡，平衡才能和谐，否则就会节外生枝，矛盾丛生。

明配比识因果。如果说平衡是资产负债表的基石，配比则是损益表的灵魂。传统会计理论认为配比包括期间配比和因果配比两项内容，其实期间配比只是因果配比在时间序列上的一种表现，配比原则的核心是因果。因果规律通过配比原则在会计中得到了不折不扣的贯彻，也奠定了会计这门学科的科学基础。会计人熟练于用配比原则处理会计事务，更应将这一理念指导于我们的工作和生活。某些企图少付出多回报的“人生捷径观”需要运用会计配比原则来校正。

明稳健知进退。稳健原则是会计体系中的一个独特原则，它反映出会计看世界的独特视角：防患于未然、才美不外现。在个性张扬、人心浮躁的年代，很多人缺少这种会计理念。稳健原则指导下的会计报表展示出素面朝天、不施脂粉的内在美，同样，稳健原则指导下的人生喜怒未发，发皆中节，进退有度。

明公允知中偏。“公允”是会计理论体系的一大创造，在对“真实”这一类似绝对真理的漫漫追求中，“公允”提供了一个共同接受的类似于相对真理的中期目标，达不到绝对真实，至少可以相对公允。一项资产如何计价，公允原则要求我们寻找公平交易中熟悉情况的交易双方自愿进行资产交换或债务清偿的金额，“公平”、“知情”、“自愿”是公允原则的主要特征，也为我们的为人处事提供了一个很好的参照系。“诚信为本、心无谗曲”强调的是公平；“知己知彼、百战不殆”，强调的是知情；“己所不欲，勿施于人”，强调的是自愿。如果做到了这三点，再复杂的事情也能找到各方所普遍接受的方案，达到“公允”。反之必然障碍重重，纷争四起。

培养会计人的哲学素养，超越会计的技术属性。哲学素养包含着“自度度他”的理念，不仅强调“由规则知对错”，还要追求“由对错知规则”，通过实际应用来发现问题、解决问题、修订规则，这就要求更为宽广的视野和更加深邃的智慧。要通过哲学思辨的训练达到四个“了然于心”：自我他人了然于心、个性共性了然于心、当前长远了然于心、相对绝对了然于心。

不少会计人习惯于自我、他人概念的机械划分，往往在价值取向上厚自薄他、利自损他。会计的合并报告和责任中心理论突破了会计主体的绝对界限，可以做到“其大无外”，母子公司、企业集团、甚至一个行业、一个国家都可以成为一个会计主体；也可以做到“其小无内”，一个家庭、一个团队、一个个体也可以成为一个会计主体。同样，会计学科与其他学科、会计行业与其他行业的边界划分一如会计主体的边界，充满了相对性和多重性。

哲学其光，人生之畅。

戏剧的魅力

【题记】会计有收支盈亏，戏剧有起承转合，一样莫测而精彩。

华丽的舞台上，几位演员，用平淡的话语，讲述一个情节。

男青年，高富帅；女青年，白富美。他们相爱了，父母完全同意这桩门当户对的婚事，于是，他们结婚了。

这样的戏剧，有吸引力吗？

没有。因为一切都是明白顺利的，毫无曲折，没有戏剧冲突，没有悬念，也就没有激动人心的故事。

优秀的戏剧，总是充满神秘莫测。角色在平常的日子里，可能忽然遇到爱情或者抢劫，然后他必须在舞台上现场决定自己下一步的行动；他们生活秩序总是被各种各样的意外打断，甚至在一个天气沉闷的下午，都能遇见三十年前的旧情人；而一直在打交道的敌人，居然是自己的亲生儿子。没有这些意外，剧本和演出都会平淡无奇，味同嚼蜡。

企业经营也是如此。一切都能按照预算按部就班进行，无需任何管理上的努力和推进，简直就是不可能的事情。企业总是遇到各种意外，比如债权人忽然提起诉讼，大客户失踪，制造成本居高不下，市场上出现新的机会，等等，都需要企业管理层作出各种决策，克服有碍于企业发展的困难，抓住有利于企业壮大的机会，力求实现企业经营目标。

戏剧，生动的形象、唯美的画面、铿锵的声调，从酸甜苦辣到嬉笑怒骂，经过艺术的加工和演绎，一个剧本、一幕戏剧、一句台词能让原本无声的文字变成一幕幕名垂千古的佳作。

而会计，往往需要从信息加工的角度去构建，以便为企业发现和创造价值，一组数字、一张图表、一份分析，能给一个企业、一个管理者带去扎实的依据。

戏剧和会计，都充满了不确定性。在会计上，不确定性即风险，在戏剧中，不确定性即悬念。为了从悬念中求索情理或者正义，戏剧角色的内心和行为充满挣扎；为了从风险中追求经营业绩，企业特别强调和重视内部控制。

从风险识别到风险管理，企业经营总是波谲云诡，一如戏剧中起承转合，处处带有风险管理和内部控制的玄机。

爱情的内控：《威尼斯商人》和《西厢记》

莎士比亚，西方戏剧界的骨灰级人物，拥有大量珍品的英国文艺复兴时期大文豪。《威尼斯商人》是莎士比亚早期作品，大约创作于1596～1597年。

《威尼斯商人》表现了作者对资产阶级社会中金钱、法律和宗教等问题的人文主义思想。图为2004年拍摄的由阿尔·帕西诺（Al Pacino）主演的同名电影剧照。

王实甫（1260～1316），元代著名剧作家，《西厢记》是其杰出作品，戏剧冲突更加激烈，人物性格也更为鲜明，特别在心理描写上，细致、精确，引人入胜。

《西厢记》中，张生和崔莺莺对爱情的大胆追求，情节曲折，抒情细腻。图为越剧戏曲电影《西厢记》剧照。茅威涛饰演书生张珙（左二），何英饰演崔相国之女莺莺（右一），陈辉玲饰演侍女红娘（左一）。

夏洛克（Shylock）是《威尼斯商人》中的典型人物，他是高利贷者、犹太富商，为人刻毒、贪婪。威尼斯商人安东尼奥（Antonio）为人厚道，借钱给别人从不收取利息，夏洛克对此嫉恨在心。安东尼奥为帮助好友巴萨尼奥（Bassanio）完婚，向夏洛克借高利贷，夏洛克佯装慷慨不取利息，但却同安东尼奥签署规定，到期不还钱要从安东尼奥身上割一磅肉。安东尼奥的货船在海上遇风暴失事，不能如期偿还借款，夏洛克坚持要从安东尼奥身上割下一磅肉。巴萨尼奥的妻子假扮律师出庭为安东尼奥辩护，准许夏洛克割肉，但是不允许多一点或者少一点，要恰巧一磅，夏洛克于是败诉。

爱情是人生经营的战略目标

《威尼斯商人》中，巴萨尼奥没有什么经济实力，他不知节俭，挥霍光了自己的财产，还向好朋友安东尼奥借了很多钱，负债累累。用他自己的话说，“为了维持我外强中干的体面，把一份微薄的资产都挥霍光了；现在我对于家道中落、生活紧缩，倒也不怎么在乎了；我最大的烦恼是怎样可以解脱我背上这一重重由于挥霍而积欠下来的债务”。

按照谨慎的管理思路，巴萨尼奥应该做的是停止挥霍、好好学习做生意，待积攒一些家资之后，再追求名门淑女，结婚成家，这样才能避免各种债务风险。然而巴萨尼奥对能否按时偿还到期债务并不放在心上，他更关心自己的“企业形象”建设，也就是“外强中干的体面”，显然这有些本末倒置。在剧中，他丝毫没有解决债务风险的意识，相反，他作出了进一步融资、扩大投资的决策：继续向安东尼奥借钱，用来对鲍西亚求婚，而这一求婚有巨大风险：要是选错了匣子，不仅娶不到鲍西娅，还终身不得再向任何女子求婚，并且必须立刻离开此城。

《威尼斯商人》曾被各种不同的艺术形式借鉴。上图节选自中国版连环漫画，此场景展示的内容为：巴萨尼奥信不过夏洛克，他不愿意让安东尼奥冒这样的（割肉契约）危险；可是安东尼奥说："怕什么，在契约满期之前一个月，我的船就要把相当于债款九倍的货物运回来了。"

《西厢记》中，张生也是家道中落，虽然"先人拜礼部尚书"，但到他这里，已经"书剑飘零，功名未遂"，剧中，他是去参加科举考试，路过普救寺，遇到了莺莺，发生了爱情。

按照谨慎的管理思路，张生应该努力读书，考中科举，然后谋得一官半职，再努力做官，慢慢积累资历和金钱，并在这一过程中和门当户对的女子结婚，成家立业，这才是符合成功概念的生活。然而张生一见莺莺，就把功名抛在脑后，展开追求。在古代，书生行为不端，是可能被割去功名、取消科举考试资格的，因此，在对爱情的追求中，张生冒的风险，并不比巴萨尼奥少。

在这两个剧中，爱情，被作为男主角的人生目标，其权重远远超过财富和功名，并且与寻常人的目标有所不同。在企业会计中，这就是发展战略，是经过管理层充分论证的，决定企业未来发展方向，甚至直接等同于企业的宗旨和使命。

《威尼斯商人》中，鲍西娅富有、美丽、"有非常卓越的德性"；《西厢记》中，莺莺美貌，并且是相国之女，剧中说这是一个发生在唐朝的故事，而唐朝，崔、张两姓还都是贵族门第，在早期，甚至比帝王李家都要尊贵。两位女主角都是在当时环境下不可多得、非常值得追求的，因此，两位男主角对爱情的追求，看起来和其他人的日常经营生活不同，其实却是非常正确的战略，换在今天，就是对市场反应敏锐，抓住了机遇。当然，伴随这一机遇的，是巨大风险。

战略目标既定，中、西两位著名的男主角，为实现这一目标，各自采取了不同却又相似的内部控制活动。

高效的爱情信息系统

收集、整理、传递、利用信息，是关系到企业生死存亡的大事。高效的信息体系，应该能迅速收集、鉴别市场信息，整理汇报给管理层，形成应对决策，并向内部员工传达。对外，财务信息的披露，企业形象信息的发布，也都需要有严格的内控。

涉及爱情，男子做为追求者，必须准确、及时向女方传递信息，包括但不限于：自己的性格等非常适合与女方一起生活，对女方爱的非常强烈，等等。在信息传递过程中，不可出现意义上的偏差导致误解，还要采取有利于被女方接受的方式，总之，内容、形式都要恰当。古往今来，多少恋爱中的青年为此绞尽脑汁，因为，为了达到“恰当表达”，首先要充分收集女方的性格爱好等信息，然后才能反向传递；否则，再优美的话语也起不到效果。

《威尼斯商人》中，要想和鲍西娅结婚，必须从三个匣子中选中藏有她肖像的那个，这是她父亲的遗嘱。根据概率论，成功的可能只有三分之一。然而，这三个匣子上各有一句铭言，对它们的理解不同，选择也会不同。于是，对铭言的分析，是求婚过程中必须进行的信息收集、分析工作，求婚成败在此一举。

金匣子：“谁选择了我，将要得到众人所希求的东西。”

银匣子：“谁选择了我，将要得到他所应得的东西。”

铅匣子：“谁选择了我，必须准备把他所有的一切作为牺牲。”

三句话，看起来扑朔迷离，但对于心怀爱情的人而言，只要结合爱情的特点，就不难作出正确判断。

如果面对鲍西娅这位聪明美丽的女子，求婚者只许说一句话作为表白，在以下句子中应如何选择？

“我爱你，我想击败别的求婚者。”

“我爱你，我完全配得上你。”

“我爱你，我愿为你牺牲一切。”

以上三句比较，显然是最后一句最符合青年人对爱情的理解，也最能打动芳心，时至今日仍然如此。

巴萨尼奥之前的求婚者，显然对爱情理解不足，只想收获未想奉献，这就是信息系统不够完备，他们未能现场判断三只匣子的铭言到底是什么意思，从而也就作不出正确选择。巴萨尼奥则具有信息优势，他懂得爱情即奉献，所以他根据铭言选择了铅匣子。剧中，巴萨尼奥在作出选择时，说的台词与爱情完全无关，尽是“形式与实质”之类的话，听起来非常富有哲理，其实这是另外一种信息传递，即：向鲍西娅展示自己是一个多么睿智的、超凡脱俗的人。现代，恋爱中的男女青年，交谈话题不是爱情而是音乐、文学，也是这个道理；运用在企业经营中，就如同企业在广告中以抒情的语调诵读诗词，而不是直接夸奖自己产品的各种性能指标是如何优秀，一个道理。

比较之下，《西厢记》里张生的信息收集、判断、传递则更为复杂。

在1998年黄健中导演的电影《红娘》中，对侍女红娘的性格塑造更加传神。红娘巧妙地在莺莺与张生的爱情中穿针引线，甚至挺身而出勇斗贼寇，并谴责相国夫人背信弃义，使有情人终成眷属。红娘自己则不堪忍受作婢女的种种屈辱，毅然决然地离开了富贵荣华的相国府。本片荣获第二十二届大众电影百花奖最佳故事片奖，红娘的扮演者刘欣（左）也因本片获得第二十二届大众电影百花奖最佳女主角奖。台湾演员苏有朋饰演张生（右），陈丽峰饰演莺莺，相国夫人由王馥荔饰演。

为了及时获取信息、促进信息的快捷传递，张生付出一两白银，租赁了普救寺的房子，住在莺莺的隔壁，以接近信息源，及时获取第一手信息。这一举措非常有效，莺莺夜里烧香许愿，张生亲耳听到了，他立即作出反应，以恰当的方式传递了恰当的内容：

月色溶溶夜，花阴寂寂春。

如何临皓魄，不见月中人？

这首诗清新委婉，适度表达了关切思念，而不是直接诉说倾慕，能展示自己才华，引起莺莺注意，并且不显得唐突、冒犯。莺莺的反馈也很有分寸：

兰闺久寂寞，无事度芳春。

料得行吟者，应怜长叹人。

张生对这首答诗的解读是：寂寞的莺莺不会拒绝他的追求，于是他从墙后现身拜见莺莺。

以诗词打动芳心，是中国人的古典爱情表白方式，属于恰当的信息传递。后来，莺莺想起张生的诗，这样称赞：

吟得句儿匀，念得字儿真，咏月新诗，煞强似织锦回文。

音乐也是传递爱情信息的好载体，当老夫人悔掉了张生和莺莺的婚事，张生需要继续对莺莺展开更猛烈的追求，他在夜里以琴声吸引莺莺，演奏了古人司马相如用来追求卓文君的曲子《凤求凰》，表达自己的爱情，感动了莺莺。

被忽视的法律风险

在企业的经营管理中，必须遵循各种法律法规，规避法律风险。为此，公司经常聘请律师，收集相关法律，在签订、履行合同等行动中，严格遵循法律法规，以保护自己的经济利益。《威尼斯商人》和《西厢记》中，都有忽视法律风险、险些酿成惨案的情节。

为了借钱给巴萨尼奥，安东尼奥去向夏洛克借钱，签署了条件苛刻的借据：如果到时还不上钱，就听任夏洛克割去他身上的一磅肉。安东尼奥急于借钱，也对自己未来的偿债能力抱有信心，并没有多做思考就签署了借据；巴萨尼奥虽然感觉不妥，却也没有坚持制止他签署。两个人都认为这种小概率事件不会发生，轻易签署了借据，使得安东尼奥在法律上已经在冒丧失生命的风险。

《西厢记》中，张生对莺莺展开追求，并获得了爱情，然而欠考虑的是，莺莺与老夫人的侄子郑恒已有婚约，在法律上，张生的追求行为完全是非法的。在追求成功之后，老夫人要求他“上朝取应”，去参加科举考试，张生答应，立即出发向京城去，却没有询问莺莺与郑恒的婚约如何解除，自己与莺莺的夫妻关系凭什么确立，埋下了隐患。

英国莎士比亚剧团的阿姆斯特朗，最近创作并在上海主演了独白剧《威尼斯商人夏洛克》（图为剧照），对莎氏原作采取质疑态度，对夏洛克作出创新解说，具有扎实的历史文化及视觉审美基础，别具一格。他重塑夏洛克形象，表现了夏洛克值得同情之处。

《威尼斯商人》中，全靠聪明的鲍西娅假扮律师，才挽救了安东尼奥的生命。鲍西娅是巴萨尼奥的妻子，巴萨尼奥是安东尼奥的朋友，鲍西娅的判决虽然专业，却未必公平，因为她有利益关系在内。因此，这一法律风险的解决，极富有戏剧性。

《西厢记》中，莺莺的未婚夫郑恒来到了普救寺，提出履行婚约，并编造谎言，说张生已经另娶他人。老夫人听信了他的话，准备安排婚礼，把莺莺嫁给他，这时，高中状元的张生恰好赶回来了。如果郑恒提起诉讼，如果《西厢记》里有一个《威尼斯商人》中那样的法庭，估计张生在诉讼中会一败涂地。然而此剧中，人们以法律之外的手段解决了这个问题：张生的好友杜将军出现，支持莺莺与张生的事实婚姻，并以武力威胁郑恒，于是郑恒自杀了。在唐代，婚约一旦订立，女方无故毁约，惩罚是非常严重的，如果严格按照法律，除非郑恒同意解除婚约，否则张生是不可以和莺莺结婚的。这一法律风险的解决，也是极富有戏剧性。

注册会计师那些事儿：《审计风云》

戏剧里有会计道理，有会计人，更有注册会计师。

这是一部日本电视剧——《审计风云》，共六集，叙述了2000年后，一家日本会计师事务所的注册会计师，是怎样的敬业、怎样的执着于信念。

《审计风云》又名《监查法人》，是由渡辺一贵、柳川强共同导演，冢本高史、松下奈绪等人主演的日本热播电视剧，以日本会计师事务所为背景，讲述了年轻的会计师们在庞大的报表以及沉重的责任的夹缝中，烦恼而奋斗的故事。

“严格审计”

在日本会计师事务所里，注册会计师小野寺是坚持“严格审计”理念的代表人物，而理事长篠原却正好相反。

在电视剧中，篠原理事长处处为客户考虑，并不想对每家公司进行彻底审计、揭露舞弊和假账。金融危机期间，很多企业经营不景气，为了获得银行贷款、保留上市资格，公司们以各种手法伪造业绩。篠原理事长放过了一家又一家这样企业，问题终于爆发，日本会计师事务所被迫重组，他自己也锒铛入狱。

小野寺担任新的理事长，并将事务所的名字改为：希望。他在新事务所里，推行严格审计的理念，不削减审计程序，导致审计工作量非常大，有注册会计师由于过度劳累晕倒在审计现场，被送进医院急救。

在审计实务中，对某家公司执行什么审计程序、执行的范围和深度如何，取决于审计准则的规定和会计师的职业判断。根据企业的具体情况，有些审计程序需要特别强化，而有些是可以调整的。每次审计，会计师的工作时间都非常紧张，他们要在很短的时间内翻阅大量的会计资料，并执行询问、分析、函证、监盘等众多程序，如果发现问题，还要追加进一步程序，同时密集与企业沟通，最终形成审计意见，出具审计报告。

审计程序的范围不同，审计的工作量也不同。比如，监盘存货是10%还是30%？异地仓库如何观察？为证实应收账款的存在及状况，该抽取多少客户项目？抽查凭证，分布和比例如何？出现疑虑，是打算接受客户的解释，还是进一步深入查证？

审计收费与审计工作量呈反比例关系。审计收费既定的前提下，审计越严格，事务所赚钱越少。看起来，执行较少的审计程序，可以尽快结束审计工作，可以赚取较多利润，还可以因为遮蔽问题而被客户欢迎。但是，审计程序少了，审计工作量轻了，就会遗漏企业的问题，很可能导致客户的财务报表失去真实公允。如果客户的报表在会计师出具标准无保留意见之后，被发现有重大问题，那么承担审计任务的会计师事务所会和企业一起，就会陷入财务丑闻。

要是审计程序做到足够、充分呢？

正如电视剧里的情况，注册会计师会很尴尬，因为审计费较低，多派人手，就要承受业绩考核压力，还要看是否有适当的外勤时间。通常情况是，审计项目组用加班、熬夜来弥补年报审计期间的“紧张”。

因此，可以被“严格审计”的公司，不仅要会计报表质量好，经得起审计，还得业绩优秀，付的起较高的审计费。这样的客户，是会计师事务所的优质客户。一个国家和地区，经济景气时，优质客户会多一些；经济不景气时，优质客户就会少一些。试想一下，要在经济环境下行的环境下坚持“严格审计”，就等于做较多的工作，赚较少的钱，失去不少客户；如果没有执着的敬业精神，严谨的专业技术，以及坚定的职业理想，是很容易随波逐流的。

注册会计师的生活

会计师事务所的注册会计师们，并非全是科班出身，半路出家的也有不少。《审计风云》中的若杉，本是酒吧雇员，在工作中经常看见篠原理事长带着客户高谈阔论，耳濡目染之后，决心也做注册会计师，于是他发奋努力，刻苦学习，终于通过了注册会计师考试，并如愿以偿加入了篠原所在的日本会计师事务所。

成为注册会计师，要通过考试，这是大多数国家的惯例。在各种执业资格考试中，注册会计师考试算是比较难的，一次通过的比例很低，很多人都要考两三年甚至更长时间。通常情况下，大学读会计或者审计专业的，考起来相对容易些，如果是其他专业的，学习会计要从基本分录开始，难度可想而知。

若杉离开酒吧，去事务所做注册会计师，这份新的工作带给他的并不完全是幸福。他的妻子朋美，对他孜孜不倦的事业心并不理解，抛下年幼的女儿离家出走了，忙碌的若杉，只能把女儿交给酒吧老板娘代为照管，他回家时，女儿往往早已进入梦乡，他就在深夜，用慈爱的目光看着熟睡的女儿，以示爱抚。

现实中，事务所的工作的确非常忙碌，需要出差甚至长期出差的审计项目很多，可能对家庭生活会有些影响，但达不到电视剧中描写的那么夸张。

电视剧的最后，离家出走的朋美回来了，和若杉、孩子生活在一起。作为电视剧，让主角有这样美满团圆的结局，是很正常的。其他几位重要角色的家庭状况，没有被描写，比如篠原、小野寺、吉野、山中等人，偶然以台词提及也只是一带而过。

剧中，女会计师山中，先是和若杉一起工作，后来她辞职了。当小野寺主持的希望会计师事务所遭遇挫折时，小野寺诚挚邀请她回归，她就回到了事务所，和小野寺一起做审计。若杉，也从事务所辞职了，他去了尾张部品，担任这家公司的顾问会计师。在最后一集，小野寺和山中去尾张部品审计，他们面对面坐在一间会议室里，角色是委托方、被委托方，而不是原来的同事关系。

戏剧化么？是的，但在现实中，这种事情发生的频率很高。

注册会计师为企业提供审计和咨询服务，同时也向企业展示了个人才能，在协作中，彼此欣赏，注册会计师是可以跳槽去企业的。很多时候，企业的项目完成了，注册会计师成为最熟悉这个公司财务状况的人，企业甚至会对负责审计项目的注册会计师产生依赖，他们期待注册会计师跳槽去他们那里。现实中，会计师事务所的人员流动频繁，离职是件很平常的选择，先去企业做几年，再回到事务所，也是很常见的事情。常常看到的情景是，原来都是会计师事务所里的同事，后来分别在不同的机构，又因业务需要而成为合作伙伴。

斗智斗勇：舞弊与反舞弊

在《审计风云》中，由于其特定的时代环境，几乎没有优质的客户。公司们为了骗取会计师的干净意见，使尽了各种手段，为此甚至有员工付出生命代价。这样的剧情略显夸张，但现实中的报表粉饰和舞弊，往往比电视剧中的更为复杂、更难发现。

剧中，北陆建设是一家建筑公司，为了使报表更加漂亮，从而获得银行的继续支持，这家公司把未完工的楼房都当作完工楼房，计入公司的收入。若杉等会计师去审计时，要求现场查看楼房是否已经完工，北陆建设的人就连夜冒雨拆除楼房上的脚手架，隐藏施工痕迹，让楼房表面看上去已经完工了。如果注册会计师不去现场查看，或者查看不仔细的话，是会被骗过的。可是若杉他们在去现场之前，就接到了举报电话，在现场，居然还有举报传真发到面前，这使他们提高了警惕。

这种在施工现场造假的手法并不新鲜，20世纪80年代，美国ZZZ Best公司，主要业务是修复建筑物，但报表上的建筑物修复业务有不少是虚构的，金额巨大。这些虚构的业务怎样才能通过会计师的审计呢？ZZZ Best公司的总裁Barry Minkow花了200万美元，租赁了一整座大楼，又花200万美元雇佣了施工队，伪造施工现场和施工成果，从而骗取会计师的认同。与《审计风云》中北陆建设不同的是，ZZZ Best公司的会计师上当了。这成为当时美国注册会计师行业的经典案例。

《审计风云》中，飞鸟屋是一家食品公司，一直有着很好的盈利。但是一次意外的火灾，引起了若杉他们的注意。青波兴产，这家看起来和飞鸟屋毫无股权关系的公司，实际上是飞鸟屋控制的。飞鸟屋卖出去的食品，被客户退货时，并不减计收入，而是将被退货的食品送到青波兴产的仓库里去，任其过期；这样就虚增了收入，隐瞒了存货损失。剧中，青波兴产的仓库每隔几年就发生一次火灾，然后获取保险公司的巨额赔偿。

这种虚构收入、隐瞒亏损的手法，司空见惯。20世纪70年代，美国最大的玩具制造商Mattel公司，为了保持“破纪录的销售和盈余”，将仅有订单、尚未真正卖出的货物记录为销售成功，虚增了1500万美元收入；同时，对曾经畅销但已经过时的玩具，以种种借口，没有提足呆滞损失准备，这就隐瞒了近600万美元的亏损。承担审计的是“已故”的安达信事务所，他们没有识破客户的伎俩，更没有《审计风云》中鱼住小姐那样主动向注册会计师提供内幕的客户员工，最终导致一次刻骨铭心的审计失败。

利益驱动无处不在。想通过舞弊骗取会计师干净意见的公司比比皆是，相当一部分这样的公司侥幸成功。然而，纸包不住火，等到真相败露，企业破产倒闭都有可能，投资者损失惨重，而会计师事务所往往会被告上法庭，面临巨额罚款和各种处罚，甚至关闭。因此，注册会计师要时时刻刻保持警惕、警醒、警觉，不知道怎么办的时候，就要远离（不承接或终止委托）诚信缺失的客户，不与存在重大舞弊嫌疑的客户为伍。

助力企业的成长

注册会计师的工作是借助审计报告发表专业意见，以自己的专业技能维护资本市场的有序有效。必要时，注册会计师可能出具否定意见或无法表示意见的审计报告，对企业的财务状况、经营成果、现金流量说“不”。然而，注册会计师绝不会以发表否定意见为乐，相反，出具这类不干净意见报告往往战战兢兢。他们要的是诚信、独立和公正，要的是揭示企业真实情况和深层问题，要的是为投资者和公众利益看门。

《审计风云》中，坚持“严格审计”的小野寺，一次又一次对企业出具否定意见，即便被告知这样做正是中了银行设计的圈套也要坚持，但是在电视剧的最后一集，他作为注册会计师去尾张部品审计，在离场会议上，他和客户讨论的不只是审计意见类型，更有如何改革才能使财务状况好转，令这家创建于 1946 年的公司重生。

要挽救一家不景气的公司，远不止召开一次会议那么简单，但是，要使公司走出困境，财务方面的策划是极其重要、不可或缺的。剧中，尾张部品的管理层，和注册会计师小野寺，都认为，公司虽然状况窘迫，但是销往中国的模具还是带来了不错的利润，只要扩大中国的市场，公司还是有希望的，同时，必须缩减公司的成本。

尾张部品是一家工业制造公司，生产模具。这种传统制造业，成本会有几大块，几乎不可压缩，比如固定资产折旧，原材料费用等等，于是，为了缩减成本，稍微有弹性能砍掉的就是人工成本了。降低工人工资，这种办法在国外一般会导致工会抗议甚至罢工，直接裁员，会缩小公司产能，并且，根据法律规定，裁员还要支付大笔辞退补偿金。在剧中，场面设计的很感人，尾张部品的管理层说，在工厂里拼命工作的工人们千万不要裁减，为了公司的前途，管理层的元老选择退出，留下年轻有为的律山，负责和若杉一起，重建公司。这样，就削减了大笔管理者的薪酬，须知一家公司中，一名高管的薪水会是基层工人的多倍，解聘一名高管，就可以少裁减多名工人。

一家公司，最熟悉其情况的是它的管理层，历史与现状，弊端与希望，都是管理层最熟悉，而不是事务所的注册会计师最熟悉。但是，当局者迷，管理层面对各种选择，往往犹豫踌躇，难以抉择，注册会计师作为外部专家，更能清晰判断形势，提出建议。在剧中，正是小野寺等注册会计师，使尾张部品的人从多种想法中安静下来，专心面对现实，下决心改革重组，让公司起死回生。

揭示假账、披露舞弊，是注册会计师的本职工作；以专业能力，促使企业放弃做任何假账的想法，走上艰苦但充满希望的未来之路，是注册会计师的神圣工作。“严格审计”固然能体现注册会计师的职业精神，但前提是，必须有需要“严格审计”的企业。业绩优秀、会计质量良好、经得起“严格审计”的公司，不会自然而然生长出来，也需要注册会计师的培养与帮助。

在会计师事务所中，出具审计报告、发表审计意见的业务只是一部分，还有相当一部分业务是咨询业务。在咨询业务中，事务所人员以专家身份出现，在财务、税务、资本运作等方面，对企业的管理进行专业支撑。真实与合规，在这些咨询业务中，可以渗透到企业的操作层面，甚至直接影响其管理理念和经营哲学。

根据规定，承担一家公司咨询业务的事务所，不能同时承担其审计业务。但是，企业接受量身定做的咨询业务，会给其他事务所的审计业务做好铺垫，提供优质的审计环境，使审计业务面对更少的舞弊可能。长此以往，经得起“严格审计”的公司，就越来越多了，资本市场的效率也由此得到提高。

注册会计师和企业，并非天生的异己。注册会计师的服务旨在托举企业规范成长，企业接受注册会计师服务旨在过滤财务信息，为财务报表的可信性背书。

戏曲：以歌舞塑会计

一些西方戏剧中，会计往往是小角色。

法国著名剧作家、导演弗朗西斯·维贝尔，执导《晚餐游戏》（the dinner game)，这部电影被搬到舞台上，包括2011年末的北京喜剧艺术节，中文版名叫《雷人晚宴》。剧中人比弄，一位会计，由于老婆喜欢肌肉男，出于对老婆的关爱，就找来一位肌肉男介绍给老婆，结果，老婆跟着肌肉男跑了，比弄为了抚平创伤，开始摆弄火柴，用火柴做各种模型，他天真地相信皮埃尔能为他的火柴模型出版一本书，没想到皮埃尔只是拿他当傻瓜玩弄一下。会计的形象，在这里是：愚蠢、简单、滑稽。

英国剧作家雷·库内的《飞来横财》，主角亨利“是一个胆小懦弱的会计”，“一个老实巴交，本本分分的中年男人”，他有着“乏味的生活”，他“意外收获了一笔巨额财富，为了占有这笔飞来横财，他绞尽脑汁，编出了一个个弥天大谎，并由此引发了一连串的故事。”这里，会计的职业特色是：老实巴交，本本分分，财产有限，收入不丰也没什么发财的机会，但内心深处还是存有对金钱的欲望，却又无法驾驭环境。

在我国，戏曲是主流的戏剧形式，迄今尚有数百剧种流传。粉墨登场，唱念做打，顾盼生辉，演尽人世悲欢离合，演绎无穷爱恨情仇，这其中，会计人不遑多让。

在那“火红的年代”，舞台上的会计多是大角色。不得不提其中的背景。20世纪50年代，毛泽东主席做过两次关于会计的批示，一是：全国合作化，需要几百万人当会计，到那里去找呢？其实人是有的，可以动员大批的高小毕业生和初中毕业生去做这个工作。问题是要迅速地加以训练，并且在工作中提高他们的文化和技术的水平。

本书作者为中国会计博物馆捐赠的1956年海安县仇湖区供销合作社股票。

在1959年10月的“五级干部会议”总结中批示：“只有算账，才能实行那个客观存在的价值法则。这个法则是一个伟大的学校，只有利用它才可能教会我们千百万干部和几万万人民，才有可能建设我们的社会主义和共产主义。否则，一切都不可能。”

《红管家》：会计即管理

时至今日，村会计在村子里的角色和作用，还是不容忽视。村会计的工作并非单纯核算，除了记账、算账，他们还具有相当强的管理职能，因为他们掌握现金的收付权，在收付业务中，他们经常可以根据自己的判断，允许或者拒绝付款。

《红管家》是1964年长春电影制片厂拍摄、蔡振亚导演、河南京剧团演出的彩色京剧现代戏艺术片。图为男主角，村会计聂小江（周喜本饰）。

曲剧《红管家》，对会计做了生动勾画。

聂庄，一个主营农业的村子，原是穷队，“穷队帽戴了好几年”，“年年社员吃救济”，连村民的婚姻都被影响，“人家外村大闺女儿，不嫁咱村小伙子儿”，经过三年的努力，这年获得了大丰收，“一跃变富裕”，还拿到公社颁发的“丰产先锋”红旗。利润良好、现金充裕的情况下，费用支出标准是否要放宽呢？50多岁的大队长丁金山认为“粮食和钱都宽绰”，所以可以增加开支，“该买的东西就得买，该花的票子省不着”，但25岁的会计聂小江，绰号“老抠”，并不这么认为，并且，按照工作流程，他有机会阻止其他人这么做。

一天早晨，丁金山要出差，去找会计借钱，张口就要三元。会计聂小江撕下一张旧日历请他写借条，他对这种节约行为不以为然，说：“你呀，尽在那芝麻上抠搜。”聂小江反对大队长的思想，认为越是丰收，越要节约，尽可能积累财富，因为“芝麻多了就能榨出油来”，“一人节省一张纸，堆起来就得火车拖”。

在现代企业中，以日历做借条的事情基本不会有，但单面纸的利用，却是被鼓励的。出于环保和节约纸张，人们努力推广电子公文和电子档案，力图减少打印，减少纸质档案厚度，从而节约档案管理成本，节省现金流出。从这个角度讲，20世纪60年代的会计聂小江，观点真的不错。而三元的差旅费，丁金山认为只是“多点”，为规避现金短缺风险，这些钱拿在手里备用是应该的。而聂会计，根据以往数据经验，认为九角钱就够用了，因为食物可以自带，根据他的安排，每餐只需要一角钱，住店，每人每夜也只需要两角钱，拉车的牲口，每头每夜九分钱。这样，聂会计在丁队长出差之前，临时对他的差旅预算进行把关，使丁金山接受了他的方案：只借一元五角。

上述情况，只要没有严格的差旅标准制度，就可能发生在任何经济实体。规则没有建立，或者虽然建立却不能覆盖全部经济业务，企业所有者和管理层又不可能预先逐笔匡算和审批费用支出，这种情况下，会计人员在付款环节的把关，就显得极其必要，在很多小型企业，会计人员的此类把关工作，甚至成为主要任务，而判断一位会计是不是“好”，也主要考虑是否严格把关，而不是提供财务数据的速度与质量。因此，很多家族企业，更趋向于从家族中挑选而不是外聘会计。

丁三婶，是丁队长的夫人，她提出借钱，但没有丁队长的审批手续。按照规定，个人借款，按照规定必须有审批手续，如无手续，会计人员可以拒绝付款。这里叙述的是：已有规则，“队里制度定的严”，会计人员能不能严格遵守规则？戏中，丁三婶也知道按规定应有审批而她没有，所以她先陈述了她家和聂会计家的深厚感情——彼此多年互助，双方长辈多年友好，等等，并且，她还是聂会计恋人的母亲，她借钱是为了给聂会计的恋人筹备婚事。聂会计在亲情攻势下，坚持了原则，并对丁三婶解释了规则制度：没有审批，只能是紧急情况下（比如孩子生病）才可以借钱，即便是紧急情况，超过额度也得有审批。

在现代企业中，内部控制是否有效，依赖于对各种规章制度的严格遵守。如果没有成熟的监督机制，那么，一个公司的财务制度，在多大程度上被遵守，经常取决于会计人员。有制度而不遵守，就和没有制度一样。《红管家》的“三婶借钱”这一情节，很好地展示了会计的应有作用：遵守已有制度，但不能硬性拒绝不合理要求，而是委婉说明制度，对看起来例外的现象耐心解释，同时宣传制度的重要性。

丁队长认为，村子应该增加娱乐支出。曲剧《红管家》，一开始，他就计划邀请一家业余豫剧团来演出，目的是“为给大家鼓干劲”。以文艺促文化建设，本是不错的思路，然而这场演出是要增加支出的。聂小江也同意增加娱乐支出，但他认为，业余剧团的戏质量不行，哪怕花不了多少钱，考虑性价比也不值得请业余剧团。他以实际行动否决了丁队长请剧团的决定：禁止付钱。而支书认为，应该把钱节约下来，用于投资扩产："咱们的家底不算强，生产设备要添置"，与此相比，娱乐性支出是次要的，而附近的村子李家集，事实证明，他们的大笔娱乐开支，是"违反财经制度，滥用公款"。支书和聂会计，一起说服了丁队长。

《红管家》中的高潮情节"丁三婶借钱"：丁三婶向聂小江借钱买布，心想丈夫是大队长，向会计借点钱算不了什么。可是小江不徇私情，认为当干部更应该带头遵守制度，劝她等分配以后再买布。三婶没借到钱，一气跑回家去。后来小江又给三婶送来十元钱，三婶顿时喜笑颜开，原来这是小江自己的钱。

演戏是文化建设的必要开支，不能花钱请剧团演戏，怎么办？剧中人采取了替代措施：由村子俱乐部进行演出。服装——借的，化妆品——有存货，人员——都是村民，且占用的是夜里时间，不影响正常劳动，"满打满算只用三块灯油钱"。

聂庄用自产的娱乐产品替代了外购的，节约了成本。现代企业中大量的生产经营涉及此类决策：自产，还是外购？剧中，村民排练、演出全是夜间，费用开支有限，所以很划算，如果必须白天排练且耽误农田劳作，且服装道具等无法借用只能花钱添置，那么，相信聂会计会细细算一笔账，看排演一出戏，会减产多少粮食，是否不如请其他剧团更划得来。而现代企业中，这就要列出成本细项，计算自产成本，和外购成本做详细比较；这是在进行生产决策时管理会计的基本功。

剧中的聂小江，是个好会计，因为他坚守原则，能将规章制度落到实处，更因为他发挥了很强的管理职能，能在每一项经济活动（借差旅费、参与演戏决策）中，及时、准确将数据分析与经济决策有效结合，还具备很强的口才和执行力。如果没有总结以往数据经验，他不可能知道三元的差旅费是多是少。如果不了解各种戏，他也不可能知道业余剧团提供的娱乐产品质量如何，更不能结合购买价格判断性价比是否恰当。总之，负有管理职能的会计，必须具有核算会计之外的、管理角度的思维方式和知识积累。

《会计姑娘》《山村会计》：会计舞弊

“会计是把住钥匙看住财经大门的当家人”，这是当年国家领导人看完评剧《会计姑娘》后的评价。

1962年召开全国会计工作会议，为了配合会议的召开，中国评剧院排演了评剧《会计姑娘》，由新凤霞、张德福、王景明、喜彩春、赵丽蓉、花砚茹、马泰等主演。

《会计姑娘》讲的是某生产队队长钱小满派钱德贵去市里卖桃，钱德贵私自将二千元卖桃款交给胡大寿，意图倒卖化肥。李秀英从会计学习班毕业，回队担任会计，她发现账目中钱德贵等报销的费用不符合规章制度，查出钱德贵倒卖化肥，遂向队长钱小满汇报。小满因收钱德贵贿赂，不敢揭发此事，秀英连夜去公社作了汇报。钱德贵割掉了李秀英家自留地里的玉米，并留言威胁，为毁灭证据，他偷走了账本，并贴大字报污蔑秀英，挑唆社员闹事。钱小满发现钱德贵欲毁账灭迹，经过众人劝告，做思想斗争后，终于在群众面前揭穿钱德贵。在公社书记支持下，当场抓起钱德贵，钱小满的问题由党委解决。

评剧《会计姑娘》中新凤霞的剧照。新凤霞经过长期的艺术实践，逐渐形成独具特色的“新派唱腔”，尤以流利的花腔——“疙瘩腔”著称，深受广大观众喜爱。

时至今日，浏览有关会计的新闻，总是能看到不少挪用贪污的事例，当事人被绳之以法，当事单位也因此得到了教训。但年年岁岁花相似，岁岁年年教训来。如何发现？如何避免？

凡是贪污舞弊，常常涉及财务会计。会计人，往往是舞弊案件的知情人，甚至是合谋者。

在《会计姑娘》中，李秀英先是发现报销的费用纯属铺张浪费，然后询问和钱德贵一起去市里卖桃子的王玉山，得知两千元卖桃款被交给胡大寿倒卖化肥，并恰巧捡到了胡大寿给钱小满的书信，更加证实了倒卖化肥的事情，她意识到这不符合规章制度，向管理层反映后毫无结果，只能毅然上报更高级别的领导——公社书记。

新凤霞为了演好这出戏，她学习了很多有关财会工作的文件和会计知识。她在后来的回忆文章中指出李秀英是一名农村回乡知识青年，性格勇敢坚强。而这种性格特点也是她与不遵守财经制度的错误行为作斗争的性格基础。剧中有几段唱词很受观众的欢迎，如母亲怕她得罪人，要她“各扫门前雪，休管他人瓦上霜”，李秀英的唱词是：

妈妈你站得高来远处望，
莫害怕来莫心慌，
新社会、旧社会大不一样，
两个天、两个地、两种心肠；
新社会人民当家把权掌，
岂容坏人再猖狂；
我下海不怕风和浪，
上山不怕虎和狼，
纵然是雪亮钢刀压在脖子上，
也要与坏人坏事干一场！

新凤霞塑造了一个受到广大财会人员欢迎的会计姑娘形象，具有鲜明的时代特征。

而《山村会计》里，发现舞弊的过程更为曲折复杂。

《山村会计》是1965年长春电影制片厂尹一青导演拍摄的电影，描述了富农出身的赵有才当了大队会计以后危害集体，最终阴谋被山村会计姜喜喜揭露的故事。

在山西太行山麓寨影沟大队，原本是小学教员的赵有才当了大队会计以后，干着不可告人的勾当，队里一直怀疑他盗窃队里的小麦，却又没有证据。在这种情况下，村里决定请一位新会计——田家川村的姜喜喜来接替他。

姜喜喜来到大队，正赶上赵有才摔碎算盘、把账本一股脑丢给周书记甩手而去。姜喜喜一边努力做好会计工作，一边调查赵的问题，但账本上什么也看不出来。一次，队里的落后社员刘铁嘴，在用大秤买小秤卖做投机生意时被揭露。姜喜喜从刘使用的秤砣上得到了启发，专门研究队里的大秤砣，发现赵有才在秤砣上做了手脚。社员大会上，刘铁嘴揭发了赵有才偷窃小麦的恶行，真相终于大白，原来赵有才将小麦入库时使用大秤砣，出库时使用小秤砣，这样积累下来，与账面相比，库房里会盘盈很多小麦，赵有才私自配置了库房的钥匙，灌醉库房管理员，偷窃小麦近两千斤。

防范舞弊，是管理层的责任，而不仅是会计人员的责任。但《会计姑娘》中，队长钱小满被贿赂，并且和舞弊者有所勾结，当时的会计王玉山技术不精，把关不严，对此形成了纵容。《山村会计》中，支书周老实虽然力图清查舞弊，可他在这方面并不专业，最后还是会计人员姜喜喜查到了线索，但若不是刘铁嘴勇于揭发，事情的查证恐怕还要更加费时费力。在现代企业中，除了会计，还有审计部可以去查此类案件，甚至可以借助经侦等外部力量，但在村子里，除了会计人员，很少有人懂会计，也就只能依赖后任会计去翻查前任会计的账目了。

在企业中，选聘会计人员，总是尽可能实行回避原则，避免会计人员和其他部门的人员有密切关系，以减少串通舞弊的机会。在农村，一个村子里的人，由于世代集中居住在一起，总是有错综复杂的密切关系，因此，乡村会计，比企业会计，更需要具有正直无私的品格。《会计姑娘》中，会计李秀英和她前任王玉山，是恋人关系，好在王玉山比较支持她的工作；《山村会计》中，姜喜喜和前任会计赵有才，他们俩的妻子是亲姐妹，姜喜喜调查赵有才的问题时，俩人的妻子另有一番明争暗斗。

若是只顾及情面、看重亲缘，李秀英和姜喜喜的工作，都不会有什么出色表现，队里的损失，也就没那么容易追回来。

《夺印》《艳阳天》：会计的阶级性

会计究竟有没有阶级性？它有没有特定地为哪个阶级服务？20 世纪 50 年代以后，我国会计学界一直争论，但是意见分歧很大，一直未能得出确定性的结论。

20 世纪 60 年代《夺印》，最早是扬剧，曾被评剧、越剧等剧种移植，非常受欢迎，演出盛况堪比《霓虹灯下的哨兵》，后又改编为话剧，并被拍摄为同名电影。《夺印》里面就有一位阶级气味很浓郁的大队会计：三十岁左右的陈广西。

故事发生在1960年春，苏北小陈庄。

扬剧《夺印》是根据1960年11月22日《人民日报》发表的《老贺到了小耿家》一篇通讯的故事改编的，编剧李亚如、王鸿、汪复昌、谭暄，导演吴今舜。他们反复深入生活，不断修改加工，由扬州专区扬剧团搬上舞台，公演后得到社会各界重视，特别受到农村干群的欢迎，所到之处几乎爆棚。1963年由王少岩拍摄为同名电影。图为宣传画。

青黄不接的春天，社员们干劲不足，会计陈广西认为需要把仓库里的稻种分给人们吃掉，而公社，作为村子的上级单位，会在需要这些种子时增加拨付。队长陈广清同意了他的意见，把自己的图章交给他，让他去办理分发粮食的手续。

在这里，队长陈广清对会计陈广西是信赖的，严格讲，再信赖也不能将图章交出，这样不符合职责分离原则，很容易给舞弊者可乘之机。陈广清轻易交出了图章，陈广西也丝毫没有拒绝的意思。

陈广西威胁农民陈友才，以分发双份口粮为诱惑，要求他帮助陈景宜偷偷卖掉仓库里的粮食，陈友才迫不得已答应了。陈广西手里有队长陈广清的图章，他完全有机会、有条件多做一份领粮食的条子给陈友才或者其他人，内控缺失造成的严重后果，在这个舞台上，几分钟内，就被演示的淋漓尽致。

小陈庄的会计工作做的不好，“仓库里是一本糊涂账，账目不清，粮食管理混乱”；会计陈广西，借口没有钱，不肯支付手续完整的紧急借款；最为恶劣的是，他还和仓库管理员蓝菜花及其丈夫陈景宜勾结，偷盗仓库里的粮食，为防事情败露，俩人又一起设计栽赃给胡素芳，并策划对陈友才杀人灭口。当然，在新来的支书何文进带领下，这些都被识破，而陈景宜他们偷去的一船稻种，也戏剧性地回到了村民们的手中。

《夺印》剧中的人物，脸谱化很严重，富农、贫农出身的党员，一言一行都符合其阶级身份，而伪装善良的“贫农”，随着剧情的发展，被发现其

评剧《夺印》剧照，这三个角色都是反面形象，最左边是会计陈广西。大队的领导权——印把子已经被反革命分子陈景宜所篡夺，陈广西作为大队会计却缺乏独立性，实际上沦为陈景宜的狗腿子。

实是做过经纪人的，不是真正的贫农。剧本是文学作品，文学的创作总是无法避免其时代影响，抛开脸谱化问题，此剧中的会计形象实在恶劣，用今天的话来说，毫无职业道德，且积极实施舞弊，这放在任何经济实体，都是不可饶恕的。

何文进意识到仓库账、实非常混乱，决意清查。盘点实物仓库，在内部审计、外部审计以及各种检查中都很常见，如果怀疑牵涉舞弊，则最好的做法是突击盘点，而不是事前告知盘点时间和盘点人。剧中，当然可以理解为这是何文进故意“引蛇出洞”，但如果陈友才不说出陈景宜的话，且陈友才的女儿小红又恰好没看见胡素芳的粮袋被谁拿走，或者虽然看见了却没有说出来，那么，坏会计陈广西的栽赃和灭口都可能成功。因此，剧中的清查策略，不可取。同样是《夺印》一出戏，不同艺术类别在这个细节上的处理有所不同，比如评剧《夺印》中，就是仓库管理员约胡素芳深夜查账、在仓库纵火、胡素芳奋身保护账本，再由民警查清纵火案情，而这些都出乎何文进意料，并不是他欲擒故纵，他只是不畏阻挠。这样的处理，使故事更曲折，也使人物形象更鲜明。

《艳阳天》，是作家浩然的长篇小说，创作于20世纪60年代，红极一时。1973年改编为同名电影。剧中，东山坞村的会计马立本一出场，就是个脸谱化的好逸恶劳的坏蛋。

《夺印》中，会计严重违反职业道德，基础工作混乱，而在《艳阳天》中，与会计相关的是更为关键的问题：分红。

在现代企业中，分红也是头等大事，在确定分配方案之前，会计必须结算出利润是多少，为此，多少会计人员加班加点工作，就为了给股东大会按时召开提供可靠的数据。而《艳阳天》中，会计马立本，为了促成自己想要的分红方案——“土地分红”，故意拖延会计工作，声称预分方案没有做好，这导致肖长春直接撤了他的职，改由韩小乐担任会计。

论业务水平，马立本“是百里挑一的会计”，论写论算都不错，并且也没有因串通舞弊而故意弄乱，但是他“政治上不可靠”，当然这是那个年代的特色语言，换作今天，作为会计人员，也不可能不服从公司高管的指令，更不用说有意耽搁分红大事。马立本“鼓动闹土地分红，闹粮，还勾结私商倒卖粮食”，这些虽然是可疑的、异常的、甚至违法的行为，但毕竟只是职务之外的行动，除了倚重他的会计身份，也算不上职务犯罪，比《夺印》中的陈广西，表现要好得多。韩小乐，只干过一个月的会计，经验很少，但是他“政治上可靠”，不会支持土地分红，他可以迅速作出按工分分红的预分方案，这正是肖长春等管理层想要大力推进的工作。果然，大红纸写的预分方案，很快就贴到了墙上，村民们看过，都喜气洋洋。

电影《艳阳天》由浩然的同名小说改编。民兵排长萧长春（左，张连文饰）带领广大群众以生产自救战灾荒。可是，当时的党支部书记兼社主任马之悦（浦克）却放弃农业生产，利用国家贷款跑买卖，并指使会计马立本（右，李希达饰）阻挠拖延小麦预分方案。图为电影截图，萧长春找马立本了解小麦预分方案的完成情况，马立本支吾应对。

马立本和韩小乐的交接，焦淑红是监交人。在电影中，这场戏只有不多的镜头，而在作者浩然的笔下，则更为详细生动，忠实描写了会计交接要点。为补剧本之不足，我们也读一读原著的段落吧：

萧长春召集社委会撤换了阻挠拖延小麦预分方案的会计马立本，换上了年轻可靠的积极分子韩晓乐，很快公布了预分方案，稳定了人心。接着就组织社员开镰收麦。图为电影剧照，马立本被撤职，社委会选拔共青团员韩小乐当会计。

焦淑红说：“我们怎么要求，你就得怎么交代，这没旁的说了，交吧！”见马立本盯着单子不吭声，就又扯过来，“你是看不明白呀？等我给你念一遍听：第一条，清点所有库存现金，立刻冻结起来；第二条，收入、支出、余存的账目，由交代一方列出清单；第三条，由近到远地交代，先交清去年决算后的收支情况；第四条，一切单据，要随着每一个项目的清理，点清、核实、查封……”

焦淑红是有会计经验的，并且也向她表妹专门请教了会计交接注意事项，在故事中，她基本扮演了会计专家的角色，这在电影中是没有的。会计工作交接，在几十年后的今天，也大致如此：现金、账目、报表、已用和未用单据等等，都要逐一清点、交接、签字。

马立本交出了账务，会计生涯和职业生命到此结束。

《夺印》《艳阳天》里的会计，宁可违背职业道德、违法犯罪，也不肯和已经当家作主的贫下中农一条心，就是因为，剧本中的他们是隶属于特定阶级的人，他们不想改变，作者也没有给他们提供改变的道路。在阶级论占主导地位的环境下，没有人相信他们会改变，只相信他们会一路走向不堪的地步。

企业会計 1
QIYE KUAIJI

本书作者向中国会计博物馆捐赠的《企业会计》杂志 1959 年第 1 期。

会计真的有阶级性吗？1951 年《新会计》杂志的创刊号上，著名学者黄寿宸发表《怎样建立新中国会计理论基础》，指出：每一个社会经济制度都有其独特的生产方式，因此作为一种监督和管理方法的会计，也就随之不同。“在资本主义经济制度下，产生并发展了资本主义的会计理论。……旧中国半殖民地、半封建的性质，这样的社会性质就决定了旧中国会计的特点……”文章还提出：“新中国的建立，标志着一种性质完全不同的社会经济制度的形成，这就要求：建立与资本主义会计完全不同的社会主义理论的基础。”这篇文章所提出的不同的社会经济制度应该有不同的会计理论与之适应，这一观点在当时的政治经济环境中，就被演化为“不同的阶级应有不同的会计”、“会计完全隶属于阶级”、“会计具有阶级性”等思潮。

黄文发表不久，新华书店总店会计陶德在《新会计》（1951 年第 4 期）发表《“怎样建立新中国会计理论基础”读后》驳正：“会计在本质上是无所谓阶级性的，它只是文字与数字相结合的应用技术罢了”。今天看来，这一说法普通平常。但在当时，可谓石破天惊。苏联专家对此进行了严厉的批判，《工业会计》1952 年第 4 期上发表《论会计核算的阶级性》指出：“在中国某些知识分子中间，关于一些经济科学的阶级性问题直到现在还没有一个明确的概念。目前还散布着关于许多经济科学没有阶级性的这种论调，这是完全错误而又十分有害的论调，会计是一种有阶级性的科学，是永远执行着该社会统治阶级所赋予它的那种目的和任务的科学。……苏联的经验就证实了这一点，在苏联，会计已逐渐取得了只为社会主义经济核算所特有的那种特殊的形式和技术。”

苏联专家这一居高临下的指责，立刻让陶德身陷政治上的泥潭。陶德晚年，曾在我服务的会计事务所短暂工作。我与他数次交流，仍能感受到其内心深处的阴影。因为疾病等原因，令人敬重的陶老竟坠楼自尽。每念及此，我唏嘘不已。

回到即便是绝口不提阶级性的今天，会计也必须厘清：究竟是为股东、债权人等服务，还是为经理人服务？究竟是对大股东负责，还是对中小股东负责？究竟在多大程度上，有失立场，有失公允？特定的“会计阶级”，可以采用激进的会计政策，使账面盈利，从而推高股价，引诱小股东进入，给大股东解套；也可以做相反的事情，使账面亏损，让力推私有化的大股东以低廉价格买进股权；可以对违规支出视而不见，任由职业经理人掏空股东财富；也可以推迟确认巨额费用，让新股东而不是老股东背上包袱。

会计，为了谁？依靠谁？你是谁？

《华尔街》：没有硝烟的战场

1492 年，意大利航海家克里斯托弗·哥伦布带着西班牙国王给中国皇帝和印度君主的国书，率领船队经过 70 昼夜的艰苦航行，终于发现了陆地，这块被哥伦布坚持认为是印度的大陆，现在被称为亚美利加洲。1609 年，荷兰商人继续寻找通往富庶中国的航海道路，但犯了与哥伦布同样的错误，他们的商船几经展转，最终驶入了现在的纽约港。

荷兰人给当地印第安人送上了他们不曾见过礼物——美酒，荷兰人也因此得到了丰厚的回报——曼哈顿。“曼哈顿”在特拉华印第安人的语言中就是“与君同醉的地方”。

华尔街街口的石碑上，刻着这样一个看上去像是“与君同醉”后的算术公式：24 美元 ×370 年 =300 亿美元，它记载了曼哈顿发生的第一笔大交易。荷兰人当年用了 24 美元的饰物，从印第安人那里买下了整个曼哈顿地区，现在仅曼哈顿的华尔街土地价值就达到 300 亿美元以上。

其实不仅是土地，这个算术公式在今天的华尔街到处都行得通，华尔街所能聚集的财富甚至是这样的计算方式都无法满足。370 年间，曼哈顿从一片荒芜变成了现在的金融森林，它的主人也从最初的荷兰人，变成了英国人，又变成了美国人，现在成了来自世界各个国家的人。

这就是华尔街，操控着全世界经济的命脉。

这就是华尔街，金融工具涌动之所，为人艳羡，为人诟病。

光鲜背后的黑暗

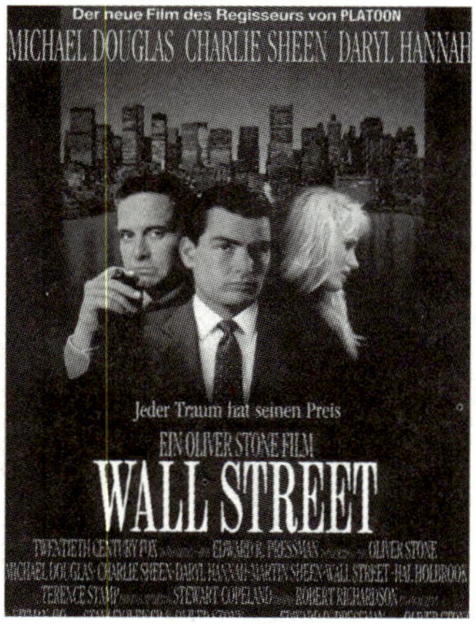

《华尔街》是主流商战电影中的经典作，上映于 1987 年，导演奥利弗·斯通（Oliver Stone）以一个白领股票新手的视觉为切入点，在金钱挂帅时代毫不掩饰地为人类的贪婪欲望辩护。

《华尔街》（Wall Street）是一部演绎金融和会计的精彩影片。

华尔街成就了美国的崛起，从传统农业到工业化，从现代科技到网络信息，华尔街一直在为美国的强盛铺平道路。

影片中迈克尔·道格拉斯（Michael Douglas）饰演的金融大亨戈登·盖葛（Gordon Gekko）在股票市场上翻云覆雨，叱咤风云，毫不掩饰自己的贪婪，言谈举止充满着咄咄逼人、自信飞扬的个性，似乎一切都尽在掌握中。很显然，这种性格的人要么令人讨厌得彻底，要么令人着迷得痴狂。

查利·希恩（Charlie Sheen）饰演的巴德（Bud Fox），一个刚从纽约大学毕业还需要偿还助学贷款的股票经纪人，尽管满腔理想努力工作，却仍然入不敷出，生活窘迫，挣扎在华尔街的最底层——每个人都可以从他身上找到自己的影子。

在一次和戈登的面谈之后，巴德改变了自己的生活。他为戈登寻找内幕消息，成功获知了另一位投资人拉里·怀特曼（Sir Larry Wildman）要收购

ANC 钢铁（ANC Steel）的信息，帮助戈登赚了一大笔钱，并成为了他的合伙人。巴德从戈登那里学了很多，包括操纵股市和孙子兵法。最后在收购他父亲工作了一辈子的蓝星航空（Blue Star Airline）一案中，贪婪的戈登利用了巴德，违背当初的诺言准备解散并卖掉航空公司，这与良知正义尚存的巴德发生了冲突。巴德反戈一击，挽救了蓝星航空，但最终也因为从事违法的股票内幕交易而入狱。

在大众的心目中，华尔街是一个集中着长春藤名校毕业的精英们才能工作的地方，这些人智商奇高，个性鲜明，精力十足，每天工作至少 12 个小时，即使资历最浅的人也拿着 6 万以上的美金，呼吸的空气都弥漫着金钱和财富的味道。

在这种痴迷的情绪下，不少人对所有关于商战、财经、股票的书籍趋之若鹜。自以为看完了所有面世的和在网上流行的商战小说之后，就可以窥得堂奥。我想仅仅看文字的描写是不够的，因为还有电影《华尔街》。

关于为何迷恋华尔街的问题，拿破仑的话或许是一种答案。拿破仑说过，男人的事业只存在于两个地方：马背上和女人的肚皮上。和平时代已经没有了战争，无法骑上马背冲锋陷阵奋勇杀敌，但在股票市场、金融市场上可以找到这样的感觉。通过电脑、网络和终端，你可以在一个看不见硝烟的战场上成为一个将军、一个统帅，调遣着所有的货币和千军万马作战，可以叱咤风云，谈笑间樯橹灰飞烟灭，尘埃落定后，你会是赢家，还是输家？一切就会立见分晓。

这是一场零和游戏，有人赚得盆满钵满，有人倾家荡产，所谓“一将功成万骨枯”，用在金融市场上也许再恰当不过了。对于这个行业的男人来说，K 线图比女人的 S 形身材更好看，更有趣，用影片中戈登的台词就是，赚钱的成就感“比性爱还棒”。

然而，在这场光鲜亮丽的金融表象之后，难以掩饰的是华尔街层出不穷的会计丑闻。他们究竟从何而来？

美国会计制度体系的不完善当然难辞其咎。美国会计业曾经盛行会计师事务所为同一家上市公司既提供审计服务，又提供咨询服务，而且咨询费用已经占到会计师事务所总收入的 60%。这种亲密关系使得人们很难信任会计师事务所的独立性。

事实上，会计师事务所也确实难以在巨大利益的诱惑之下独善其身。当毕马威看到施乐公司充满假账的年度报告后，也曾经激烈地抗议，并拒绝通过施乐当年的年度报告。但是在施乐对有关财务数据进行了微不足道的修改后，毕马威又轻易地屈服了。

美国会计丑闻爆发之后，欧洲在一边幸灾乐祸。欧盟委员会抨击美国的公认会计准则（GAAP）存在严重缺陷，相形之下，似乎映衬出国际会计准则（IAS）的某些优越。“规则”与“准则”之争开始了。

他们的理由是，美国的会计准则与欧洲采用的国际会计准则相比，更注重对技术细节的规定。但是，过分强调细节反而会导致对原则的忽视。企业可以技巧性地安排技术上完全合乎规定的交易，同时又避免报告交易的经济实质，从而轻而易举地规避准则的约束。而欧洲所采用的国际会计准则注重于要求企业遵守财务报告的一系列基本原则，不对如何安排交易作详细规定，这样反而使财务报告能更多反映企业经营的实质，而且不同企业的财务报告的可比性也较强。

问题是，两者的差距真的如欧盟委员会吹嘘的那样大？至少，我们应该警惕走向另一个极端。毕竟，批评别人的错误，并不能证明自己正确。

主旋律与丑闻

电影《华尔街》中，贪婪、金钱和人性的冲突时刻存在。实际上，这种冲突也弥漫在我们每个人的生活之中。你努力工作，空有满腔抱负和理想，但却仅仅挣扎在生存的边缘，居无定所，为一日三餐奔波，看不到希望和梦想。而身边存在着不如你的人，却能身居高位，香车豪宅，享受人生。这个时候，你是否会动摇自己的生活信念和生存原则？

就像影片中戈登教导巴德说，“卖命工作？我打赌你熬夜分析那些你要我买的烂股票，对吧？你又得到了什么好处？我父亲推销电子零件，每天工作得死去活来，却在 49 岁就心脏病发而死，还欠了一屁股的税没缴。”

当下大多数中国人衡量的成功标准，是用一个人的财富、地位和权力来作为评价的尺度，这和影片里的戈登一样，与巴德也一样，当然直到最后他幡然醒悟。巴德和他的父亲对此曾有过激烈的交锋，巴德认为他的父亲不支持他并购蓝星航空，是嫉妒他的儿子比他成功的事实，是缺乏胆量放手一搏。而巴德的父亲说“你看到的这个人，从不以皮夹厚薄来衡量成功”。

好莱坞的影片中，常常让你无形之中就接受到他们灌输的主旋律，基督徒的精神，那就是对妻子、家庭忠诚，正直刚正，平凡而努力地工作，用男人的身躯给家庭撑起一片绿荫，让妻子儿女们生活幸福。

影片中巴德的父亲这个角色，给人印象深刻，话语不多，更多的是通过眼神和肢体动作来表演，将一个平凡、正直、具有深沉父爱的角色演绎得入木三分。他的扮演者马丁·希恩，实际上也是饰演巴德的演员查利·希恩的父亲。

同时我们必须看到，在影片主旋律的色彩背后，掩盖着的是美国金融市场上频频发生的丑闻。基于此，我很同情当事的会计师事务所。“刀子切了花朵，但有罪的不是刀子。”从本质上说，会计是一门商业语言，希望用语言毫无歧义地表述客观事实是困难的事情。诱发会计丑闻的真正根源，还在会计行业之外。

也许我们都注意到，爆发丑闻的公司大多是在所谓的新经济领域。随着IT等高科技产业和金融创新的发展，企业的运作方式发生了新的变化。这种变化的速度之快，超过了会计制度的调整速度。

现有的会计制度在新经济的形势下出现了不少漏洞。上市公司可以方便地利用这些漏洞把自己装扮得光彩照人。比如，对于软件公司来说，一份软件销售合同不仅包括软件本身，还包括调试、安装、升级后续服务。软件公司常用的伎俩就是将一份合同在未来数年内的全部销售利润都计算在当年的总利润中，而销售成本则按照年度完成的数额计算。

又比如，由于金融创新的快速发展，企业在经营活动中可选择的金融工具越来越多，如雇员认股权、期货合同、期权合同、利率/汇率对换、资产/债务证券化等金融工具。这使得对企业所面临的风险越来越难以评估，也增加了企业做账中的“猫腻”。企业给经理人员和员工的股票期权本来是为了增加对他们的激励，但是表现在会计报表上，就成了工资成本的减少。

美国政府制定出一系列改革措施，包括禁止会计师事务所同时对一家上市公司承担审计和咨询业务，建立一个独立的外部审计机构等等。但是，对美国经济体制的演变来说，影响更为深远的应该是公司治理结构的悄然转向。

华尔街近期经济丑闻频发。2011年9月起，上千名示威者聚集在美国纽约曼哈顿，试图占领华尔街，他们通过互联网组织起来，要把华尔街变成埃及的解放广场。示威组织者称，他们的意图是要反对美国政治的权钱交易、两党政争以及社会不公正。图为2012年3月28日，纽约证券交易所附近，警察逮捕了一名示威者，该示威者当时正在参加由艾滋病宣传员和占领华尔街运动成员一起组成的集会。

性本善，还是恶?

人的贪婪与体制无关，与人的本性有关。东方社会似乎普遍相信“人性本善”，所以几千年来一直是以人治为中心，将国家和社会的昌盛公平建立在出现“圣人、清官、明君”的身上。西方社会则认为“人性本恶”，人总是有缺点和易犯错误，所以设计出了一整套的监管、法律、分权、制衡制度，加以约束。

《华尔街》所留给我们的远远不止那条看似光鲜却饱含了力量的小道。《华尔街》电影的背后留给我们思考的问题。这看似复杂的故事情节其实昭示了会计中最重要的计量，曾被称为“代表未来计量方向”的公允价值，华尔街的银行家们曾经享受过公允价值带来的快乐，如今却谈虎色变。

面对危机，人们诘问准则制定者“公允价值是否应为危机负责”？认为只有公允价值能够比较科学地计量的时候，金融资产和负债按照公允价值进行计价并反映在财务报表中的要求才能得到合理的实现，否则是没有意义的，不合理的，甚至在金融风波出现的时候起到“雪上加霜”的作用。美国财务会计准则咨询委员会委员 Michael R. Young[①] 认为公允价值是此次金融危机发生的原因之一。他认为金融工具第一层级的公允价值计量所依赖的活跃市场一夜之间消失了。第 157 号准则将金融产品分成三个层次：第一层是有活跃市场交易的金融产品，这类金融产品的“公允价值”根据活跃市场的报价确定；第二层是交易不活跃市场情形下的金融产品，这类金融产品的“公允价值”参考同类产品在活跃市场中的报价或者采用有可客观参考支持的价值模型确定；第三层是没有交易市场的金融产品，这类金融产品的“公允价值”需要管理层根据主观判断和市场假设建立估值模型确定。此前，金融工具都是按照“第一层级”即市场交易价格来计价。当市场不再活跃的时候，许多金融机构本应该按第三层级的公允价值计量，但由于准则规定的不尽合理，使得金融机构为金融资产计提了大量的减值准备，这使得很多的投资人变得恐慌，房产和投资组合的价值急剧减少。对不打算出售急剧下跌的金融工具的一些

时隔 23 年，奥利弗 · 斯通导演新作《华尔街：金钱永不眠》作为 1987 年电影《华尔街》的续作 2010 年公映，依然由迈克尔 · 道格拉斯主演，影片主要讲述了戈登 · 盖柯出狱后的一系列生活。但最终票房仅收获 7000 万美元，并不尽如人意。前作的最终票房为 4380 万美元，相当于如今的 8700 万美元。

① 迈克尔 · R · 扬（Michael R. Young），Willkie Farr & Gallagher 法律公司合伙人，该公司会计违规事务小组负责人。十几年来，他一直是美国注册会计师协会的法律顾问，参与了 20 世纪 90 年代联邦证券侵权改革立法的工作、公认审计原则的制定工作和取得会计师执业执照的统一条件（UAA）的制定工作，并在美国联邦最高法院和美国上诉法院以“法庭之友”的身份提交有关财务报告重要性的书面意见。他还积极地调查各个公司、政府官员和公司董事、会计公司以及其他机构有关财务报告与债务的事务，并在近 20 年来一些最重大的会计违规案件中担任相关人的辩护律师。他是全美律师协会法律和会计委员会成员，并且在有关财务报告和债务的会计领域内是著名的作家及演讲人。

人来说，市场价格并不能代表其持有资产的真正价值。对打算出售的人来说，减值被过分地计提了。同样，次贷危机经验也表明金融市场所遇到的问题并不仅仅是会计制度的后果，更根本地说是市场泡沫破碎之后的经济后果。

贪婪与道德的交锋

道格拉斯饰演的戈登在影片中经常教导巴德，自信、贪婪、赤裸而直白的语言，令人印象深刻。

“外面的人买股票是猜的，我可不会乱枪打鸟，我只做最有把握的事。”

“你（巴德）没有我想象中聪明，你有没有想过为何基金管理人，打不过史坦普 500 股价指数，因为他们是绵羊，绵羊就是要被宰的。”

“哈佛商学院毕业生，多数比狗屎还不如。（股票买卖）这一行需要穷苦的聪明人，要够饥渴，还要冷血，有输有赢，但要一直奋战下去。若你需要朋友，就养条狗吧。外面的世界是场近身战。”

“醒醒吧，朋友，你若不是局内人，那你就是出局了。”

“我不是指年薪 40 万、在华尔街讨生活的老古板，坐坐头等舱、生活舒适就算了。我说的可是大笔的现金，有钱到可以自己买飞机，有钱到不会浪费时间，我说的不是五千万就是一亿。做不成真正的玩家，就只能当无名小卒。”

“美国企业的法则似乎变成了，不适者生存。而我的看法是，你要不就做对，要不就是被消灭。”

“（赚钱）这不是够不够的问题，这是场零和游戏，非输即赢。金钱本身并没有输赢，只是转手了而已，就像变戏法一样。”

“我不去创造，但我能拥有。规则就是我制订的，朋友！”

人类贪婪的欲望与道德法律的交锋从来都没有停止过。贪婪是魔鬼，是洪水猛兽，会吞噬我们的灵魂，撕碎我们的心灵和肉体。可我们也必须保持必要的贪婪，对知识，对生活，这也是我们奋斗前进的动力。就像恩格斯所说的，人类的贪婪、欲望和永不满足，是推动人类历史前进的杠杆。可在两者之间究竟保持什么样的平衡，什么样的尺度，可能只有每个人自己才能解答了。

或许我们只能用康德的话自勉：这个世界唯有两样东西能让我们的心灵

感到深深的震撼，一是我们头顶灿烂的星空；二是我们内心崇高的道德法则。

伊曼努尔·康德（Immanuel Kant，1724.4.22—1804.2.12），德国哲学家、天文学家、星云说的创立者之一、德国古典哲学的创始人，唯心主义，不可知论者，德国古典美学的奠定者。他被认为是对现代欧洲最具影响力的思想家之一，也是启蒙运动最后一位主要哲学家。

“客户的利益永远被置于次要，公司运作的首要目的是赚钱。”这也许是某些企业家内心的想法。然而这种道德退步将危及企业的长远经营，称这已成为一种实质威胁，破坏了客户和公司关系，并形成一种“具有毒性和摧毁性”的企业环境。

一个人如果先具有服务的精神，再有领导的欲望，与那种一来就想当领导的人是完全不同的，后者或者需要非正常的权力推动，或者喜欢获取超额物质利益。投资银行家成为“服务驱动型领袖”似乎不可思议，尤其是美国经济衰退中，华尔街的道德备受质疑，很多美国人内心都憎恨银行家。仔细爬梳，金融体系中的商业银行会计准则也难辞其咎。

结语：本色出演

终极上，会计也是戏剧。

有剧本，长期有规划，年度有预算，核算有准则。

有导演，一切都是按部就班，一切都循着规定的路径。

有舞台，几尺工位，几张报表，那是会计人用笔尖演出的地方。

演员，就是会计人自己。在剧场之外，他们是有着多种爱好的人，甚至有着“骨灰级”爱好；剧场之内，他们只能是勤勉敬业、一丝不苟的本色演出。

会计人这一生，离不开台词表达、形象塑造、剧情冲突、性格特征、知识匹配等戏剧要素，只是，不用化妆来“演”，一切冲突皆来自于现实，一切激变皆来自于利益，一切情景皆来自于观众——一旦观众与演员同时在场。

舞台小天地，会计大舞台。

小说的闪电

【题记】财务报告就像数字化小说，小说就像文字化财务报告。

米兰·昆德拉[①]（Milan Kundera）把小说分为三类：讲述一个故事，描述一个故事，思考一个故事。他的小说很明显已经不拘泥于第一二个层面，"思考"贯穿了小说始终。虽然他曾在一个颁奖礼上说过那句有名的"人类一思考，上帝就发笑"，但他的小说无时无刻不在自我思考，然后引人思考。

而会计人从事的行业呢？依然是自我思考与引发思考——

他们奋笔疾书，思考着日清月结，让分毫不差；

他们手不释卷，思考着借贷分录，把报表平衡；

他们执着追求，思考着管理驱动，促成本降低；

他们智慧闪耀，思考着纳税筹划，使税负减轻；

他们诚实守信，思考着昨天今天，叩未来之门！

---

① 米兰·昆德拉，捷克小说家，生于捷克布尔诺市。1948 年，到首都布拉格读大学。1967 年，他的第一部长篇小说《玩笑》在捷克出版，获得巨大成功。曾多次获得国际文学奖，并多次被提名为诺贝尔文学奖的候选人。主要作品有《小说的艺术》、《不能承受的生命之轻》等。2010 年 11 月 15 日，"2010 第五届中国作家富豪榜"子榜单外国作家富豪榜首次发布，该榜统计了 2000 年至 2010 年十年间，外国作家在中国大陆地区的版税总收入，共有 25 位外国作家上榜，米兰·昆德拉以 600 万元人民币版税收入，荣登外国作家富豪榜第 9 位，引发广泛关注。

会计，原来是数字化的小说。众所周知的财务报表，足以读出妙趣横生的故事。

文字是有颜色的，温馨的粉色，忧郁的蓝色，火热的红色，生命的绿色，纯洁的白色，华丽的黑色……小说，如这色彩一般变幻莫测。追寻这颜色背后的故事，发现它的历史源远流长，鲜活的生命夹杂着浓郁的情感，深刻的思想交织着激烈的矛盾冲突。

数字是有生命的，想知道数字是怎么来的，就需要结合公司的具体业务，从内部控制程序方面切入，把握行业风险、经营风险、财务风险。对于每一个具体数字而言，只有在充分掌握风险管理、内部控制技巧的基础上，会计人才知道数字是什么，应该做什么、怎么做。数字，就是这部会计小说中斑斓的元素！

说小说，是在读故事。戏剧是激变，小说是渐变，而会计报告，充满着“无声胜有声”的故事意境。

三国中的信息与博弈

明清时代的小说是中国古代小说发展的高峰，至今在古典小说领域几无比肩者，其中一些不朽的作品，曾经给一代又一代人美的震撼、美的享受。这种美是一种玄妙，妙在让你需静心品味才会发现它的奇与味。这奇妙的小说与财务管理如何搭接起微妙的联系呢？

走进小说的世界，体味生命的内涵，领悟生活的真谛，感受丰富的情感，分享最美的艺术，便知小说的不凡魅力。四大名著皆发于此。而《三国演义》的不凡，不在于刻画了一幕幕波澜壮阔、气势磅礴的战争场面，妙就妙在背后有许多值得玩味的财务会计内涵。

妙算草船轻取箭

《三国演义》中草船借箭的部分，综合表述了会计预测、决策、控制、监督、考察、评价的职能，从会计角度看不外是中国会计文化建设的一大贡献。

先说什么是广义的会计文化，是指以货币、实物、时间为计量单位，对企业、事业、机关、家庭单位的经济活动或经济预算执行过程进行连续地、系统地、全面地预测、决策、记录、计算、控制、监督、分析、考察、评价、反馈的一种管理信息系统，是指以会计工作人员遵循的法规、道德、诚信、操守、态度、修身、齐家、治国的精神财富，是人类在经济社会历史进程中所创造的物质财富和精神财富的总和。

草船借箭的故事，我们都耳熟能详，不妨翻阅原文相比对照。故事是以“立军状孔明造箭，惮良才公瑾用谋”开始的。而在这个部分，罗老先生很清晰地叙述了草船借箭的前因：

第一，为了对付曹操集团，抢占国内市场，孙权集团和刘备集团形成军事同盟，但这种同盟是彼此利用，而不是桃园结义那样的生死相依，用会计术语说，就是通过协议进行利益安排的单位，但距离控制或者合并报表还相去甚远。

第二，孙权团队的高管周瑜声称，缺乏江面上作战使用的军事武器——箭支。根据小说中诸葛亮的智谋，他应该知道是否缺这种物资，也应该知道孙权集团筹备此物资的能力；其实根据周瑜的能力，既然决定和曹操集团战争，那么这种基本的军备照理是不会急缺的。

第三，敌军兵临城下，战斗迫在眉睫，孙权集团周瑜大将军要求刘备集团高参诸葛亮十日内监造十万支箭，鉴于双方有同盟关系，且孙权集团在同盟中的份额较大，所以要求刘备集团增加这种物资的投入是合理要求，但诸葛亮，由于双方是同盟而非一体，凭其智力，也可以拒绝。

第四，周瑜自称暗地里吩咐本集团的军匠拖延推诿，延误工期，以期治罪诸葛亮；但在现实中，公司聘请仅有合作关系的其他公司高管来主持重大生产项目，只要不授权，凡事都会掣肘，根本不用暗地嘱咐员工不合作。

第五，诸葛亮根据掌握的信息，预计第三天晚上长江江面上有大雾弥漫，可以诱使曹操放箭，并且，他知道周瑜、曹操都不掌握这些信息，所以诸葛亮没有拒绝监造箭支。

总而言之，草船借箭就是充分获取信息，利用信息的不对称性，完成近期经营目标。

接着，草船借箭的准备工作开始了。这段就姑且描述为“诸葛亮围船布阵，鲁子敬仗义相帮”。这一部分又经历了哪些过程呢？

第一，周瑜部下鲁肃，应诸葛亮要求，为他准备了二十条船，六百个士兵，每条船上还用青布制作了幔帐以伪装战船，并用草物扎成假人千余个充当作战士兵。

第二，鲁肃保守了这个秘密，没有将以上事项告诉周瑜。

第三，诸葛亮用他掌握的天文知识和水文知识，结合当时的气象条件，推测出了天气状况；他了解曹操的多疑性格，并充分利用了这一点。

第四，于第三日凌晨，江上大雾时，诸葛亮带鲁肃一起靠近北岸曹操驻军营地，执行借箭计划。他和鲁肃是好友，固然可以邀请同去，更重要的是，他不能将鲁肃留在周瑜身边，否则鲁肃非常可能在关键时刻泄漏他的计划。

终于，正如诸葛亮所判断的，草船借箭的过程很顺利。真可谓是“孔明妙算千帆诈进，孟德失策万箭齐发”。这段小说迎来了它的高潮段落——

第一，诸葛亮命令将船只沿江边一字儿摆开，佯装进攻曹营——这里释放的信息是：大兵突发，借雾袭击。

第二，曹操的判断：战争中偷袭是常事，借雾掩护偷袭更是正常，于是曹操断定这是偷袭而不是佯攻，命令弓弩手迎敌，放箭射击。

第三，诸葛亮待船只一边受满箭支后，然后又命令每只船只调整方向，让没有受箭的另一半边面临曹营，诱使曹营继续射箭，直至每条船只上的草人受满箭支为止。这需要足够的时间，在这一时间段内，大雾不能散去，曹操不能觉察他的真实意图，且己方士兵的喊杀必须有力持续，还有，曹操的箭必须有足够的密度，才能使这个时间段尽可能短，否则，己方击鼓呐喊却不迅猛逼近，曹操会发现异常。

第四，当每条船只受满箭支之后，诸葛亮又命令二十条船上士兵大叫“谢丞相箭”，然后凯旋回师。此处，距离曹军距离要合适，水文情况也要合适，“船轻水急”，否则曹操还是可能追来的。

此时，曹操方才知道中了诸葛亮的“瞒天过海”之计，后悔不已。事件的结果成就了诸葛亮的神机妙算，使其载誉而归。

从成本的角度出发，诸葛亮做到了以较少的成本，取得了巨大的经济效益。其筹资成本主要表现在：二十条船，使用期三天；六百名军士，也是三天；二十条船上使用的青布幔帐；两万多个草把子。这些物品，均无损失，都是可以继续利用的，成本不能说高，与十万多支箭的巨大经济效益相比，简直就是暴利。

然而，小说没有叙述的隐形成本，却一点也不低。这些成本，主要就是信息成本。

首先，诸葛亮必须了解战场的气象信息。古代交通不便，诸葛亮出山之前也没有如徐霞客那样游历过全国，他对当地气象水文的研究，都得在孙刘结盟初期完成，工作量巨大。

其次，诸葛亮必须了解周瑜、曹操、鲁肃的性格及决策方式。战争年代，谋略家对敌我双方主要将领的资历、性格、能力等，都尽量多加掌握，以备斗智和管理，为此，需要收集各种资料和案例信息，这是一件长期的、持续的工作，不可能如研究水文那样突击完成。

对这些信息的收集、加工、整理，所费成本多少？如果没有先期投入的信息成本，那么，即便损失船只、士兵，诸葛亮还是可能完不成造箭任务，如果他坦承自己没有造箭能力，则孙刘联盟会不会受到影响，就难说了，更不用说节约制造十万支箭的军工费用、助长孙刘联合团队官兵的士气、重挫曹操集团的锐气等好处。

“草船借箭”故事家喻户晓，可这何以称为“信息不对称”呢？船中的草人，非士卒，此为诸葛孔明的私有信息。由此，魏的不知情，导致了信息的不对称，错将草人当作敌军防御，徒劳送箭吴蜀也就在所难免。

信息经济学认为，在商业交易中有一些人可能比其他人具有信息优势。一般就认为该经济机制中存在着信息不对称，具有信息优势的一方，可以利用这种优势，在交易中占尽先机。草船借箭，满载而归——可谓信息经济学中信息不对称的妙用：鲁肃隐瞒了诸葛亮的计划，诸葛亮和周瑜之间存在信息不对称；漫天的迷雾隐藏了船中的草人并非士卒的真相，也导致了诸葛亮和曹操之间的信息不对称；诸葛亮就是充分利用信息的不对称这个优势，从而占据主动，“借”得了曹魏之箭。试想，如果这些不对称中某一项被打破，即：周瑜知道诸葛亮的计划，或者曹操知道诸葛亮的意图，那么诸葛亮不仅不能得到箭支，还可能性命不保。

从筹资学的角度出发，诸葛亮做到了以较少的成本，取得了巨大的经济效益。其筹资成本主要表现在：一是租用二十条船使用期三天；二是借用了六百名军士；三是二十条船上使用的青布幔帐；四是使用了两万多个草把子，其成本较少，但取得了十万多支箭的超额利润。

孟德败走华容道

曹操在赤壁大战中一败涂地，率残兵败将向许都方向逃窜。诸葛亮在曹操溃逃的路上布置了四重防范：第一批人马由赵云率领，在乌林小路拦截，第二批人马由张飞带队在葫芦谷口埋伏，第三批是糜竺、糜芳、刘封三人各驾船只，绕江缴擒，第四批是关羽率部伏击华容道。诸葛亮要求赵云、张飞等的主要任务是放火骚扰，真正捉曹操的任务落在了关羽身上。后来在华容道上，关羽念旧情而放掉了曹操。

根据诸葛亮掌握的信息，关羽重义气，曹操狡诈，两人曾经是多年同事，感情很好。因此，在曹操的游说下，关羽极其有可能放走曹操，为何还要将捉曹操的任务交给关羽？从内控角度讲，这是绝对不可以的。但在当时，原因很简单，那就是诸葛亮并不是真正想杀掉曹操，曹操若死，其继承人的能力未必足以安定北方，东吴必定北图中原，以刘备的军力，是不可能与孙权抗衡的，孙权如得天下，刘备必然无立足之地。所以，诸葛亮要放走曹操。

既然不能俘获曹操，为什么诸葛亮要设置多重拦截呢？在战争中，杀敌、缴获，都是战绩，如果刘备集团在这次大胜中没有战绩，则军事实力无法凸显，日后在孙刘联盟中的份额或者话语权也就相应降低。如果不设置拦截，孙权知道诸葛亮故意放走曹操，那么孙刘联盟就会彻底瓦解，甚至引发新的战争。所以，诸葛亮必须既要放走曹操，又不能让孙权看出是有意放走曹操。

曹军冲过赵云、张飞两道关后，进入关羽的伏击地带。可是当时关羽与曹操相遇的地方有两条道，一条是华容道，除此之外还有另一条道。诸葛亮令关羽伏兵于华容道，并且要求关羽在华容道上点燃树枝冒出烟雾，利用曹操的决策特点，引曹操到来。果然，曹操来到华容道前，看见华容道上有烟火萦绕，大笑道："岂不闻兵书有云：虚则实之，实则虚之。诸葛亮多谋，故使人于山僻烧烟，使我军不敢从这条山路走，他却伏兵在大路等着。吾料已定，偏不教中他计！"于是，曹操令大军径直上华容道而去，直奔关羽伏兵。

在曹操与诸葛亮的这一华容道的博弈中，曹操的策略是走华容道还是走大路，而诸葛亮派关羽埋伏时，要在埋伏于大路还是埋伏于通往华容道的小路之间进行选择。

		曹　操	
		华容道	大　路
孔明	华容道	（捉住曹操，被捉）	（白等，逃脱）
	大　路	（白等，逃脱）	（捉住曹操，被捉）

华容道上的博弈支付矩阵。支付矩阵是指在博弈论中，用来描述两个人或多个参与人的策略和支付的矩阵。在零和博弈中所有的参与者其获利与亏损正好等于零。赢家的利润来自于输家的亏损。理想的"零和博弈"对于金融市场有重要的意义。

这是一个没有纳什均衡点[①]的"零和博弈"。在"零和博弈"情况下，

---

① 纳什均衡点又称为非合作博弈均衡点，是博弈论的一个重要概念，以约翰·纳什命名。如果某情况下无一参与者可以独自行动而增加收益，则此策略组合被称为纳什均衡点。其经典范例为"囚徒困境"。

双方的得益之和为零，一方所得增加，另一方所得便减少。在博弈中，双方无法知道对方的策略选择，而只能进行猜测。曹操要选择走孙刘军队不在的路，这是他的最优选择结果。而诸葛亮的最优结果是埋伏在曹操要走的路上。这里是谁能真正猜到对方的策略，谁就是赢家。为了增大对方的决策难度，诸葛亮故意释放虚假信息，制造埋伏在大路的假象，人为构建信息的不对称，以掌握信息优势。这个博弈的结果是：曹操选择了走华容道，遇到关羽；关羽在华容道守候，成功遇到曹操。

不过，在幽默范畴里，“零和博弈”被引申为“快乐守恒定律”（Conservation of Happiness），意思是“有人快乐，就必定有人失落”，也就是“快乐必须要建筑于别人的痛苦身上”。跟墨菲定律相似，快乐守恒定律的主要用途也就是逗乐。

曹操为何进了孔明的圈套呢？依《三国演义》作者罗贯中的逻辑，孔明总是比曹操计高一筹，按博弈论的术语来说，就是孔明的理性程度要比曹操高上一阶，但诸葛亮显然具有信息优势，比如，他能知道曹操的决策特点，但曹操却不知道诸葛亮的策略特点。此外，决策方式也非常重要，在刘备集团中，基本是诸葛亮一人负责军事安排，而在曹操集团中，一直有众多谋士在发挥重要作用，而最有智慧的郭嘉已经去世；诸葛亮是坐在帷幄之中专心思考，而曹操，是在厮杀的战场上逃命，几乎不具备召开讨论会议、集合众人智慧的条件。

走笔至此，我们不妨阐述一下股市“零和博弈”的概念。在金融市场实际趋势运行中，理想“零和博弈”的全过程接近于一个半圆。股市“零和博弈”的定义可以用会计语言表述为：

输家损失 + 现金分红 = 赢家收益 + 融资 + 交易成本

（等式左边是股市资金的提供者，右边则是股市资金的索取者）

在经济生活中，人们将因合作带来的额外收益称为“双赢”（win - win），即合作往往会给经济主体间带来 1 加 1 大于 2 的结果，这种合作行为也叫做“正和博弈”；而不合作行为往往带来 1 减 1 小于零的负效应，叫做“负和博弈”。

当然，这种用语仅仅是一种形容意义上的表称，与我们所说的“博弈”还不是一个概念。因为将“正和博弈”中的各个局中人支付减去一个足够大的数岂不就变成了“负和博弈”，而这又是与“正和博弈”和“负和博弈”概念的原意相左的。但是，经济互动中许多行为的会计反映过程并非导致一方所得就是另一方所失，有可能双方都因某种行为的选择而同时有所得或同时有所失，因而这些互动并非是“零和的”。这是棋牌类游戏与经济互动会计反映的区别。

孔明空城退仲达

下面再来看看被称为“隐雄”的司马懿和诸葛亮的博弈。

“空城计”，也是脍炙人口，妇孺皆知的故事。现在很多人对其真实性有怀疑，比如易中天，他在《品三国》中认为“这个故事不是事实，也不符合逻辑”，主要理由有：其一，司马懿军事才能卓越，在历次博弈中，和诸葛亮水平差距不大，不至于不能识破诸葛亮的计策。其二，即使不敢攻城，司马懿也可以派出少量兵力做试探性攻击，获取更加充分的信息，再作决策。这样，如果诸葛亮有埋伏，他的损失也不大；如果诸葛亮没有埋伏，他就可以活捉孔明。其三，司马懿以十五万大军，对一座城池，只要不贸然入城，就不至于中了埋伏，他可以围而不攻，不必立即退走。

诸葛亮区区 2500 名军士守卫的“空城”，智退司马懿统率的 15 万大军，成为著名战例。看似诸葛亮的智慧，其实更是司马懿的胜利。

空城计是一种“虚而虚之”的心理战术，在战争的紧急关头和力量虚弱的情况下运用这种战术，故意以空虚无兵之势示敌，就可能使敌人疑中生疑，怕中埋伏，从而达到排危解难的目的。图为现代画家关良（1900～1986）先生于 1978 年创作的人物小品《空城计》。

根据博弈论，每个参与人都要使他的期望效用最大化，但参与人之间的相互作用经常是在不确定性和信息不对称的条件下发生的。这里，博弈论不仅要考虑任何由于自然状态的随机性而产生的不确定性，更要求每个参与人都要考虑其他参与人的行动。其他参与人的行动很难预料，因为任何一个参与人所采取的行动都要依赖于他对其他参与人行动的预期，反之亦然。在空城计案例中，司马懿和诸葛亮，都不能获得最充分的信息，都要考虑对方的行动，他们的每一步决策，都依赖对敌人行动的估计。

诸葛亮与司马懿在西城的对峙就是一场不完全信息的动态博弈。谋定而后动，尽量避免情绪化的操作，坚持用理性思维分析各种机会和风险，获取自己所能把握的收益，可以说是司马懿最大的特点。在信息不充分，情势不明朗，没有十足把握取胜时，司马懿首先考虑的是避险，而非投机。在现代社会，管理者如果缺乏自制，没有风险意识，难免会在各种诱惑面前，偏离原计划的轨道。诸葛亮的空城计实际是实力不济、放手一赌的无奈之举，司马懿才是大智慧，根据魏蜀两国的实力对比，迟早能收拾诸葛亮，何苦为了早几年成功而去冒大风险。

司马懿本来得到司马昭的正确建议，但他考虑过诸葛亮的行为，怀疑诸葛亮在城里藏有重兵；诸葛亮也不敢断定司马懿必然上当。双方都无法准确预料彼此的行动，在这种信息不对称的情况下，司马懿和诸葛亮都只能凭概率、经验行事。司马懿需要判断这是不是一座空城。他们两人打过多次交道，对彼此都有了深入的了解，所以，司马懿采用了经验判断法，判断“亮平生谨慎，不曾弄险。今大开城门，必有埋伏”，所以，他选择的满意方案是退兵，伺机再动，而不能贸然入城，招致重大损失。表面上看，是中了诸葛亮的计，而实际上，司马懿的决策还是恰当的。因为风险太大，必须按照一般规律出牌。从诸葛亮的角度看，司马懿未必会上当，所以他亲自登上城楼，继续释放虚假信息：“坐于城楼之上，笑容可掬，傍若无人焚香操琴。”如果没有这一操作，司马懿很可能会判断诸葛亮已经逃走，这里就是空城。当然，诸葛亮的行为具有相当大的风险，司马懿不上当的概率还是很大的，于是他做了另外的安排：“左有一童子，手捧宝剑”。有学者说过，诸葛亮对自己的空城计并无成功把握。因此，准备了这把剑，万一司马懿不上当，他就会自杀。

草船借箭和空城计的共同特点是运用了信息经济学中的信息不对称，从中我们可以感受到信息的重要性。巧的是，会计本身正是一个信息系统——一种综合承载、复杂叠加、依赖判断的载体。会计信息之所以独特，原因在于每个人对信息的反应是不一样的，它不仅仅会影响到个人决策，还会影响到群体的预期，影响到市场的运行。

会计是信息系统，是对企业交易活动财务后果的反映，这种反映是管理活动的输入。会计学本质上是信息经济学的一个分支。前述提及的逆向选择的情况下，如果发生在证券交易市场，可表现为公司的管理者和其他内部人员可以通过各种途径，以牺牲外部投资者的利益来谋取他们的信息优势利益，如通过扭曲或操纵提供给投资者信息的方式来谋取利益。当然，理性的投资者——即以实现财富的期望效用或个人满意程度最大化为目标进行决策的投资者会意识到这种可能性，他们在购买公司证券时就会显得格外谨慎。

因此，会计人员应采用充分披露的政策，并增加及时性，将财务报告作为一种降低逆向选择问题的工具，通过它，可以促进证券市场有效运转并减少其不完全性。会计人员应当能够清楚地认识到财务报告对投资者、管理人员和整个经济的影响，这样就会大大地提高财务会计的生存能力和未来发展的希望。

当然，话又说回来，如果“草船”和“空城”在诸葛亮与曹操、司马懿对峙的时候也被“充分披露”了，就不会有“草船借箭”和“空城计”这两个家喻户晓的故事了。

近年来，中国会计界实施准则趋同战略、人才培养战略、事务所做大做强战略、新业务拓展战略、内部控制规范战略和会计国际化战略，蔚为大观。其中，监管部门释放的重要改革红利，就是增加财务会计信息的透明度，提高企业财务会计信息披露质量。我称之为熔铸了“数字意识”与“人文意识”，如鸟之双翼。在这只吉祥鸟的背上，分明点染着明丽绚烂的“中国红”。

红楼理财奥秘多

我国优秀的古典小说《红楼梦》浮出历史地表后，被人称作“百科全书”、“万花筒”、“天仙宝镜”，探秘索隐者不绝于缕，引发了“红学”上的独探骊珠、流派纷呈的壮观景象。其实，《红楼梦》中的“财”思尤其值得玩味，其理财工具于今庶几近之。

稳定的经济来源：房租地租

贾府乃“衣租食税”之家，除了俸银、俸米和赏赐之外，房租地租也是其主要的收入来源。房租地租包括两个部分，一是实物地租；二是具有货币地租性质的“折银”。显然，“折银”更对贾府的胃口，因为现金为王。有一年年底，乌进孝到宁国府来交租，贾珍对那大批的山珍海味、柴炭油米等“实物地租”反映并不强烈，而最能调动他神经的却是“货币地租”——银子。本来他算定至少也有五千两银子来，可是事实上各项折银才有二千五百两。对此，贾珍大为恼火：“这几年添了许多花钱的事，一定不可免是要花的，却又不添些银子产业。这一二年里赔了许多，不和你们要，找谁去？”贾府的主人们迫切希望多搜刮些银子，以弥补银库的巨大亏空，但却又很无能。贾赦“不管理家事”，贾政也“不知理家”，贾珍“哪里干正事，只一味搞乐不了”，贾琏则是见了钱“油锅里的还要捞出来花。”他们都想不出捞取银子的办法。那“少说着只怕有一万心眼子”的王熙凤，在这方面倒比那些“束带顶冠”的男子有着更高的才干。

生财独门法宝：高利贷

王熙凤经常放高利贷牟取重利，大攒私房体己，以满足自己永无休止的贪欲。第七十二回王熙凤和旺儿媳妇的谈话就印证了这一事实。她说：“我真个还等钱做什么？不过为的是日用，出的多，进的少。这屋里有的没的，我和你姑爷一月的月钱，再连上四个丫头的月钱，通共一二十两银子，还不够三五天使用的呢，若不是我千凑万挪的，早不知过到什么破窑里去了！”这话是当着贾琏说的，可见她放债取息以供他们奢靡无度的花费，贾琏是知道的，但她放高利贷攒私房体己，却是对贾琏保密的，怕的是他“大着胆子花”。贾琏和王熙凤的放债取利不是孤例，其他房里的情况也差不多如此。

王夫人也是一个放高利贷的主儿。贾府被抄后，贾政对贾琏说：“我因官事在身，不大理家，故叫你们夫妇总理家事。你父亲所为，固难谏劝，那重利盘剥，究竟是谁干的？况且非咱们这样人家所为。”贾琏回答：“这些放出去的账，连侄儿也不知道是哪里的银子，要问周瑞旺儿才知道。”旺儿是王熙凤的陪房，替王熙凤经管放债，周瑞则是王夫人的陪房，他在荣国府

《红楼梦》在中国影响极大，多种艺术门类都有表现其内容的方式。图为民间工艺美术家叶长友先生于2007年创作的大型剪纸作品《金陵十二钗》中王熙凤的人物形象。

“经管地租庄子银钱出入，每年也有三五十万来往”，他经管的高利贷当然应该是王夫人的了。可见，她们姑侄两个是合伙经营高利贷的。

王熙凤为攒体己而去放债的本钱，《红楼梦》特地做了这样的交代：一是克扣丫环们的月钱；一是预支和迟发丫环们的月钱。第三十六回有这样一段情节：王夫人听到赵姨娘抱怨月钱没有按数给，因而询问起王熙凤来。王熙凤解释说：“姨娘们的丫头月例，原是人各一吊钱，从旧年他们外头商量的，姨娘们每位丫头，分例减半，人各五百钱，每位两个丫头，所以短了一吊钱。如今我手里给他们，每月连日子都不错，先时候儿在外头关，哪个月不打饥荒？何曾顺顺溜溜地得过一遭儿呢！”她似乎理直气壮的回答，博得了薛姨妈的赞扬：“倒像倒了核桃车子似的，账也清楚，理也公道。”其实，王熙凤是在撒谎，哪里是外头商量的？分明是她私自裁减克扣，拿去放债了。她说自从她经手发放月钱，每月连日子都不错，事实如何呢？第三十九回袭人和平儿有这样一段对话，袭人问道：“这个月的月钱，连老太太、太太屋里还没放，是为什么？”平儿见问，忙转身到袭人跟前，又见无人，悄悄说道：“你快别问！横竖再迟两天就放了。这个月的月钱，我们奶奶早已支了，放给人使呢。等别处利钱收了来，凑齐了才放呢。”一吊钱也捞，有个空就钻，这就是王熙凤所说的“千凑万挪”。就这样，她的体己钱不到一年就可以搞到上千两银子。李纨不禁惊叹道：“专会打细算盘，‘分金掰两’的，天下人都叫你算计了去！”由于王熙凤理财手法高明，巧妙地“调度”货币，事实上提高了资金的价格，实现了现金的增值。

融资必备利器：典当

过去，在人们遇到急用钱的时候，往往想到的就是找谁借借，除了背负还款的压力，还要忍受情感上的煎熬。今天，潇洒的现代人在快节奏的生活中找到了一条既方便又快捷的借钱方式，满足了他们求人不如求己的独立需求。

这就是典当。

所谓典当，就是一种以物换钱的融资方式，只要顾客在约定时间内还本并支付一定的综合服务费（包括当物的保管费、保险费、利息等），就可赎回当物。同银行贷款相比，典当更加灵活多样，原则上有价值的物品或财产权利都可以典当；典当借款手续简便快捷，一般少则几分钟，多则三五天；典当一般期限较短，最短 15 天，最长 6 个月。

当铺最早产生在中国的南北朝时期，是佛教寺院的一大贡献，时称“寺库”。1900 年前后，北京当铺多达 200 多家，其中较殷实的当数常、刘、董、孟等五号。图为老北京典当行。

《红楼梦》中所反映的典当活动，主要是通过那个“珍珠如土金如铁”的薛家体现出来的。世代皇商的薛家虽然在户部挂名支领钱粮，但其主要经济来源却是依仗各省的买卖、京都的生意，也就是在各处开设的当铺。书中曾几次交待过薛家在南边和京里都有“几家当铺”。他们可以随时从当铺里兑取银子，肆意挥霍。依靠这种典当活动，薛蟠不但挥金如土，过着“斗鸡走马，游山玩景”的奢侈淫逸生活，甚至可以倚仗财势，几次平白地打死人。“他自谓花上几个钱，没有不了的。”结果，先是贾雨村为了讨好“贾、王二公”，就真的“徇情枉法”，判给被害人冯家“许多烧埋银子”，胡乱地结了案。后来为了了结薛蟠打死张三的案子，薛家从当铺里兑取银子打发那些衙役、请刀笔先生，又向当铺取银五百两做衙门上下使费，然后“花上几千两银子，才把知县买通”。于是，证人变了态度，书吏改轻了尸格，“知县假作声势”，定成了“误伤”，最后用银子换得了刑部一纸文书，薛蟠又得以逍遥法外了。

贾府既没有开当铺，似乎也不需要拿什么资产作抵押，但典当活动让许多“红楼人”趋之若鹜。比如，王熙凤为了攒私房体己，更多地搜刮金钱，竟然以典当作为幌子。第五十三回贾珍父子曾谈到了王熙凤典当的事，贾蓉说：“果真那府里穷了，前儿我听见二婶娘和鸳鸯悄悄商议，要偷老太太的东西去当银子呢。”贾珍笑道：“那又是凤姑娘的鬼，那里就穷到如此？他必定是见去路大了，实在赔得很了，不知又要省哪一项的钱，先设出这法子来，使人知道，说穷到如此了。”贾珍的话道破了王熙凤的阴谋诡计，戳穿了她奸滑的本质。贾琏为发送尤二姐，向王熙凤要银子，王熙凤说：“什么银子？家里近日艰难，你还不知道？咱们的月例一月赶不上一月，昨儿我把两个金项圈当了三百银，使剩了还有二十几两，你要就拿去。”当真王熙凤穷得必须当金项圈来填补自己的日常用度吗？当然不是。这只是为了应付贾琏贪得无厌的求索，迫使贾琏用最薄的仪式发送被她害死的尤二姐。

《红楼梦》写贾府的典当，正是为了临摹这个庞大家族渐趋衰败的过程。贾琏曾在王熙凤授意下出面向鸳鸯借钱时说：“这两日，因老太太千秋，所有的几千两都使了，几处房租、地租，统在九月才得，这会子竟接不上。明儿又要送南安府里的礼，又要准备娘娘的重阳节，还有几家红白大礼，至少还得三二千两银子用，暂且把老太太查不着的金银家伙，偷着运出一箱子来，暂押千数两银子，支腾过去。”由此看来，贾府单靠房租、地租已经不能满足他们生活的需求，为了维持表面繁荣的局面，只好拆了东墙补西墙，偷盗自己家里的东西出去典当了。但无论如何，典当活动不失为一种有效的理财方法，客观上加快了资金的流动性。

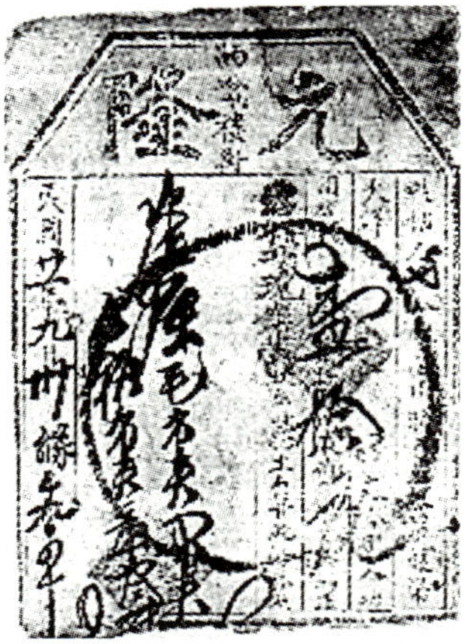

当铺收取当物，付给收据，作为赎取当物的唯一凭证，这就是“当票”。当铺对当票管理很严，专门刻版印制以防假冒。当票上面印有当铺名称、地址、抵押期限、抵押利率等内容，交当物人收执，到期凭此赎取当物。当物人如急需用钱，也可将当票出卖。图为民国初年的当票。

一部煌煌巨著《红楼梦》，不仅文学成就令人高山仰止，而且处处闪烁着智慧的理财之光。典当，对于今天的人们来说，未必是资金紧张时筹措“头寸”的首选工具，但典当的意蕴仍静静地流淌于国人的血脉中，生生不息。

内控与管理思想

《水浒传》告诉人们，宋江董事长独创了具有梁山特色的财务管理模式。而《红楼梦》本身，除了上文说的理财思想，还闪烁着内部控制的光芒。

财思梁山泊

《水浒传》不仅描述了108位好汉的风云故事，还描述了晁盖、宋江两代梁山领导人的理财过程。特别是宋江，书中言语隐隐表明，正是宋江，独创了具有梁山特色的财务管理模式，在内部控制领域更是别具一格。

梁山第一代领导人晁盖终究不过是个讲情理的董事长。他无法进行梁山的管理创新，而是简单沿用了王伦时期的排名制。在各职能部门、组织结构的设置上，可谓“王规晁随”。与王伦时代相比，梁山企业没有本质的变化，只是规模有所扩大，职能有所细分，盈利模式有所改善。

倒是“晁盖新政”时期的“薪酬体系”或者“激励机制”有些名堂。

以晁盖为核心的董事会成立，以吴用为总经理的经营班子重组之后，晁盖们上山做了第一笔“打劫业务”，随之便是利润分配。

众头领看了打劫到的许多财物，心中欢喜。便叫掌库的小头目（专职财务核算员与仓库保管员），每样取一半收贮在库，听候支用；这一半分做两份，厅上十一位头领均分一份，山上山下众人均分一份。

首先，将打劫所得的财物，平均分为公私两部分；一半用于山寨的公共事务，比如“修整寨栅，打造军器——枪刀弓箭，衣甲头盔，安排大小船只，教演人兵水手上船厮杀”，这部分钱，是企业留存的未分配利润，用于公共产品开支和扩大再生产。而余下的一半财物，平均分成两半，即全部财产的1/4，由11位有交椅的大头领均分；另外的1/4，则由其余的七八百号喽啰平均分配。11位头领平均分得的份额，大约是每位喽啰的70倍左右。梁山的薪酬体系，在不同阶层之间拉开收入差距，体现了按贡献分配和按要素分配的思想；而在相同阶层中则实行平均主义，体现了公平与正义的基本原则。

宋江上山后，梁山企业逐步做大做强，已不屑于拦路抢掠、收买路钱之类的草寇行为，而是不断“走出去”，攻城拔寨，冲州撞府，单单在祝家庄，就抢了粮米五千万石。

及至宋江正式成为梁山的第二代领导人，经营策略又有了创新：

> 原来泊子里好汉，但闲便下山，或带人马，或只是数个头领各自取路去。途次中若是客商车辆人马，任从经过；若是上任官员，箱里搜出金银来时，全家不留，所得之物，解送山寨，纳库公用，其余些小，就便分了折莫。便是百十里，三二百里，若有钱根广积害民的大户，便引人去公然搬取上山，谁敢阻当。但打听得有那欺压良善暴富小人，积得些家私，不论远近，令人便去尽数收拾上山。如此之为，大小何止千百余处。为是无人可以当抵，又不怕你叫起撞天屈来。因此，不曾显露，所以无有话说。

至此，梁山众人已经不再是低水平的草寇，而是专门劫富济贫、力求以革命方式缩小贫富差距的好汉。

精于算学、运筹帷幄的“神算子”蒋敬，是水泊梁山的管家，相当于今天的“总会计师”。图为戴敦邦先生的水浒人物造像，地会星“神算子”蒋敬。

宋江董事长的可圈可点之处，当属完善职能部门，任用专业人士。像财务核算这种要害部门，“宋董”坚持任用专业技术人士，启用蒋敬就是最为精华的部分。这蒋敬何许人也？乃是梁山泊七十二地煞星之“地会星”，座次排名第 53 位，精通算学，绰号“神算子”。蒋敬当首席财务长，负责“掌管库藏仓廒，支出纳入，积万累千，书算账目。”

蒋敬与宋江结识很久，缘分不浅。宋江浔阳楼写反诗被捉，梁山好汉劫法场，救了宋江、戴宗，路过黄门山时，山上下来四位头领，滚鞍下马，拜倒在地。宋江一一扶起，才知四人是欧鹏、蒋敬、马麟、陶宗旺，他们都有一身武艺。蒋敬还有“神算”功夫，从此便归降梁山做起专业来。

《水浒传》第七十一回排定的“梁山泊英雄座次”，有两个职位与财务专业相关：一是掌管钱粮的职位；二是进行钱粮纳入与支出核算的职位。前者主要由“小旋风”柴进掌管，后者由“神算子”蒋敬掌管。这两个职位由不同的人分工负责，不仅是为了让108位头领各戴一顶非御封的“官帽”，更是为了满足财务管理的牵制性、合理性的要求。柴进的身份具有明显优势：一是后周的嫡传子孙，是梁山泊好汉中为数不多的大财主之一；二是其“仗义疏财，结交天下好汉”。这两个特征决定了柴进在担任钱粮主管之后，比较容易得到各位英雄好汉的信任。有钱而不贪，使柴进具备了梁山财务最重要的职业道德。是的，即使在今天，具有良好职业素质的财务人员的安排，不也是让许多企业煞费苦心的事情吗？

内控梦红楼

正像一千个人看哈姆雷特，就有一千个哈姆雷特一样，对于一部百科全书式的《红楼梦》，有人看到了风花雪月，有人看到了宦海沉浮，有人看到诗词曲赋，有人看到阶级斗争。张爱玲更是考据到了极致：“十年一觉迷考据，赢得红楼梦魇名。”那么，在注册会计师的眼中，《红楼梦》是何种味道呢？

《红楼梦》就像是一个合并会计报表主体。荣国府自然成了贾氏集团公司，董事长是德高望重、慈眉善目、江湖地位无可撼动的贾母老太太，贾府董事会成员是她两个念佛吃斋却心狠手辣、各拥一派势力的儿媳妇，总经理是两面三刀、外表风光、手段毒辣的王熙凤，鸳鸯任董事长秘书，平儿兼总经理助理，姑娘小姐媳妇们为了权力地位争斗，丫鬟小厮们为了生计各出奇招。

先说重在执行的贾探春。

“才自精明志自高”是曹雪芹对“内控专家”探春的高度概括和精辟评价。《红楼梦》第56回“敏探春兴利除宿弊，时宝钗小惠全大体”集中体现了探春的内部控制思想。其实，探春的内控观念，不外乎我们常说的内部控制执行的有效性。

探春以财务改革者的身份出场，是因为荣国府管理层的关键管理人员王熙凤生病了，王夫人才委托探春、李纨和薛宝钗临时代行管家之责。

探春履新，遇到了第一关：赵姨娘之弟赵国基去世，一个“大管家娘子”吴新登媳妇故意不说以前丧葬补贴的数字，也不出主意，要看看这位年纪轻、无经验、涉及自己与生母关系的新领导如何处理。探春的办法是，严格遵循内部控制制度，查明旧账，依往例“赏银”，一两也不多加。因此，得罪了自己的生母。赵姨娘亲自出马，向探春兴师问罪。恰在此时，王熙凤也插了一手，遣平儿来说情。

1987 年版电视剧《红楼梦》（央视版，王扶林导演）中“探春理家”剧照。左一为贾探春（东方闻樱饰），右一为李纨（孙梦泉饰）。

面对压力，探春既不屈服，也不手软。为了维护内部控制制度的严肃性，她坚决顶了回去。在她心目中，规则第一。不然，再好的内部控制制度也只是墙上贴的、抽屉里放的、口里念叨的无用文本。探春按照内部控制制度行事，不允许任何人凌驾于内部控制之上，即使得罪了自己的生母赵姨娘，顶撞了有权有势的凤姐，也毫不动摇。

针对贾府的经济危机，探春凭借自身朦胧的市场经济意识，推出了一个全新的改革举措：采用公开竞标的方式，把大观园分包给园中的婆子媳妇们。这样一来，一个消费性的大观园就被改制成为一个生产性的种植园，捉襟见肘的贾府由此找到了一个新的利润增长点。

探春受到奴才赖大家管理花园的启发，提出了大观园新的管理方案，变“支出”为“收入”。赖大家的花园没有大观园的“一半大”，树木花草也少得多，但用探春的话说：

这园子除他们戴的花儿，吃的笋菜鱼虾，一年还有人包了去，年终足有二百两银子剩。从那日，我才知道一个破荷叶，一根枯草根子，都是值钱的。

探春敏锐感知大观园中所生产的稻米、竹笋、莲藕、花果、鱼虾等，一年值四百两银子，没有合理利用，完全被浪费了。于是，她提出委派园中服役的婆子媳妇分别承包起来，除了供应姑娘们的头油脂粉、瓶花鸟食等，节省了一大笔费用外，她们还能自享其成、获得盈余。此外，由于花木竹稻、园内设施等均有专人管理，大观园更加整洁有序，在取得经济效益的同时，获取更大的环境效益。

这实在是一举数得的多赢战略！正如探春自己说：

一则园子有专定之人修理花木，自然一年好似一年了，也不用临时忙乱；二则也不致作践，白辜负了东西；三则老妈妈们也可借此小补，不枉成年家在园中辛苦；四则也可省了这些花儿匠、山子匠并打扫人等的工费。

宝钗附和道：

善哉！三年之内，无饥馑矣。

李纨表态：

好主意！果然这么行，太太必喜欢。省钱事小，园子有人打扫，专司其职，又许他去卖钱，使之以权，动之以利，再无不尽职的了。

探春的进一步思考，涉及优化财务管理流程。探春认为：

若年终算账，归钱时，自然归到账房。仍是上头又添一层管主，还在他们手心里，又剥了一层皮。如今这院子是我的新创，竟别入他们的手，每年归账，竟归到里头来才好。

归账到账房，存在着重复算账的弊端；归账到园子里头，无疑能够充分发挥激励机制的效用。

探春的财务改革，实现了荣国府由“消费型”组织向“消费与生产型”组织的转变。同时，通过财务管理流程的再造，激发了相关人员的积极性和创造精神。

再说矫正缺陷的凤辣子。

协理宁国府时，王熙凤对宁国府实施了一次内控测试。她站在提高经营的效率和效果、实现财务信息真实可靠和保障资产安全完整的战略高度，总结出宁国府存有“五大缺陷”：

头一件是人口混杂，遗失东西；二件，事列专管，临期推诿；三件，需用过费，滥支冒领；四件，任无大小，苦乐不均；五件，家人豪纵，有脸者不能服管束，无脸者不能上进。

针对这五大缺陷，王熙凤决定下猛药。一到宁国府，她便开门见山地发表就职感言：

既托了我，我就说不得要讨你们嫌了。我可比不得你们奶奶好性儿，诸事由得你们。再别说你们“这府里原是这么样”的话，如今可要依着我行。错我一点儿，管不得谁是有脸的、谁是没脸的，一例清白处治。

2010年版电视剧《红楼梦》（中影版，李少红导演）中“凤姐协理宁国府”场景剧照。中坐为王熙凤（姚笛饰），其右为平儿（程媛媛饰）。

内部控制体系最首要的环节是实物资产的安全完整。王熙凤采用的实物管理措施主要是明确职责分工，把实物保全的责任落实到部门和个人，并辅之以授权批准、文件控制、不相容职责分离等手段。“这四个人单在内茶房收管杯碟茶器，若少一件，便叫他四个描赔。至于痰盒掸帚，一草一苗，或丢或坏，就和守这处的人算账描赔”。如此明确的分工与实物保管责任，加之还“一面交发，一面登记。某人管某处，某人领某物，弄得十分清楚。”这样一来，自然是“各房中也不能趁乱失迷东西”；“荒乱、推托、偷闲、窃取等弊”，“也一并蠲了。”

贾府的关键管理人员，从生活方式到心理状态，都凸显着豪门奢靡的特色，那就是挖空心思捞钱，想着法子挥霍，“银子花得像淌海水似的”。从《红楼梦》第一页开始，每过一天、每行一事，都离不开银子：操办婚丧大事要银子，准备贵妃省亲要银子，捐官买爵要银子，采买姬妾奴婢要银子，庆生辰要银子，逢年过节、请人送礼要银子。一言以蔽之，贾府那富丽堂皇的园子就是建筑在真金白银的基础之上，生活在这里的人们清楚地知道货币资金的效用。

贾府的资金来源主要有：贾府历年积攒的原始积累，贾府有官职者的俸禄、宫中赏赐等，贾府所管辖下各个庄子交来的房租地租，含实物地租和货币地租“折银”。如“黑庄山乌庄头交来的租：‘大鹿三十只、獐子二十只、孢子五十只外卖梁谷牲口各项折银二千五百两”。在任何年代，真实、可靠、完整的财务信息都是管理资金的有效保证，王熙凤命彩明“钉造账册”，兼要家仆花名册查看，以摸清家底。在发放实物时，她也是“一面交发一面提笔登记”。不仅如此，王熙凤还根据以往财务记录来判断哪些实物应该支领，如果该领而未领，就会督促下属执行。如“我算着你们今儿该来支取，总不见来，想是忘了。”根据账册记录，还可以查明哪些东西业已领出，从而起到备佐证的作用。如宝玉缠着王熙凤给下人对牌去领纸裱糊书房，王熙凤称已领出，宝玉不信，“凤姐便叫彩明查册子给宝玉看了，”宝玉方信。

王熙凤从查找内部控制的缺陷入手，以“账”证“实”，以“实”映“账”，有效地维护了财务信息的准确性和实物资产的存在性。

最后来谈内部控制的要点之一——独立性。

探春代行管家之责，在与李纨、平儿商量削减开支时，探春每说一项，平儿都表示凤姐早就想到了、考虑过了，只不过由于种种不可消除的障碍而没有落实。以王熙凤之精明，自然不会对一些不合理的费用视而不见，但她更需要考虑的是家族中错综复杂的利益关系，如有不慎，就会挑起利益冲突而危及自身的权力和地位。探春可以去实施，因为她是“代行”，独立性比王熙凤强很多。

利益冲突最影响内部控制的效果。看看《红楼梦》中关于王熙凤的描写：她在荣国府中的财务管理，并不特别突出，反倒是“协理宁国府”一回，却浓墨重彩，魅力尽显。原因很简单，在荣国府里，她是“内部人”，而在宁国府，她是“外部人”，具有一定的中立性。这也就是面对财务舞弊，注册会计师比内部审计更有优势、更有可能检查出来的理由。

在内部控制方面，《红楼梦》带给我们三点启示：内控执行比内控设计更重要；矫正缺陷比被动反映更重要；外部监督比内部监督更重要。

世人都晓“红楼”好，内控思想莫忘了；

审计境界无极限，广泛涉猎少不了！

《京华烟云》话管理

《京华烟云》是林语堂于1939年用英文创作的著名长篇小说，这部巨著曾经被翻译成多种文字。林语堂以浩瀚的文字，将近半个世纪的时间跨度真实地表现，饱含着隽永、优雅、含蓄的魅力。林语堂的女儿林如斯说：“此书的最大优点不在性格描写得生动，不在风景形容得宛然如在目前，不在心理描绘的巧妙，而在其哲学意义。”

小说中的女主人公姚木兰身上，凸显了儒道交融、寓道于儒的人生哲学观。

作为儒家的儿媳，她知书达理，孝敬公婆；作为妻子，她温柔体贴，相夫教子；作为大家庭的成员，她对上对下谦谦有礼，与人和睦相处——对待刁蛮、狭隘、忌妒心极强的素云，宽宏大量；对曼妮尊敬；对下人从不颐指气使。在娘家她是最受喜欢的人，在婆家是最受尊敬的人。中国女性的贤德和智慧，在她身上得到完美的体现。

电视剧《京华烟云》根据林语堂原著改编，描绘了民国时北平几个典型大户人家的生活，逼真再现了时代生活画卷。女主人公姚木兰（左二，赵薇饰）以她博大宽容的胸怀，用自己的智慧才干于乱世中支撑着一个大家族的生存。左一为木兰之父姚思安（陈宝国饰）。该剧获得央视年度收视冠军，赵薇凭借此角色成功转型，获得观众普遍肯定。

姚木兰刚嫁入曾府，就被曾太太委以重任，将整个家庭管理权悉数交给了她。刚“上任”的她，一边有条不紊地操办着平亚的丧事，一边尽心尽力地侍奉公婆；另外，还要应付曾府上下杂七杂八的琐事。她不负众望，理家治产，有章有法。

桂姐开始把责任分给木兰，分给木兰的越来越多，比如，分配仆人工作，注意是否年龄较长的仆人容易偷懒，使别人替他做事，防止发生过大的赌博，给仆人调解争吵，核对仆人报的账目是否可靠。

于是，就涉及一个会计概念——人力资源管理会计。人力资源管理会计是战略管理会计的重要组成部分，而战略管理会计的核心是以人为本。因此，人力资源管理会计代表着战略管理会计的核心与本质。

姚木兰嫁入曾家，从天真烂漫的女孩转型为掌握财权的一家之主。她充分发挥自己在管理方面的才干，精心打理曾府上下琐事，并巧妙化解了与丈夫曾荪亚（左一，潘粤明饰）之间的隔阂，深受公（曾文伯，右二，寇振海饰）婆（曾太太，潘虹饰）赞许。

人力资源管理会计是从战略的高度，围绕服务业企业服务过程的优化，以及与顾客之间的良好沟通提供支持的会计技术。人力资源管理会计能将人力资源的投资与消耗区分开来，使企业在人力资源方面的成本和收益之间建立起更加合理的配比关系，因而能够提供含有人力资源信息在内的更加有用的财务状况和经营成果信息。人力资源会计所提供的信息，可以促使企业管理层重视人力资源投资，进行合理的人力资源经营管理决策，克服企业短期行为，提升企业在激烈的市场竞争中的核心竞争力。

无独有偶，美国作家玛格丽特·米切尔的《飘》自从出版以来就受到广大读者的喜爱，米切尔在这篇小说中创造了一个栩栩如生的人物——斯嘉丽更是深入人心。这篇小说以斯嘉丽这个人物为中心，讲述了美国内战和战后重建家园的情况，斯嘉丽是一个种植园主的女儿，在小说中米切尔对她进行了生动的描写，小说的女主人公是一个极其复杂的人物形象。

斯嘉丽的婚姻生活刚开始时，不幸发生了，丈夫在战斗中身亡。战争破

《乱世佳人》令费雯丽和克拉克·盖博成为数代人的偶像。费雯丽饰演的斯嘉丽漂亮、聪明、又性格倔强，特别能吸引周围男子的目光。曾经凭借美貌一次又一次地夺走别人的幸福，最后经历了战争，才终于让她明白了自己最爱的人是谁，但是一切都已无可挽回。

坏了一切事物，旧的经济体制消失了。为了重建家园和发展资本主义经济，作为新的生活方式的代表人物斯嘉丽登上了历史舞台。她所需要的一切只有一个字——钱。

在战后重建家园时期的斯嘉丽，从一个老茧在手的庄园管家太太，变为木厂的女老板，为发财致富奔忙。为了借三百元钱，她去监狱探望瑞特，使尽了“狐媚的手段”。瑞特对耳坠子、田地作抵押不感兴趣，问她：“你还有别的可作抵押的没有？”斯嘉丽脱口而出的是：“我——还有我自己。”她为了三百元钱把自己的身体都可以交给别人。瑞特看透了她并且没借给她一分钱，斯嘉丽怒气冲冲地离开了他。就在这时，她遇到了弗兰克，她妹妹的未婚夫。当她得知弗兰克有几个钱时，她略施小计把他抢过来。结婚后，弗兰克用他的钱给她付税。后来她忍辱向白瑞德借到钱，买下了木厂，开始经营自己的生意。正因为她是一个女流的缘故，她常常可以占到便宜，因为她有时可以故意装出一副可怜的样子，人家看见了心就软下去了。为了钱，斯嘉丽把公众舆论看得一钱不值，钱在她的眼中是世界上最重要的事情。

然而，从管理会计的角度看，木兰也有自己的观点：

（木兰认为）治理一个有二三十个仆人的家，就像管理一个学校，或是治理一个国家一样，要点就是一切不要失去常轨，要大公无私，要保持当权人的威信，在仆人之间，要让他们势均力敌，恰到好处。

而姚木兰在百年前的时代就已经明白了管理会计的要义——决策相关，以人为本。

颜之推[①]在《颜氏家训治家篇》中特别强调：

笞怒废于家，则竖子之过立见；刑罚不中，则民无所措手足。治家之宽猛，亦尤国焉。

意思是，家庭中如果不用鞭挞和怒喝，则小孩子立刻就会犯错误；就如同一个国家，如果刑罚使用不当，人民也就不知所措了。治家的宽厚和严厉，就像治理国家一样，要张弛有度。

推而广之，道德力量胜于刀剑，甚至法律的有效实施还以道德为基础。总之，小到一个家庭安居乐业，大到国民经济建设朝着更加健康、有序的方向发展，必须以德治家、以德治企、以德治国，期望诚信——这块市场经济的基石、会计行业的安身立命之本，牢不可破，稳如泰山。

会计理论的文学应用

一向被人们误认为“古板”、“冷漠”、“严肃”的会计人，其实也是一个多棱镜。有关会计形象、会计人物、会计工作的描写，早在中外小说中，就有精细的诠释。

《潜伏》：从摩斯密码到风险控制[②]

改编自作家龙一的同名短篇小说《潜伏》的电视剧在全国热映，这其中有些片段，充分地体现出企业内部控制的重要性。我们仅举一例：

1945 年的重庆。国民党军统局特务余则成，正在监听一些人士的谈话。余则成与左蓝相爱，已经到了谈婚论嫁之时，余送给左一条从莫斯科带回来的漂亮围巾。林怀复家正在准备召开一个群英会，重庆地区的进步团体都要

---

① 颜之推（531～约 595），字介，汉族，琅邪临沂（今山东临沂）人。中国古代文学家，生活年代在南北朝至隋朝期间。颜之推曾著有《颜氏家训》，在家庭教育发展史上有重要的影响。

② 此篇文章中的部分内容转引自乔铁军先生在中国会计视野网站的个人博客。

派代表参加，曾家岩50号（第二次国共合作期间周恩来在重庆的住处）也要派出代表。军统已经掌握了这一秘密会议的情况，准备抓捕。余则成等三人走到一辆黑色轿车旁，对着车里的人和轿车旁边的科长吕宗方汇报准备工作、听取下一步的工作安排和指示。

余则成：处长、科长，都弄好了。

吕宗方点头。

车里的处长：你带一组，去车行埋伏。你带二组，在车里等着。余则成，你先回阁楼，继续监听，如果听到一个叫孟先生的人到了，你就打开窗帘，我们就行动。

余则成进入阁楼，打开机器，戴上了耳机。左蓝进入会场打招呼的声音让余则成一下子紧张了起来，怎么办？孟先生到场后，余则成没有发出信号，稍许一个找孟先生的神秘电话打入，“快！马上离开，军统特务马上就到”，与会者迅速撤离。余则成在观察到左蓝已经撤离后，又迅速地处理了监听录音（将左蓝参会信息剪切掉），然后才发出行动信号，并参与了现场抓捕。在现场，余则成发现了他送给左蓝的围巾，并悄悄地予以藏匿。这一幕被坐阵现场的吕宗方看在了眼里。

抓捕行动的失败，对于企业加强内部控制具有重要的意义。

利益冲突在企业组织经营管理活动中不可避免。面对利益冲突，组织中个人的行为选择往往十分矛盾和困难，尤其是在当今物欲横流的社会，抱有“人不为己、天诛地灭”信念者远远多于具有“毫不利己、专门利人”之品质者。而且，根据冲突的传统观点，组织管理者有责任在组织中清除冲突和抑制冲突。这是因为冲突会破坏组织结构，干扰组织正常运行，导致组织整体功能下降，且冲突产生的内部斗争或外部纷争会直接影响组织效率。因此，对于这次抓捕行动中凸显的个人和组织利益的冲突，作为组织成员的余则成和作为组织管理者的吕宗方的行为选择各是什么呢？

面对未婚妻的突然出现和被抓的危险，余则成心中十分焦虑，心里斗争十分激烈，短暂的犹豫之后，他选择了违背军统家规的做法。他十分清楚这样做的结果，他加入军统之时也曾信誓旦旦，遵守团体纪律，尽忠职守，如有违反纪律之处，愿受最严厉制裁。即使如此，余则成都不能够大义灭亲。在企业中可以观察到的现象是，处理利益冲突事项时利己行为经常发生，企业管理中的控制、处罚无法与军统的控制之严和家法之厉相比，因而，企业中利益冲突管理就更为不易，更具有挑战性。

天津作家龙一，本名李鹏。河北盐山人。1984年毕业于南开大学汉语言文学专业。他的短篇小说《潜伏》改编成30集同名电视连续剧，由孙红雷、姚晨主演。

余则成遭遇了突发的利益冲突事件，他为红颜而冒死枉法。不同的是，吕宗方虽然是抓捕行动的负责人之一，但他本来就是共产党在军统的卧底，人在曹营心在汉，因此，他也面临着利益冲突——施救可能会暴露自己的身份，不施救则得眼看着自己的同志被抓。最终，他选择了搅局施救。孟先生进入林怀复家，紧跟着打进来找孟先生的那个神秘电话，很可能就是吕宗方安排的。

在军统，戴笠对吕宗方早已产生怀疑，正常情况下是不会让吕宗方知悉并参与此项抓捕行动的。相反，吕宗方却是此次行动的直接领导人之一，这很可能就是一个圈套，目的是对吕宗方的身份进行试探。果然，抓捕失败后，吕宗方在去南京执行暗杀李海丰的任务过程中被军统杀害了。因此，若将这一结果仅仅理解为对抓捕行动领导者失败的惩罚，那肯定是十分肤浅的，要害所在就是通过行动验证了吕宗方的真实身份，进而清除了异己。这种方式值得企业管理者们在防范、查实内鬼时借鉴。

对于这样重要的抓捕行动，现场负责人吕宗方负有重要的领导责任，一定要尽职尽责。小说情节的安排也告诫我们，具体职能部门的领导者，对工作的责任心至关重要，因为控制是企业中每一个领导者的职责。对于重要活动，实施人员牵制是十分有效的控制选择，即至少要安排两个人来完成此项工作。制衡性原则是建立与实施内部控制的一个重要原则，内部控制不仅仅需要在治理结构、机构设置及权责分配、业务流程等方面形成相互制约、相互监督，一些具体而重大事项也需要在经办人员方面考虑必要的相互牵制、相互监督。如果剧情中有另一位特务与余则成同时监听，不知导演又要如何设计。

抓捕失败，必须要查明原因。比如，对监听记录进行检查，可以发现信息剪切的蛛丝马迹；对整个行动进行全面调查，可以让事情真相水落石出。

由于剧情刚刚展开，余则成是不能出问题的。而吕宗方在南京的被杀害，可以视为军统对这一事件及其他情况的一个处理结果。在内部控制中，定期或不定期的内部审计等是有效的内部监督手段，是必须的，是需要强化的。

在一些企业，特别是一些国有企业，问题很多，有的甚至连董事长、总经理等都扮演了这样不怎么光彩的角色，令企业防不胜防、控不胜控，屡屡遭损，频频受创。加强这方面的控制措施建设，并将相应的措施切实落实到位，对于确保人们选择有利于企业利益的行为有着重要作用，因为企业环境的多变性、企业活动的复杂性、企业的失误，都需要控制来调整、修正。这些片段也映射出，从业人员要在企业章程、会计准则、各类议事规则及工作规则中对利益冲突作出明确规范和要求。有了这种规范，在具体工作过程中，行为人一旦遇到意想不到的利益冲突，会考虑规范的要求作出权衡。

我们也可以从代理理论的角度加以讨论。我们知道，信息不对称的第一种类型是逆向选择，而它的第二种类型是道德风险。道德风险是因为交易参与者或者潜在交易者中的一方或多方在整个交易的履行过程中能够观察到他们的行动，而其他方却不行。道德风险的产生源于所有权和经营权的分离——这是今天绝大多数企业所具有的特征。于是，管理人员就有可能偷懒，或将公司状况的恶化归结为他们不可控制的因素。

代理理论是博弈论的一个分支，它研究委托人（指博弈中不拥有私人信息的参与人）和代理人（指博弈中拥有私人信息的参与人）的利益存在冲突时，如何设计合同激励理性的代理人按委托人的利益行事，即如何签订合同来控制道德风险问题。

因此，一般将以历史成本为基础的净利润看作是衡量管理人员业绩，或者是受托责任的尺度。首先，净利润可以作为雇佣合同的一个因素去激励管理者。其次，证券市场和经理人市场可以从净利润中获取信息，从而使那些工作不努力的管理人员在收入、声誉与市场价值上遭受损失。

同时，会计准则和审计可以极大地增强作为合同签订基础的净利润的可信度。会计原则是作为一种符合成本—效益原则的手段来限制管理人员通过会计政策选择影响报告净利润。合同双方都应该知道净利润的计算规则。而审计可以增强报告净利润的可信性。所有者可以合理地确信已审计的作为公司会计系统基础的内部控制制度的完整性，而审计师的职业形象也使所有者相信审计人员是独立的且不可能受管理人员的影响。

回到抓捕行动这个案例中，企业的所有者即军统要求管理人员即吕宗方等人负责行动的开展，雇佣合同是要求成功实施抓捕行动。行动的成败成为衡量吕宗方等人的业绩和责任的尺度。在行动的过程中余则成和吕宗方均由于利益冲突选择了导致抓捕失败的行为，即出现了道德风险问题。而军统也在事前、事后的内部控制查明了行动失败的原因，证实了吕宗方的卧底身份，最终消除了异己。

《混血亚当》：虚构的环境灾难

作为一部灾难环保小说，苏立群的《混血亚当》体现了作者对人性的深切洞察，又始终贯穿着对东西方文明与文化的比较、反思和鉴别。

《混血亚当》在某种层面上，为人类面临的困境寻找解答方法——接触流传千年的古老智慧，倾听所有生命的声音，摒弃我们对地球所采取的不良行动，真诚弥补我们的错误言行，从而引导我们跨越否认与无知的泥沼，走进阳光永续的未来。

苏立群，1945 年 12 月生于重庆，在北京完成中小学学业。1963 年入中央戏剧学院学习；1984 年移民英国，任教于伦敦大学亚非学院至今。多年来一直从事小说、戏剧、电影文学剧本等多方面的创作。他创作的《混血亚当》是一部向“全球化”挑战并面向未来的“绿色小说”，以其亦庄亦悖、亦虚亦实的笔法载誉文坛。

我们只有一个地球，地球是人类共有的家园。人类为了短期的经济利益，不断重复着“杀鸡取卵”的愚蠢行为，在使地球满目疮痍的同时，也使人类自身陷入了困境。环境问题是由于人类不合理地开发和利用自然源所造成的，气候变暖、大气污染、水质污染、噪声污染、食品污染、人口剧增、能源短缺、资源匮乏、不适当开发利用自然资源等环境问题触目惊心，它们像恶魔般无情地吞噬着人类的生命，威胁着生态平衡，危害着人体健康，制约着经济社会的可持续发展。

可喜的是，人们也意识到了环保的重要性，各国政府为了保护环境，采取了许多措施，环境保护也取得了长足的进展，环保已经成为人类社会的共识。而会计界也与时俱进、一路追赶，引入了环境会计、生态会计、绿色会计、低碳会计等概念、学科，试图将会计学与社会学、环境经济学融合，通过有效的价值管理，达到可持续发展和环境保护的目的。其中低碳会计是随着气候变化这一话题在全球的不断升温，越来越多的温室气体排放情况及减缓措施应运而生。

低碳会计是以能源环境法律、法规为依据，以货币、实物单位计量或用文字表述的形式，对企业履行低碳责任，节能降耗和污染减排进行确认、计量、报告和考核企业自然资源利用率，披露企业自然资本效率和社会效益的一门新兴会计学。其目的是帮助企业实现节能减排，实现企业绿色利润最大化。低碳会计的内涵、低碳会计的发展前景、低碳会计核算、低碳会计信息披露等都是近期会计研究的热点问题。要充分发挥会计的职能，大力推行与发展低碳会计，有效地控制企业的年耗碳量，打造中国经济升级版。

“膏扫罗”：圣经中的财务管理

远处教堂的钟声，是唱诗班里纯真而清脆的声音。翻开《圣经》中《撒母耳记上》里的一则故事，是关于以色列历史上的第一位君王扫罗找驴的故事。

扫罗，本是以色列12支派中最小的一个支派便雅悯族中普通的农村青年，唯一的优点是身材比较高大魁梧。有一天，他奉父亲之命出去寻找丢失的驴，不是一头，圣经中说是“几头”。在那个时代的以色列地区，驴是非常宝贵的交通工具，想必现在的价值应该和现在的名车差不多，恐怕总价值也有几十万元了。扫罗非常认真地去找，去了很多地方，但都没找到。

这个时候他听从了一个跟随的仆人的意见，去找一个“先见”问问这个事情。这恐怕是他一生最好的决定。后来找到的“先见”就是撒母耳。所谓“先见”，也就是“先知”，是上帝拣选作为其发言人的人。撒母耳则是以色列历史上一位非常有影响力的先知，也是当时以色列各支派的实际领袖。就在扫罗决定去见撒母耳的时候，撒母耳也已经听到上帝的吩咐，要膏立①扫罗成为以色列历史上的第一个王。结果是扫罗做梦也没有想过的，他被膏立为以色列的王，并且在见过撒母耳回家的路上，那几头丢失的驴也莫名其妙地找到了。

我在想，如果扫罗当初执着于寻找那几头驴，恐怕永远与上帝给他的福分无缘。因为这和个人的努力无关，再努力，驴仍然找不到。他放弃了找寻，却得到了上帝所赐的王权和放弃的东西。这跟审计工作一样，多少个日日夜夜下我们忘记了疲惫、忘记了回望月光，忘记了另一个城市柔和灯光下的妻儿，于是在路途中，看流动而过的景色成了一种周而复始的习惯。当我们看到滚滚长江从青藏高原顺流而下，虽百转千回，仍不改自己使命的时候；当我们看着时光一分分流过的时候；尤其当我们不再背叛忤逆，不再骄傲唯我，深刻地洞悉人性弱点时，才能够真正发自内心尊重市场，并从市场中获胜。

根据《撒母耳记上》的记载，扫罗王（下）是以色列联合王国的第一位君主，亦标志着士师时代的结束。他是撒母耳（上）因应以色列人要求有一位自己的君主的呼声，寻求上帝的旨意以后，根据上帝的旨意而膏立的。

《圣经》每每指出人类罪行的时候，直指内心。就如其《耶利米书》中这样一句话，“你是野驴惯在旷野，欲心发动就吸风，起性的时候谁能使它转去呢？”

《圣经》被千千万万人所传诵。而世界上最聪明的犹太商人的财富圣经《羊皮卷》，充满着会计文化的星辰。

犹太人多是商人，商人同普通人相比，有一个特点就是忙。他们工作几乎没有什么定时，随时都有事，只要他愿意，干一辈子也干不完。工作耽搁了，钱就减少，犹太人绝不浪费一分钟时间。但是，对于犹太人来说身体健

① 根据希伯来人的信仰传统，被（其他人用油）膏立是一种特别宗教仪式，意思指被膏立的人，例如：祭司、君王及先知是神所选定的。在某些场合下一些器具也被油膏抹，用以预备宗教仪式。受膏的重要性，是因为设立圣职（代表会众到神面前赎罪）的需要，而得以强调。

康是根本，而身体健康需要休息。休息必然和工作相冲突，怎么办？这时犹太人毫不犹豫地放弃工作，选择休息。假如你不理解，可以向犹太人提问："你们工作一小时可赚钱 50 美元以上，如果每天休息一小时，一月就少赚 1500 美元，一年少赚 1.8 万美元以上，这值得吗？"

犹太人会比你算得更快："假如一天工作八小时不休息，一天可赚 400 美元，那我的寿命将减少五年，按每年收入 12 万元计算，五年我将减少 60 万美元收入，假如我每天休息一小时，那我除损失每天 1 小时 50 美元外，将得到五年每天七小时工作所赚的钱，现在我 60 岁，假设我按时休息可活 10 年，那么我将损失 15 万美元，15 万和 60 万谁大呢？"这在犹太人看来是很简单的道理，每周的星期五晚上开始一直到星期六的傍晚为止，禁烟、禁酒，一切杂念都抛到九霄云外，一心一意地休息和向神祈祷。据说，纽约每逢此时，街上来往的汽车都会比平常减少一半。犹太人的商业活动也似乎处于停止状态，事实上他们正是在运用这段时间来积聚力量，准备投入下一场生意的搏斗。

在那些艰苦的岁月中，犹太人每次向国王交纳税款时，富人往往自觉地替穷人掏腰包，犹太人形成了周济自己同胞的习惯，哪怕是家无三餐的穷苦犹太人，也都保存着一个攒钱的小盒子，准备施舍给比他们更穷的人家。在一些犹太社团，设有一种"吃饭日"的制度。每周不同的日子里，穷苦的犹太学生分别到不同的犹太人家庭中去吃饭，以便使得这些学生能够安心读书。犹太社团里一定会有慈善机构，这些慈善机构都是靠着富裕的犹太人的捐助来维持的。

犹太人帮助自己的同胞是尽心尽力的。富人帮助穷苦犹太人的方式是为他们提供一个礼物或贷款，犹太人在神庙中有一个保密大厅，犹太人把他们的礼物秘密地放在那里，穷人们来到这里后会秘密地得到帮助，让给予者不知道给的是谁，接受者不知道是谁给的。在施舍时，犹太人很注重和允许穷困的人在接受帮助时保持尊严，接受他们作为商业伙伴，或帮助他们找到一份工作。

看到这里，我们不禁佩服犹太民族的大爱和超人智慧。他们充分利用会计中的成本管理和资源经济。通过帮助穷人运用自己的资源，助力企业生产过程中节省成本和费用。通过慈善的方式帮助更多的人就业或是利用这样的机会得到更多的合作伙伴。这种资源的相互利用，是犹太人智慧的显现。

会计成本是显性成本，即计入账内的、看得见的实际支出，而犹太人则成功利用隐性成本。隐性成本是指某些尚未被管理者重视的企业成本，如管理层决策失误带来的巨额成本增加、领导的权威失灵造成的上下对立、信息和指令失真、效率低下等，相对于显性成本来说，这些成本不能直接从账面上反映出来，隐蔽性较大，难以避免、不易量化，因而难以精确计量。特别是对于犹太人创办的企业，其组织可能是相当庞大的，组织的结构可能是相当复杂的，而要维持这些组织的正常运转就必然有支出，有时支出可能是大量的，这些支出就是组织成本。组织成本通常不构成独立的成本项目，因而企业没有对它进行单独的核算和分析。

犹太人利用自己的资源所打造出的影响力和权威以及丰富的信息资源，将隐性成本的特性发挥到了极致。只有在显性成本和隐性成本的管理上都取得了优势，才能使全企业的经营在总成本上取得优势。

犹太人不仅从心灵的深处帮助自己的同胞，也发自内心地喜爱自己的同胞。有人问犹太人为什么要这样帮助自己民族的人，犹太人会回答："我们自己不帮助自己，难道还有别人帮助我们吗？"正是这种团结互助，犹太人才在世界上历经打杀、迫害、侮辱之后，反而更加繁荣兴旺，在生存的恶风险浪中幸存下来，是犹太人能够在金融大战中一直独占鳌头的秘诀。

世界上流行这样的说法："犹太人是吝啬鬼。"也就是说犹太人对金钱十分的吝啬，花钱的时候极为小气。犹太人为自己的吝啬感到高兴，因为作为商人，对物品的斤斤计较和对金钱分分毫毫的计算和利用是商人职业的本能反映，对犹太人来说，这简直是对他们精明投资的一种褒扬。犹太人巨富洛克菲勒就是成本管理中的高手。

成本水平的高低是企业生产、技术和经营管理水平的综合反映。成本管理的核心就是把成本降到尽可能低的水平，并保持已降低的成本水平。一个企业想要发展壮大就要注意节约成本，合理利用资源。

武侠奇情：侠客之刀与会计之剑

读小说，自然不能少了武侠小说。你总能在"飞雪连天射白鹿、笑书神侠倚碧鸳"中寻找到一份笑傲江湖的豪情，在刀光剑影、一招一式、侠骨柔情中寻求一份生命的哲学、灵魂的飞升。

金庸（1924— ），原名查良镛。男，汉族，1924年出生于浙江海宁。他是华人知名的武侠小说作家，中国作家协会名誉副主席，著有“飞雪连天射白鹿，笑书神侠倚碧鸳”等14部武侠小说。

《天龙八部》中的乔峰，是一个硬汉，他之所以仁义之中带着柔情，“降龙一式，飞沙走石，生死荣辱为浮云”，除了武功登峰造极外，更多的则是他义盖云天、正气凛然、堂堂正正。注册会计师是市场经济的“啄木鸟”，公众利益的“守夜人”，现代服务业中的“智库”。要达到乔峰的那种气度，就必须不为诱惑所动，不被干扰所困，不为压力所移，切实维护注册会计师的独立性和权威性。要坚持“打铁先要自身硬”和“抓铁有印、踏石留痕”的务实精神，身正影正，清正廉洁，守住道德操守这条“高压线”，守住诚信独立这条“生命线”，以高于要求别人的标准要求自己，以严于监督别人的标准监督自己。只有如此，才能在执行审计过程中，像乔大侠那样傲视群雄，具备检查和监督被审计单位的底气。

《笑傲江湖》中的令狐冲，是一个侠士，他之所以爱憎之中带着果断，浮沉随浪，烟雨逍遥，除了武功撼天动地外，更多的则是因为他心思坦荡、淡漠名利、心态平和。令狐冲选择远离“江湖”，选择“与世无争”，注册会计师要选择远离喧嚣、远离浮躁、远离诱惑。纵观注册会计师职业生涯，潮起潮落、云卷云舒，体味百态人生、五味杂陈，更需要一种淡然、一种宁静、一种坦荡。如果注册会计师耐不住寂寞、守不往底线，便会被人射向自己的“空门”，击中自己的“死穴”。注册会计师只有在淡然、平实中丰盈、厚重起来，才能达到令狐冲“笑傲江湖扔红尘”的境界。

再看王度庐先生《藏龙卧虎》中的李慕白，会发现这位剑客之所以眉宇之间透着睿智，青衣长衫，青冥宝剑，竹林之巅任飞舞，是因为他剑术精湛、御剑于心、人剑合一。对于注册会计师来说，深厚的专业理论、熟悉的法规制度、过硬的专业技术、完备的审计方法、有效的经验做法就是我们手中的履职之剑。有了这把剑，面对复杂多变的交易事项和严峻困坷的审计环境，就可以游刃有余，一眼识破玄机，及时发现线索；就可以分析出带有普遍性的问题，找寻出深层次的根源，提炼出关键性的结论。

通过不断的砥砺和磨练，注册会计师也能达到李慕白“竹林之巅任飞舞”的高度。手中无剑，心中有剑。

结语：南山的晚岚

小说就是人的梦想。虽然绰绰约约，但抵近存在。如同南山的晚岚，即使难以触摸，但依然可以远观，可以向往，可以追求。

寻找梦想与现实之间的平衡，我们不妨走进小说，读、品、悟。小说里潜伏着“帕乔利密码”，留下了“充分适当的审计证据”，任何不合理、不寻常的地方，都隐藏着“确认计量报告”的关键。此时，会计在小说里是显微镜，也是望远镜。

我苦练过背会计准则的内功，也苦练过读财务报表的锐眼。看小说可以一目十行，率性而读；学会计却不能囫囵吞枣、浅尝辄止。会计初学者常常埋头于背分录、记规则，知其然却不知其所以然，此为学会计之大忌。要以读小说的乐趣，看小说的激情，从个案出发，从报表入手，锤炼财务会计的心法，打造财务会计的招式。

我喜欢“倾注”这个词，鲁迅《彷徨·伤逝》：“做菜虽不是子君的特长，然而她于此却倾注着全力。”《花月痕》第八回：“荷生觉得那绝色眼波，更倾注在自己身上。”倾注是一种无畏的力量、一种无悔的选择、一种无愧的跋涉。对于会计，我倾注爱，倾注情；对于方块字，我倾注永远的激情与追寻。

文字能安抚疲惫的心灵，小说能充盈会计的旨趣。

诗词的朝霞

【题记】诗词点燃激情，会计绽放人生。

自《诗经》以来，写于简牍、流传于男女老幼的诗词，浩繁如海，点滴滋养人们的心灵。

孩子们天真烂漫的诵读，耄耋老者七弦琴上的吟哦，美妙而悠长。

某种程度上说，五千年的岁月，贯穿着诗词的岁月。

谁与诗词相生相和？大约不能少了会计。

从竹简上钱粮出入的记录，到大数据时代的数据，每天都有会计书写人们的生活。

如果用一句话表述诗词与会计的内核，诗词会说："水能载舟，亦能覆舟。"会计说："水能载舟，亦能煮粥。"

世界既需要诗歌的形而上，也离不开会计的"过日子"。诗词和会计，在同一条历史江河里，同一叶文化之舟上，互动互鉴，共生共荣。

恰有三百青铜钱——诗词中的数字和货币

左手缪斯，右手数字，是我向往的生活方式。

我爱诗。在品读唐诗宋词和现代诗时，不禁生出诗歌和会计互融共和的些许感悟。唐诗宋词短小易诵、隽永情深，以精粹凝练的笔调弹拨中华民族心灵与情感的律动。而我在闲暇时练习短章时，也常常为一字一句推敲斟酌。几年前，聊作七律一首——《职业生涯》：

运交华盖忘喜悲，数豆营生与愿违。

绿草未曾离厚土，青梦早已付烟灰。

圈中沉湎淆鹿马，局外懒于辨是非。

举世皆云通宝重，唯我人文不思归。

或许，你能从字里行间，触摸到笔者对人文会计的钟爱与坚持，对所处环境的惆怅与抗争。

以多年的职业经历看会计，阅览的经济业务千变万化，报告的规则与时俱进，都不曾远离两个基本的元素：数字与货币。在长于抒情、脍炙人口的诗词里，这两个元素随处可见，冥冥中，这或许就是会计和诗词最初的缘。

一二里山径，两三声晓莺——诗词中的数字

诗词是风雅，雅到非高手作不出好诗词；诗词也是寻常俗事，俗到随便谁随便什么话题，都可以信手为之。诗须有为而作，古人的诗词，或在祭祀大典上歌颂，或在萧瑟处抒发情怀，都是有为。

数字入诗词，《诗经》已有（非同一首诗）：

谁谓尔无羊，三百维群。

亦有高廪，万亿及姊。

数字，出现在诗词的句子里，用于记事叙事，是有为，用于渲染意境，是高雅，用于家长里短，是从俗。无数字，不会计。会计里的数字，核心意义是“有为”，这一点和诗词异曲同工。

最简单的一首：

一去二三里，烟村四五家，

亭台六七座，八九十枝花。

这首《山村咏怀》相传是北宋邵雍[1]所作，简明有趣，富有田园风情和打油趣味。然而作者邵雍对数字的理解，却远非田园、打油这样的简易，事

① 邵雍（1011～1077）北宋哲学家、易学家，有内圣外王之誉。汉族，字尧夫，谥号康节，自号安乐先生、伊川翁，后人称百源先生。

《山村咏怀》（又名《一去二三里》）在我国流传甚广，并作为数字认读课文，收录于人教版《语文》教材一年级上册中。此图为教材中的插图。

实上他是一位著名的道学家，还是道学中的“象数之学”的代表人物，他的“数学”代表作有《皇极经世》，迄今仍有人在研究他的学问和著作。他在《皇极经世》中说：

道生一，一为太极；一生二，二为两仪；二生四，四为四象；四生八，八为八卦；八卦生六十四，六十四具而后天地之数备焉。天地万物莫不以一为本原，于一而演之以万，穷天下之数而复归于一。

在他的心中，数字如此神秘，值得耗费心血去研究，是故他为了体味数字的魅力，用数字阐释道、阐释规律、阐释世界，为数字专门写这首诗，就不足为奇了。

又一首，唐人罗隐①的《京中正月七日立春》，也是春日的诗：

一二三四五六七，万木生芽是今日。

远天归雁拂云飞，近水游鱼迸冰出。

① 罗隐（833～910），字昭谏，新城（今浙江富阳市新登镇）人，唐代诗人。大中十三年底至京师，应进士试，历七年不第。咸通八年乃自编其文为《谗书》，益为统治阶级所憎恶，所以罗衮赠诗说：“谗书虽胜一名休”。后来又断断续续考了几年，总共考了十多次，自称“十二三年就试期”，最终还是铩羽而归，史称“十上不第”。

宋人曹勋①，有《新岁七十以人生七十古来稀为韵寄钱大参七首》其七：

一二三四五六七，行年临之如电疾。

只将香火对清闲，古井无波应委悉。

这两首，以数字序列论时间推进，感光阴飞逝，怀念从前。同样效果的还有赵汝遂②《瑶娥曲》片断：

一二三四月如眉，积累如梳截半规。

玉斧昼夜修不彻，修成团镜当空垂。

在宋朝僧人的偈颂诗中，数字的运用非常普遍，几乎可以说是惊人的。仅摘录几首。道如的：

一二三，四五六，碧眼胡僧数不足。

泥牛入海过新罗，木马追风到天竺。

天竺茫茫何处寻，补陀岩上问观音。

普贤拍手呵呵笑，归去来兮秋水深。

昙密的片断：

一二三四五，金木水火土。拾得语寒山，丰干骑老虎。

正觉：

一二三四五，禾山打鼓金牛舞。

劈面来时著眼看，全身放下休回互。

子涓的片断：

一二三四五六七，七六五四三二一。

循环逆顺数将来，数到未来无尽日。

师观：

一二三四五，五四三二一。无量妙义门，皆从此经出。

---

① 曹勋（1098～1174）字公显，一字世绩，号松隐，颍昌阳翟（今河南禹县）人。宣和五年（1123），以荫补承信郎，特命赴进士廷试，赐甲科。绍兴十一年（1141），宋金和议成，充报谢副使出使金国，劝金人归还徽宗灵柩。十四年、二十九年又两次使金。孝宗朝拜太尉。著有《松隐文集》、《北狩见闻录》等。

② 赵汝遂（1172～1246）宋宗室。字明翁，号野谷。太宗八世孙。居袁州（今江西宜春）。嘉泰进士。嘉定中，分司镇江管榷。属江湖派诗人，然不株守“四灵”家法，诗风明快伶俐。著有《野谷诗稿》。

师范：

一二三四五，各各面相睹。甜瓜彻蒂甜，苦瓠连根苦。

绍昙的片断：

一二三四五，六七八九十。梵语华言译不成，玉几重新添注解。

以数字入诗作偈颂，起到讲解禅机、发人深思的作用，看来是那时候的时尚，北宋王安石①，应该受了僧人们这些作品的影响，写了《拟寒山拾得二十首》，其中有：

有一即有二，有三即有四。一二三四五，有亦何妨事。

如火能烧手，要须方便智。若未解传薪，何须学钻燧。

杨万里②《寒食对酒》，也用数字，但已经无关佛教，只是在说喝酒的多少。摘录片断：

先生欲独醒，儿意难多拒。初心且一杯，三杯亦漫许。

醒时本强饮，醉后忽快举。一杯至三杯，一二三四五。

偶然问儿辈，卒爵是何处。儿言翁但醉，已忘酒巡数。

数字的功能是记录真实生活，古诗词中，这一功能是自然存在，毫无做作的。比如，王仁裕③《示诸门生》：

二百一十四门生，春风初长羽毛成。

掷金换得天边桂，凿壁偷将榜上名。

这里的“二百一十四”，显然是实际数字，而不是比喻或者夸张。唐人李颀④的《听董大弹胡笳声兼寄语弄房给事》，其中有这样的描述：

蔡女昔造胡笳声，一弹一十有八拍。

胡人落泪沾边草，汉使断肠对归客。

---

① 王安石（1021～1086），字介甫，号半山，谥文，封荆国公。世人又称王荆公。北宋抚州临川人（今江西省抚州市临川区邓家巷人），中国历史上杰出的政治家、思想家、学者、诗人、文学家、改革家，唐宋八大家之一。北宋丞相、新党领袖。

② 杨万里（1127～1206），字廷秀，号诚斋，吉州吉水（今江西省吉水县）人。南宋杰出诗人，与尤袤、范成大、陆游合称南宋“中兴四大诗人”、“南宋四大家”。

③ 王仁裕（880～956）字德辇。其先祖太原人，祖父王义甫任成州军事判官时，迁居秦州长道县碑楼川（今礼县石桥乡斩龙村）。五代著名政治家、文学家，历事歧王李茂贞、前蜀、后唐、后晋、后汉、后周，官至户部尚书、兵部尚书、太子少保，病逝后诏赠太子少师。

④ 李颀（690～751），汉族，东川（今四川三台）人，唐代诗人。诗以写边塞题材为主，风格豪放，慷慨悲凉，七言歌行尤具特色。

这里面的数字也是实数，指蔡琰的《胡笳十八拍》。

古代不同年龄段，都有非数字的称呼，如“弱冠”、“总角”、“而立”、“不惑”等，但要表示具体年龄，数字也是绕不开的工具，并且，以数字表示，比其他方式更直接、更质朴，更能表达年龄的增长。汉朝的《陌上桑》[①]：

十五府小吏，二十朝大夫。三十侍中郎，四十专城居。

再如《莫愁歌》（南北朝·萧衍[②]）：

莫愁十三能织绮，十四采桑南陌头。

十五嫁为卢家妇，十六生儿字阿侯。

汉朝的《孔雀东南飞》[③] 也有：

十三能织素，十四学裁衣。十五弹箜篌，十六诵诗书。

十七为君妇，心中常苦悲。

用年龄的递增，展示女主角的成长过程，意味远非“及笄”等词语能替代的。这一成长过程在此诗中还被重复描述，以表达父母的耐心抚育：

十三教汝织，十四能裁衣。十五弹箜篌，十六知礼仪。

十七遣汝嫁，谓言无誓违。

唐朝的白居易[④]的《朱陈村》也有：

十岁解读书，十五能属文。二十举秀才，三十为谏臣。

表年龄，但不确指某岁，只表示某个年龄段的数字，同样普遍。比如：

---

① 《陌上桑》是汉代的一首乐府诗，最早见于南朝沈约编撰的《宋书·乐志》，题为《艳歌罗敷行》。南朝徐陵编辑的《玉台新咏》也收载了该诗，题为《日出东南隅行》。赵宋时的郭茂倩编辑《乐府诗集》，将该诗收入《相和歌辞》。

② 梁高祖武皇帝萧衍（464～549），字叔达，小字练儿。南兰陵（今江苏省常州市新北区孟河镇万绥村）人。大梁政权的建立者，庙号高祖。萧衍在位时间达四十八年，在南朝的皇帝中列第一位。在位晚年爆发“侯景之乱”，都城陷落，被侯景囚禁，死于台城，享年八十六岁，葬于修陵，谥为武帝，庙号高祖。

③ 《孔雀东南飞》是我国文学史上第一部长篇叙事诗，沈归愚称为“古今第一首长诗”。因此，它也被称为我国古代史上最长的一部叙事诗，是我国古代民间文学中的光辉诗篇之一。

④ 白居易（772～846），字乐天，晚年又号香山居士，河南郑州新郑人，我国唐代伟大的现实主义诗人，中国文学史上负有盛名且影响深远的诗人和文学家。他的诗歌题材广泛，形式多样，语言平易通俗，有“诗魔”和“诗王”之称。有《白氏长庆集》传世，代表诗作有《长恨歌》、《卖炭翁》、《琵琶行》等。

十五从军征，八十始得归。①

《古意》（南北朝·颜之推）：

十五好诗书，二十弹冠仕。

《老将行》（唐·王维②）：

少年十五二十时，步行夺得胡马骑。

但同时，诗词中以数字确指某岁的，也不少，白居易就很喜欢用，他的句子有（非出自同一首诗）：

元和二年秋，我年三十七。长庆二年秋，我年五十一。

前岁花前五十二，今年花前五十五。

岁课年功头发知，从霜成雪君看取。

而他的《七德舞》要说明皇帝的功业，年龄更是不能错：

太宗十八举义兵，白旄黄钺定两京。

擒充戮窦四海清，二十有四功业成。

二十有九即帝位，三十有五致太平。

元稹③也常将自己的年龄入诗，他的诗有（非同一首诗）：

况我三十二，百年未半程。

我年三十二，鬓有八九丝。

嵩山老僧披破衲，七十八年三十腊。

夸张或者比喻，是诗词的常用手法，采用数字，尤其能表达诗人的想象

---

① 这首五言无名诗，总共十六句八十字，不但有完整的故事情节、具体的人物活动，丰富的思想内涵，而且文笔充裕，写得相当舒展，绝无局促气急之感，其实是不容易做到的。关键就在于作者能够集中全力描绘最富有联想性、集中了各种矛盾的具体情景。

② 王维（701～761，一说699～761），字摩诘，汉族，河东蒲州（今山西运城）人，祖籍山西祁县，唐朝诗人，有“诗佛”之称。王维是盛唐诗人的代表，今存诗400余首，重要诗作有《相思》、《山居秋暝》等。

③ 元稹（779～831），字微之，别字威明，唐洛阳人（今河南洛阳）。为北魏宗室鲜卑族拓跋部后裔，是什翼犍之十四世孙。早年和白居易共同提倡“新乐府”。世人常把他和白居易并称“元白”。

力。典型的句子有李白[①]的（非同一首诗）：

尔来四万八千岁，不与秦塞通人烟。

飞流直下三千尺，疑是银河落九天。

天台四万八千丈，对此欲倒东南倾。

浪漫情怀，令人遐想。非独李白，苏轼[②]也有：

赵子饮酒如淋灰，一年十万八千杯。

陆游[③]则写过（非同一首诗）：

烟波四万八千顷，造物推排作水仙。

何方可化身千亿，一树梅花一放翁。

这里，会计数字呈现了强弱、高低、节奏、旋律的朦胧美，情韵盎然。

《渔父》其二（唐·李煜[④]）：

一棹春风一叶舟，一纶茧缕一轻钩。

花满渚，酒满瓯，万顷波中得自由。

无独有偶，清朝王士祯[⑤]的《题秋江独钓图》也化用其意境，用了九个"一"字，写出了清秋、钓叟、逍遥、孤独：

---

① 李白（701～762），汉族，字太白，号青莲居士，唐朝浪漫主义诗人，被后人誉为"诗仙"。祖籍陇西成纪（今甘肃秦安县），出生于剑南道之绵州（今四川绵阳江油市青莲乡）。一说生于西域碎叶城（今吉尔吉斯斯坦托克马克），4岁再随父迁至剑南道之绵州（巴西郡）昌隆县（712年更名为昌明县）。存世诗文千余篇，代表作有《蜀道难》、《将进酒》等诗篇，有《李太白集》传世。

② 苏轼（1037～1101），北宋文学家、书画家。字子瞻，号东坡居士。汉族，四川人，葬于颍昌（今河南省平顶山市郏县）。一生仕途坎坷，学识渊博，天资极高，诗文书画皆精。其文汪洋恣肆，明白畅达，与欧阳修并称欧苏，为"唐宋八大家"之一；诗清新豪健，善用夸张、比喻，艺术表现独具风格，与黄庭坚并称苏黄；词开豪放一派，对后世有巨大影响，与辛弃疾并称苏辛；书法擅长行书、楷书，能自创新意，用笔丰腴跌宕，有天真烂漫之趣，与黄庭坚、米芾、蔡襄并称宋四家。

③ 陆游（1125～1210），字务观，号放翁。汉族，越州山阴（今浙江绍兴）人。南宋诗人。创作诗歌很多，今存九千多首，内容极为丰富。抒发政治抱负，反映人民疾苦，风格雄浑豪放；抒写日常生活，也多清新之作。词作量不如诗篇巨大，但和诗同样贯穿了气吞残虏的爱国主义精神。

④ 李煜，五代十国时南唐国君，961～975在位，字重光，初名从嘉，号钟隐、莲峰居士。汉族，彭城（今江苏徐州）人。南唐元宗李璟第六子，于宋建隆二年（961年）继位，史称李后主。千古杰作《虞美人》、《浪淘沙》、《乌夜啼》等词，在词坛上留下了不朽的篇章，被称为"千古词帝"。

⑤ 王士祯（1634～1711），原名原士禛，字子真、贻上，号阮亭，又号渔洋山人，人称王渔洋，谥文简。新城（今山东桓台县）人，常自称济南人，清初杰出诗人、学者、文学家。

一蓑一笠一扁舟，一丈丝纶一寸钩。

一曲高歌一樽酒，一人独钓一江秋。

纳兰性德①的则更为著名：

山一程，水一程，身向逾关那畔行，夜深千帐灯。

风一更，雪一更，聒碎乡心梦不成，故园无此声。

充满了边塞，柔情，雪夜的思念。

元代吴西逸②的《雁儿落带过得胜令》，则写尽了世俗的感悟：

一年老一年，一日没一日。一秋又一秋，一辈催一辈。

一聚一离别，一喜一伤悲。一榻一身卧，一生一梦里。

寻一伙相识，他一会咱一会；都一般相知，吹一回唱一回。

数字是会计人掌握的最有利“把件”。然而这些精准真实的百炼钢，到了诗人手中，却成了感怀咏志、寓情于景的绕指柔。数字，在诗词和会计中间搭建了一座不可分割的桥梁。

钱挂杖头堪一醉——诗词中的金钱

诗词是“微博”的文学，一枝一叶尽可融入其间。忧国忧民的壮怀激烈，风花雪月的山河美景，离愁别绪的刻骨相思，乃至议论风生，针砭时弊，一时感触，都可以佳句天成。金钱，在社会生活中不可或缺，出现在诗词里也就自然而然了。

古人对金钱的态度，既重视它的作用，享受它的效用，又对逐利态度有所警惕、警醒。唐代李峤③，专门有一首题目为《钱》的诗：

汉日五铢建，姬年九府流。天龙带泉宝，地马列金沟。

赵壹囊初乏，何曾箸欲收。金门应入论，玉井冀来求。

---

① 纳兰性德（1655～1685），满洲人，字容若，号楞伽山人，清代最著名词人之一。其诗词“纳兰词”在清代以至整个中国词坛上都享有很高的声誉，在中国文学史上也占有光彩夺目的一席。其诗词创作呈现出独特的个性和鲜明的艺术风格。

② 吴西逸（公元1320年前后在世），名、里、生卒年均不详，约元仁宗延祐末前后在世。散曲内容多写自然景物、离愁别恨或个人的闲适生活，风格清丽疏淡。所作曲今存小令四十余支。一说本曲作者无名氏。

③ 李峤（644～713），唐代诗人。字巨山。赵州赞皇（今属河北）人。少有才名。武后、中宗朝，屡居相位，封赵国公。

同在唐朝的刘禹锡[①]，在《蜀先主庙》中，以货币的发行权指代帝国政府：

天地英雄气，千秋尚凛然。势分三足鼎，业复五铢钱。

得相能开国，生儿不象贤。凄凉蜀故妓，来舞魏宫前。

黄金，“货币天生就是金银”，在诗词中常用来表示价值昂贵，比如在李白的《白纻辞》和《赠僧朝美》中分别有：

月寒江清夜沉沉，美人一笑千黄金。

了心何言说，各勉黄金躯。

此外也常用来表示可以买物品的货币本身。晋朝阮籍[②]《咏怀》之七有：

黄金百镒尽，资用常苦多。

王维《送丘为落第归江东》有：

为客黄金尽，还家白发新。

比金银更流行的货币是铜钱，诗词中提及“钱”，“青钱”，多是指铜钱，用金银制作钱币，更多不是为了流通，而是当作赏赐、纪念品。与钱有关的诗词，体现了古人的消费理念，乃至消费水平。

钱可以买食物：《夏日田园杂兴》（宋·范成大[③]）

二麦俱秋斗百钱，田家唤作小丰年。

饼炉饭甑无饥色，接到西风熟稻天。

《金山江天阁漫兴三首》其二（明·王叔承[④]）：

鸟外渔歌断水烟，隔江唤过打渔船。

鲥鱼出网鲜犹活，笑掷船头三百钱。

① 刘禹锡（772～842），字梦得，汉族，中国唐朝彭城（今徐州）人，祖籍洛阳，唐朝文学家，哲学家，自称是汉中山靖王后裔，曾任监察御史，是王叔文政治改革集团的一员。唐代中晚期著名诗人，有“诗豪”之称。

② 阮籍（210～263），三国魏诗人。字嗣宗，陈留尉氏（今属河南）人。是建安七子之一阮瑀的儿子。崇奉老庄之学，政治上则采谨慎避祸的态度。与嵇康、刘伶等七人为友，世称竹林七贤。

③ 范成大（1126～1193），字致能，号石湖居士。汉族，平江吴县（今江苏苏州）人。南宋诗人。谥文穆。风格平易浅显、清新妩媚。与杨万里、陆游、尤袤合称南宋“中兴四大诗人”。

④ 王叔承（1537～1601），明诗人。初名光允，字叔承，晚更名灵岳，字子幻，自号昆仑承山人，吴江人。

可以买花木：《牡丹》（唐·柳浑[①]）

近来无奈牡丹何，数十千钱买一颗。

今朝始得分明见，也共戎葵不校多。

《茉莉曲六首》其五（明·王稚登[②]）：

卖花伧父笑吴儿，一本千钱亦太痴。

侬在广州城里住，家家茉莉尽编篱。

可以买日用品：《渔翁》（宋·朱继芳[③]）

渔翁家在何许，惯宿芦花不归。昨夜江村欲雪，百钱买得蓑衣。

可以支付交通费：《过湖》（宋·方岳[④]）

才出城来便不同，绿杨微指藕花风。

过湖船用百钱买，卧看云归南北峰。

对于诗人而言，钱的去处，大多还是买酒。余嘉锡[⑤]《世说新语笺疏》中提到：

阮宣子常步行，以百钱挂杖头，至酒店，便独酣畅。

虽当世贵盛，不肯诣也。

杖头挂钱，随兴买酒痛饮，不仅没有铜臭气，还是雅致典故，在诗词中多有吟诵，如陆游《对酒戏咏》：

长安市中多美酒，一斗财当三百钱。

堪笑书生消几许，有钱十万醉经年。

王安石《戏赠湛源》：

恰有三百青铜钱，凭君为算小行年。

坐中亦有江南客，自断此生休问天。

---

① 柳浑（714～789），字夷旷，一字惟深，本名载。襄阳人。唐代名相。著文集十卷，《新唐书艺文志》传世。

② 王稚登（1535～1612），字百谷、百穀、伯穀，号半偈长者、青羊君、广长庵主等。先世江阴人，后移居吴门（今苏州），写牡丹诗名扬京师。万历时曾召修国史。

③ 朱继芳，字季实，号静佳，建安（令福建建瓯）人。南宋诗人。

④ 方岳（1199～1262），南宋诗人、词人。字巨山，号秋崖。祁门（今属安徽）人。其词多抒发爱国忧时之情，风格清健。

⑤ 余嘉锡（1883～1955）先生，字季豫，湖南常德人，当代著名目录学家，古文献学家，生前曾任辅仁大学文学院院长，国文系教授，中国科学院语言研究所专门委员等职。博览群书，著作等身。

一斗三百钱，应该是普通的酒，如果是美酒，价钱要高一些，诗词中常以“十千”指代好酒。王维《杂曲歌辞·少年行四首》其一：

新丰美酒斗十千，咸阳游侠多少年。

相逢意气为君饮，系马高楼垂柳边。

还有著名的《行路难三首》其一（唐·李白）：

金尊清酒斗十千，玉盘珍羞直万钱。

停杯投箸不能食，拔剑四顾心茫然。

除了铜钱之外，古代货币还有交子、铁钱。交子，是我国最早的纸币，在诗词中出现极少。宋朝薛田[①]《成都书事百韵》：

货出军储推赈济，转行交子颂轻便。

铁钱，流通时间远不如铜钱长，在诗词中出现的频率也很少，比如：宋朝苏泂[②]《金陵杂兴二百首》：

铁钱转手变铜钱，父老相传喜欲颠。

未必颍川能若此，画图随处有香烟。

这首诗形象地描绘了当时的货币兑换情况。

传说白居易写诗，常念给老妪听，如果对方听不懂，诗人就去修改。这说明，古人诗词，用字、用语、叙事、抒情，有力求浅白的一个方向，越是通俗，越易于流传，受众越多。但诗词又绝不能以通俗为唯一目标，否则打油诗将胜过所有其他诗词。伟大的诗人，能够用最浅白的语言，达到最高超的艺术境界。直到千年之后，文风迥异的当代，人们还可以不拿词典，不看注释，很容易理解一首好诗词的涵义并欣赏其意境，这的确是一件神奇的事情。

古人对于世人“利润导向”的无奈，注入诗中。唐朝王梵志[③]有一首《吾富有钱时》，全用俗语，真挚坦率：

吾富有钱时，妇儿看我好。吾若脱衣裳，与吾叠袍袄。

吾出经求去，送吾即上道。将钱入舍来，见吾满面笑。

① 薛田，山西永济人，北宋时的经济学家，为交子的成功使用、顺利发行，作出过贡献。

② 苏泂，公元1200年前后在世，字召叟，山阴人。生卒年均不详，约宋宁宗庆元末前后在世。少从其祖游宦入蜀。长而落拓走四方。

③ 王梵志（？～约670）唐初白话诗僧。卫州黎阳（今河南浚县）人。原名梵天，生平、家世均不详。诗歌以说理议论为主，多据佛理教义以劝诫世人行善止恶，对世态人情多讽刺和揶揄，对社会问题间或涉及。

绕吾白鸽旋，恰似鹦鹉鸟。邂逅暂时贫，看吾即貌哨。
人有七贫时，七富还相报。图财不顾人，且看来时道。

簿书堆满床——诗词中的会计景色

生活离不开会计，生活里溢满诗词。以诗词写会计，本是历史上的寻常事。每逢承平盛世，商业繁荣，钱货流转极多，会计技术和会计职业也随之繁荣进步，诗人将其赋入诗篇，或写其人，或写其事，成就一片蔚然景色。

诗词中的会计

在诗词中使用“会计”二字比较多的，有明朝的湛若水①，至少有八首，现摘录片断如下：

乡里名家殊未央，典刑真见曲江张。
共忧天下军储重，肯谢江南会计忙。
（《送西溪张都宪之南都总督粮储》）
大老来东海，精忠答圣皇。召司仍会计，疏达必流亡。
（《大司徒九峰孙先生七十华诞诗以奉寿十二韵》）
会计勤劳国计外，爱公真朴回浇风。
近来士风愁倒澜，谁立砥柱中流中？
（《阅顾新山司徒考绩卷歌》）

诗词繁盛的唐宋时代，大文豪们的作品中，也写到“会计”。

唐宋八大家之一的曾巩②，主张节俭，“以节用为理财之要，世之言理财者未有及此也”，他认为“用之有节，则天下虽贫，其富易致也；用之无节，则天下虽富，其贫易致也。”曾巩在对皇帝上书言事时，采用了因素分析法，对景德、皇祐和治平三朝官员编制、岁入、费用开支情况进行了对比

① 湛若水（1466～1560）明代哲学家、教育家、书法家。字元明，号甘泉，增城（今广东省增城县）人。

② 曾巩（1019 年 9 月 30 日～1083 年 4 月 30 日），字子固，世称“南丰先生”。汉族，建昌南丰（今属江西）人，后居临川（今江西抚州市西）。曾致尧之孙，曾易占之子。北宋政治家、散文家，“唐宋八大家”之一，为“南丰七曾”之一。在学术思想和文学事业上贡献卓越。

分析，“景德户七百三十万，垦田一百七十万顷；皇祐户一千九十万。垦田二百二十五万顷；治平户一千二百七十万，垦田四百三十万顷。天下岁入皇祐、治平皆一亿万以上，岁费亦一亿万以上。景德官一万馀员，皇祐二万馀员，治平并幕职、州县官三千三百馀员，总二万四千员。景德郊费六百万，皇祐一千二百万，治平一千三百万。以二者校之，官之众一倍于景德，郊之费亦一倍于景德。官之数不同如此，则皇祐、治平入官之门多于景德也；郊之费不同如此，则皇祐、治平用财之端多于景德也。”（《续资治通鉴》，清·毕沅①）。对财政数据熟稔的诗人，作品中提及会计，也就不稀奇了。

《杂诗五首》宋·曾巩

妯仕任固小，会计未可失。方今备千品，内外有卑秩。
孰当责在己，施设能自必。拘文已难骋，避世固多屈。
细云且可略，于大复何实。所就正如斯，与古岂同术。
虽非万钟富，苟冒归一律。焉能示朋友，学仕空自咄。

《和胜之雪霁借马入局偶书》宋·司马光

胜之家本公侯贵，弱冠英才已惊世。
雒阳多士谁敢伦，千古比肩唯贾谊。
昔遭绛灌深切齿，奔走十年为五吏。
近主拔拭出泥涂，稍学和光匿锋锐。
会计之官岂足为，黾勉簿书聊自庇。
王城九衢腊月尾，风雪数朝穷恣睢。
枥间款段疲且病，借马於人亦披曳。
所鞭掣辔趋省廷，刺蹙不前泥没鼻。
慨然遂有劳者歌，满纸雄文欻轩轾。
人生荣遇有早晚，视此锱铢勿关意。
况君卓荦高出群，异日青云终自致。
鲜车大盖拥骍骝，莫忘今朝乘小驷。

司马光（1019～1086），字君实，号迂叟，北宋政治家、文学家、史学家，主持编纂了中国历史上第一部编年体通史《资治通鉴》，为人温良谦恭、刚正不阿，其人格堪称儒学教化下的典范，历来受人景仰。图为司马光写《资治通鉴》。

① 毕沅（1730～1797），清代官员、学者。字纕蘅，号秋帆，从沈德潜学于灵岩山，自号灵岩山人。镇洋（今江苏太仓）人。

《次韵孙推官朴见寄二首》宋·苏辙

蒙愠未能忧悄悄，得闲时复醉昏昏。

知君亦学无言语，岂悟维摩不二门。

病懒近来全废学，宦游唯是苦思乡。

粗知会计犹堪仕，贪就功名有底忙。

怀旧暗听秋雁过，梦归偏爱晓更长。

故人知我今何念，拟向东山赋首章。

苏辙（1039～1112），字子由，眉州眉山（今属四川）人。北宋文学家、政治家，神宗朝因反对王安石变法，黜为河南推官。唐宋八大家之一，与父洵、兄轼齐名，合称三苏。图为眉山三苏祠苏辙蜡像。

提及"会计"一词的诗，还有宋代孔武仲所创作的《寄题王道祖秀光亭》。孔武仲，字常父，嘉祐八年举进士之后任谷城主簿，后为齐州儒学教授、国子直讲。孔武仲著有《诗说》、《书说》、《论语说》、《金华讲义》、《孔氏杂说》等一百多卷。三孔中以他著述最丰。

《寄题王道祖秀光亭》宋·孔武仲

徙倚望西南，秀色如可掬。湘水蹙纤罗，湘山叠明玉。

清辉来西隅，朝爽浮万屋。图写卒难成，登览常不足。

会计当而已，廉吏当寡欲。萧然忘轩冕，日可娱幽独。

南宋魏了翁（1178～1237），庆元五年（1199）进士。官至端明殿学士，诗有：

《送张总卿护饷益昌》

陈陈之粟夸西都，长旗一摇扫地无。

剥民肌血事军赋，天乎生此桑大夫。

有唐藩方既旅拒，中朝独仰江淮租。

士安虽善操低昂，弘羊百世仍同涂。

要知元和国计簿，不似末世供军图。

人间遗利或尽取，天下大本须持扶。

饷台今得张省主，建置不用新规模。

但云宅家本忠厚，当为怀责宽宿逋。

操觚数草便民奏，不用补疮及宁肤。

只将常赋供调度，泽中有水民其苏。

八十余年久胡虏，有弓未弛仍张舒。

军储粒粒皆汗禾，植根虽固忧其枯。

矧今两虎方血斗，坐使丛鷤为吾敺。

守边但用平平策，主计不须急急符。

苔封木牛卧流马，塞南塞北无单于。

安西相君坐专阃，与公体国心肠敷。

智名勇功不挂眼，男粟女布思其余。

玉皇正用富民相，当见二公对府持钧枢。

诗中的“元和国计簿”是唐朝的会计资料，作者以其指代宋朝会计，是把自己所处朝代比喻为开明兴旺的唐朝。“主计”，指国家财赋出入的管理工作，就是会计工作。

诗词中的会计术语

不仅有径直写会计的诗，更有描述会计术语的诗。算盘，是会计必备工具。元代刘因（字梦吉，号静修，1249～1293）《静修先生文集》卷十一中，就有一首五言绝句，题目是《算盘》：

不作翁商舞，休停饼氏歌。执筹仍蔽簏，辛苦欲如何？

前文提到的宋朝邵雍，更是直接用诗来叙述会计工作。他有七言律诗《首尾吟》多篇，每首诗的第一句和最后一句都是相同的。且看这首：

尧夫非是爱吟诗，诗是尧夫会计时。

进退云山为主判，陶镕水竹是兼司。

莺花旧管三千首，风月初收二百题。

岁暮又须行考课，尧夫非是爱吟诗。

诗人说，我不是爱吟诗，我吟诗其实就是在做会计，你看，我拨弄白云青山，拾掇流水竹林，这跟会计管理钱财是一样的，风花雪月的诗意，期初库存有三千，本期入库又有二百，年末还要汇总诗词业绩，这都是在做会计，这不是我爱吟诗啊。

黄庭坚（1045～1105）是北宋文学家、书法家，为苏门四学士之一。他是治平进士，以校书郎为《神宗实录》检讨官，迁著作佐郎。后因修实录不实的罪名被贬，病逝于宜州（今广西宜山）。公元1101年4月，黄庭坚在荆州邂逅八年未见的老朋友李辅圣，两人相处日短，后又匆匆离别，黄庭坚赋诗一首《赠李辅圣》，诗中以会计术语和老友叙旧调侃：

交盖相逢水急流，八年今复会荆州。

已回青眼追鸿翼，肯使黄尘没马头。

旧管新收几妆镜，流行坎止一虚舟。

相看绝叹女博士，笔研管弦成古丘。

“旧管新收几妆镜”：这么长时间，老朋友家里来来去去有几位红颜知己了？

诗中的“旧管，新收”是四柱清册法中四注的其中二柱，另外二柱为“开除”和“见在”。四柱清册法始于唐朝，盛行于宋朝，是一种很普及的常用会计核算法。四柱清册法写成公式就是：

旧管+新收=开除+见在

或旧管+新收-开除=见在

它相当于今天的：

期初余额+本期增加额=本期减少额+期末余额

或期初余额+本期增加额-本期减少额=期末余额

可见黄庭坚对“四柱结算法”是非常熟悉的。诗人的幽默，是对时光消逝和流年变化的感叹，折射着会计思想与诗境的奇缘。

辛弃疾（1140～1207），字幼安，历城（今山东济南）人，辛弃疾一生主张抗金，晚年退居江西上饶一带，自号稼轩。其词在数量上超过前辈和当时的作家，风格多样，以豪放为主，与苏轼并称“苏辛”。

《西江月·示儿曹以家事付之》

万事云烟忽过，百年蒲柳先衰，而今何事最相宜，宜醉宜游宜睡。

早趁催科了纳，更量出入收支，乃翁依旧管些儿，奢竹奢山管水。

这首词见于《稼轩长短句》卷十，下半阙，以掌管家事、计量收支而自娱。词中所用“出”、“入”，“收”、“支”乃会计常用的记账符号。辛弃疾的词，用到会计术语的不止这一首，还有：

《雨中花慢·吴子似见和再用韵为别》

马上三年，醉帽吟鞭，锦囊诗卷长留。

怅溪山旧管，风月新收。

明便关河杳杳，去应日月悠悠。

笑千篇索价，未抵蒲萄，五斗凉州。

停云老子，有酒盈尊，琴书端可消忧。

浑未办、倾身一饱，淅米矛头。

心似伤弓塞雁，身如喘月吴牛。

晚天凉也，月明谁伴，吹笛南楼。

辛弃疾（1140～1207），南宋伟大的豪放派词人、爱国者、军事家和政治家，现存词600多首，强烈的爱国主义思想和战斗精神是他词的基本思想内容。图为其名作《破阵子·为陈同甫赋壮词以寄》场景。

“溪山旧管，风月新收”，南宋魏了翁[①]有“江山自旧管，风景仍新收”，后来清朝尤侗也有“烟霞旧管，草木新收”，都是将会计术语巧妙运用到诗词之中，而无穿凿感觉，浑然天成。

诗词中的账簿

在古代，记录财物出纳的簿册、官署中的文书簿册，都称为“簿书”。《周礼·天官·小宰》“八曰听出入以要会”汉·郑玄[②]注：“要会，谓计最之簿书。”宋·苏轼《谢秋赋试官启》：“方将区区于簿书米盐之间，碌碌于尘埃棰楚之地。”清·刘大櫆[③]《乞捐输以待周急引》：“其取息几何，其已用及未用几何，登之簿书，岁终会计。”阿英[④]《袁中郎做官》：“他说：上官如云，过客如雨，簿书如山，钱谷如海”。簿书二字，在古诗词中随口道

① 魏了翁（1178～1237），南宋学者。字华父，号鹤山，邛州蒲江（今属四川）人。能诗词，善属文，其词语意高旷，风格或清丽，或悲壮。著有《鹤山集》、《九经要义》、《古今考》、《经史杂钞》、《师友雅言》等。

② 郑玄，东汉末年的经学大师，他遍注儒家经典，以毕生精力整理古代文化遗产，使经学进入了一个“小统一时代”。

③ 刘大櫆（1698～1780），清安徽桐城（今枞阳）人，桐城派代表人物。其论文强调“义事、书卷、经济”，主张在艺术形式上模仿古人的“神气”、“音节”、“字句”，是继方苞之后桐城派的中坚人物。

④ 阿英（1900～1977），安徽芜湖人。即钱杏邨，原名钱德富。1926年参加中国共产党，长期从事革命文艺活动。

来，宛若天成，堪称当时日常生活的写照。

《无尽藏斋诗》宋·王洋[①]

潢潦集须臾，朝盈夕已除。沛然随饱满，廓尔是清虚。

金谷输仓箧，锱铢较簿书。不知方雨地，无计脱苞苴。

《送陈泽民赴铜陵簿》宋·吴芾[②]

乡闾人物久凋零，辈行如君却老成。

自合怀铅居册府，若为栖棘向江城。

簿书且作三年计，事业当为万里程。

林下贤人如未泯，尚期拭目看飞鸣。

《九日蕺山戒珠寺戏呈僚友》宋·张伯玉[③]

秦望山前晓雁斜，蕺山云外看黄花。

谁能带芥关心绪，且插茱萸伴物华。

岁计簿书宁有尽，日生公事了无涯。

樽前况有兵厨酒，不待兵厨酒亦赊。

诗词中的会计人

古代州郡掌簿籍并负责上计的官员，称为“计吏”，在诗词中多有出现，并形成经常使用的典故。计吏的一项重要工作是“上计”，为满足朝廷的年度决算，远方的计吏从秋季就开始跋涉，奔赴京城，带去一年的数字，决算完成后才可以回家。

唐朝刘禹锡《插田歌》，就刻画了一位年轻的计吏形象：

路旁谁家郎，乌帽衫袖长。自言上计吏，年幼离帝乡。

这位憨厚的计吏，和农夫交谈时，对自己的前途非常乐观：

昨来补卫士，唯用筒竹布。君看二三年，我作官人去。

诗人未必就是计吏本身，诗词中，更多以计吏助理、计吏朋友的角色出现。“随计吏”，是诗人们的职位安排，表示自己在官府的辛勤微末。

---

① 王洋（1087～1154），字符渤，山东山阳人。宋代诗人。

② 吴芾（1104～1183），字明可，号湖山居士，田市吴桥村人。宋代诗人。

③ 张伯玉（1003～约1070），字公达，福建建安（今建瓯）人。北宋诗人，官员。

《春日寄怀陆使君其四》明·佘翔[①]

计吏从容下建章，紫衣春染御炉香。乘风若渡巴陵水，莫为江鱼恋武昌。

这是一位圆满完成了上计任务的计吏，诗人盼他早日回还，不要贪恋途中美景美食。

《随计》唐·王贞白[②]

徒步随计吏，辛勤鬓易凋。归期无定日，乡思羡回潮。

冒雨投前驿，侵星过断桥。何堪穆陵路，霜叶更潇潇。

这是一位计吏的助理，他跟随计吏一起去上计，路途辛苦，不知归期在何时，风雨秋色中，他更加思念家乡。

《送海州卢录事》唐·耿湋[③]

之官逢计吏，风土问如何。海口朝阳近，青州春气多。

郊原鹏影到，楼阁蜃云和。损益关从事，期听劳者歌。

这是一位去上任的官员，途中遇到当地的计吏，关心询问那里的风土人情，计吏为他描述了各种自然景致，官员表示他更期待倾听下层劳动者的声音。

早知潮有信，嫁与弄潮儿——诗词中的成本概念

会计中的成本概念，多样呈现、多维凸显，成为一种专门学问，500年来让会计学人研究不懈、求解不懈。会计中的成本，大致可以描述为：为获取利益而付出的代价。这种代价，无处不在，无时不有，自古至今，因遇而生，因缘际会。是故，我们在古代诗词里觅得各种成本的词章和咏叹，也就见怪不怪了。

---

① 佘翔，1573年前后在世。字宗汉，号凤台，福建莆田人。生卒年不详，著有《薜荔园集》四卷，《四库总目》传于世。

② 王贞白（875～958），字有道，号灵溪。信州永丰（今江西广丰）人。唐末五代十国著名诗人。写下许多边塞诗，有不少反映边塞生活，激励士气的佳作。其名句“一寸光阴一寸金”，至今民间广为流传。

③ 耿湋，字洪源，河东人。与钱起、卢纶诸人齐名，号大历十才子。诗不深琢削，而风格自胜。集三卷，今编诗二卷。

重置成本

《涌金门城望五首其三》宋末元初·方回①

天回地转事云轮，湖葑山榛色渐陈。

坠珥遗钿如隔世，欹楼倾榭最愁人。

一钱物变千钱直，十户民惊九户贫。

犹有沙河塘上路，卖花声作旧时春。

这首诗，写出了战乱之后，由于恶性通胀、物价弥贵，人民财富被掠夺殆尽。作者是宋理宗景定进士，在宋元两朝都做过官，经历过改朝换代，也看见了生灵涂炭，对经济的变化也感触很深。

《江南民》元末明初·王冕②

江南民，诚可怜，疫疠更兼烽火然。

军旅屯驻数百万，米粟斗直三十千。

去年奔走不种田，今年远丁差戍边。

老羸饥饿转沟壑，贫富徭役穷熬煎。

王冕也历经两朝，也见了军旅烽烟。这首诗，写在大兵过处，物价飙升，随即而来的是饥荒和流离。

一件东西，当年买或者建是一个价，这叫历史成本，现在重买或者重建又是一个价，这就是重置成本。

物价如果不变，重置成本就和历史成本一样，但物价经常变化，尤其在通货膨胀严重的情景下，会计账面的资产设备，如果只考虑历史成本，不考虑重置成本，就不能体现这些资产设备在目前的价值，也就不能让股东等人知道企业的财富实力了。

沉没成本

过去已经付出了的代价，无论多昂贵，都不可收回，且未来无论做何选

---

① 方回（1227～1305），字万里，别号虚谷。徽州歙县（今属安徽）人。元朝诗人、诗论家。方回节操无可言者，为世所讥，然善论诗文，论诗主江西派，为江西诗派殿军。

② 王冕，字元章，号煮石山农，浙江诸暨人。元代诗人、文学家、书法家、画家。画梅以胭脂作梅花骨体，或花密枝繁，别具风格，亦善写竹石。兼能刻印，用花乳石作印材，相传是他始创。著有《竹斋集》、《墨梅图题诗》等。

择，都对这些成本毫无影响；所以，索性就不考虑它们，一切从头算起，就当这些成本早已埋入地下。

《都下书怀》宋·戴复古①

京华作梦十年馀，不道南山有弊庐。

白发生来美人笑，黄金散尽故交疏。

明知弄巧翻成拙，除却谋归总是虚。

出处古人都说尽，功名未必胜鲈鱼。

游历京城，黄金散尽，钱花完了，朋友也冷淡了，诗人两手空空，想起应该回家了。那么，花出去的钱，就不要再想了，想也没用，还是有一个新的开始比较现实。

《过山阳有感》明·吕时臣②

黄金散尽不封侯，始信浮生总浪游。

漂母祠前芳草暮，淮阴道上白云秋。

帆收远寺钟初定，角转重城水乱流。

多少英雄死无处，何如吹笛下扬州。

投资失败的情况下，总容易看破功名利禄这些俗物，于是回归大自然，过去的努力和实践，就让它过去吧，反正即使成功了也不过如此，不如浪迹江湖，譬如去那春风十里的扬州。

资金成本

借钱要付利息，这利息和其他手续费，叫做资金成本。利息这件事，源远流长，《汉书·谷永传》“为人起债分利受谢”，唐朝颜师古③注：“言富贾有钱，假托其名，代之为主，放与它人，以取利息而共分之。”

---

① 戴复古（1167～?）字式之，常居南塘石屏山，故自号石屏、石屏樵隐。天台黄岩（今属浙江台州）人。南宋著名江湖派诗人。曾从陆游学诗，兼具江西诗派风格。部分作品反映人民疾苦，具有现实意义。

② 吕时臣，一名时，字中父，浙江省鄞县人。年七十始刻《甬东山人稿》。

③ 颜师古（581～645），字籀，以字行，祖籍琅邪临沂（今属山东）人。后迁为京兆万年（今陕西西安市）人，唐初儒家学者，经学家、语言文字学家、历史学家。名儒颜之推的孙子，父亲为颜思鲁。

《山居简饮冰友清溪槐径二弟》宋·薛嵎①

别后全无梦，寄书安得频。谁怜独往意，天弃苦吟人。

债长新年息，贫欺渐老身。入林知未密，犹与俗相亲。

孤独的诗人，没有运气和朋友的眷顾，少人思念，少人书信慰问。时光易逝，所欠债务仍在，其利息也随着新年的到来一起增长，而诗人渐渐的老了，没有去更深的山林隐居，还是在人间，在俗世。

《听航船歌十首其六》宋·方回

十千债要廿千偿，债主仍须数倍强。定是还家被官缚，且将贯百寄妻娘。

船工在歌唱，诗人在倾听。债务的本金十千，加上利息就有二十千了，这还不够，还不起债务，债主就会告到官府去，还是赶紧把手头的钱寄给妻子和老母吧。

《谷》宋·赵孟淳②

农夫怨，农夫怨，

此怨非是怨年荒，此怨翻因年谷贱。

终年辛苦不少懈，及到秋成拟偿债。

谁知斛粟不百钱，利尚不偿本仍在。

秋来露冷刈获时。早是朝来债又催。

况兼荒政输官急，不管农夫垂泪泣。

君王明哲洞无遗，此怨君王知不知。

农夫的怨言，君王可曾听见？不是灾荒，而是谷贱伤农。一年辛苦，盼到收获，谁料谷价太低，照这个价钱卖掉，债务的利息都偿不完，更不用说债务的本金了。官税和债主都催得很急，农夫的泪水，他们看不见。君王啊，你听见了吗？

---

① 薛嵎（1212～?），字仲止，一字宾日，号云泉，世居城区梯云坊（今大高桥）。

② 赵孟淳，宋代宗室。字子真，自号竹所，又号虚问野叟。孟坚弟，继秀安僖王后。工诗、画，墨竹可观。

机会成本

《江南曲》唐·李益[①]

嫁得瞿塘贾，朝朝误妾期。早知潮有信，嫁与弄潮儿。

这是一首商人妇的怨情诗，由于以人妻身份自悔嫁错了人，被不少后人称为“无理”。但这首诗，体现了会计中的机会成本理念。

机会成本，指的是在面对多种选择时，为选择某方案，而放弃的那些方案能给人带来的好处。例如，农民只有一块土地，如果选择种水稻就不能选择种棉花，种水稻的机会成本，就是放弃种棉花的那些收益。生活中，有些机会成本无法用钱来计量，也就不好选择，例如，在图书馆看书学习和享受电视剧带来的快乐哪个更大？在李益这首诗里，就是嫁给富裕商人忍受离别好，还是嫁给邻家少年日日相见但不富裕好？换在今天，是嫁给“屌丝”青年，还是嫁给官二代、富二代，哪个更幸福些？

决策之时，无论如何考虑，只能选择一种方案，而决策之后，想起放弃的那些机会成本，经常有所比较，甚至有所后悔。

《闺怨》唐·王昌龄[②]

闺中少妇不曾愁，春日凝妆上翠楼。

忽见陌头杨柳色，悔教夫婿觅封侯。

这首诗和李益的作品有相似之处，就是都对当初决策的选择产生疑虑，原因还都是看见被放弃的那种方案的好处。看，夫婿去求功名，固然能给自己带来荣耀，但是如果不去“觅封侯”，一起在春日里，杨柳烟中，卿卿我我，是不是更幸福呢？

《惶然录》：会计的诗歌和文学

谈及会计与诗词，不禁想起《惶然录》[③]。《惶然录》是一部略带忧郁

① 李益（746~829），唐代诗人，字君虞，陕西姑臧（今甘肃武威）人，后迁河南郑州。

② 王昌龄（698~756），字少伯，山西太原人。盛唐著名边塞诗人，后人誉为“七绝圣手”。其诗以七绝见长，尤以登第之前赴西北边塞所作边塞诗最著，有“诗家夫子王江宁”之誉。

③ 《惶然录》：费尔南多·佩索阿著，韩少功译，上海文艺出版社2008年第3版。

气息与自传性质的书，由若干短篇组成。作者以惯用手法虚构了一位人物，整本书看起来像是这位虚构人物——一位普通会计的日记片断，还单单有一节“会计的诗歌和文学”，使他可以躲在一个人物背后不断地讨论这些私密的主题：睡梦、雨夜、孤闭、生活的单调重复，以及会计、老板、出纳。

虚构的人，真实的生活

费尔南多·佩索阿（1888～1935），葡萄牙天才诗人，被当代评论家们誉为欧洲现代主义的核心人物。从二十世纪四十年代开始，他的诗和随笔逐渐取得世界性影响。

费尔南多·佩索阿一生用过70多个笔名，最常用的有三个，这三个虚构的人物，彼此通信，彼此评论文章。

《惶然录》，是作者以伯纳多·索阿雷斯的笔名写的。这个笔名的身份，是里斯本某纺织公司的一个会计助理。

“也许，永远当一个会计就是我的命运，而诗歌和文学纯粹是在我头上停落一时的蝴蝶，仅仅是用它们的非凡美丽来衬托我自己的荒谬可笑。

“我会想念会计M的，但想念某个人这件事，怎么能与真正提拔的机会相比？

“我知道，我晋升为V公司的主管会计的那一天，会成我生活中最伟大日子之一。我怀着预知的苦涩和嘲讽明白这一点，但是又明白这将是事物必然如此的全部结果。”

渺小的会计员，耽于会计事务，热爱诗歌和文学，却又不能去专心从事。有晋升的梦想，这一理想非常现实，却又遥不可及。

“我开始清理账本上的另一笔账目。我力图查出我在哪里弄错了。原来M先生的这一笔应该列入借方而不是贷方。”

把账目的方向记反了，多么常见的错误。

“很多时候，我在账本里持续记录着他人的账目，还有自己缺失了的人生。当我从账本里抬起沉重的头，我感到一种生理上的恶心。这可能是因为我伏案太久，但不是账目数字和清醒所带来的问题。”

这是很形象的描写，这真的是会计经常的感觉：因伏案工作太久，而感觉到体力上的异常。

在《作为符号的 V 先生》一文中，他说这位工作中的上司：

是我时间的主宰，是我生活中白天时光的主宰——他是一种象征？一种创作动力？他对于我来说意味着什么？——我的困难在于，如果我有些恼他，我的灵魂却会因为他的微笑而愉快。

他感到：

我的生活中没有什么人比他的地位更重要。我想这一切具有某种符号的意义——对于我来说，在一种远方的生活里，这个人将比今天的他意味着更多东西。

佩索阿——“伟大”与“梦想”

佩索阿幼年父亲病逝，之后随母亲与继父（葡萄牙驻南非领事）前往开普敦居住。17 岁时他放弃家庭生活一人回到葡萄牙，从此再未离开过里斯本。他有一份维持生计的翻译商业信函的工作，47 岁时因酒精摄入过多肝硬化死亡。幸运的机遇从没有眷顾过这位精神贵族，他的现实生活一直处在苦涩状态，连他的诗歌写作和文学也带着苦涩的感觉。佩索阿在《会计的诗歌和文学》中写道：“我有巨大野心和过高的梦想，但小差役和女裁缝也是这样，每个人都有梦想。”他生前只出版过一本诗集，大量作品在去世多年后才被整理出版，《惶然录》也是其中之一。

佩索阿在序言中提到他“没有什么地方可去，没有什么朋友可以拜访，也没有什么有趣的书可读，所以每天晚饭后，他总是回到他那间租来的房间，用写作来打发漫漫长夜”。日常观察中视为纯粹主观性和偶然的经验被敏锐地记录下来，那些夹在智慧与惶然缝隙之间易逝的感受被他记录下来，《惶然录》使他的迷惑、流逝、触痛等情绪保持一种开放状态：“一个人需要一种特定的知识勇气，去无所畏惧地承认，一个人不过是人类的一个碎片——一个还没有疯到需要锁起来的疯子，但是，承认了这一点之后，一个人甚至更需要精神的勇气，使自己完全适应他的命运。”（《清楚的日记》）

他将生活的抑郁、疾病，甚至是对死亡的追问升华为艺术创造力，分析着自我，他以诗意的语言阐释着生活、生命，更多是阐释他自己心灵的火花，哪怕只有一瞬。写作是他生活的一种方式：

我没有雄心，也没有欲望。

做个诗人不是我的雄心，

它只不过是我独处的方式。

在他的实际生活中，“伟大”和“梦想”是存在的，就如诗歌那么真实，也如生活和心灵一样，被他反复省视，带给他许多疑惑，他不解，却沉浸在这种迷茫里，思忖不已。

无所不在的诗歌，加上无所不在的会计，理性与感性齐飞，思想共梦想一色。或许，这就是最平实的伟大，最现实的梦想。

生活的负片

对佩索阿来说，透视到生活的负片并不难，“生活是生活的死，因为每一个我们享乐其中的新日子，都是我们生命失去的另一个日子”（《活在死之中》）。他的“天才”在于：无论何种生活都能够被他的叙述赋予意义，无论何种现实都会成为梦想的“材料”。

倘若生活琐事展示了转瞬即逝的景观，佩索阿的文字思索便映衬了瞬间的永恒性。在佩索阿笔下，生活自身始终存在着多样的嵌合与缠绕，“如何迅速而本能地知道从一切对象和事件那里抽象出仅仅适合做梦的材料，如何给任何包含着外部世界的现实留下心死，这就是智者内求于己的东西”，他的叙事使“做梦的材料”具有了洞察力，琐事的微妙踪迹或事物的“某种符号意义”是进入梦幻的经验载体。

在《纸牌游戏》中，他的老婶婶靠玩单人纸牌，度过一个个无限漫长的夜晚，他开始思索，“纸牌本身并无价值”，而自我就像展开的纸牌，“绘出自己感觉到的一些图景”，这本书，如纸牌般，成为“没有事件的自传”，他写下的一切“只是为了给自己的感觉退退烧”，他“成了自己自传的冷漠叙述者”。

他将自我当做文本一样解构，将生活世界当符号一样破译，在叙述的过程中细心审视，“以便使最小的事故都富有伟大的意义”。这样的写作过程常常产生一些具有强烈象征意味或者寓言倾向的意涵。

“一个会计助理可以把他自己想象成罗马国王，但是英国国王不能，因

为英国国王已经失去了把自己梦想成为另一个国王的能力。他的现实限制他的感觉。”（《单调产生的快乐》）

但他又打趣地说没有足够的钱财来成为梦想家，因为“伟大的忧郁，还有愁肠百结，只有在一种舒适的气氛和清朗的豪华中才能够存在。”（《梦想的本钱》）

他想象自己成为另一个夏多布里昂，但猛然惊醒自己既不是一个子爵，也不是一个法国布列塔尼人。当他注意到自己的某些词句与卢梭有些相似时，发现自己不是贵族，更没有贵族的优越。曾经如此：贵族和伟大的精神贵族在几乎不受限制的时空中扩展着人类的文学想象力，佩索阿不具有这一切，但站在居所的窗边，那些“木轮车和包装箱的风景，虽然贫贱不堪，我设法从车轮和木板上抽取的这些梦境却让人敝帚自珍”，一个“会计的文学”依然能够抵达梦想的深处，这些像一个细木工般手艺人式的精细感性的语言，几乎可以被我们触摸到。

在佩索阿对生活世界的阅读与翻译中，仅仅在自我内心里，景观才成为其景观。他无需离开那条“道拉多雷斯大街”，生活本身就是旅行。在《我游历第八大洲》里，他说：“有些人航游了每一个大洋，但是很少航游他自己的单调。我的航程比所有人的都要遥远。我见过的高山多于地球上所有存在的高山。我走过的城市多于已经建起来的城市。”旅行的视觉并不一定使得景观在内心中沉淀，就像佩索阿强调要“给每一种情绪赋予个性，给每一种思维状态赋予灵魂”，给每一个可见的事物以“梦的外形”，他更倾向于在内心的游历，“从他自己的躺椅里欣赏整个世界的壮景，无需同任何人说话，无需了解任何阅读的方法，他仅仅知道如何运用自己的五官，还有一颗灵魂里纯真的悲哀。”

那些记录着街头发生的小小故事，发生在理发店里的小小变故，纸牌、光线或者他在海边散步的文字，既是世界与自我存在之间的连接，也是一个完整的心灵世界的显现。在很大程度上，正是他充分意识到自己的渺小位置，一切事物一切变故才具震撼内心的力量，正因为他灵魂里“纯真的悲哀”的浸染，生活世界的荒谬性才显现出悲剧的意味。

无论从哪方面看，佩索阿都是一个病人，一个忧郁症患者。在这个世界看来，一个“会计的诗歌和文学”就是一种精神分裂的表现，况且他还梦想着“伟大”。如果我们简单地将他的不安、封闭、孤独、虚无感以及不愿被永久性关系束缚视为抑郁的现代病理学，我们将失去一种“消除幻觉的礼物”。佩索阿写作的意义表达了另一条原理：琐碎的事件本身依然蕴含着巨大的精神能量，而写作就是转换、释放这种能量的方法，分裂、裂变产生能量。如他自己所说：“写下就是永恒。”“写作如同对自己进行一场正式的访问。我有特殊的空间，靠别的什么在想象的间隙中回忆，我在那里欣悦于对自己的分析，分析那些自己做过然而不曾感受过的东西，那些不曾被我窥视过的东西，它们像一张悬在黑暗中的画。”

佩索阿就这样，将一个助理会计的职业生涯、一个卑微的人生，逐步改写为一个诗人的生存，而且，几乎在他的身后获得“伟大”。他明白这一点：

在很大程度上，我是自己写下的散文。我用词藻和段落使自己成形，给自己加上标点，而且用一串意象使自己成为一个国王，就像孩子们做的那样，给自己戴上一顶报纸叠成的王冠。

结语：此身合是诗人未？——宿命的坚持

环视当下世界，我们不难发现：会计是经济社会的温度计，注册会计师是市场经济的“啄木鸟”。

会计行业的变迁，将会演绎出怎样的故事？是否像诗词那样走过从战火到和平、从家国到本我的漫漫历程？

会计是我的手足，诗歌则是停在我头上的蝴蝶。一首好诗都有属于一个国家和一个时代的故事，滚烫的心尽情融合其中，以其温度来衬托文字的真实和美丽。加西亚·马尔克斯说过：“灵感总是在不经意间来临”。

诗歌不是开放在我们不曾留意的心灵深处，就是掩映在熟悉的信息背后。

会计不正是反映信息的生灭流转吗？经济社会冷暖的计量一定是会计信息。会计是经济的长子，是信息的工场。

用数字信息看世界的过去，带来现实的思考；用文字信息看世界的过去，带来现实的想象。

我们在享受产品或服务，就业或者创业，抱怨金融危机或是赞叹经济繁荣的时候，会计就在我们身边，不离不弃。

我相信，会计梦就是绿色的诗行。会计能让你看清当下，而梦想能让你看到远方。

会计工作是具体而微的，形式上缺少诗的浪漫和美妙。一个没有踏实严谨态度的会计人做不好会计工作，就像诗人没有四溢激情写不出好诗一样。然而，两者并非不兼容。如何在繁杂的会计工作中感受到诗的意境，用诗的激情绽放会计人生，让朝霞满天，让数字舞蹈，给人生的"资产负债表"镶上金边，值得我们一生反复体味、细腻感知。

我愿以自己的这首《坚持》送给"一身诗意千层瀑"的同仁，共勉之。

坚持
在苍茫的长夜
在苍蝇结队的市场
坚持
于边缘于孤寂
在最繁华也最荒凉的环境
在最深的峡谷最高的山顶
坚持
不回头也不作声
让我接受你的一切
让我把桂冠踩在脚底
把荆棘戴在头上
俯下身精心护持
几颗露珠和星星
让我立足大地的深处
于污浊里举起几朵洁白

美学的风景

【题记】哪里有会计，哪里就有美。对于我们的眼睛，不是缺少美，而是缺少发现。

美是大漠流沙，美是绝代芳华。
美是期间更迭，美是借贷无瑕。
寄君一曲总不问，
曲既终，人在何处看晚霞。

也许有人会问，会计和美学怎么会有联系？殊不知，自会计学诞生之初，“什么是会计？”这个疑问，一直没有答案。有论者认为，会计是一门技术、一种方法；另有论者认为，会计是管理工具或本身就是一项管理工作。在美国，人们长期以来把会计当作一门艺术。

1943 年，美国著名的会计专家乔治·奥利弗·梅（George Oliver May）在《财务会计：经验总结》一书中写道：“会计是一种艺术，而不是一门科学，它是具有广泛和多种用途的艺术。”时光荏苒，直至 20 世纪 80 年代，美国会计界才逐渐放弃了“艺术论”的观点，取而代之的是“信息论”或“管理论”。但无论从哪一方面来认识会计，会计在美学方面的价值就是真实。

这种真实，却不是照相式的真实。

数据如何能吸引人?

乍看起来，会计无非是记账、算账、报账，成天与凭证、账簿、报表打交道，不免有些枯嫌乏味。但随着会计渗入到经济社会各个方面，人们渐渐发现，会计数据、表格、符号的后面，蕴藏着另一种吸引人的力量，闪耀着美学的光辉。

乱中求序：美学的最高使命

复式记账法，是建立在资金占用与资金来源这一对矛盾统一体的基础上的。有“占用”就有“来源”，有“来源”必然要“占用”，“来源”与“占用”属于同一事物的两个不同侧面，即分别表示了资金的“来路”与“去向”，二者相互依存，密不可分，犹如一枚硬币的两面，或是镜中的影像。在数量上，两者的总额总是平衡的、恒等的。这种对立统一的关系贯穿于整个记账过程中。

无论经济业务的多寡，资金运动发生怎样的变化，这一平衡关系都不会改变，只不过是由旧的平衡过渡到新的平衡，即会计中所谓的“自动平衡”。似乎在进行着一种微妙的可逆化学反应，即使反应物数量变化，反应还是会调整到新的平衡关系。这种平衡关系是不会因为时空的变化而打破的，从任何地点、任一瞬间来看，这种平衡都是永恒的、对称的，和谐的。这不正是对称美学精神的精妙体现吗?

有位美学家说：“一切美学的最高使命在于从混乱中整理出秩序和规律”；“秩序意味着真理，意味着和谐，秩序就是简洁，就是美。”① 人的天性厌恶零乱，喜欢追求和谐、秩序。任何科学理论都是对千千万万错综复杂的现实的高度概括与总结，自然科学如此，社会科学亦如此。会计学就是从纷纭复杂分散在空间和时间上的经济现象中整理出秩序，并进行一定的再加工，使之成为管理者、决策者乃至于投资者所需信息的一门学科。设置会计科目，实际上就是把动态与静态的会计对象进行分门别类的整理，并冠以简

① 赵鑫珊《科学·艺术·哲学断想》第40页。

明扼要的会计术语，如固定资产、银行存款、原材料等。复式记账，就是运用复式记账法将这些术语统一置入相互联系的记账符号之下，如“借”与“贷”，使之成为会计分录，这是多么精练准确的会计语言！它高度概括了错综复杂的经济现象，并且使得登堂入室的人都能读懂它。因此，复式记账法被誉为近代会计发展史上的第一块里程碑是当之无愧的。德国著名诗人歌德曾赞美它是“人类智慧的绝妙创造，以至于每个精明的商人都必须在自己的经营事业中利用它”。正是因为复式记账能将琐碎、分散的经济现象整理得井井有条，并用一种高度概括的语言（或公式）表示出来，它才具有如此强大的生命力。即使在电子计算机被广泛运用于各个领域的今天，仍然魅力不减。

会计不仅是一门精细的计量学科，充满理性的光辉，也闪耀着美学的光芒。会计的许多理论与实践问题，有待于我们从美学的角度进一步认识和思考。

会计美学的产生

“零星算之为计，总合算之为会”，这是古人对会计的一个初步认识。那时候的会计该称之为“账房先生”，他们所需要做的是对每一笔生意进行记录，并对收入及支出做最终合计。此时的会计工作相当于一种简单的数据积累工作，这是会计发展的第一阶段。

古代所称的账房先生，实际上就是现代的会计。随着社会进步和发展，逐步演变为专业服务性行业，称为会计公司、财务公司、代理记账公司等。不管何种称谓，账房先生的职能就是建账、记账，管理所辖财务。图为雕塑账房先生。

当数据积累到一定的程度后，人们便开始尝试着把令人眼花缭乱的数据进行分类再记录、合计。由过去的大量收集数据，开始对数据进行归类确认、合并反映，使其更具清晰性，这是会计发展的第二阶段。

在经过前述两个阶段的铺垫发展后，会计工作的数据信息不断精练，会计除了真实公允表达会计核算对象的财务状况、经营成果和现金流量，开始融入预测、规划、金融工具、风险管理等现代管理方法，会计工作在企业发展战略中举足轻重。于是，会计迎来了“会计美学”的第三阶段，寓会计工作于企业管理工作中，会计释放出“美”的价值。

“美”给予人的是一种愉悦的感觉。尽管每个人对美的认知不同，但是，对于适合自己的，能给自己带来愉悦的，总觉得是美的，所谓“美”的偏好也正源于“适合”这一特性，如人饮水，冷暖自知。在适合度的偏好方面，会计给予信息使用者以最大限度的“美”感——如会计准则在制定时便对信息质量要求“实质重于形式”及“及时性”。会计并非一味按照已有的准则形式循规蹈矩，而是在基本准则不变的情况下，融入大量职业判断进行“量身定制”，给财务报表使用者以可理解性，让他们感受到“美”的享受。

会计本质上的美感在于“平衡”美、“动态”美和“技能”美，把这三者联系起来并完美实现，那么一份出色的财务会计工作便宣告完成了。至于会计舞弊及会计信息失真之丑，其中95%的问题不在会计人本身。没有一个会计人是为了舞弊或者为了造假走上这个岗位的，他（她）们都是怀着美好的意愿和真挚的情感从事这个职业的。但是，为什么人们常常把会计人与造假、腐败等联系在一起呢？会计人本来很普通，挣着普通的工资，过着普通人的日子，然而，不普通的是，会计工作与金钱有关。俗语说，钱不是万能的，但没有钱是万万不能的，于是，会计就变成了焦点。这使得会计人身上就承担了太多的责任与风险。这其中，会计人付出的辛劳、付出的脑力与体力的透支，所承担的压力与无奈，不会得到领导、同事、税务、工商、审计、稽查、财政等利害关系者的“计量与披露”，因为你做的就是会计工作，你只能在力所能及的范围内保护自己。

会计人，真正是美学意义上的美丽！

美的真正内涵

会计怕僵化。一部5000年的会计史，充满了嬗变、创新与跌宕。会计学的海纳百川，会繁衍出会计哲学、会计美学、会计心理学等人文种子，发芽在账簿之间，开放在报表之上。会计人再不是一个只会说“不”者，而是别无选择地做一名“学”者—— 学习是最好的“长期股权投资”，适用于权益法核算，可以合并在你的人生报表中。

会计怕撒谎。会计虽然不是严格意义上的科学，但毕竟是有一门有规则、有逻辑的学科。你可以是技术甚或艺术的会计，但不能亲近魔术。当会计人撒谎的时候，假装真实，将是一件痛苦而倒霉的经历。一旦被别人识破，就成了虚伪的家伙。假如不曾被识破，情形更惨，除非你已良心丧尽，否则就要承受心灵的绞杀，永无宁日。

会计怕失衡。“借”“贷”并存，如天安门前的一对华表；账实相符，如河边的树木与水中的倒影。俨然的对称，闪烁着会计之美。也有短暂失衡的时候，只要稍稍归集、分配，或者追溯调整，更紧密的均衡关系就又搭建起来了。什么账外账，什么小金库，什么虚挂往来啦，无一不是单向作弊的伎俩，归入会计领地有些高抬了，说到底不过是诡计。

会计怕玩险。会计人不能在触及会计底线的钢丝上做危险动作，即使你摇摇晃晃，一时不曾跌落，也是偶然性在起作用，任何一阵旋风，都可能使你飘然坠毁。最明智的是赶快从高空中回到平地，在泥土上留下深刻的脚印。

会计有时模棱两可。比如，计价方法的运用，会计估计的选择，难说哪一种方案就是“正确的”，然而，这才是会计的魅力。会计人断不可以模棱两可，不然，无论多么玲珑剔透，潮起潮落之后，遗下的只是无珠的蚌壳与失根的水草。

若让大众对会计这一职业来做个定义，想必会有大部分人会将其归于一项具备谨慎和耐心的技术活。但若深入了解，会发现会计是一门技术活的同时还是对美的创造。身为一名优秀的会计，在工作时应秉持着良好的科学精神和保持着一颗让周边都处处充满着美感的心。完成一份好的会计作品，就必须很好地达成“会计作品”整体的“平衡”美，“动态”美，“技能”美和“真实”美。“僵化”的会计工作可归结为形式正确，却不适合进一步使用的会计作品。“撒谎”的会计作品，如同是一幅失真的艺术作品，失去了它原有的价值。任何一幅作品，无论是抽象的抑或是写实的，其本身都是对现实的写照。“失衡”与“玩险”则说明会计作品缺少了平衡美与真实美。会计作品需要同时具有“平衡”美、“动态”美、“技能”美和“真实”美，方能展现出其所具有的美学效应。

会计，所包含的并非只是会计人员以及会计报表等相关作品，同时还包含着会计作品的观赏者和鉴定者。如何构建三者之间稳定的美学结构？首先得做到会计人员与会计信息使用者之间的有效沟通，让会计工作人员明白信息使用者真正需要的是哪些信息，同时使会计信息使用者时刻了解现有状况的真实体现，让信息透明化、及时化和可适应化。

会计美的价值

有人认为："会计无论是在宏观还是在微观经济中，都是一项综合性很强的管理工作，基于对会计工作实践的总结，概括所产生的理论，也必然是一门涉及很多学科的新兴边缘学科。这是一份研究会计理论的提纲中的观点。而我认为，进行会计理论建设，的确应该重新认识和研究它同各学科之间的联系。当代科学技术发展的重要特点之一是，一方面表现为门类越来越细，同时又表现为高度综合。各种学科之间，具有广泛的有机联系，这种联系反映了科学技术正朝着马克思所预言的自然科学和社会科学"将是一门科学"的方向发展。

美学，研究的是人对现实（特别是艺术）审美活动的特点和规律。同样，它也在向新的领域开拓。过去它的审美对象仅限于艺术，如今也涉及自然科学的范畴。科学美同艺术美大有并驾齐驱之势。

西方有的学者认为会计是一门艺术。我们把会计看成是经济管理的重要组成部分，而"管理"也是可以称之为一门艺术的。这样概括有两层含义。

首先，"艺术"是一个具有相当"广度"的词。在古汉语中，"艺"是指技巧的意思。古西腊文 Tekne 一词，既表示艺术也表示制作和手工。在拉丁文中，Ars 一词同时意味着艺术、手工业和技巧。.

其次，作为审美对象的艺术，一般是指要表现一定的思想感情的劳动产品或创造物，诸如小说、诗歌、音乐等等。然而现代会计融入管理，也不能只采用一些技术方法，而需要倾注一定的感情。西方的管理行为科学，以及以运筹学和行为科学为基础建立和发展起来的管理会计，就足以证明这一点。管理会计固然采用了一些数学模型，但同时又应用心理学、社会学，政治学等社会科学的定理、理论去加以融合，然后才作出决策。在围绕经营目标组织实施管理过程中，更多的是对执行对象的性格、嗜好、欲望等等加以研究，通过感情交流的方式实施管理。

我们说，经济手段、经济办法固然重要，但是一切向“钱”看却不能解决管理中的所有问题，仍然要伴之以政治思想工作。无数事实证明，空头说教不是真正的政治思想工作，而只有结合经济工作，只有在研究对象的心理结构的基础上科学地去做，动之以情，晓之以理，方能奏效。单就会计管理而言，会计人员要在符合国家政策、法令的前提下，去研究处理各种经济关系（如企业同职工的关系等），这种关系处理得好，就可以调动职工的积极性，为国家多创财富，处理不好就会产生负效果。这难道不可以说会计本身就是一种管理的艺术吗？

此外，我们从讲求经济效果的角度看，会计人员核算资金的耗费和占用，将所费、所占用与所得进行比较确定经济效果，也不仅仅是一个计算方法问题。人们常这样去要求会计工作：要“少花钱、多办事”，要以最小的劳动消耗取得最大的劳动成果。可见，同样多的“钱”办事会有多有少；同样的消耗和占用，取得的经济效果也会有大有小，甚至会产生负效果。这就说明，讲求经济效果不仅仅是个计算技术问题，还有一个使用“钱”的技巧问题。我国有句谚语“好钢用在刀刃上”就是这个道理。

如果说一台戏的演出成功，主要是导演按照美的规律去劳动、去创作的结果，那么，一位高明的会计师组织一项经济活动，达到一个最佳经营目标，取得了最大经济效果，同样也是经过了巧妙构思、运筹帷幄、精心设计、合理安排。也倾注了他的全部心血和感情，也是按照美的规律进行的一种创造性的劳动。由此观点出发，会计确是一门艺术，一门管理的艺术。研究美学是为了审美。我们对会计工作的美与丑完全可以这样来评价：有助于企业的生产经营活动取得正效果或最大效果的会计工作就是美的，否则就是丑的。

好美而恶丑是人的天性。现实生活中人们常把“美”同“真善”联系在一起，而把“丑”和“假恶”视为一体。真善美的东西总是人们向往与追求的，假恶丑的东西则是人们所摒弃的厌恶的。正是基于这一点，人们对会计工作也会有一般公认的审美观，并用它去辨认美的与丑的。比如，目前会计工作中出现的“厂长成本”、“书记利润”之类，它就是假恶丑的东西，它追求局部的经济利益，损害了全社会的经济效益。再比如，浪费现象在我国经济生活中屡屡发生，由于浪费并不使管理者有切肤之痛，所以经常被轻松的冠以“付学费”的名义，且这种“学费”付而又付不能根绝。

正像法律和道德相辅相成、并行不悖的关系一样，对法律不及的地方，人们可以用一般公认的审美观去评价它们，对美的褒扬，对丑的唾弃。这种审美趣味并不是某些狭小生活领域中个人的偏爱，而是带有很广泛的社会性。这种社会性的评价一经形成，必然起着很大的作用，而且这种作用也是法律制裁、经济惩罚、行政手段等不能取代的。这就是研究会计与美学之间联系的意义所在，也是在会计学中运用美学知识需要进一步探讨的问题。

真正的美，你可曾看到

陶渊明是中国古典文学史上一位非常优秀的田园诗人，然而在他所处的年代人们大多只把他当作一位合于雅道的隐士，其人与其诗并没有引起人们的全面关注。人们真正开始关注陶渊明的诗歌是唐以后的事情。人们赞颂陶渊明的为人、喜爱其作品，主要是因为其无论是为人还是为文，人们都从中体味到了美的存在。诚然，陶渊明没有专门的美学著作，没有直接阐述关于美的言论，但这不妨碍人们从中体悟到他的美学观念。陶渊明美学思想的核心就是崇尚自然。图为当代画家钟捷 2005 年的作品《陶渊明诗意》。

其实我们每个人都是住在风景里的人。一如当年的陶渊明，“采菊东篱下，悠然见南山。”许多人往往会有种错觉，因为熟悉的地方没有风景，觉得围绕在自己身边的一切不够美，不够大气。

其实随身带着手机，拍下一些镜头，回味之后，竟发现许多被我们忽略的风景。罗丹说过，对于我们的眼睛，不是缺少美而是缺少发现。有了审美感知力，“一个人的心灵就能在不知不觉中接受各种美的观念，并且最后接受同美观念相联系的道德观念。”

人们常常说起艺术是美的事业、是美的宫殿，艺术家则应是美的使者。而作为一名在会计领域潜心研究的工作者，住在“会计风景”里的人，几乎很少听到这样一种声音：“会计是美的艺术。”那么让我们一起擦亮发现美的眼睛，寻找那些我们容易忽略的会计之美。

白石趣画《发财图》

我个人偏爱白石老人的画，要说他和会计的不解之缘，这幅《发财图》有那么点小趣味。说起这幅《发财图》，那是1927年丁卯年五月初的事儿。

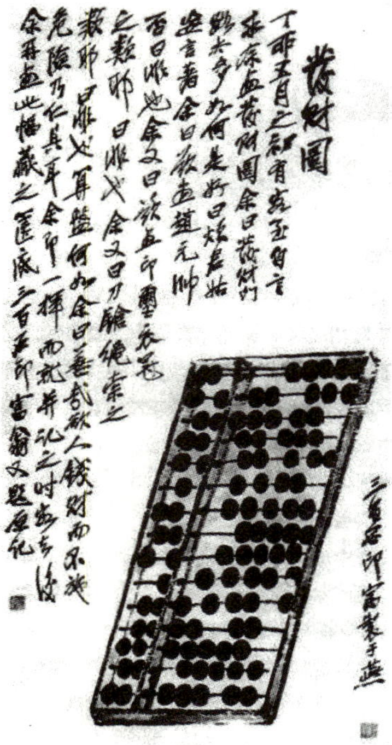

《发财图》是齐白石绘于1927年的一幅趣图。画面上的文案如下：“丁卯（1927年）五月之初，有客至，自言求余画发财图。余曰，发财门路太多，如何是好？曰，烦君姑妄言著。余曰，欲画赵公元帅否？曰，非也。余又曰，欲画印玺衣冠之类耶？曰，非也。余又曰，刀枪、绳索之类耶？曰，非也。算盘何如？余曰，善哉！欲人钱财，而不施危险，乃仁具耳。余即一挥而就，并记之。时客去后，余再画此幅，藏之箧底。三百石印富翁又题原记。”

一天，白石老人家中来了一位求画的客人。这位客人与其他求画者不同，他不求白石老人的游鱼、雏鸡，也不求他的葡萄、紫藤，单求白石老人从未画过的《发财图》。

齐白石有些为难，脱口便说道："这发财门路太多，到底您要画哪一种财路呢？"

客人答道："麻烦先生说几路听听。"

白石问："要不要财神爷赵公元帅图？"客人摇头。

白石又问："要不要官印、官袍之类？"客人又是摇头。

白石再问："那就画张能够猎取不义之财的刀枪、绳索之类？"客人还是摇头。

客人见白石实在无法猜到自己心之所想，便和盘托出自己的心思："就画一只算盘，如何？"白石老人闻言连连称妙："太好了！欲人钱财而不施危险，乃仁具耳！"于是一挥而就，画了一幅算盘图，才有了这幅有意思的《发财图》。

古往今来，真正将算盘作为一个独立的画材，进入大写意画的，齐白石要算第一人。所谓"算"，就是筹码，而会计与珠算间的联系好比手和手杖。会计的计算自然少不了这噼啪噼啪之声的美妙。老子说："善计不用筹策。"

在这个长条幅中，墨线勾出木框、隔栏、算柱，淡墨轻染后，以浓墨点出算珠，错错落落。为打破构图的板滞，他在左上部提出长款"发财图"。丁卯五月之初，有客至自言求余画发财图。余曰：发财门路太多，如何是好？玺衣冠之类邪？曰：非也。算盘何如？余曰：善哉！欲人钱财而不施危险，乃仁具耳。余即一挥而就，并记之。时客去后，余再画此幅藏之箧底。三百石印富翁又题原记。为了平衡画面的美感，他又在右下纸边题一行字："三百石印富翁制于燕。"

算盘在汉代就已经开始使用。这个时期的会计发展到上计制度成为一种全国性的、综合性的统计、会计报告制度。所谓"计"，就是统计、会计和审计。计，计籍、计簿，包括账簿和报表；上即呈上，上报。每年（或几年）从县开始，逐级向中央上报计簿，也称计书。《尔汉会要》卷二十七："郡国岁尽，遣上计掾吏，条上郡内众事，谓之计簿。"计簿主要内容是将地方各级官员所辖区域的人口、田地、财务的增减变动情况和钱谷税赋入出情况的计算、汇总、编制成籍（计簿）逐级上报朝廷，接受相关吏员的监督审查，借以确认财富增减变动以及人力资源情况，安排中央财政税收，考核官员的政绩，实施有效的激励机制。当时，每年（或几年）由县派遣计吏将计簿送郡，经郡审理后，弭由郡委派上计吏统率代表团携带计簿赴京上计。

“珠算”一词，最早见于汉代徐岳撰的《数术记遗》，其中有云：“珠算，控带四时，经纬三才。”图为宋代《清明上河图》（局部），可以清晰看到“赵太丞家”药店柜台上放者一把算盘，由这些实例，可知宋代已应用珠算。

在汉代徐岳所著的《数计记遗》里，已经出现了“珠算”的身影。告别昨日的方寸间细妙，算盘无论怎样画，总难画出新意，也不可能表现出多高的笔墨技巧，但齐白石却以幽默风趣且寓意深刻的“文”来弥补。

算盘为长方形，分上下两栏。里面嵌着一根根的算柱，贯穿上下两栏，一柱上栏二柱下栏五珠，有十三柱、十五柱、十七柱等规格。古今画谱中，将算盘独立入画，确实少见。这笔墨之间也彰显出白石老人的能够将腐朽化为神奇的超凡功力。而会计和审计人，将看似索然无味的报表能勾勒出一幅经济的素描，怎能说这表格之间升华不出韵味，超越言象，令人悠然神会，绵绵不尽又能道出数字和经济的景象?

美在会计中蕴育

利比里亚发行于1999年的《中国算盘与〈算法统宗〉》邮票,可称为最富珠算文化底蕴的海外算盘邮票。画面以中国珠算宗师、明代安徽黄山人程大位的珠算巨著《算法统宗》木刻版中的一页为背景,叠印上中国算盘图案。而《算法统宗》是一部影响巨大的珠算文化代表作。

美是一种情调。然而要将美与会计工作搭上关系,也许并不会有太多人赞同;甚至会有人戏谑地说不如把“情调”改为“单调”,因为在会计的工作中,我们似乎看到的总是工作周而复始的在形式中重复,何有情调可言?

“知我者谓我心忧,不知者谓我何求[①]”,我想这也许正是“作为思想的会计”此时的心声。其实,会计工作的情调表现在很多方面:比如,会计思想的文化特质和赋予其上的人类意志使其如诗般的具有了灵魂性。再如,环境对于会计工作的要求和会计工作自身对于“真、善、美”追求催生了其“与时俱进”的创造力,这有些像诗人“情由物生”的境界。又如,会计工作中的形式——或是别致细腻的会计书法,或是规巧醒目的会计图表,或是简洁明晰的报告语言,无不透出会计工作的审美情趣。因此,没有看到美并不意味着没有美,只是程式化的理性思考方式蒙蔽了我们那颗本具有想象力和创造力的心。正所谓“美由心生”,会计工作的情调其实还是会计人员的情调。

现在,试着抛开一切束缚与功利重新来审视我们的会计工作吧。难道你没有发觉那“周而复始的重复”也如音乐般奏响了音韵、连贯之美吗?与君歌一曲,请君为我倾耳听[②]——

看看会计的简练美。会计工作中的简练性所表现出来的美感。简练即简要、精练之意。口语中的简练给人以精干、利落之感,书面语中的简练透出明快、清爽之美。会计中的简练美主要体现于书面语中,其次反映在账、

① 出自《诗经·黍离》。
② 【唐】李白《将进酒》。

证、表的设计之中。会计科目作为会计要素的再分类，以十分简明的语言，点出了所要核算与监督的内容；记账凭证、账簿记录中的摘要，以寥寥几字道出了所反映交易、事项的内容；会计报表中的各个项目，又是以多而不乱、简洁明了和通俗易懂的排列，向利害关系人提供会计信息。此外，会计凭证、账簿和报表的格式设计，哪一个不是充分体现了简练美，又满足了提供会计信息的要求呢？

还有会计的抽象美。会计工作中的抽象性所表现出来的美感。抽象原指从许多事物中，舍弃个别、非本质的属性，抽出共同的、本质的属性。抽象是形成概念的基础和必要手段。同其他学科一样，会计学也离不开抽象。没有抽象的科学是不完整的科学，没有科学的抽象是不真实的抽象，抽象美寓于科学而简捷的抽象之中。会计学中的抽象是不言而喻、且十分精彩的。如何充分认识和理解会计中的抽象美，并加以科学合理的运用，对于促进会计规范化研究，无疑具有现实意义。

会计的连贯美就更加显而易见。会计工作中的连贯关系所表现出来的美感。会计的连贯性并无异于时间的连贯性，这是由时间作为“事物普遍运动的性质和形式”所决定的。在马克思哲学中事物、运动、时间和空间被有机的联系到了一起。如果单纯地就时间而言，时间是无限，也就是说处于这一过程中的事物只要保持原有的运动就会按照时间的脉络持续的进行下去，并且这一过程具有相应的顺序。现代会计的体系中由时间承载的“事物”被抽象为了运动的资金，这也就使会计的时间具有更为具体的含义。从资金的运动形态来看，资金总是沿着“货币资金→储备资金→生产资金→成品资金→货币资金”这条路线循环往复，周转不息；而会计的时间很自然就被认为是一个个周期的连续。这也使得基于资金连贯不息产生出的会计形式具有连贯之美——本期期末余额转为下期期初余额、期初余额加本期增加发生额减本期减少发生额等于期末余额、总账余额及发生额与其所属明细账余额及发生额之和相等，既体现了平衡美，也是一种连贯美；而账簿、凭证按时间先后顺序登记、成本计算中的逐步结转分步法、利润表中各层次利润的计算与排列顺序，以及凭证、账簿和报表之间的依存关系等，均从时间和空间上表达了连贯美。仿若周而复始，又似细水长流。会计中的种种勾稽关系，内部控制制度的建立，会计制度的设计等，离不开连贯美的支持。

也不能忘了会计的节奏美——会计工作中的节奏性所表现出来的美感。节奏有两种含义：一是指音乐中交替出现的有规律的强弱、长短现象，二是指均匀而有规律的工作进程。音乐节奏给人以悦耳明志的享受，工作节奏使人体会到明快、顺畅。会计中的节奏现象同样具有美的属性，富有强弱、长短之感。会计分期假设的存在，使会计实务中出现了定期进行成本计算、定期期间（月度、季度、半年度、年度）。从不同会计期间来看，会计期间越长，所揭示的交易、事项越复杂、越全面，其财务会计报告越重要，越受到使用者的重视，反之亦然，由此体现出会计节奏的强弱之分。会计中的重要性原则、权责发生制原则、配比原则和稳健原则等，正是在会计期间的交替循环中表达了这一思想。此外，存货计价中先进先出法、后进先出法，固定资产折旧，无形资产的摊销，待摊费用的摊销，分期收款销售，债权的定期收取和债务的定期偿还等，都是从时间与空间上对会计节奏美的再现。

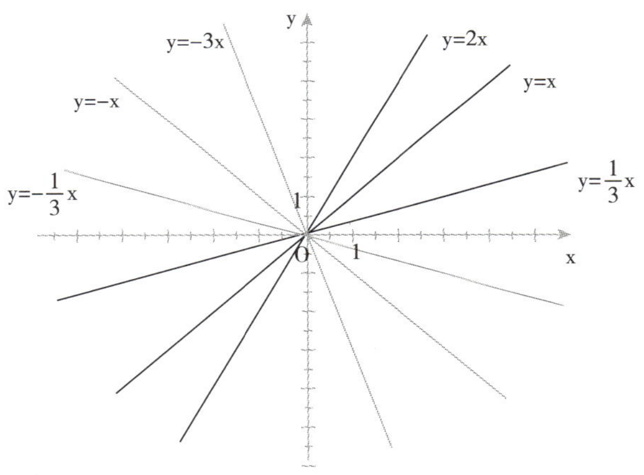

正比例函数：一般地，两个变量 x，y 之间的关系式可以表示成形如 y = kx（k 为常数，且 k≠0）的函数，那么 y 就叫做 x 的正比例函数（如上图例）。正比例函数属于一次函数，但一次函数却不一定是正比例函数。

比例美则是会计工作中的比例关系所表现出来的美感。比例是事物间依据量的规定所表现出的关系，如在数学中表现为：当存在一非零常数 k 使 y = kx时，变量 y 与变量 x 的关系；在技术制图中，它是指图中图形与其实物相应要素的线性尺寸之比。会计中也存在着大量的比例关系，如会计图表设计的布局关系、会计的指标关系等，其美感主要来源于我们对其所依托形式的喜好或是对隐藏在其背后的规律的崇敬。例如：将资产负债表按“资金来源”与“资金去向”一比一（1∶1）的划分报表，从而使人感到对称的美感；犹太人通过实践将空气中氮与氧的比例（78∶22）作为银行存款人与借款人的配置，所获得的经营上的成就感；“黄金分割比”（1∶0.618）在财务会计管理中的应用，使人感到如金字塔的设计中的微妙、神奇感。黄金分割比在财务会计管理中的应用①见下：

黄金分割又称黄金律，是指事物各部分间一定的数学比例关系，即将整体一分为二，较大部分与较小部分之比等于整体与较大部分之比，其比值为1∶0.618或1.618∶1，即长段为全段的0.618。0.618被公认为最具有审美意义的比例数字。学界认为，黄金分割由公元前6世纪古希腊的毕达哥拉斯学派发现。我国古代数学家亦曾独立创造，并经过印度传入欧洲。黄金分割这一形式在自然界中普遍存在。如上图所示的蜗牛壳螺旋线形中，DE/AE = CD/AD = BC/AC = 0.618。

“黄金分割比”在资金运动静态中的运用：

◆在静态方程式中其结构比为：资产 1 = 负债 0.618 + 所有者权益 0.382

① 资料来源：徐汉峰：“探讨‘黄金分割比’在财务会计管理中的应用”，《经济师》，1996年第9期。

◆在资产分布中，工业企业资产分布结构为：资产 1 = 流动资产 0.618 + 固定资产、长期投资、无形资产、递延资产、其他资产 0.382

◆在商业企业流动资产中其结构为：商业企业流动资产 1 = 商品、产成品、半成品、在产品、原材料、燃料 0.618 + 包装物、低值易耗品 0.382

◆在货币资金中其结构比为：货币资金 1 = 银行存款 0.618 + 现金 0.382

◆在应收及预付款项中其结构比为：应收及预付款项 1 = 应收票据、应收账款、其他应收款 0.618 + 预付货款、待摊费用 0.382

◆在固定资产投资中其结构比为：固定资产 1 = 房屋及建筑物、机器设备、运输设备 0.618 + 工具器具等 0.382

◆在无形资产中其结构比为：无形资产 1 = 专利权、非专利技术、商标权、土地使用权 0.618 + 商誉、信誉等 0.382

◆在递延资产中其结构比为：递延资产 1 = 开办费、租入固定资产改良支出 0.618 + 其他支出等 0.382

◆在其他资产中其结构比为：其他资产 1 = 特准储备物资 0.618 + 银行冻结存款及物资诉讼中财产等 0.382

◆在负债中其结构比为：负债 1 = 流动负债 0.618 + 长期负债 0.382

◆在流动负债中其结构比为：流动负债 1 = 金额可以确认的短期借款、应付票据、应付账款、预收货款等流动负债 0.618 + 金额视经营情况而定的应付工资、应付福利费、应付利润、应交税金、预提费用等流动负债 0.382

◆在长期负债中其结构比为：长期负债 1 = 长期借款 0.618 + 应付债券、长期应付款 0.382

◆在所有者权益中其结构比为：所有者权益 1 = 实收资本 0.618 + 资本公积、盈余公积、未分配利润 0.382

◆在实收资本中其结构比为：实收资本 1 = 国家资本金 0.618 + 法人资本金、个人资本、外商资本金 0.382

◆在接受投资人投入资本中的物质形式上，其结构比为：货币投资 0.618 + 实物投资、证券投资、无形资产投资 0.382

◆在资本公积金中其结构比为：资本公积 1 = 股本溢价、法定财产重估增值 0.618 + 接受捐赠的资产价值 0.382

“黄金分割比”在资金运动动态中的运用：

◆在动态方程式中其结构比为：收入 1 = 费用（支出）0.618 + 利润 0.382

◆在收入中其结构比为：收入 1 = 基本业务收入 0.618 + 其他业务收入、对外投资收益、营业外收入 0.382

◆在费用（支出）中其结构比为：费用（支出）1 = 直接费用、间接费用 0.618 + 期间费用、投资损失、营业外支出 0.382

◆在工业生产费用中其结构比为：工业生产费用 1 = 直接费用 0.618 + 间接费用 0.382

◆在产品制造费用中其结构比为：产品制造费用 1 = 直接材料费用 0.618 + 直接人工费用、直接制造费用 0.382

◆在商品直接费用中其结构比为：商品成本费用 1 = 商品进价 0.618 + 运杂费、包装费、仓储保管费等 0.382

◆在利润总额中其结构比为：利润 1 = 产品（商品）销售利润 0.618 + 其他业务净利润、投资净收益、营业外净收支 0.382

◆在利润分配中其结构比为：利润分配 1 = 企业各项留利及未分配利润 0.618 + 应交所得税等 0.382

◆在处理国家宏观经济利益与企业微观经济利益上其结构比为：经济利益 1 = 企业微观经济利益 0.618 + 国家宏观经济利润 0.382

◆在处理积累基金和消费基金比例上，其结构比为：基金 1 = 积累基金 0.618 + 消费基金 0.382

对称美是会计工作中的对称关系所表现出来的美感。这一美感在会计科目的设置上表现得非常普遍，如：原始凭证中“领料单”与“收料单”；记账凭证中的“收款凭证”与“付款凭证”；会计科目中的“应收账款”与“应付账款”、“应收票据”与“应付票据”、“预收账款”与“预付账款”、“其他应收款”与“其他应付款”、“待摊费用”与“预提费用”、“短期借款”与“长期借款”等。“半亩方塘一鉴开，天光云影共徘徊。”① 会计中的这些对称关系，不仅有利于我们学习中的记忆、理解，更使我们从中感受

① 【南宋】朱熹《观书有感》。

到一种悦心悦意、悦耳悦目的内在美，从而使我们在凭证设计、尤其是会计科目命名方面，根据客观经济业务的内在联系作出更具美感、更加实用的改革。

更加突出的是会计的平衡美。会计工作中所存在的数量或质量上的相等或相抵关系所体现出来的美感。表现在："有借必有贷、借贷必相等"的记账规则、"资产 = 负债 + 所有者权益"的会计等式、资产负债表结构、总账与明细账的平行登记、账簿记录与报表数字的钩稽关系、报表中主表与所属附表的依存关系、会计分录中的账户对应关系、记账凭证与所附原始凭证的核对关系、记账凭证与账簿记录的核对关系、银行存款与银行对账单的核对关系等，即账卡相符、账证相符、账账相符、账实相符、账表相符等，均体现了平衡美。

会计还具有整合美，即会计工作中各要素通过有效整合所体现的美感。会计的整合美感首先来源于会计内容的完整。有别于艺术作品可以将残缺作为美的表现手法，如"犹抱琵琶半遮面"的歌伎，断臂的维纳斯等，会计工作首先从制度、规则上就追求着完美，这也就潜移默化促使会计工作的形式、会计人员的行为走向完整、完善。如果一个会计主体的会计活动没有对应当作为会计事项的活动进行会计处理，或者掐头去尾不是全过程的处理，从欣赏的角度就不可能使人获得轻松、舒适的感受。另外，这种美感还表现在会计的高度逻辑性。整合的精髓在于将零散的要素按照一定的逻辑关系组合在一起，"一加一大于二"的整合效果往往会使人获得出乎意料的惊喜感。

会计的秩序美——会计工作中的秩序关系所表现出来的美感。秩序乃有条理、不混乱之意。会计对象的具体内容尽管千差万别、错综复杂，但在会计管理中通过各种会计方法的加工处理，呈现出有规律而条理分明的类别，进而形成会计理论与会计实务的秩序性。如会计对象六要素的分类，会计科目的分类，以及会计凭证、会计账簿和会计报表的分类等，使得杂乱无章的交易、事项得以全面、系统、综合的反映，使会计核算实现了科学化、系统化，使信息论、系统论和控制论在会计中发扬光大。另一方面，由于会计对象内在本质所决定，定期提供会计信息、有条不紊的履行各项会计职责，体现了会计工作的秩序化，也是会计这一价值管理工作的内在要求。

会计的协调美——会计中的协调艺术所表现出的美感。有人把会计工作称之为“经济活动的神经中枢”。可见，在经济工作千头万绪、利益冲突纷繁复杂的今天，会计工作对于推动经济生活和谐、稳定和健康发展的重要意义。会计的协调艺术是美的：生产环节的衔接，组织关系的融洽，委、代（委托方股东与代理方管理层）冲突的调和，战略、战术的把握——会计工作总能秉承“用数据说话，以事实服人”的处事原则使琐碎联结，将矛盾化解，在经济领域为我们诠释了一个生产有条不紊，人际和乐融融，委、代互信互利，长、短（长期利益与短期利益，如企业的短期经济利益与自然资源、环境的长期维持）一致统一的“和”字。虽然会计协调艺术遵循着中国传统的“和为贵”的处世态度，但也绝非是一味的“屈从求同”的失去自我，“和而不同”才是指引、推动会计工作、经济生活走向“更加和谐”的目标和动力。这一点在我国会计准则的国际趋同中尤为凸显。在各国通过发展会计事业获得“软实力”的今天，可以说我们已不缺少谦虚好学的传统美德，我们开始学会通过沟通去理解和包容世界；但以大国姿态在协调中“取其精华，弃其糟粕”对于我们却需要时间和勇气，而“弘扬传统，自立自强”则更需要魄力——在会计准则的国际趋同之路上，“不卑不亢”应作为我国会计人的正常姿态。

蓬门今始为君开：以会计视角审美

“秋风日暮南湖里，争唱菱歌不肯休。[①]”秋日湖畔，月光皎皎的夜晚，错落有致的三个湖中，穿梭着一只只采菱的小船。采菱人一边采摘水中的菱角，一边哼着优美的歌儿，不免让人忘我而陶醉。美学中有“枯淡”一词，古朴清淡，旨趣高远。而闲淡在它的悠闲静逸间，“枯淡”是让外表质朴平淡拨开那层细腻柔软的纱而流露出丰盈浓厚的艺术感，可谓苏轼所说的那样“所贵乎枯淡者，谓其外枯而中膏、似淡而实美，渊明、子厚之流是也，若中边皆枯淡，亦何足道。”

美是什么？在我看来，美就是一种感受。一种发自内心，由内而外的欣

① 【唐】戎昱《相和歌辞·采莲曲二首》。

赏。审美就是人发现、选择、感受、体验、判断、评价和创造美的实践活动和心理活动，审美以客观存在的美作为对象和源泉，以一定的审美观点、能力和审美态度为主观条件。会计审美是指会计工作者在会计活动中发现、选择、感受、体验、判断、评价和创造会计美的过程。会计活动的过程和成果中内含的客观存在的美需要被人发现，会计工作者和会计信息使用者在会计实践过程中为了揭示经济活动的内在规律，也通过各种手段和方式来发现、选择、感受、体验、判断、评价和创造会计之美。

如果说会计是科学，那么只需构建一个模型，或画出一条曲线，即可验证。如果说会计是艺术，那么只需烘托出剧场效果，或是绘画效果，即可诠释。如果说会计不是科学，那么无数会计研究者的劳动就失去了庄重，会计实务也就缺少了精致；如果说会计不是艺术，则会计的魅力——估计和判断荡然无存，会计离魔术的距离将越来越近！

会计可以是科学，也可以是艺术，但唯独不能是魔术！

不妨认为会计介于科学和艺术之间吧。搞研究的，大抵要具备科学家的精神；搞实务的，不免要捎带上艺术家的思维；如果既不科学也不艺术，那确是糟透了。娶个科学女神，嫁个艺术王子，就是会计！

会计的审美关系

会计的审美关系主要指人与会计活动的审美关系，是会计工作者在审美实践中与会计活动发生的审美关系。人与会计活动的审美关系是会计工作者和会计信息使用者从审美上把握会计活动、改造会计活动、欣赏会计活动的关系，是会计美学赖以存在的前提和会计美学研究的基本问题，其中会计工作者和会计信息使用者是会计审美的主体，会计活动是会计审美的客体，两者相互联系、相互作用。会计活动作为会计审美客体具备的审美特性是会计审美关系形成的客观基础，会计工作者和会计信息使用者作为会计审美主体的审美实践、审美需要和创造美的能力是会计审美关系形成的主观条件，在会计审美关系中，会计活动本身制约着会计工作者和会计信息使用者，会计工作者和会计信息使用者又发挥着能动性，不断发现、加工和改造会计活动，使会计之美更加具有人的社会内容，渗透进人的思想、情感、意志和智慧，确证人的本质力量。

会计的审美主体

一般情况下，审美主体包括认识、欣赏、评判审美对象和创造美的社会人。同样的道理，会计的审美主体包括认识、欣赏、评判会计审美对象和创造会计美的社会人。需要指出的是，会计审美关系中的审美主体主要是由两个部分的人所构成：一部分人是会计工作者（包括会计实务工作者和会计理论工作者）；另一部分人是会计信息的使用者，包括所有透过会计信息关心、了解经济活动的各种层次的社会民众。会计审美主体的多元化使会计审美具有了鲜明的社会性特点。可见，会计的审美主体是实践的、社会的、富于创造性的主体，是使会计活动成为审美对象的条件，会计活动中体现的美感只是对人存在，因为只有人不仅具有生理的、物质的需要，而且有精神的、审美的需要，只有人具有审美、创造美的能力和意志行为。

会计审美主体是长期从事或关注会计活动，接受会计专业教育，学习会计专业，熟悉会计业务的会计实践活动的参与者和会计实践活动成果的欣赏者。会计审美主体历史地存在着复杂性、发展性，不同的主体有着不同的或相同、相似的审美观念、意志行为和审美个性。会计审美主体受客观的制约，又决定着会计审美对象的审美性质，不断创造会计美，发展会计美，使会计审美客体的内容不断丰富。

会计的审美客体

一般情况下，审美客体是被审美主体认识、欣赏、体验、评判和改造的、具有审美特质的客观事物。会计的审美客体是被会计审美主体认识、欣赏、体验、评判和改造的具有审美特质的会计活动的过程及其结果。会计审美客体是客观存在的具有真实、平衡、对称、秩序、简约、统一和和谐等美感或具有美的潜能的会计活动及其成果。会计工作者在从事会计活动过程中，会计信息使用者在使用会计信息过程中与会计活动及其成果——会计信息确立了特定的审美关系，会计活动和会计信息能够被会计工作者和会计信息使用者审美地把握，激起人们的审美意识，从而成为了会计审美关系中的审美客体。

会计的审美客体，相对于会计工作者和会计信息使用者而存在，被人们所发现和把握，随着人的会计实践和审美意识的发展而发展，经过人的审美心理结构的中介，被人发现、认识和选择，并按照美的规律和人的需要被改造和创新，激起人的审美感受和审美评价，它是激起人的审美意识的客观基础和美感的源泉，制约着人的审美态度和审美创造。同时人的审美实践、审美意识和审美创造又使审美客体向人生成，成为人的审美对象，并推动审美对象的发展。

会计的审美动机

会计的审美动机主要回答会计审美的基础是什么的问题，是研究引起会计审美活动的主观目的、意向和愿望的心理发动机制。就会计审美而言，不同的人有不同的审美动机，这和他的地位、阅历、受教育程度、文化素养、个人情趣等有很大的关系，有自觉的也有非自觉的，有单纯的也有复杂的，有感性的也有理性的。但是，会计审美动机的产生是人的精神层面的追求，当人们的物质生活达到一定水平时，精神追求就会成为他生活中不可或缺的一个方面。人们在追求真和善的同时也会唤起对美的向往，把自己的会计职业人生艺术化，丰富自己的感情世界。

会计的审美方法

审美的方法是指感受、判断和创造美的手段，如何感受、判断和创造美要受到审美主体世界观和美学观的制约。辩证唯物主义的方法论强调从实践中来到实践中去的认识方法。对于会计审美来说，会计实践活动才是会计审美的根源和动力，是会计审美的标准。因此，会计审美的方法也应该是由实践到认识，再从认识到实践；由具体到抽象，再从抽象到具体；从感性到理性，再从理性回到感性，通过辩证唯物主义的认识方法，对会计活动中产生的美和会计信息中体现出的美作出合乎实际的审美判断，并在会计实践中不断能动地创造美。

会计的审美能力

会计审美能力是会计工作者和会计信息使用者以审美方式把握会计活动获得会计信息的特殊能力。审美能力是人的智能结构的重要组成部分，它以健全的神经系统、脑功能和感官等生理机制为自然基础，主要是在后天的生活实践、审美实践和学习、借鉴、训练中形成、积累、发展起来的对审美信息接受、传导、储存、处理、加工、转换、再生成的能力，人的审美能力受一定社会历史条件和个人世界观、审美观的制约。会计审美能力也是会计工作者和会计信息使用者，在会计实践中形成、积累和发展起来的对会计审美信息接受、传导、储存、处理、加工、转换、再生成的能力。会计审美能力是会计工作者和会计信息使用者抽象思维能力与形象思维能力的统一，认识能力和创造能力的统一。对于同样的会计事项，由于感觉能力、记忆能力、判断确认能力、综合分析能力、逻辑思维能力等方面的差异以及美学修养和文化修养方面的差异，不同的会计工作者和会计信息使用者会产生不同的美感，从而会形成会计审美能力共同性、差异性和发展性的特点。

会计美感

会计美感是指会计的审美主体对会计美的主观感受、体验、理解、评价以及所获得的精神愉悦的感受。会计工作者和会计信息使用者通过会计实践活动和使用会计信息，从中所获得的肯定性评价和情感愉悦就是会计美感，是会计审美中的意识感受和心理状态。会计审美主体在进行会计实践所产生的审美关系中，面对会计审美客体的丰富性、变异性、发展性，会产生或引起崇高感、优美感、道德感、新颖感等不同类型的美感，从而使人获得精神的满足，激励人们按照美的规律去改造现实，改造自己，创造美。研究会计美感也就是研究会计审美主体进行审美的根本目的。会计的美感主要研究会计的美感经验等问题，研究会计美感的共同性、社会性、差异性、相对性、两重性，研究会计美的崇高感、优美感、道德感、新颖感、崇高感。会计美感中的崇高感是会计工作者和会计信息使用者对会计活动过程和会计活动结果所产生的慑服、敬仰、赞叹相混合的审美感受。

经济活动是按照一定的内在规律运行的。规律是什么？规律在哪里？规律是事物运动发展的必然性，是事物运动发展的固定轨迹。所有的规律都表现为一个一个的数据，所有的规律都隐藏在数字中。经济规律是通过一定的数学表达式（函数、方程或数学模型）表现的，是通过经济数据描绘出来的，会计信息可以唤起人们对会计实践产生庄严感、惊叹感、敬仰感。同时，艺术地运用会计准则和会计制度允许的空间，通过财务杠杆的合理使用和有效的纳税筹划可以对会计主体的经济效益提高产生意想不到的效果，使会计人能够感觉到超越自身的巨大威力，显现人的本质力量，唤起人们对会计实践产生欣喜感和自豪感，这些庄严感、惊叹感、敬仰感、欣喜感和自豪感，归纳起来就是崇高感。

用标准化商业语言阐释经济世界

亚里士多德认为："美的主要形式是秩序、对称和比例的原则。"达·芬奇认为："美感完全建立在各部分之间神圣的比例关系上。"鲍桑葵也认为："希腊人美学思想的基础是节奏、对称、和谐等形式方面的观念。"可见美的表现形式主要包括对称、比例、节奏、秩序、和谐等方面。

七十多年前，著名美学家朱光潜先生在《谈美》一文中非常形象地谈到美与审美："对于同样一棵古松树，商人、科学家和艺术家会产生三种不同的态度——实用的、科学的和美感的。木材商看到这棵古松，想的是做什么用，值多少钱；植物学家看到这棵古松，观察的是它的植物习性，生态特征；画家看到这棵古松，则是欣赏它的颜色线条，气概神韵……可知这棵古松并不是一件固定的东西，它的形象随观者的性格和情趣而变化。各人所见到的古松的形象都是各人自己性格和情趣的返照。古松的形象一半是天生的，一半也是人为的。极平常的知觉都带有几分创造性；极客观的东西之中都有几分主观的成分。美也是如此。有审美的眼睛才能见到美"。

会计之美的表现主要有两个方面：一个方面是会计活动对象在运动过程中所呈现出的内在美；另一个方面是会计活动作为一种管理艺术所表现出的外在美。这也就是朱光潜先生所讲的"一半是天生的，一半也是人为的"。那么，会计的美是如何表现的呢？应该以什么样的态度，从什么样的视角来欣赏会计的美呢？

从科学的视角看，会计是一门应用性学科，它广泛渗透在社会生活的各个层面，为促进社会进步、提高人民福祉提供着丰富的经济信息，发挥着越来越重要的作用；从审美的视角看，会计是用标准化的商业语言解释五彩缤纷的经济世界，透过会计工作者艺术般的劳动创造和会计信息使用者有目的的鉴赏判断，使人们在复杂的会计事务和繁杂的经济数据中领略会计的真实美、平衡美、对称美、秩序美、结构美、简约美、统一美、和谐美，构建系统的会计美学理论体系。

真实是最原生态的美丽

其实，所谓会计的真实美就是朱光潜先生所讲的“天生”美，也就是客观美。

作为会计审美主体，客观真实是其产生的审美意识、审美经验，是其最基本的审美感受。为信息使用者客观公正地提供真实准确的会计信息，既是会计工作的基本目标，也是会计工作者从事会计工作的基本要求。会计信息是真实的、准确的，抑或是虚假的、失真的，决定于会计审美主体和会计信息使用者的审美感受。一般情况下，美的感受来自于为信息使用者提供了真实准确的会计信息。反之，提供虚假的、失真的会计信息则会产生丑的感受。会计信息使用者也只有获得客观真实的会计信息的时候，才会有一种可靠、愉悦的美感。

记录会计事项时，要以客观的事实和确定的证据为依据。也就是说，会计工作应当以实际发生的经济业务为依据，如实反映企业的财务状况和经营成果；组织会计核算时，应该以经济业务发生时所取得或填制的原始凭证为依据进行计价入账；需要估计分析进行处理的会计事项，如坏账准备、固定资产折旧等，尽可能做到估计与客观实际相互一致……

对会计而言，撇开其表现形式，客观、真实、可靠、有用的会计信息才是美的。

借贷的天平不致倾斜

静态和动态不断平衡所呈现出的会计对象在数量上螺旋式的稳定状态，给人以稳定、沉静、端庄、整齐的审美享受。

现代会计所采用的记账方法是复式记账法。对发生的每一项经济业务，以相等的金额，在两个或两个以上相互联系的账户中进行记录。古今中外，所有的复式记账方法尽管名称各异，但其理论基石几乎都离不开资产（财产）与权益（权利）的平衡。中外会计对会计对象进行科学分类，产生了会计要素。根据不同的审美需要，对会计要素进行了不同的分类，有二要素（资产、权益）、三要素（资产、负债和所有者权益）、四要素（资产、负债、收入、费用）、五要素（资产、负债、所有者权益、费用和利润）、六要素（资产、负债、所有者权益、收入、费用和利润）、七要素（资产、负债、所有者权益、收入、利得、费用和损失）和十要素（资产、负债、所有者权益、收入、费用、业主投资、业主派得、全面收益、利得和损失）等等。我国目前会计准则所确定的会计要素为：资产、负债、所有者权益、收入、费用和利润六要素，国际会计准则的会计要素体系则是由资产、负债、所有者权益、收入、利得、费用和损失等七个会计要素组成的，美国FASB所定义的会计要素是资产、负债、所有者权益（净资产）、收入、费用、业主投资、业主派得、全面收益、利得和损失十个要素。不同的历史阶段、不同的文化环境对会计要素的分类有不同的要求，但是从二要素到十要素，它们的共同之处只有一个——平衡。

无论是二要素，还是十要素，其基本的原理是建立在资产（财产）与权益（权利）平衡的“双线通道”原理之上的，复式记账的基础正是这个最基本的平衡原理。

1494年，意大利著名的数学家卢卡·帕乔利出版其著名的数学著作《数学大全》，这部划时代的数学巨著，是世界数学界的一部伟大作品，同时，以完整阐述复式记账原理成为世界会计学界公认的现代会计里程碑。通过数学的方法建立了西式复式记账的基本平衡公式：资产（财产）=权益（权利）。这是后来一切借贷平衡公式的鼻祖，是西方复式记账基本原理的逻辑起点。惊奇的是，中国古代“龙门账”的会计平衡公式与意大利的这个会计平衡公式有异曲同工之妙。明末清初，民间出现了会计四要素——“进、缴、存、该”，四者之间的关系是：进-缴=存-该，祖先给这种平衡关系赋予了一个形象的名字——“合龙门”，“进”相当于现代意义上的收入，“缴”相当于现代意义上的费用支出，“存”相当于现代意义上的资产，“该”相当于现代意义上的负债，“进-缴=存-该”经过替换整合就可以变换为“资产=权益”。

两个平衡式的原理竟然完全相同，而两者在历史上不存在互相借鉴和相互渗透的问题，理论上的一致，完全是殊途同归。世界上的经济事务具有相同的特点，但用同样的原理反映其过程，仅以此为理由当然不够。展开联想的翅膀，上升到更高的层面上去思考，以美学的眼光分析，不难发现，中式会计的平衡公式和西式会计的平衡公式，都遵循了一个基本的平衡审美原则，让不同的文化土壤结出了相同的科学果实。

对镜贴花黄

对称美是上帝赋予事物产生美感的一个基本元素。人类作为一个生物种群，从诞生之日起就与对称结下了不解之缘。对称成为人体结构的主要形式，如人的双眼、双耳、双臂、双手、双腿、双脚，所以对称是人的审美意识中最早产生美感的诱导性因素。

会计作为人类文明的一个重要组成部分，从它诞生的那一天起就离不开对称。会计发展史告诉我们，会计的产生应人类管理经济的需要而产生，经济越发展，会计越重要。会计进行的确认、计量、记录和报告，主要是通过一些固定的符号和专门的方法反映经济活动的收入支出、增加减少、入库出库、盈利亏损……一直到全世界采用统一的借贷记账法，这些固定的符号和专门的方法无不呈现对称美。

借贷记账法是当今世界通用的复式记账方法，也被人们称为“通用的标准化的商业语言”。借贷记账法产生于意大利，是以“借（意大利语用 doverdare 表示）”和“贷（意大利语用 doveravere 表示）”作为记账符号，以“有借必有贷，借贷必相等”作为记账规则的一种复式记账方法。借贷记账法的记账规则本身决定了其过程的对称——有借必有贷，同时也表现在其结果的对称——借贷必相等。这种自动对称理论使借贷记账法具有了一种特殊的艺术魅力。实际上，平衡美中同时也包含有对称美。如资产与权益的对称，借方发生额与贷方发生额的对称，借方账户余额与贷方账户余额的对称，“丁”字型（“T”字型）账户结构的对称，资产负债表的对称，无不显示一种稳定的对称美。

在秩序中收获春华秋实

地球围绕太阳公转孕育了春夏秋冬，地球自转诞生了白昼和黑夜。自然界春华秋实，潮起潮落，都是在自然规律的作用下所呈现出的秩序。这种秩序是有一定规律的，有逻辑次序的。

分形，可以理解成程序化下的秩序之美。它很难用一个简单的语句去定义：从整体上看，分形几何图形是处处不规则的。例如，海岸线和山川形状，从远距离观察，其形状是极不规则的。而在不同尺度上，图形的规则性又是相同的。上述的海岸线和山川形状，从近距离观察，其局部形状又和整体形态相似，它们从整体到局部，都是自相似的。

人类社会也是按照一定的规律运动和发展的，这种规律性的运动和发展同样体现出一种秩序的美。从形式上看，人类社会是复杂多样的，特别是全球经济一体化趋势，更加加剧了这种复杂多样性。

对于会计，不同的地域、不同的文化、不同的意识形态、不同的社会制度、不同的价值取向，决定了人们对同样的经济事项在会计处理上有不同的选择。这种不同选择的程度越高，作为标准化商业语言的会计，其作用发挥所打的折扣就越大。为了解决这些矛盾，客观真实地反映经济活动的规律，合理配置有限的社会资源，最大限度地发挥资源的利用价值，人们就要约定共同的“游戏规则”。于是通过制定会计准则，或者制定会计法律和会计制度，有效地规范会计工作秩序，保证会计信息质量，提高经济效益，促进人类的可持续发展。

有了共同的“游戏规则”，就不虑于经济活动头绪繁多，数据繁杂。在共同的“游戏规则”下，人们通过对经济事项进行科学的分类，确定若干简单的会计要素，运用固定的记账符号和规定的会计科目进行归类汇总，按照一定的逻辑程序进行确认、计量，准确地控制经济活动的过程，再通过一些财务指标的分析判断，就可以总结某一阶段经济活动的效率和成果。

为了实现一定的会计目标，从经济业务发生初始，会计就要通过规定的程序采集输入数据，按会计目标要求，加工、处理、生成信息，最后为信息使用者输出各种必要的会计信息。从整个过程来看，数据的采集输入有规范的标准和程序，加工、处理、生成信息的过程也有规范的标准和程序，最后为使用者输出什么内容的信息、输出多少信息、在什么时候输出信息也有规范的标准和程序，甚至有法律的保障。严谨的过程和规范的程序使得经济活动过程始终按照一定的逻辑关系严谨地运行着。

这，就是会计的秩序美。

如足球烯般完美的结构

所谓结构，实际上是指影响整体的各个组成部分的分布和数量上的比例关系。比如足球烯，60 个碳原子构成像足球一样的 32 面体，让科学家们惊叹的是，大自然鬼斧神工的巧合，这 60 个碳原子在空间进行排列时，形成一个化学键最稳定的空间排列位置，恰好与足球表面格的排列一致。

如足球烯一样，会计的结构之美，同样是建立在会计业务各种神圣的比例关系上，它既表现为形式结构的美，也表现为内容结构的美。

会计形式结构的美，与会计所核算的对象——经济活动内容有着紧密的联系，会计形式的美离不开具体的会计对象。譬如，中式会计账户的结构曾经有过“三柱（新收、开除、见在）”结构，后来发展到“四柱（旧管、新收、开除、见在）”结构，既是经济管理工作发展的客观需要，也是会计先辈审美意识变化的结果。“三柱”结构的关系是：新收 - 开除 = 见在，就是现在所说的“增加 - 减少 = 结余”，道理很简单，方法很实用。但是，人们发现，“三柱”结构有一个最大的缺点就是“新收”既包括了本期新增的部分，也包括了上期结余的部分，新旧的界限不明显，容易混淆不同时期的

C60 分子是一种由 60 个碳原子构成的分子，它形似足球，因此又名足球烯。C60 是单纯由碳原子结合形成的稳定分子，它具有 60 个顶点和 32 个面，其中 12 个为正五边形，20 个为正六边形。其相对分子质量约为 720。除 C60 外，具有封闭笼状结构的还可能有 C28、C32、C50、C70、C84……C240、C540 等，统称为富勒烯（Fullerene）。在数学上，富勒烯的结构都是以五边形和六边形面组成的凸多面体。最小的富勒烯是 C20，有正十二面体的构造。没有 22 个顶点的富勒烯。之后都存在 C_{2n} 的富勒烯，n = 12，13，14…。在之些小的富勒烯中，都存在着五边形相邻结构。C60 是第一个没有相邻的五边形的富勒烯，下一个是 C70。在更高的富勒烯中，普遍满足孤立五边形规则（Isolated pentagon rule，IPR），即在 n > 12 时，不存在相邻的五边形结构。

财务业绩。“四柱”结构可以科学地解决这个问题，四柱结算法“旧管 + 新收 - 开除 = 见在”就是当前通用的结账公式“期初余额 + 本期增加额 - 本期减少额 = 期末余额”，把往期、当期、后期的财务业绩分的清清楚楚、明明白白。从审美的角度分析，中国人讲究“四平八稳”，“四柱结算法”以及由此产生的“四柱清册”，符合中国人的传统审美观念。所以，“三柱”过渡到“四柱”，是我国会计与国际会计完成的第一次“接轨”，“四柱结算法”被称为中国会计工作者对世界会计所做的最大贡献。

会计内容的结构美，体现为会计上反映会计对象质量的财务指标是一个个具有一定“度”的性质的比例，这些比例是人们在会计活动中追求的一种理想状态，会计人习惯上把它们叫做指数或系数，这些指数或系数所反映的正是会计对象之间的各种结构比例。

哲学上有一个非常重要的词叫做“度”。“度”是指一定事物保持自己质的数量界限，在这个界限内，量的增减不改变事物的质，超过这个界限，就要引起质变。自然现象中的“度”研究起来比较容易，比如说水温达

100℃时必然沸腾。但艺术领域“度”的把握更多凭的是感觉，比如平衡木上的体操运动员之所以能够在器械上活动自如，就是由于平时训练而形成的恰到好处的平衡感觉，他们带给观众的美感就是恰到好处地对“度”的把握。篮球运动员投篮时，力量过大不行，力量太小也不行，唯有恰到好处的力量才能把球准确送入篮框。越是优秀的运动员，对“度”的把握越好，球性就越好，创造性就越强，艺术表现力就越是超人不凡。所谓球性实际上就是对球的那种感觉，就是把握篮球运动的艺术创造力——技巧的娴熟运用，观众喜欢篮球运动就是出于渴望欣赏篮球运动员的艺术创造之美。

人们在长期的会计管理实践中，逐渐探索总结出一系列能够反映会计对象质量的指标，这些指标的表现形式一般采用比例的形式，以具体的相对数表示会计对象的品质界限，这些比例是经济活动的一种较为理想的状态，经济活动只要基本符合“度”就是一种健康的、理想的状态，也就是一种美的状态。会计上可以通过财务指标的比例反映其经营情况，比如流动比率就是通过流动资产和流动负债的比率反映企业的偿债能力，这个比率的正常值人们一般认为是2∶1，太低说明企业偿债能力弱，太高说明企业资金利用效率低，所以在企业经济活动组织时，人们所追求的流动比率的理想结构就是2∶1；速动比率是通过企业速动资产与流动负债的比例关系反映企业的近期偿债能力，这个比率的正常值人们一般认为是1∶1，太低说明企业的资产变现能力弱，太高说明企业资金利用效率低，所以1∶1结构是人们所追求的速动比率的理想值。

西方国家所普遍使用的沃尔财务比率综合评价指标，规定了流动资产与流动负债、净资产与负债、资产与固定资产、销售成本与存货、销售额与应收账款、销售额与固定资产、销售额与净资产的标准比率分别为2.0、1.5、2.5、8.0、6.0、4.0、3.0，都是在经济实践中逐渐摸索出来的“黄金比例”，这些指数被称为“信用能力指数”。人们正是通过这些貌似简单的数字比例来判断和评估一个企业的经济品质。

长河落日圆

“大漠孤烟直，长河落日圆。”① 寥寥几字，却力重万钧、雄浑硕博，把这两个大自然形象概括得那么真实、自然、确切、鲜明；化繁为简，深入浅出，简洁而又巧妙地使它们相辅相成，相得益彰。

“大漠孤烟直，长河落日圆。”一个“圆”字，一个“直”字，不仅准确地描绘了沙漠的景象，而且表现了作者的深切的感受。诗人把自己的孤寂情绪巧妙地溶化在广阔的自然景象的描绘中。《红楼梦》第四十一回香菱学诗里说：“‘大漠孤烟直，长河落日圆’。想来烟如何直？日自然是圆的。这‘直’字似无理，‘圆’字似太俗。要说再找两个字换这两个，竟再找不出两个字来。”这就是“诗的好处，有口里说不出来的意思，想去却是逼真的；又似乎无理的，想去竟是有理有情的。”这段话可算道出了这两句诗高超的艺术境界。

会计业务可能是繁琐的，但结论必须是明了的；会计业务的处理过程可能是复杂的，但结果一定是简单的。所以会计的简约就是深入浅出的美。

人类的经济活动是复杂多样的。生产力水平的提高，科学技术的进步，不断促进人类社会向前发展，人类经济活动的数量和质量正在以前所未有的速度发生着变化，经济活动的内容和形式越来越呈现为多样化。

① 【唐】王维《使至塞上》。

不管经济活动如何变化，不论经济发展水平有多大的差距，不管意识形态有多大的差异，会计总能够以最为简洁明白的标准化商业语言解释这些差异纷杂且不断变化的经济活动；不管多么现代化的经济活动过程，不管多么丰富的经济活动成果，会计总是通过两个简单的记账符号就可以进行准确的反映；不论经济活动过程多么复杂，不论经济现象多么繁琐，会计总可以通过一套相对固定的方法和程序用规范而简洁的语言来进行反映。

一个国家、一个地区、一个行业、一个单位的经济活动是非常繁杂的，会计通过“借、贷”两个简单的记账符号来反映经济业务的增减情况，通过资产负债表、损益表、财务状况变动表几张表格就可以总括地反映一个国家、一个地区、一个行业、一个单位静态或动态的资产结构、收支数额、盈亏情况，通过若干个财务指标就可以对各个单位经济活动状况作出合理的判断和评价，对企业未来的经济活动前景作出准确的预测。会计原则体系中的明晰性原则，就是要求会计记录和财务报告应当简单明了，目的是便于会计信息使用者能够轻松地理解、有效地运用会计信息。

把内容和形式分开，就意味着形式的毁灭[①]

一朵玫瑰花的美，如果离开了支配其生长发育的生物学的规律，它还能够存在吗？同样，支配生物体生长发育的生物学的规律，在其生长的一定阶段，也必然会通过其生殖器官以美丽花朵的形式（形态）表现出来。

自然现象是这样，社会现象也是这样。在人类社会的经济活动中，任何能够引起我们美感的现象，都是和社会经济活动相应的社会属性或者经济属性相关联的。我们对于人类社会经济活动的美，可以从形式和内容两个方面来理解。唯物辩证法的范畴论指出：形式和内容是密不可分的一对范畴。任何事物的一定形式，都反映了和这种形式相适应的内容。反之，任何内容也都会通过一定的形式表现出来。

任何事物都是内容与形式的统一。会计的统一美既美在会计形式的统一，也美在会计形式与会计内容的统一。

---

① 援引自车尔尼雪夫斯基的名言：当形式是内容的本身，它和内容是这样地密切，以致把形式和内容分割开来，就是毁灭内容本身；反过来也是一样，要是把内容和形式分割开来，也就意味着形式的毁灭。

会计形式是为会计内容服务的。不同地域、不同民族、不同文化、不同意识形态、不同社会制度、不同价值取向背景下的会计目标有很大的差异，不同行业、不同规模、不同所有制形式会计主体对会计工作组织有不同的要求。采用什么样的会计形式使会计成为一种标准化的国际商业语言，推动会计的国际趋同，实现会计的大一统是国际会计界一直在探索的一个重要课题，这个问题牵涉太多，不可能在较短时期内实现。而对于一个国家不同区域、不同民族、不同行业、不同所有制形式、不同规模的会计工作实行统一管理，已经是不争的事实，这种统一主要表现在会计法律法规的统一、会计技术方法的统一、会计管理的统一等方面。会计法律法规的统一主要包括统一的会计法律、统一的会计制度、统一的会计准则等内容。会计法律法规统一的目的是为了规范会计工作的组织，从法律和制度层面保障会计工作的有序进行。会计技术方法的统一主要包括统一的记账方法、统一的账簿格式、统一的凭证格式、统一的报表格式等内容。会计技术方法统一的目的是为了保证会计语言成为通用的、标准化的国际商业语言。

会计管理的统一主要包括建立统一的会计管理机构、建设统一的会计队伍管理、进行统一的会计业务管理等内容。会计管理统一的目的是为了保障会计法律法规能够得到应有的尊重，会计从业人员有基本的职业资格标准，从而保证会计信息质量的真实可靠。会计的统一美，可以使人们从会计实践和会计信息中感受到标准、规范、严肃、整齐、可比、可靠等方面的美感。

和谐——会计最本质的美学特征

鲍桑葵在《美学史》中说："希腊人美学思想的基础是节奏、对称、和谐等形式方面的观念。"正如赋格曲中不同声部共同奏出的和谐音程一样，不同地域、不同民族、不同文化、不同意识形态、不同社会制度、不同价值取向等背景下会计主体所确定的会计活动的程序和对会计工作品质标准可能是有差异的，不同行业、不同规模、不同所有制形式的会计主体对会计工作的组织也有不同的要求。由此，从有差异的会计活动的有序组织和开展中可以感受到和谐美。

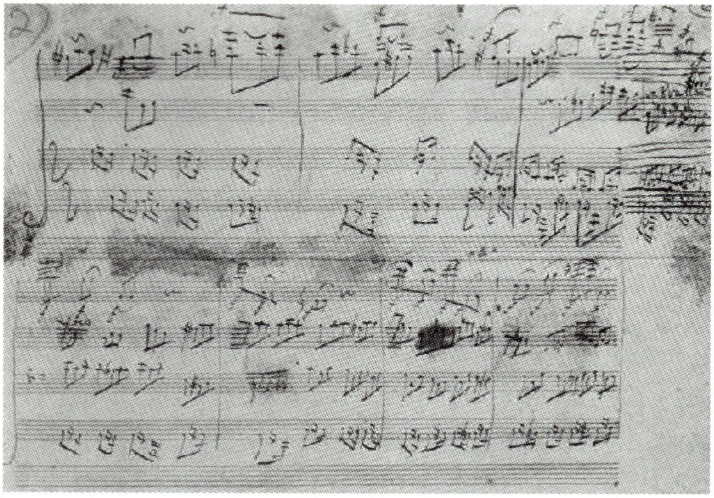

贝多芬生前创作的最后一部音乐手稿《大赋格曲》。赋格是复调音乐的一种固定的创作形式，在通常是建立在一个主题上，以不同的声部、不同的调子、偶尔也用不同的速度或上下颠倒或从后往前地进行演奏。两个甚至更多的声部进行模仿与对答，你追我赶，造成此起彼伏的和谐的旋律线条。赋格的主要特点是相互模仿的声部在不同的音高和时间相继进入，按照对位法组织在一起。

和谐应该是在尊重有差异个体特殊要求的基础上，按照一定的目标有序地组织各个个体要素所产生的效果。和谐的基础是事物的差异性，也就是说，和谐首先承认不同的事物、不同的人是有差异的。和谐的本质就是在承认差异的基础上使有差异的个体有序地组合和共存。

大合唱和交响乐的共鸣、和声效果是对和谐的最佳诠释。合唱团有男高音、男中音、男低音、女高音、女中音、女低音等多个声部，指挥把这些不同的声部按照曲目的要求和自己对作品的充分理解有序地组织起来，从节奏的快慢中，音节的强弱中，音域的高低中，形成大合唱典雅的共鸣效果和优雅的和声效果，体现出强烈的艺术感染力。因此，和谐的基础是分声部，形成声部差异，和谐的关键是指挥的有序组合。交响乐团首先要有各种不同类型的乐器，如木管乐器——长笛、双簧管、单簧管和大管、短笛、低音大管等，铜管乐器——法国号、小号、长号、大号；打击乐器——定音鼓、三角铁、小鼓、钹和大鼓等，还有竖琴、钢琴和管风琴等辅助乐器。乐队指挥则把这些不同的乐器按照作品的要求和自己对作品的充分理解有机地组织协调起来，组合成和谐悦耳的交响旋律。

人们对和谐可以有不同的理解与表述，但必须抓住“差异”和“有序”这两个关键词。差异性是和谐的基础，有序性是和谐的本质。会计和谐美承认了各个会计主体的差异性，把这些会计主体有机地组织起来，求同存异，有序发展。

会计美的内容是在会计实践的感性形态中显现出会计人求真向善的本质力量，是构成会计实践唤起会计人员审美意识活动的思想、情感、价值和意义等一切内在要素的总和。会计美的形式是会计活动中所显现的人的本质力量，能够唤起会计工作者和会计信息使用者美感的感性形式，是会计美内容的存在方式。在会计美的形式和美的内容的对立统一中，美的形式具有相对独立性和积极作用，影响和制约着美的内容的表达，在美的劳动、创造与欣赏间起着桥梁的作用，具有相对独立的审美价值，有自身相对独立的发展历史。会计美的形式是会计工作者和会计信息使用者对于会计活动及其规律的发现、运用、创造的结果，是会计工作者的创造力和会计信息使用者审美能力的体现。

结语：美在其中，意在其中

键盘轻打，点亮生命火花，
没有数字的岁月何来如斯新绿枝椏。
沏一盏茶，坐看几多月圆人家，
百转千回，万载风化，
伊从青丝变白发。
唯宁静之美，意在天涯。

美总是以生动可感的形象出现的，这是美的第一特性。美，更多表现为形式，是直观的。面对一叠报表，我们或许觉得它苍白与端肃，但你仔细谛听，似乎能听到经营的涛声，似乎能看到数字的舞蹈。这些让人欢喜让人忧的财报，恰恰符合美的形式——直观而生动。

中国的儒家文化历来注重“温良恭俭让”与“文质彬彬”，“道”家思想推崇修身养性，“弱美”、“静美”成为中国文化的主流，相对地对“力美”、“壮美”的追求与表现则显得较为疲弱。然而，翻开财务报表、审计报告，瞬息万变的经济社会，波澜迭起的金融世界，沸腾的经济和冷静的反映，于历史与现实间，投射出会计独特的审美价值。

从“借”、“贷”的对称美，到资产负债的平衡美；从历史成本的古典美，到公允价值的时尚美；从会计人淡泊明志的含蓄美，到莘莘学子敢于有梦的青春美，无不凸显出一种宁静的人生境界。会计人的追求如“秋叶之静美”，这种静美境界，在一个浮躁滋生急功近利的时代里，可以通过抒发排解忧愤郁悒，从而冲淡个人不幸与社会现实的冲突，为人的伦理构造提供美的表现形式，形成儒雅、沉静、含蓄、飘逸、从容、开阔的气度与风格，这也是我希望会计能展现的审美价值。

平沙落雁，远浦归航，山市晴岚，江天暮雪，洞庭秋月，潇汀夜雨，古寺晚钟，渔村落照。美的雅致而含蓄，高傲却不骄傲，绚丽却不俗媚。会计之美，综合其间。

逻辑的引擎

【题记】逻辑的会计与会计的逻辑，相互交融，互鉴共生。

在会计信息的生成和使用过程中，逻辑极其重要。——这是个真命题。

在一些人看来，会计的工作很简单，只是机械的加减乘除、记账算账报账；在另一些人眼里，会计很复杂，有时连资深会计师都会感觉无所适从，其复杂程度充满了挑战，令人困惑。

我们不禁要问，为什么不同的人对会计的理解相差如此悬殊？会计又是如何在简单和复杂之间建立联系的？

第一个问题的答案很简单，所谓“外行看热闹，内行看门道”是也。

第二个问题的答案很复杂，那就是逻辑的力量。

逻辑是让我们能够从简单走向复杂，又从复杂返回到简单的渡口，是会计活动不可或缺的思维工具。

今夕？何夕？

人类对未知世界的探索形成了两种基本方法，一是随机试错，二是逻辑推理。

试错法属于动物具有的不自觉行为，人类以外的其他动物也普遍地运用试错法，它在人类发展的早期起到了非常重要的作用。与纯粹基于经验学习的试错法不同，逻辑推理的方法是人类智力发展到一定阶段的产物，是人类所特有的学习、研究方法。

逻辑推理和文字记录一道，最大程度地发挥了人类在试错过程中所积累的经验的作用，推动了人类对世界的认识。随机试错、逻辑推理以及在推理的基础上进行的逻辑验证，构成了人类对未知领域探索的基本方式，这几种方法的相互结合和交叉运用，形成了迄今为止我们的知识体系中各个学科的基本研究方法。而会计，无论从理论角度还是从实务角度，都在很大程度上体现了逻辑推理方法的运用。

今夕何夕？无论是现在，还是千年之前的昔时，逻辑推理都是试金法宝，见证着荣与辱，描绘着悲与欢。

安然的逻辑悖论

既然说到逻辑这门严谨的学科，那我们先来严谨地看看逻辑的定义。字典上对逻辑学的解释是“研究思维的形式和规律的科学，旧称论理学、名学”，它是评价论证的知识体系和科学，是研究用于区分正确推理与不正确推理的方法和原理的学问。简单的说，它是帮助我们清晰地思考和表达的有效工具。在我们生成会计信息、核对会计记录、编制财务报告、审计财务报告和利用财务报告进行经济决策的过程中，严谨的逻辑都是至关重要的。

在会计活动中逻辑极其重要！

擅长逻辑思考的人会问，这是一个真命题吗？

现在让我们穿越到世纪之交的2000年，人类与上一个千年挥手作别，迎来了一个新的纪元。那一年是中国的龙年，和过去的任何一年都相同，那一年也会发生很多重要的事情，世界人口总数登上了60亿的新台阶，弗里曼在水中点燃的圣火，宣告了悉尼奥运会的开幕，千年虫并没有像传说的那样导致全球电脑的大规模瘫痪……

然而，对于一名美国的投资者来说，这些都是无关紧要的，互联网泡沫的破裂才是当时必须面对的问题，股价跌去90%的打击对任何一个投资者几乎都是致命的。在行业选择上比较保守的投资者们，一开始并没有看好互联网行业，也躲过了这次致命的打击；有些人还利用卖空略有斩获。这个时候的窃喜是难免的，有些高调的投资者还向大家分享了自己的投资经验：

“我身上流着格雷厄姆的血液，我会非常精心的选择适合的投资对象，认真的研读公司的财务报告，分析其所在行业的平均水平，判定是否值得投资，而不是看到哪个行业有前景就一股脑儿地扎进去，那样太不理智了。简单地说，我的投资秘诀就是，在成熟行业里，选择连续几年增长率和资产回报率最高的大型公司，这才是真正在未来有前景，值得投资的公司，它可以给我带来丰厚的回报。”

安然事件连同美国“9·11”事件、世界通信公司会计造假案和安达信解体，被美国证监会前主席哈维·皮特称为美国金融证券市场遭遇的“四大危机”。图为安然事件发生后，该公司首席财务官（CFO）安德鲁·法斯托被媒体包围。

在 2000 年底，让我们按照这个逻辑的建议来选择“最值得投资”的公司，有一家股票代码为 ENRNQ 的公司映入我们的眼帘。它几乎就是教科书式的完美投资对象，一个超级巨无霸：世界 500 强企业中排名第 16，披露的当年的营业额高达 1010 亿美元，是美国乃至全球最大的能源公司。有着 70 年历史的它未呈现老态，在保持了十几年的连续增长的情况下，最近几年发展依然十分迅猛，业绩的增长不是以百分比来衡量，而是用倍数来计算。媒体也对它赞誉有加，管理层对未来非常有信心，它的 CEO 杰弗里·斯基林对大家说他坚信公司的前景非常光明，股价会从当时的 70 多美元上涨到 120 多美元。

这个时候一个小问题被我们发现了，公司的股东结构变化显示出 CEO 杰弗里·斯基林的持股数量从 1996 年起就持续下降，而在此期间公司的股价是从 30 美元起一路上涨的。事实摆在面前，需要我们清晰地思考，进行逻辑判断，如果公司的股价真的能很快升到 120 多美元，它的 CEO 是不会违规抛售股票的——即使那个家伙真的急需用钱。因为他可以借钱同时持有股票，等到股票上涨后再卖出还债。

所以，很可能的情况就是，之前披露的会计信息是不真实的——我们已经从逻辑上判断出会计报表很可能存在问题，尽管我们还不知道这个公司就是后来大名鼎鼎的安然公司——事实上，安然丑闻的揭露正是因为投资者们理性而且清晰地对公司的会计报表和管理层行为的逻辑思考。安然事件对整个会计行业的影响是巨大的，它直接导致了当年的“五大”会计师事务所变成了今天的“四大”，它也引发了“自罗斯福新政以来美国市场和商业领域的最大变革”的《萨班斯－奥克斯利公司治理法案》的出台。

这个小小的例子可以说明，逻辑比其他任何工具更能清晰地告诉我们，在一份财务报告中，哪些数字可能是真的，哪些数字可能是错的？它是一个让我们得以清晰思考的工具，让我们看清哪些投资项目是真正值得投资的，而另外一些只是由于我们计算失误而看上去是值得投资的好项目。它能帮助我们解读隐藏在财务报告背后的事实；更重要的是，在这个信息过剩的时代，它能告诉我们哪些信息是垃圾。

在会计信息的生成和使用过程中，逻辑极其重要。

这是个真命题。

文明轴心的逻辑与会计

逻辑是一门非常古老的学科。公元前六世纪前后，东西方的圣人们开始以更加理性的方式，深入地思考和讨论世界的起源、人与宇宙的关系、人类的发展、理想的社会制度和统治者的标准。在当时的客观条件下，他们中的绝大多数并非真的可以追求科学意义上的客观真理，而只能是凭着建立起一套“没有瑕疵”的理论体系的期望，试图找到比前人建立的体系更加优越、内部矛盾更少的对世界和人类社会的解答，并把这个体系更为清晰地展现给世人。在这个过程中，逻辑学便应运而生了。古代中国、古代印度和古希腊的哲学家们，几乎同时独立发展了自成体系的逻辑学说。

古代中国的逻辑学说形成于春秋战国时期，称为“名辩之学”。名家也被称为辩者，又称刑名家，主要讨论名实关系和概念同异、离合问题。早期的“辩者”（名家）是春秋时期郑国人邓析，他能操两可之说，设无穷之辞。他是名家的创始人。战国时期的代表人物有公孙龙、惠施等。他们擅长论辩，探索了事物的同一性和差别性，对古代逻辑学的发展作出了贡献。

这一时期人们也逐渐明白了“会计”的含义，开始在各级证券机构和武装力量中设置主掌财计核算的职官，在会计核算中使用不同的凭证和账

白马非马，这是中国古代伟大的逻辑学家公孙龙（约公元前320～前250）提出的一个著名的逻辑问题，出自《公孙龙子·白马论》。

册，也开始在会计报告方面形成制度。当时颁行的法律有许多关于会计的条款，核算中借助算筹作为计算工具。货币计量单位已为账目登记和会计报告所使用，度量衡制度具备相当的水平。所以春秋战国时期既是我国奴隶制度瓦解、封建制度建立发展的开端，也是我国封建社会会计发展的重要起点。

梁启超在《论诸家之派别》中对名家的代表性人物的概括是：“名家言起于郑之邓析，而宋之惠施及赵之公孙龙大昌之。”此外，诸子百家中的其他各家在建立自己理论的同时，也参与了逻辑学的发展，儒家的孔子，墨家的墨子，都对名辩逻辑的产生作出了重要贡献。后期墨家则在《墨经》中建立起一个逻辑体系，达到了中国古代逻辑发展的高峰。此后，荀子、韩非等也对名辩逻辑的发展起到了重要作用。可惜的是，秦汉以后，由于逻辑被视为“诡辩之学”，我国古代曾经兴起一时的逻辑学说走向了衰落，没有获得进一步发展。直到近代，随着西方逻辑的传入，我国的逻辑研究才重又复兴，先秦时期的宝贵遗产也得到了重视。

印度在古代既是一个宗教极为盛行的国家，又是一个哲学相当发达的国家。古代印度人十分崇尚“直觉”的认识方法，而且也很善于辩证思维。这是人们通常所了解的事实。然而这一事实并不排除另一同样存在的事实，即印度在古代亦是一个逻辑学达到很高发展水平的国家。此处所谓逻辑学自然是指现代人们所说的形式逻辑的内容。古代印度的许多宗教与哲学流派都或多或少地探讨过逻辑方面的问题，但其中最为突出的是正理派与佛教。古代印度的逻辑学说起源于印度公元1世纪左右盛行的辩论术，以婆罗门教的正理论和佛教的因明为代表。因明最初在正理论的基础上产生，后经著名学者陈那和他的弟子改造，发展到一个崭新的阶段。由陈那改造的因明被称为新因明，陈那之前的因明则称为古因明。后来，正理论又吸收了新因明的成果，也获得了发展。由于佛教的广泛传播，因明学也得以传播和发扬。其中，“因”指推理的根据、理由、原因；“明”指显明、知识、学问。

古希腊学者亚里士多德被认为是古希腊逻辑学的创始人，他在其由后人整理并取名为《工具论》的著作中，第一次全面、系统地论述了传统形式逻辑，提出了有关范畴、命题、三段证明和谬误等一系列重要论述和思想。他所创立的逻辑学，在逻辑史上被称为“古典的”或“传统的”形式逻辑（“形式逻辑”这一称呼是17世纪康德提出的）或“古典的演绎逻辑”。这一逻辑的主要特点在于：它建立在对范畴的研究基础之上，即它主要涉及范畴、由范畴组成的命题、由命题组成的三段论和论证等。这是古代逻辑中较为完整地建立起来的一个三段论系统，它构成了逻辑的一个初等的、但是重要的部分。

亚里士多德（Aristotélēs，ϱιστοτ λη，前384～前322），古希腊斯吉塔拉人，世界古代史上最伟大的哲学家、科学家和教育家之一。一生勤奋治学，从事的学术研究涉及逻辑学、修辞学、物理学、生物学、教育学、心理学、政治学、经济学、美学、博物学等，写下了大量的著作，他的著作是古代的百科全书，据说有四百到一千部。

在这个星球上，自古以来哲学家人才辈出，灿若繁星，到如今大部分已经被人们遗忘，能被大家记住的大多是观点经得起时间的考验、经得起逻辑的检验的。哲学家真正要考虑的问题，不应该是宇宙的起源，不应该是人类的去向，更不应该是社会应该怎样组建。他们要考虑的核心问题是，自己的观点是否符合逻辑，这就是逻辑学产生的直接原因。

会计人也做着和哲学家们类似的事情，在用逻辑工具思考着相似的问题——作出的每一项决策有没有可靠的依据？提出的审计意见是否会增大审计失败的风险？计算投资时所预测的现金流和使用的折现率与现实情况之间的差距有多大？这些都需要我们更加清晰地思考，用更符合逻辑的方式表达出来。总之，从古至今的会计人，都在自觉或不自觉地运用逻辑工具，把融汇于会计信息中的观念传达给它的受众——会计信息的使用者。他们可能是企业的所有者，也可能是企业的管理者或是其他众多的利益相关者。

巨人们的理想国

人们总喜欢拿柏拉图与孔子比较。因为柏拉图的思想和哲学似乎更被西方所接受，而中国自古以来所接受的儒家礼教，都源于孔子。但显而易见，两位智者的学说，都有着极其严密的逻辑性，自成一派体系。故而能够自圆其说，也是一个学说体系能够继续传播的基础。

柏拉图（Plato，Πλ άτων，约前 427 年～前 347 年，上图为石膏像），古希腊伟大的哲学家，也是全部西方哲学乃至整个西方文化最伟大的哲学家和思想家之一，西方客观唯心主义的创始人，其哲学体系博大精深，对其教学思想影响尤甚。

站在两位逻辑巨人的肩上理解会计，该是何等的乐趣！

“春秋以降，礼崩乐坏，政权下移，民心不古”。回顾公元前五世纪、处于奴隶制与封建制的交替之际的中国社会，当时周天子权威日下，逐渐失去统治各诸侯的权力，各诸侯之间为了争夺权利，“臣弑君、子弑父、少凌长、庶废嫡”的行为司空见惯。传统的礼仪制度失去了权威，道德规范荡然无存。孔子认为出现“礼崩乐坏”的原因在于人们缺乏宽厚仁爱之心，并且认为只有用道德的力量，才能使社会重新回到和谐的关系中，天下才能安宁。于是孔子提出了著名的“仁”学来挽救世道人心。

时光的隧道进入伯罗奔尼撒战争期间，雅典受到了瘟疫的袭击。人们想到明天就可能死去，于是无视法纪，为所欲为。传统的社会伦理道德标准和宗教信仰等遭到了严重的破坏。柏拉图认为天下大乱的根本原因在于人们并不真正了解知识的内涵，因而现实生活中便缺少了衡量一切事物的客观标准。为了重建这样一个标准来衡量一切是非曲直，柏拉图写下了《理想国》一书，这就是著名的“正义论”。

孔子这一形象，在中国千百年来无数次被人们刻画。2010年胡玫执导的电影《孔子》，上映后颇具争议。但这部电影却是第一次以女性视角对孔子（上图周润发饰）的人物形象进行解读。在胡玫看来，孔子是个奋斗者，他在人生路上始终是为理想拼搏的，他是追求理想不屈不挠的殉道者。

孔子所处的时代是天下大乱的春秋，奴隶制的社会伦常秩序生产颠倒与混乱，“礼崩乐坏”是当时社会情况的写照。自周平王东迁后，周天子权力式微，不能号令天下，齐桓晋文等霸主“挟天子以令诸侯”。这是对礼的僭越，所以孔子认为，要安定，必须拨乱反正，必须“正名”。孔子是倾向于要保护奴隶制的伦理等级制度的。

在《理想国》中，柏拉图把哲学家放在他所设计的理想国家的权利顶峰，这是由柏拉图的哲学认识所引伸出来的。柏拉图说过，所有城邦成员皆一土所生，互相之间亲如兄弟，但是上天在铸造哲学家时，在他们身上掺入了黄金，因而他们成为高贵的统治者；在军人的身上掺入了白银，所以军人成为了统治阶级的辅助者，而生产者身上掺入了铜和铁，所以成为了被统治者。并且哲学家代表了理性，军人代表激情，分别拥有指挥和勇敢的美德，而生产者代表着欲望，无论属于本阶级的美德，正如欲望应该被理性与激情控制，生产者是应该被统治的。

正是孔子的倡导和影响，中国社会中的一个特殊阶级——“士”开始形成。这些士是与从事生产劳动的农、工、商阶层相对独立的知识分子阶层。而所谓的“君子”，就是指“士”里面杰出的人物。而孔子的“仁学”基本构想，就是要通过道德教化，培养一批有道德理想、有文化教养的君子，然后借助君子的治理，来设计国家与社会走向文明与秩序。孔子把“民”当作蒙昧的一班人——“民可使由之，不可使知之”，由此可见，与上层统治者——士阶层相对的是生产者，被视作无知的人。因对生产劳动者的轻视，不鼓励学生进行劳动生产，有人批评孔子“四体不勤，五谷不分，孰为夫子?”

理想国的教育体现了文化专制主义精神，城邦里的教育都被纳入了政治范围。教育工作的第一项就是对原有的教育内容进行审查与删改。描写战争的恐怖的情节，会对培养公民的勇敢美德产生消极影响，所以要删掉。统治者要制定出规则来。凡是对塑造公民勇敢的“无用的”内容，都禁止和消灭。柏拉图称这是“净化城邦”。客观上是在禁锢文化、扼杀艺术。

孔子的文艺功用大致上可以分为教化功用和社会功用。本着实现“仁”的理想，孔子主张文艺教化为政治服务。他从“文、行、忠、信”四方面教育弟子，“文”是重要的一个方面。在《泰伯》中，他就说“兴于诗，立于礼，成于乐。”这里，孔子提出了一个完整的艺术教育的思想，即通过感发于《诗》，立足于礼，完成于乐，使诗、礼、乐融合为一，在情感的感染与愉悦中，使人成为一个道德修养和性格上完美的人。可见，孔子将艺术看作“立人”和“成人”的根本手段。

孔子最具代表的文艺功用论观点是“兴观群怨”——“诗，可以兴，可以观，可以群，可以怨。”“兴”，孔安国注说是“引譬连类”，朱熹《四书章句集注》解为“感发志意”，综合两种解释，可见“兴”即诗歌借助由比兴而产生的艺术形象可以引起联想和陶冶读者的思想感情。“观”为“观风俗之盛衰”，孔子认为读者可以借助诗歌认识风俗盛衰和诗人的思想感情，统治者可考见得失，以调整自己的统治政策。孔安国注“群”为“群居相切磋”，即诗歌可以使人相互交流切磋，加强团结。而“怨”即“美刺”，指诗歌可以用来批评现实，表达民情。由此可见，孔子的“兴、观、群、怨”说全面地论述了诗的作用与功能，体现了孔子重视文艺的感染作用、认识作用和政治功能。

在孔子的理想国中，他的理想人格是“仁”。“仁”作为孔子终身追求的理想和道德目标，它要求人们一刻也不能离开“仁”。“君子无终食之间违仁，造次必于是，颠沛必于是。”只有将人的一切言行都“归于仁”，才是孔子所追求的理想人格——“仁人”。为了达到“仁人”这一理想标准，孔子提出了“克己复礼为仁。一日克己复礼，天下归仁焉”。在这里尽管孔子非常强调理性，也主张用理性来压制人的情和欲：“君子食无求饱，居无求安，敏于行而慎于言，就有道而正焉，可谓好学也已。”孔子称赞颜回“贤哉，回也！一箪食，一瓢饮，在陋巷，人不堪其忧，回也不改其乐。”在回答子贡足食、足兵、民信如何去其二的问题时，孔子选择去兵、去食，也是理智对欲望的一种压制。但值得注意的是，孔子虽不主张扩大人的欲望，但并不否定正常的、合理的欲望：“富与贵，是人之所欲也；不以其道得之，不处也。贫与贱，是人之所恶也；不以其道得之，不去也。”在孔子那里，只要是合乎道的，便是合理的，也就有其存在的依据。

而柏拉图对于人欲则没有那么仁慈。柏拉图本身也是非常喜爱荷马诗歌的，如在《理想国》里尊其为“全希腊的教育者”，“最高明的诗人和首屈一指的悲剧作者”。但他对文艺取舍的目的更多的是着眼于城邦的建设和德行的培养。他把人的灵魂分为三个等级：理性、意志和情欲，与之相对应的便是哲学家、武士和普通人。与之相对应的三种美德分别是：智慧、勇敢、节制。意志和情欲的代表武士和普通人要绝对服从于理性的代表哲学家，只有哲学家才有资格充当“国王”。而那些只合乎情欲，不合乎理想和道德的渎神的诗篇，是永远不准进入理想国的。

在柏拉图的以天下为己任的“理想国”里，哲学王必须是一个体现智慧、勇敢、节制等道德规范的统一体。智慧，指的是国家的保卫者所保持的一种信念，即认为他们应当害怕的事情就是立法者在教育中告诫他们的那些事情。节制，指一种对于快乐与欲望的控制，就是说，在理性和正确信念的帮助下，由人的思考指导着的简单的有分寸的欲望。正义，就意味着每个人都必须在国家里执行一种最适合他的天性的职务。只有这样，他所统治的国家才能成为正义的国家，也只有这三者达到统一的哲学王，才是最理想的人。柏拉图的这一划分具有一定的合理之处，但他把这三种心理机能生硬地割裂开来，与社会的三个等级简单对应，是极其错误荒谬的。因此，在他的人格心理构成中，情感是没有地位的，是不被柏拉图所承认的，这也是柏拉图否定艺术、驱逐诗人的原因所在。

油画《雅典学派》，由意大利文艺复兴时期拉斐尔作，画中央站立者为柏拉图和亚里士多德。

与孔子不同，柏拉图是在浓厚的科学氛围中成长起来的。在他之前的许多古希腊哲学家都是自然科学家，在科学史上占有重要地位。柏拉图认真研究过他们的学说，与数学家、天文学家毕达哥拉斯的弟子有交往并受其影响。他在学园给学生讲授哲学的同时，还讲数学、天文学等自然科学，并在学园门外写着“不懂几何学的人不许入内”。

柏拉图对文艺总体上持贬低态度，其根本原因是他认为文艺作品不真实，远离真理和理性。他对荷马等著名诗人的史诗和悲剧，极尽批评讽刺之能事，认为“头一点是他的作品对于真理没有多大价值；其次，他逢迎人性中低劣的部分。”柏拉图讲真实，并不是以客观事实为参照物，而是以“理念”为参照物。他的认识论中，最真实的是神创造的理念，现实存在的各种具体事物，不过是理念的仿造品。他觉得只有哲学家才能掌握真理、当理想国的统治者，而诗人艺术家则远离真理，沉迷于人性最低劣的部分之中。文学以情动人的特点在他看来恰恰是不可饶恕的缺点。他拒绝诗人

“进到一个政治修明的国家里来，因为他培养发育人性中低劣的部分，摧残理性的部分。”相反，孔子则出于道德教化的要求，提倡美善相兼的“诗教”。而在柏拉图的理想国里，尽美不尽善的艺术是被排斥在外的。他为诗歌设置了一系列的关卡：“除掉诵神的和赞美好人的诗歌以外，不准一切诗歌闯入国境”，并且“诗的禁令必须严格执行”。对柏拉图来说，谎言本身并不可怕，可怕的是用谎言毒害人的心灵，危害社团和城邦的利益。也就是说，在孔子那里尽美的艺术可以不尽善；而在柏拉图那里，如果不尽善，尽美不尽美一点意义也没有。

名不正，则言不顺

古代中国的逻辑学家们有一个共同的称呼——名家，其原因是他们之间的讨论过多地纠结于“名”和“实”之间的关系这个问题上了。

虽然普遍认为孔子不应该掺和到这场讨论之中，但他恰恰参与其中，并且提出了一个重要观点——正名，所谓“名不正，则言不顺。言不顺，则事不成。”

是故，这个观点一经提出，就造成了一个奇怪的局面，众所周知的是孔子是儒家的代表人物，当然不是名家，但是只要谈到名家的讨论，就不能绕过“正名”二字，最后大家都学乖了，只要谈及名家，就从“正名”出发，先对“名家”正名，这样才解决这个问题。

关于对“名家”的正名，我们在这里不深入讨论，但是对于“正名”在会计中的运用，我们就不得不进行深入分析了。

会计要素是名还是实？

在通常的意义上，会计是计量企业经济活动，处理、加工这些经济信息并将其反映在财务报告中，同时将其处理结果传递给决策者的信息系统。会计信息常常被称为“世界通用的商业语言”。对这门语言理解得越透彻，企业决策也就会做得越正确，对财务问题也就会处理得越好。会计既然是一门商业语言，那也就应该具有语言的一般特征，人类的思想因语言而精巧，人类的经济活动也因会计而精确，在绝大多数语言里，“名”，即词语的概念是语言运行的基础，为了使我们的思路前后一致，概念是组成命题和推理的基本要素，是思维形式最基本的单位。为了使我们的表达对象不至于误解我们所要传递的信息，我们必须要对词语的概念进行更为准确的定义，这也就是“正名”的意义。

会计中的“名”最关键的就是会计要素的概念，会计要素又叫会计对象要素，是指按照交易或事项的经济特征所作的基本分类，也是指对会计对象按经济性质所作的基本分类，是会计核算和监督的具体对象和内容，是构成会计对象具体内容的主要因素，分为反映企业财务状况的会计要素和反映企业经营成果的会计要素。会计要素是对会计对象所作的基本分类，是会计核算对象的具体化，是用于反映会计主体财务状况和经营成果的基本单位。按照2006年新《企业会计准则》的标准，我们将会计要素界定为六个，即资产、负债、所有者权益、收入、费用和利润。

初学会计的人，一开始就被要求熟记这六大要素的名称和定义，以及哪些会计对象在什么情况下可以确认为何种要素，这就是会计学习中“正名”的过程。

套用孔子的话来说，会计要素不区分清楚，我们就没有办法正确地进行确认和计量；

没有办法正确地进行确认和计量，交易或者事项就可能被记录在错误的科目上，或者记录的金额与事实不符；

记录到了错误的科目或者记错金额，当期和后期的财务报告就会失去客观性和可靠性；

财务报告不客观不公允，依靠财务报告作出经济决策的使用者就会导致决策失误；

决策失误就会让人们意识到财务报告失去了其存在的意义；

人们意识到财务报告失去了其存在的意义，就不会再需要财务报告来作为决策的依据；

财务报告失去了市场，其提供者和鉴证者就会失去存在的意义。

如果这只是某家公司或者某些人的个体行为，无非就是一小部分人咎由自取，但如果涉及整个会计行业，那就会动摇人类有史以来建立起的商业伦理和商业运行体系，其后果不堪设想。

所以说，在日常经济活动中，概念是很重要的，对于复杂的会计活动来说，概念尤其重要。树立起正确的概念是我们清晰思考与理性讨论的关键之处，是我们正确提供会计信息最先要解决的问题。

正如人们所知道的，一个名词在日常使用中通常会有多种解释。我们对于会计要素的定义显然也缩小了其在日常语言中的范畴，比如我们在说到“收入”时，如果没有理解会计上对收入的定义，有时会把所有流入企业的现金都视为企业的收入，而在会计语言里对收入的定义是更为严格的，并且不以是否有现金流流入企业作为判定的标准。在确认收入时，首先，它必须是经济利益的流入，如果不是经济利益的流入，而只是现金的流入，是不能确认为收入的；其次，必须是企业在日常活动中形成的，即使有的经济利益流入企业，但在非日常活动中形成的，也不能确认为收入，比如一家百货公司，通过出售商品形成的利益流入可以确认为收入，而通过变卖商场的房地产而形成的利益流入就不能确认为收入；最后，它会导致所有者权益的增加，比如从银行取得了一笔贷款，在得到现金的同时，企业也承担了对银行的负债，此时就不能确认为收入，因为它没有导致所有者权益的增加；最后，收入是要与所有者投入资本的活动无关的。

上述就是在会计语言里我们对收入的正名，如果不进行这番讨论，明确收入的界限和范围，很容易将企业的现金流入、其他经济利益流入等当作企业的收入进行确认，虚增当期收入。

由此可见，正名，也就是正确地界定概念和使用概念，可以让我们提供更为准确的会计信息，也可以让我们甄别出哪些是有效的会计信息，会帮助我们作出精确的表达、正确的思考，得到更为准确的结论，作出更加合理的决策；而模糊和混淆地界定和使用概念，通常会带领我们走向谬误；有意混淆概念和带有欺骗性地使用概念，有时甚至会构成欺诈。

在探讨会计与逻辑时，我们还是很有必要沿着老祖宗的足迹，对会计的概念一一进行“正名”，然而对会计要素正名不能仅仅依靠准则的规定，因为再精确的规则都会有漏洞，任何已经确定的规则最多只能对过去已有的问题进行解答，面对日新月异的经济社会，层出不穷的新交易和事项，还需要正直的会计师们在执业经验的基础上进行专业的、清晰的逻辑判断。会计是一个充斥着大量的职业判断的专业活动，会计师的水平并不体现在对准则的死记硬背，而是面对纷繁复杂的、准则中未明确的新问题，在“正名”的基础上，形成自己的职业判断。

勾稽关系　数字的逻辑

戈特弗里德·威廉·莱布尼茨（Gottfried Wilhelm Leibniz，1646～1716），德国哲学家、数学家。涉及的领域及法学、力学、光学、语言学等40多个范畴，被誉为17世纪的亚里士多德。

相对更为严格的逻辑论证，莫过于数理逻辑。数理逻辑又称符号逻辑、理论逻辑。它既是数学的一个分支，也是逻辑学的一个分支。是用数学方法研究逻辑或形式逻辑的学科。其研究对象是对证明和计算这两个直观概念进行符号化以后的形式系统。数理逻辑是现代逻辑学的一个不可缺少的组成部分，逻辑学发展到17世纪时，开始将数学引入其中，莱布尼茨就曾经设想过能不能创造一种“通用的科学语言”，可以把推理过程像数学一样利用公式来进行计算，从而得出正确的结论。由于当时的社会条件，他的想法并没有实现。但是他的思想却是现代数理逻辑部分内容的萌芽。从这个意义上讲，莱布尼茨可以说是数理逻辑的先驱，直到19世纪中叶，乔治·布尔[①]和其后的奥古斯都·德·摩根[②]才提出了一种处理逻辑问题的系统性的数学方法，建立起了系统的数理逻辑体系。

既然数学可以用来解决逻辑问题，逻辑是否可以用来解决数学问题呢？更具体的问题是，对于会计工作而言，逻辑是否可用来解决财务报告中的数字关系问题呢？答案是肯定的，这里需要提到另外一个概念，就是我们通常所说的“勾稽关系”。

勾稽关系，是指相互间存在一种逻辑上可检查验证的关系。勾稽关系是

---

① 乔治·布尔（George Boole，1815～1864）生于英格兰林肯。19世纪最重要的数学家之一。在阅读伟大的法国数学家拉格朗日的论文时，有了变分方面的新发现。变分是数学分析的分支，它处理的是寻求优化某些参数的曲线和曲面。

② 奥古斯都·德·摩根（Augustus De Morgan）（1806～1871），英国数学家、逻辑学家。他明确陈述了德·摩根定律，将数学归纳法的概念严格化。

会计在编制会计报表时常用的一个术语，它是指某个会计报表和另一个会计报表之间以及本会计报表项目的内在逻辑对应关系，如果不相等或不对应，这说明会计报表的编制有问题。

财务报表	会计等式
利润表	收入-费用=净利润
利润分配表	期末未分配利润=期初未分配利润+净利润-股利分配
所有者权益的变动	期末所有者权益=期初所有者权益+净利润+当期股东投入-股利分配
资产负债表	期末资产=期末负债+期末所有者权益

勾稽关系是通过设置报表项目间的比较公式，来核对项目数据、检查报表的正确性，它可以用于表间审核，也可以用于项目差异审核，可以审核所有的组织机构的报表。上图反映了几个报表之间的勾稽关系。

概括会计报表的勾稽关系主要有以下几种：

平衡勾稽关系。资金平衡表分左右两方，一方反映资金占用，另一方反映资金来源，两方必须保持平衡。

对应勾稽关系。根据复式记账法对每项经济业务用相等金额在两个或两个以上互相关联的账户中登记，表明资金运动的来龙去脉以及相互对应关系固定不变。

和差勾稽关系。报表中的有些勾稽关系表现为一个指标等于其他几个指标的和或者差。

积商勾稽关系。报表中有些勾稽关系表现为一个项目等于其他几个项目的积或商。

动静勾稽关系。利润表等为“动态表”而资产负债表为“静态表”。“静态表”与“动态表”所反映的某些指标具有一致性，由此在报表中形成勾稽关系。

补充勾稽关系。报表中反映的某些指标，为了解它的明细核算资料和计算依据，另设项目或表式加以补充说明。

我们在编制和分析财务报表时要明确：在何种情况下，哪些项目之间会构成等式？在何种情况下这些项目之间无法构成等式？在何种情况下这些项目之间的勾稽关系会被破坏（这种破坏，是可以修复的，可以根据具体经济业务具体分析）？分析者应该考察报表中这些相关项目之间的关系，并从财务报表及附注中发现相关证据，进而形成对分析对象的判断。

基于报表勾稽关系的财务报表分析是一种更为注重对报表结构、报表各项目间逻辑关系理解的财务分析思路，它更强调从报表自身的逻辑来看企业发生的经济业务，它更注重识别企业财务报表是否存在粉饰和错误。由于现阶段存在着相当数量的虚假会计信息，财务报表粉饰行为屡见不鲜，所以无论是会计信息的生产者还是消费者，都应当清晰了解各个会计报表项目之间的逻辑关系，只有掌握了报表项目之间的勾稽关系，才能发现犯有低级逻辑错误的财务报告。

证据的作用

既然逻辑推理是一种从已知到未知、探索新知识的思维活动，根据已有知识或已知判断合乎逻辑地推出新的知识就是这项活动中的必然过程。在逻辑推理过程中，有许多推理或论证尽管不满足保真性，即前提的真不能确保结论的真，但前提却对结论提供一定程度的支持，或者前提对结论构成一定程度的反驳。在前一情形下，前提真与结论真构成正相关，前提是结论的证据；在后一情形下，前提真与结论真构成负相关，前提是结论的反例或反题。

这种支持或反驳关系可以用概率论做工具得到精确的量的刻画。证据支持度为 100% 是指：如果前提真，则结论必然真，这样的推理是一个形式有效的演绎推理。证据支持度为 50% 是指：如果前提真，则结论为真为假的可能性参半，依此类推。一个推理的证据支持度越高，则在前提真实的条件下，推出的结论可靠性越大。一个证据支持度小于 100%，但大于 50% 的推理或论证仍然是合理的，并且被

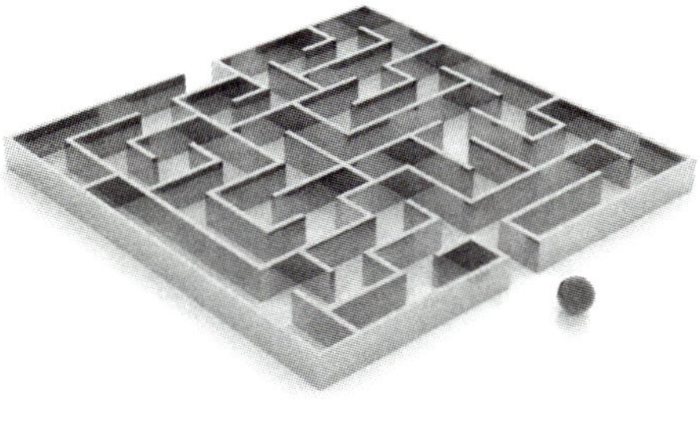

把不同排列顺序的意识进行相关性的推导就是逻辑推理。简而言之可以理解为宇宙中任意基本“原件”的排列组合得出的现象或概念，属于唯心主义范畴。假如存在不同的感知系统，对于“同一组基本原件”在特定时空的排列组合方式所呈现的现象或概念，可以得出不同的逻辑推理方式。

广泛而经常地使用。

会计信息的作用是反映经济事实，会计信息的生成是建立在一定的事实基础之上的，交易和事项不会凭空产生，必然会留下证据，大额交易应该有合同或协议，发出商品应该有运输单，存货应该有实际的产品在仓库里，这些都是符合逻辑的事情。在会计活动中最需要重视证据的就是注册会计师审计工作，审计证据是注册会计师得出审计结论、形成审计意见的基础，注册会计师必须在每项审计工作中获取充分适当的审计证据，把审计风险降低到可接受程度，才能在收集到的证据的基础上形成自己的职业判断，发表审计意见。

在安然事件中受到起诉的安达信会计师事务所，所受的指控并不是协助提供虚假财务报告，而是妨碍司法罪。起诉书认为："安达信公司有意地、错误地劝说雇员修改、破坏、毁灭和隐瞒有关文件"，安达信一些股东和有关方面命令员工立即销毁一些与安然公司有关的文件，他们还要求员工在必要的时候加班加点以完成任务。美国副司法部长拉里·托普森说，安达信的员工参与了"大规模销毁"相关文件的事件。起诉书中写到，"数以吨计"的文件被销毁，安达信的一台粉碎机"几乎是不停歇地"运转，将与安然公司相关的文件毁掉。

审计证据是如此的重要，以至于没有审计证据的证实，我们无法从逻辑上判断会计师事务所的审计意见是否能够反映其专业胜任能力。

审计证据的特性是指审计证据内在的特征和性质，具体体现为注册会计师围绕这些特征和性质收集审计证据时应达到的基本要求。对审计证据的特性，在国际上有不同的描述。国际审计准则认为审计证据的特性包括充分性和适当性（sufficiency & appropriateness），其中适当性又包括相关性和可靠性（relevance & reliability）两个方面。

审计证据的充分性是指审计证据的数量足以使得注册会计师形成审计意见，即收集的审计证据数量是否足够。从逻辑的视角上来看，审计证据数量越多，其对结论的支持程度也就越大，证据的支持度与证据的数量是成正相关的。根据其定义可知：审计意见的形成是建立在有足够数量审计证据基础之上。但是足够数量并不意味着审计证据越多越好，因为审计成本也是与审计证据的数量成正相关的，更多的证据会影响审计效益和效率。相对而言，有着丰富审计经验的注册会计师及其助理人员擅于捕捉蛛丝马迹，然后顺藤摸瓜，查清问题的真相；也擅于以比较少的审计证据较为准确地判断出被审事项的真实状况。然而，也不乏存在不思总结、不善评价和专业判断能力较差的注册会计师，对于他们而言，增加必要的审计证据数量是保持谨慎的最根本途径。

审计证据的适当性是指审计证据的相关性和可靠性，即审计证据应当与审计目际相关联，并能如实反映客观事实。审计证据的适当性实质上是指审计证据的质量因素，审计证据对审计结论的支持度也是与审计证据的质量即适当性成正相关的，它和审计证据的充分性互为补充，共同体现其证明力的作用。这表现在：从支持审计意见的归宿点来看，如果审计证据的质量（适当性）高，所需审针证据的数量（充分性）就可以减少；如果审计证据的质量（适当性）低，所需审计证据的数量（充分性）就应增加。

为了获取充分、适当的审计证据，注册会计师就要利用逻辑分析，制定恰当的审计项目方案，选择必要的审计程序，收集审计证据，提高证据对审计意见结论的支持度。正确理解审计证据的逻辑意义，可以帮助我们正确实施审计程序，在审计时间、审计资源约束条件下，最大程度地降低审计风险，为财务报告使用者提供合理的保证。

会计三段论

三段论（syllogism）是传统逻辑中的一类主要推理，它是由两个前提和一个结论组成的演绎论证。由于在实际使用中大多都是由三个直言命题构成，所以多用直言三段论来作为三段论的代表，古希腊哲学家亚里士多德首先提出了关于三段论的系统理论。它是间接推理的基本形式之一，由大前提和小前提共同推出结论。其基本形式如下：

“企业持有的所有现金等价物都是企业的资产”（大前提），

“A 企业持有的短期债券是现金等价物”（小前提），

“A 企业持有的短期债券是 A 企业的资产”（结论）。

这种形式的推理方法称为三段论法或三段论式。三段论属于一种演绎逻辑，是不同于归纳逻辑的。演绎逻辑的推理特点是结论具有必然性，即前提为真的话结论必然为真，所以具有较强的说服力，也是早期的逻辑学家们普遍使用地一种推论方法。会计中的逻辑推理也非常普遍的应用三段论的形式，比如在会计确认中，我们先对会计要素的概念进行界定，并认为凡符合某项要素定义的，就可以确认为该要素，然后在实际工作中发现一项交易或事项形成的结果符合这个要素的定义，就将这个结果进行确认。

这是在会计具体的确认层面应用的三段论。如果我们把眼界放得更宽一些，就会发现，三段论的应用几乎影响了整个会计活动，我们作出的会计确认、计量、报告就是会计结论，我们作出的投资融资决策就是会计结论，那么，三段论中的大前提和小前提又是什么呢？

大前提——会计环境

会计环境会影响会计信息的需求，影响会计程序与方法，乃至影响企业提供会计信息的意愿等。社会经济结构、经济发展状况、经济管理体制以及企业的规模与组织形式等，都对会计有重要影响。就经济结构而言，在以石油生产或矿产品采掘为主的国家，必然会比较重视固定资产折旧、递耗资产摊销以及研究与开发费用的核算等。从经济发展水平来看，折旧会计的产生与成本会计的发展，是与产业革命后西方大工业的发展分不开的。

会计环境从企业规模与组织形式看，小规模企业的所有者常常就是管理者，他们非常熟悉企业的日常业务活动，因而他们需要会计报表的目的往往只是证实而不是增加对企业经营情况的了解，或者只是对他们平常所掌握的综合；而股份公司这种组织形式的企业，所有权与经营权明显分离，股东只能更多地依赖公司的会计报表。一个国家的政治制度、政治货币和所处的政治环境，包括战争状态、政治结盟关系及其变化以及殖民地与宗主国间的传统关系等，都可能对会计的模式、指导原则以至具体制度和程序产生影响。这些因素对会计的影响，有不少是通过法律、法规加以体现的。

从法律因素来看，在大陆法系国家，法律对领土原则和会计制度有重要影响，企业财务报告等会计方面的规定，往往直接列为商法或公司法的组成部分；而在普通法系国家，会计原则和制度一般不是通过立法作出具体规定，即使某些法律涉及对会计的要求，通常也只是原则性的规定，详细而具体的会计准则一般是由会计职业团体或由有关方面联合组成的专门机构主持制定的。社会环境中的文化、风尚和观念等因素对会计也有影响。例如，社会成员审慎和保密的倾向，可能导致企业低估资产，过高计提坏账准备等；社会上保守秘密的倾向，可能导致财务报告提示的信息偏少。在一个文化水平普遍不高，尤其是文盲所占比重较大的社会，会计信息的提供和利用都有很大的局限性。

小前提——会计目标

会计目标亦称会计目的，是要求会计工作完成的任务或达到的标准。会计目标是关于会计系统所应达到境地的抽象范畴，是沟通会计系统与会计环境的桥梁，是连接会计理论与会计实践的纽带。在不同历史阶段，会计的具体目标是不同的，会计目标受到环境因素的影响，随环境因素的变化而变化。下面分别列示各个时期会计的具体目标。

在单式簿记时代，企业会计主要是自给自足，满足自己需要。这一时期的会计目标是核算收支，以便在收支相抵中实现收大于支这一结果。12 ~ 15 世纪，随着地中海沿岸资本主义经济关系萌芽的出现，会计逐渐由单式簿记发展阶段进展到复式簿记发展阶段，这一时期会计的具体目标可概括为：为经营者提供所有财产和交易情况的信息。这一时期会计是为经营者的经营活动服务的，显示出会计的管理职能。18 世纪 60 年代至 19 世纪进行产业革命后，股份有限公司出现并成为企业基本的经营组织形式。在这一组织形式下，资产所有权与经营权发生分离，会计目标也随之发生改变，变成为所有者提供公司的财务状况和经营成果，以评价经营者受托责任的履行情况。随着证券市场的发展，股东变得越来越分散，委托与受托关系也进一步复杂化。此时，会计除实现上述目标外。还应为潜在的投资者、债权人及其他利益关系人提供各种不同的信息。

会计目标的实现方式主要强调的是会计信息的提供方式及用途。由于我们已明确会计信息的使用主体为那些和企业产权相关的投资者、债权人、政府、接受委托经营管理企业的企业内部各级管理人员以及众多潜在的产权主体，那么会计信息在考虑各方的要求之后，其提供方式相应地就有了正式对外公布的财务报表和对内的会计报告及非簿记方式。提供会计信息的这些方式，降低了会计信息使用主体的搜寻信息的成本及由此可能导致的决策失误带来的风险。

会计三段论的意义在于，当我们发现我们面对的是准则上没有规定的棘手问题时，我们在进行逻辑推理以得到会计结论前首先要考虑，我们作出的这个决策是在一个什么样的会计环境下作出的，时代有没有发展？社会有没有变化？法律和基本准则对于这个问题的原则是什么？我们所要提供的会计信息是为了实现怎样的会计目标？我们是要提供财务会计信息还是管理会计信息？这样的思考方式会让我们清晰的得到更为正确的职业判断结果。

会计职业生涯三段论

推而广之，从会计三段论广义想来，不难发现，一个会计人的职业生涯大致也可分成三个阶段：成长阶段、探索阶段与创新阶段。

第一阶段是会计职业规划之成长阶段。大学是我们人生的一个重要的阶段。要充分把握大学短暂的四年时间，掌握必需的专业知识和技能。成功属于有准备的人，同学们在慢慢适应学习生活环境的过程中，还要注意确立远期发展目标，注重思维方式、知识结构、沟通能力、进取精神等多方面的综合养成，制订并不断完善大学四年的学习规划，为进入社会迎接新挑战增加筹码。

第二阶段是会计职业规划之探索阶段。在这个阶段，工作变动比较频繁。要根据自身的情况，把握时机，适当地变换自己的工作环境，找到一份适合的工作。与此同时，尽快取得 CPA 等资格证书。在这个资格证书充斥的时代，没有必要的资格证书气短。但要注意，证书不是越多越好。

第三阶段是会计职业规划之创新阶段。通过几年的实际工作，不断增强沟通能力、应变能力和为人处世的能力。不断积累丰富的经验，培养自己勤勉敬业的工作精神，成熟稳重的工作作风，严谨求实的工作态度，务实创新的工作理念。充分发挥自己的优势和才能。定期参加各种技能培训，避免知识老化和落伍。通过不断努力，逐渐地达到自己事业的顶峰，争做 CEO、CFO。

走在第一阶段的人，可能更多地人只是要找份工作；进入第二阶段后，才能逐渐找到适合自己的具体职位；并非所有人都能走到第三阶段，而是寻找合适的方式做自己合适的事。对于会计工作，没有兴趣也要培养兴趣，不然，上班如上坟。除了占据了我们一大半清醒时间的工作，会计人还应拥有一个“骨灰级”爱好，如此可以和会计的“封闭性”对冲。

汪峰的《存在》歌词道出了会计人生存状态的逻辑起点：

多少人走着却困在原地
多少人活着却如同死去
多少人爱着却好似分离
多少人笑着却满含泪滴

谁知道我们该去向何处
谁明白生命已变为何物
是否找个借口继续苟活
或是展翅高飞保持愤怒
我该如何存在

多少次荣耀却感觉屈辱
多少次狂喜却倍受痛楚
多少次幸福却心如刀绞
多少次灿烂却失魂落魄
谁知道我们该梦归何处
谁明白尊严已沦为何物
是否找个理由随波逐流
或是勇敢前行挣脱牢笼
我该如何存在

站在市场的坐标系

林肯曾经说过一段非常富有哲理的话，这段话也经常被后来的逻辑学家们引用，以此为基础进行逻辑推理，那就是：“你可以在部分时间骗所有人，也可以在所有时间骗部分人，但不能在所有时间欺骗所有人。”（You can fool all the people some of the time, and some of the people all the time, but you cannot fool all the people all the time.)

细细品味这段话，发现林肯早在一百多年前就提出了有效市场假说的精髓，那就是无论如何，市场上总会有人得到信息，并作出反应。得到信息的人或多或少，收到信息的时间或早或晚，但结果是一样的，不可能在所有的时间欺骗所有人。对于财务会计而言，更深刻的意义在于：无论你在财务报表中隐瞒了什么或者试图隐瞒什么，所隐瞒的东西总是会暴露的，并且在资本市场上有所反应。

亚伯拉罕·林肯（Abraham Lincoln）(1809～1865)，美国第16任总统，首位共和党总统，也是首位被暗杀的美国总统。他为推动美国社会向前发展作出了巨大贡献，受到美国人民的崇敬。是世界历史中最伟大的人物之一，领导了拯救联邦和结束奴隶制度的伟大斗争。人们怀念他的正直、仁慈和坚强的个性，他那敏锐的洞察力和深厚的人道主义意识，使他成了美国历史上最伟大的、最受人景仰的总统之一。

市场有效性的逻辑

有效市场假说（Efficient Markets Hypothesis，简称 EMH）是由尤金·法玛（Eugene Fama）于 1970 年深化并提出的，包含以下几个要点：

第一，在市场上的每个人都是理性的经济人，金融市场上每只股票所代表的各家公司都处于这些理性人的严格监视之下，他们每天都在进行基本分析，以公司未来的获利性来评价公司的股票价格，把未来价值折算成今天的现值，并谨慎地在风险与收益之间进行权衡取舍。这也就是说资本市场上的投资者——企业财务信息最为重要的使用者，在积极并且严格地监视着企业的运营，他们进行的分析，并不以公司过去的财务报告上显示出的业绩为基准，而是以公司未来获得的对股票的价格进行评价。众所周知，如果企业在财务报告中夸大了过去的业绩，就不得不以未来业绩的缩水进行补偿，所以投资者们并不是以过去的业绩为基础，而是以未来预计现金流为基础对企业的价值进行评估，如果资本市场上有大量的这种理性的经济人作为交易主体，那么企业在财务报告中进行的粉饰将不会起到太大的作用，因为过去的财务报告并不是他们评价企业价值的依

尤金·法玛（Eugene F. Fama），全世界引用率最高的经济学家之一、金融经济学领域的思想家。他提出了著名的“有效市场假说”认为，相关的信息如果不受扭曲且在证券价格中得到充分反映，市场就是有效的。

据，他们只关注企业未来现金流的现值。

第二，股票的价格反映了这些理性人的供求的平衡，想买的人正好等于想卖的人，即认为股价被高估的人与认为股价被低估的人正好相等，假如有人发现这两者不等，即存在套利的可能性的话，他们立即会用买进或卖出股票的办法使股价迅速变动到能够使二者相等为止。这就是说即使财务报告中的虚假信息可以影响一部分人让他们高估企业的价值，但并不能误导所有的投资者；即使只有一小部分人没有被误导，也可以利用套利的机会进行交易，让股价体现出企业的真实价值，即只要上文中理性、积极并且严谨的经济人存在，财务报告中的虚假信息对市场的影响也是非常有限的。

第三，股票的价格也能充分反映该资产的所有可获得的信息，即“信息有效”，当信息变动时，股票的价格就一定会随之变动。一个利好消息或利空消息刚刚传出时，股票的价格就开始异动，当它已经路人皆知时，股票的价格也已经涨或跌到适当的价位了。这是说明财务报告并不是投资者获取关于企业的信息的唯一途径，在企业在下一期报告中承认曾经说谎之前，市场中理性的经济人早就已经透过对企业的分析确定了企业的真实价值，妄图把虚假信息隐瞒到下一期报告发布之日基本就是痴人说梦。

“有效市场假说”实际上意味着“希望靠提供虚假的报表来赢得市场的青睐是无效的”，世上没有唾手可得之物。在一个正常的有效率的市场上，每个人都别指望发意外之财，每个企业都别指望靠虚假的财务报告来影响市场，企业费尽心机去粉饰报表是无益的，它只是白费企业的心思。

当然，“有效市场假说”只是一种理论假说，实际上，并非每个人总是理性的，也并非在每一时点上都是信息有效的。这正是“你可以在部分时间骗所有人，也可以在所有时间骗部分人”的真实写照，市场的暂时无效每天都在发生，但作为企业经营者，作为会计工作者，必须切记的是，“没有人能在所有时间欺骗所有人。”不妨用逻辑中经典的二难推理结束关于市场有效假说的讨论：

如果市场有效，那么提供虚假财务报表是错误的，因为这么做是徒劳的。

如果市场无效，那么提供虚假财务报表是错误的，因为这违反了委托代理的原则。

无论市场有效或者无效，提供虚假财务报表都是错误的。

更富逻辑验证性的成本分配

人们获取会计信息的基本目的就是为决策提供更合逻辑的证据支持。成本是一项重要的会计信息，成本核算是成本管理会计工作最为重要的组成部分。成本是我们为了某个特定目的所牺牲或是放弃的资源，在会计核算中成本通常表现为获取商品或提供服务所必须支付的资源的货币衡量。无论是企业的内部管理者还是外部利益相关者，都需关注成本信息。他们之间的不同之处在于，外部利益相关者只需要关注财务报告上的存货成本和营业成本的整体信息，至多关注他们是如何生成的。而企业的内部管理者则需要更为准确、更为及时的具体成本信息。

在当前竞争异常激烈的经济环境下，大多数企业的边际利润已经不像过去那样丰厚，内部管理者在经营的各个层面都需要依赖于精准的成本信息。在制定战略时，管理者希望得到所提供的产品或服务的详尽的成本，以制定产品线策略和竞争策略，改进产品和服务。在执行战略时，管理者需要改善流程和其他对生产成本控制项目的估计，也需要准确及时的成本反馈。在数学模型被普遍应用于管理实务中的现实情况下，价值链函数方程中的变量，如单个产品、流程消耗、客户开发和维护、市场拓展、供应商和采购商、融资成本等都需要相对准确的估算，才能回归出正确的函数。

经营活动的核心就是成本——收益权衡问题（cost - benefit balance），经营者要估算可能要付出的成本，同时与可能获得的收益进行权衡，究竟作出何种决策或者选择哪一个方案，取决于管理者对预期收益和预期成本的比较。很符合逻辑的事实是，错误的成本数据通常会让管理当局作出错误的决策，现在很多管理者都看到了成本核算的重要性，也验证了“只有精确衡量，才能有效地进行管理”这一逻辑命题。

把成本准确地分配到成本对象上去，并不是要求我们反映绝对真实的成本，准确的分配成本是一个相对的概念，我们强调的是成本分配过程的合理性和逻辑性。

符合逻辑地分配产品和服务的成本，是管理会计信息的主要目标之一，同时，成本分配过程的改进，已经成为长期以来管理会计领域的重要进展，成本分配方式改进的目的在于提高成本分配的准确性、提供更高质量的管理会计信息、以便于管理层作出更好的经营决策。具体来说，管理会计的成本核算，主要经历了完全成本法——变动成本法——作业成本法的变化过程。

完全成本法就是在计算产品成本和存货成本时，把一定期间内在生产过程中所消耗的直接材料、直接人工、变动制造费用和固定制造费用的全部成本都归纳到产品成本和存货成本中去。完全成本法看似并不合理，对成本的归集也不会很精确，但这是与大的会计环境，即我们的会计大前提相关的，完全成本法产生于工业化大生产时代，工业革命以后，产品生产逐渐由分散的、手工作坊式的生产模式转变为以机器为主要工具、工业化的生产方式，这一阶段主要特点是以机器取代人力，以大规模工厂化生产取代个体工场手工生产的，在这一时代背景下，企业只生产很少几种产品，使用完全成本法来归集成本也可以做到相对准确。

完全成本法的成熟时期是在第二次世界大站后，特别是20世纪50年代中叶以后，由于科学技术飞速发展，国际竞争日趋激烈，世界上主要的经济体陆续从劳动密集型生产转向资本密集型，固定资产投资迅猛增加，资本有机构成大大提高。由于技术更新换代加速，所以固定资产普遍采用加速折旧法。为了抵销企业固定费用的大幅度增加，企业可以简单地采用扩大生产的办法降低产品的单位成本，提高单位产品利润，降低产品价格，提高产品的竞争力，从而为进一步扩大生产提供基础，形成良性循环。这个时期虽然竞争激烈，但从全球的视角来看，市场并没有达到饱和，基本可以实现产销平衡。这也在一定程度上刺激了企业提高产品产量的积极性，促使企业追求产量最大化，这在当时的时代背景和资本密集型经济的生产条件下是有一定合理性的。但完全成本法在逻辑上并不能反映生产部门的真实成本，反而在产销不平衡的情况下会掩盖真实的业绩，使企业的业绩失去其内在逻辑性的证明，特别是产大于销的情况下，会严重夸大企业的业绩，甚至出现产品大量积压反而出现利润上升的情况。由于不能在逻辑上真实反映产品成本，对成本分配的管理会计方法开始引入变动成本法。

变动成本法也称直线成本法，是变动成本计算的简称，是指在组织常规的成本计算过程中，以成本性态分析为前提条件，只将变动生产成本，如直接材料、直接人工、变动制造费用作为产品成本的构成内容，而将固定生产成本作为期间成本，并按贡献毛益确定计算损益的一种成本计算模式。变动成本法由于仅将变动生产成本作为成本计量，所以更加符合收入费用配比原则，也便于成本控制与业绩评价。更为重要的是，使用变动成本法作为产品成本的分配办法，可以促使管理者更加重视销售，使管理者从“抓生产”向“促销售”转变，防止盲目生产给企业带来的损失。由于成本分配的逻辑一致性，采用变动成本法还可以给管理者提供更有效的产品成本信息，为企业开展利润规划、决定产品售价提供重要的决策依据；变动成本法计算出的产品成本也是企业内部考核的重要指标，可以加强企业内部的管理和控制；通过采用变动成本法，实施成本性态分析，对各项生产要素进行评判，也为管理者的改进方案提供了大量更为合理的数据，使管理者的生产经营决策更符合逻辑。变动成本法与完全成本法相比，具有更强的逻辑验证性，但对于经过成本性态分析得到的间接制造费用，则仍是只能作为固定成本计入期间成本处理，随着技术的发展，间接制造费用在产品成本中的比例也在扩大，于是，更合逻辑的产品分配方法——作业成本法也就随之产生了。

作业成本法又称作业成本分析法、作业成本核算法（activity - based costing system 简称为 ABC）。20 世纪 70 年代以来，经济活动日趋全球化，竞争更加激烈，企业活动不再是简单的生产和销售，消费的需求也日益多样化，这些都导致了企业生产组织形式的重大改变，并改变了人们关于企业经营的观念，这新的企业观下，经营者以顾客需求为导向，将企业设计成一系列作业的集合体，形成一条或多条作业链，产品作为企业内部各作业链的最后一环，凝结了作业链中各个环节所形成的价值，作业耗费与作业产出配比的结果就是企业的盈利。因此，作业链也被称为价值链，作业链的形成过程也就是价值链的形成过程。在这一观念下，以作业为基础的对产品成本进行分配的方法即作业成本法也随之产生了。

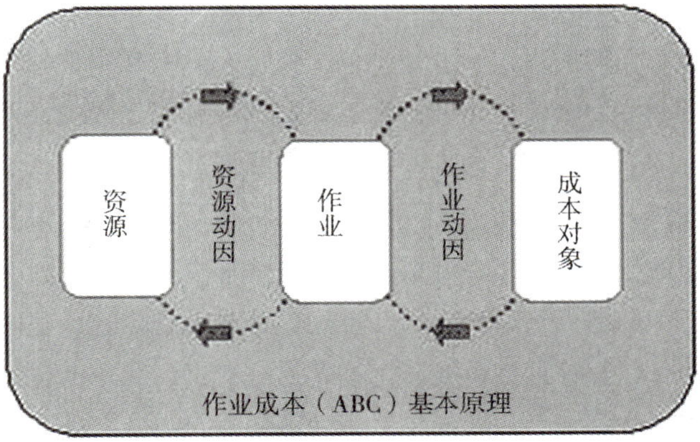

作业是企业的各种活动，作业成本管理是以作业为中心，通过对作业及作业成本的确认、计量、分析和管理，最终计算产品成本、分析作业、改进作业、为企业增加价值的新型战略成本管理（战略管理会计）方法，它把企业管理深入到作业层次，对所有作业活动追踪并动态反映，为企业决策提供相对准确的成本信息。

作业成本法下分配成本遵循的原则是“作业消耗资源，产品消耗作业”，并且引入了“资源动因”和“作业动因”这两个成本动因概念，利用这些成本动因对产品的成本进行分配，更为清晰，也更合逻辑，因为利用成本动因，我们可以在产品同其所消耗的资源之间建立起一种因果关系，而找到这个因果关系的过程，则是利用作业与所消耗资源之间的逻辑关系合理的分配间接费用的成本计算方法。利用作业成本法进行管理，可以根据企业产品和生产过程的经济、技术等方面的主要逻辑特征，运用数理统计方法进行定量管理，可以帮助企业的管理者更好地制定产品战略、改进产品设计、改进经营策略，以及作出更合逻辑的设备投资决策。

作业成本法并不是产品成本分配的终点，它也只解决了间接费用中的一部分问题，如何使产品成本分配更合理，始终是摆在管理会计人员面前的一个重要问题，值得我们深入探讨和挖掘，以找出更合逻辑的成本分配办法。对于产品成本分配这个问题，“没有最合逻辑，只有更合逻辑”。

变化是合乎逻辑的

我们已经用合乎逻辑的方式证明了会计活动中逻辑是一个重要工具，也找出了会计应用逻辑方法来作出会计判断的方式，但这种方式也有自身的局限性，那就是我们的前提大部分还都只是假设，只要找出例外的证据，就可以在逻辑上推翻我们之前作出的判断。我们通过观察过去的经济活动形成的结论是在归纳的基础上进行的推断，并不意味着所有的经济活动都会还按照我们的推断继续下去。

现在适用的会计准则是在当前的社会经济环境下，人们对会计实践进行理论上的概括和归纳而形成的。会计准则具有相对稳定性，但随着社会经济环境的发展变化，会计准则也要随之变化，也会进行相应的修改、充实和淘汰。这正是逻辑的魅力，变化并不是意味着我们过去犯了错误，而是意味着我们朝着正确的方向又迈进了一步。

结语：是逻辑，还是奥秘？

生活在这个世界，也许用一点点逻辑就行得通了。甚至很多时候，连逻辑都不用。然而，当一个人学会运用逻辑思维去生活，脑海里曾经建立的那个世界开始像蜕皮一样蜕去了它旧有的外壳。

海德格尔[①]说：人，诗意地栖居。套用这句话的范式：会计，诗意地工作。

当把会计和逻辑打通时，我开始真正认识到，从事会计工作三十三年来，我一直追寻的所谓“诗意”究竟是什么——那是奥秘，远远超出了逻辑推理可抵达的世界。

当人们在为一个理论是正确还是错误争议不休的时候，当人们仔细探讨某个神话原型是如荣格所理解还是如希尔曼所理解的那样的时候，当人们执着于逻辑建立起的二元世界的时候，我的新困惑正在慢慢产生——我们生存所需的逻辑，与我所理解的更近于宇宙真理的奥秘，两者之间如何互融？

我不是伟大的克里希那穆提，没有超人支持我，我更不能像高飞于蓝天的少年一样，任由我的翅膀被太阳融化，但我愿意遵从会计的逻辑。

---

① 马丁·海德格尔（Martin Heidegger 1889.9.26～1976.5.26），德国哲学家，20世纪存在主义哲学的创始人和主要代表之一。

人的脑袋是左脑加右脑。左脑是数学脑，右脑是语文脑；左脑是逻辑脑，右脑是形象脑……会计这个学科，让我们左脑比右脑发达。让我们容易钻牛角尖，容易一条道走到黑；让我们容易认为自己是对的，别人是不对的。让我们容易注意细微，注意精确，而不太注意大的思路、理念、方法。因为，我们更注重计算、更注重精细，而忽视没有框框的跳跃性思维。

首先打破原来的逻辑关系，跳出来去想一想，大的方面理清了，再用你的左脑仔细地去算一算；大的路径找对了，设计好了，再用你的右脑去考虑考虑，小的细节是不是有什么遗漏。这样就可以把方案做得更细更好，更周全更有创意。要突破会计学习和会计生涯带给我们的局限性，尝试着另辟蹊径，尝试着换一种方法去思维，换一个角度去考虑。

我们要建构思考新逻辑：一是要由用小看大到用大看小；二是从排斥差异到重视差异；三是从单向思维到多向思维；四是从数字依赖到人文情怀。

行文至此，我想起一个小故事，以期引发共同思考：有个学生请教爱因斯坦逻辑学有什么用。爱因斯坦问他："两个人从烟囱里爬出去，一个满脸烟灰，一个干干净净，你认为哪一个该去洗澡?""当然是脏的那个。"学生说。"不对。脏的那个看见对方干干净净，以为自己也不会脏，哪里会去洗澡?"

文字的诱惑

【题记】不知是会计催生了文字，还是文字衍生出会计。

文字是有生命的，它会行走，会呼吸。

它从来不一成不变，总是在流年中暗换。你可以从容不迫，写得不满意，就擦掉，你的字迹在纸墨之间静如石刻，你的精神也由此成为一种物质形态。你用文字留下了痕迹，而文字描述的物却消失了。或者说，物转化为无形资产，在你的纸上，以另一种方式继续存在下去。这种载体就是文字，无声的，静止的，但与天壤同久，共三光永存，宛如一场绚丽的彩虹挂在淡蓝色的天空，令人仰望。

在大漠里，岩石上用斧凿刻出，在昏暗的烛光下用毛笔写出，在洁白的绢或者染过的花笺上写出，甚至用织机在布帛上织出，直至今日在计算机上，用不同的输入法、字库一键一键敲出，形制不同，辞素不同，指向不同，却都是文字。自古至今，文字伴随人类文明，不曾离开片刻。

今人从西域流沙中拾得汉代木简，从湘楚古井掘出秦国公文，从古墓巨鼎的铜锈中辨认出铭记，触摸这些承载人文的一笔一划的精灵，逐字辨认，逐句诵读，那里有数字、有历史、有深邃的思绪，有土地上洒下的汗水，有战场上流过的血，也有精打细算的账簿。

文字，这一笔一划、一撇一捺间有着不可思议的奥秘，这奥秘虽无声无息却可流传恒久。会计的名称始于它的文字，“零星算之为计，总合算之为会”，而这也成为会计的说文解字性定义。

古人对文字的敬仰，在于文明传承。试想，没有文字这一伟大发明，世界将会怎样？

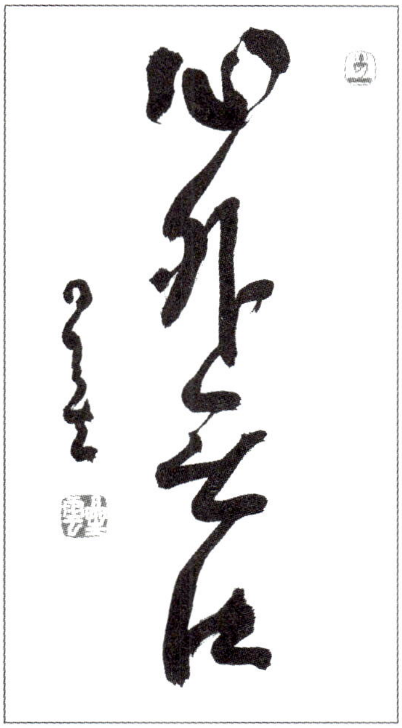

星云大师（释星云，1927— ）是当今人间佛教的行者，为了弘扬佛法，心甘情愿的精神，也让全球佛光人受到国际的肯定。他的足迹，是菩萨的脚印，他更是今日的“台湾佛教之光”。为今日之一代佛教宗师。图为星云大师手书一笔字《心外无法》。

点亮蛮荒年代的明灯

在古代，人们对文字和承载文字的纸，敬畏到崇拜的地步。有不知其数的故事，讲述“敬惜字纸”的人，怎样得到匪夷所思的好运，而不这样做的人，又怎样遭遇惩罚式的厄运。根据这种风俗，对于写了字的纸，不能信手丢弃，更不能使其处于不洁净的环境，如果发现别人丢弃的字纸，哪怕自己并不识字，也要把它们收集在一起，最好在清水里洗涤干净，积攒多了，再焚烧或者送到专门的火炉中烧掉。有的人，甚至出钱雇佣闲散劳力走遍街巷捡字纸，以求“积德”。这些专用的火炉被称为字纸亭，大小各种各样，最高的有 5 米，一般建成多层的塔形，古代各地都有，也叫“敬字亭”，或称为“敬文亭”、“惜字塔”、“焚字炉”、“惜字宫”等。

我国结绳记事法应用的历史十分悠久，不少史书和神话传说，都对此有所叙述，很多学者还做了深入研究。在山东嘉祥县，著名的家族祠堂“武梁祠”里，浮雕上有“伏羲仓精，初造王业，画卦结绳，以理海内”，记载了上古伏羲氏借助八卦及结绳记数、记事等方法管理原始部落的生产活动及日常生活，并具体描绘了结绳的情形。

传说，仓颉是黄帝的大臣，生日是在农历的 3 月 2 日。他根据鸟和其他动物的脚印创造了文字。中国人认为，文字是有魔力的，所以就把仓颉尊为制字先师。“昔者仓颉作书而天雨粟，鬼夜哭”！文字一出，人类从此由蛮

四川省蓬安县茶亭乡潭家村惜字塔，据传建于清光绪二十六年（1900年），由花岗石砌成，高15米，塔门刻“惜字塔”三字，塔檐较短，檐角微翘，起坡平缓，两层内壁嵌石碑，塔顶长有1株野胡椒，高约5米，四季常青，团如华盖，夕阳西下，塔顶倒映，成“九峰夕照”之景。

荒岁月转向文明生活。

仓颉的宿命

仓颉造字的故事，想必大家都有所耳闻。但传说中隐藏的细节，我们是不是忽略了？

相传仓颉在黄帝手下当官。黄帝分派他专门管理圈里牲口的数目、屯里食物的多少。可慢慢的，牲口、食物的储藏在逐渐增加、变化，光凭脑袋记不住了。仓颉犯难了。

仓颉整日整夜地想办法，先是在绳子上打结，用各种不同颜色的绳子，表示各种不同的牲口。但时间一长久，就不奏效了。这增加的数目在绳子上打个结很便当，而减少数目时，在绳子上解个结就麻烦了。仓颉又想到了在绳子上打圈圈，在圈子里挂上各式各样的贝壳，来代替他所管的东西。增加了就添一个贝壳，减少了就去掉一个贝壳。这法子顶管用，一连用了好几年。

黄帝见仓颉这样能干，叫他管的事情越来越多，年年祭祀的次数，回回狩猎的分配，部落人丁的增减，也统统叫仓颉管。仓颉又犯愁了，凭着添绳子、挂贝壳已不抵事了。怎么才能不出差错呢？

这天，他参加集体狩猎，走到一个三岔路口时，几个老人为往哪条路走争辩起来。一个老人坚持要往东，说有羚羊；一个老人要往北，说前面不远可以追到鹿群；一个老人偏要往西，说有两只老虎，不及时打死，就会错过了机会。仓颉一问，原来他们都是看着地下野兽的脚印才认定的。仓颉心中猛然一喜：既然一个脚印代表一种野兽，我为什么不能用一种符号来表示我所管的东西呢？他高兴地拔腿奔回家，开始创造各种符号来表示事物。果然，把事情管理得头头是道。

仓颉，原姓侯冈，名颉，号史皇氏，生于陕西省白水县杨武村鸟羽山（另一说山西临汾人）。生有“双瞳四目”，享年110岁。传说他仰观天象，俯察万物，首创了“鸟迹书”震惊尘寰，堪称人文始祖。黄帝感他功绩过人，乃赐以“倉”（仓）姓，意为君上一人，人下一君。由于仓颉造字功德感天，玉皇大帝也便赐给人间一场谷子雨，以慰劳圣功，这就是现在的“谷雨”节气。

黄帝知道后，大加赞赏，命令仓颉到各个部落去传授这种方法。渐渐地，这些符号的用法，全推广开了，就形成了文字。

仓颉造了字，黄帝十分器重他，人人都称赞他，他的名声越来越大。仓颉头脑就有点发热了，眼睛慢慢向上移，移到头顶心里去了，什么人也看不起，造的字也马虎起来。

这话传到黄帝耳朵里，黄帝很恼火。他眼里容不得一个臣子变坏。怎么叫仓颉认识到自己的错误呢？黄帝召来了身边最年长的老人商量。这老人长长的胡子上打了一百二十多个结，表示他已是一百二十多岁的人了。老人沉吟了一会，独自去找仓颉了。

仓颉正在教各个部落的人识字，老人默默地坐在最后，和别人一样认真地听着。仓颉讲完，别人都散去了，唯独这老人不走，还坐在老地方。仓颉有点好奇，上前问他为什么不走。

老人说：“仓颉啊，你造的字已经家喻户晓，可我人老眼花，有几个字至今还糊涂着呢，你肯不肯再教教我？”

仓颉看这么大年纪的老人都这样尊重他，很高兴，催他快说。

老人说："你造的'马'字，'驴'字，'骡'字，都有四条腿吧？而牛也有四条腿，你造出来的'牛'字怎么没有四条腿，只剩下一条尾巴呢?"

仓颉一听，心里有点慌了：自己原先造"鱼"字时，是写成"牛"样的，造"牛"字时，是写成"鱼"样的。都怪自己粗心大意，竟然教颠倒了。

老人接着又说："你造的'重'字，是说有千里之远，应该念出远门的'出'字，而你却教人念成重量的'重'字。反过来，两座山合在一起的'出'字，本该为重量的'重'字，你倒教成了出远门的'出'字。这几个字真叫我难以琢磨，只好来请教你了。"

这时仓颉羞得无地自容，深知自己因为骄傲而铸成了大错。这些字已经教给了各个部落，传遍了天下，改都改不了。他连忙跪下，痛哭流涕地表示忏悔。

老人拉着仓颉的手，诚恳地说："仓颉啊，你创造了字，使我们老一代的经验能记录下来，传下去，你做了件大好事，世世代代的人都会记住你的，但你可不能骄傲自大啊!"

从此以后，仓颉每造一个字，总要将字义反复推敲，还要拿去征求人们的意见，一点也不敢粗心。大家都说好使，才定下来，然后逐渐传到每个部落去。

常言道："无规矩不成方圆"。仓颉造字如此，难道会计工作不也是身处其中么？每件事，每项工作，每一种经营，每个发展时期都要有个目标，这个目标就是结果，这些结果的量化都可以通过会计手段来体现。就金融对经济的影响而言，一张金融企业的会计报表就能基本反映一个地区一定时期的经济形势，反映各产业结构的平衡状况，反映人民的生活水平和购买力情况，从而为宏观经济决策提供信息。就金融会计而言，由于会计年度和公历年度相一致，每年 12 月 31 日是经营成果的反映时刻，所以年终决算显得"异常热闹"，它宣示着经营者的决策是否得当，标引着金融企业的未来走势。同时，冷眼观察这一特殊时段，也会发现企业经营中存在的问题和不足。

以监管者的角度看金融机构年度决算的真实性，通常来说，归纳有三：一是受多种因素的影响，隐藏利润和虚增利润使利润不实；二是会计核算不合规，存在随意调整账务，人为控制成果；三是不按照权责发生制的会计原则处理账务，应提未提、应收未收、应付不付，费用开支按指标全额列支或虚报等。这些问题的发生，不利于会计结果的真实反映，不利于上级管理部门的经营决策，不利于经营单位的有效管理和长效发展。长此下去，必然会给经营带来风险，相关部门应予以高度关注和及时纠正。

文字的变迁

仓颉造字，更多的可能是一个美好的传说。在真实的历史上，文字又是怎样伴随人类社会的经济发展而不断演变的呢?

旧石器时代的中晚期，距今十二三万年前，因为生产力水平的提高以及生产剩余食物、物品的出现，原始人群持有的财物越来越多，人与人之间的经济关系也随之由简单到复杂。这时，单凭头脑记数、记事及其默算已无法描述和组织生产活动，也不能合理地分配、储备物品。人们不得不在头脑之外的自然界去寻找帮助记忆的载体，以及对食物等珍贵物品的计数、计量、记录的办法。在旧石器时代的中晚期，人类所采用的计数、记事方法一般有两种，一是简单刻记，二是直观绘图。

原始人最初采用的计量、记录方法是简单刻记。他们用以刻划痕迹的工具，通常只是坚硬有尖端的石头而已，在石片、骨片等载体上用力刻划出一排排单线条的浅纹道，或者是在树木或木板上刻出若干重复的缺口，这样形成的数量标记，通常只有刻划的人自己才可以知道代表多少数量，或是代表什么事物。在中国山西峙峪人遗址，出土了几百件有刻纹的骨片，有的刻着直线，数目多寡不一，历史学家认为那可能是用来表示数目的。而在同一时期的甘肃刘家岔遗址、北京山顶洞人遗址都发现有“刻纹的鹿角”。大量的考古发现和考古研究都证实，大多数这样的线条、缺口都含有具体的数字的概念。

与简单刻记并存，直观的绘图方式也可以记数、记事。原始人的抽象思维活动能力还较为低级，他们在绘图表现方式上反映出一种尽量忠实于自然原型的写实性。通常他们会将所要表现的事物，绘形绘色，不厌其烦，一丝不苟，力尽其详地描述下来。如果一个原始人当天猎获了四头牛，便会在手边可以取得的骨片或穴居的山洞的岩壁上尽其所能、仔细地绘画出四头牛的完整图形。

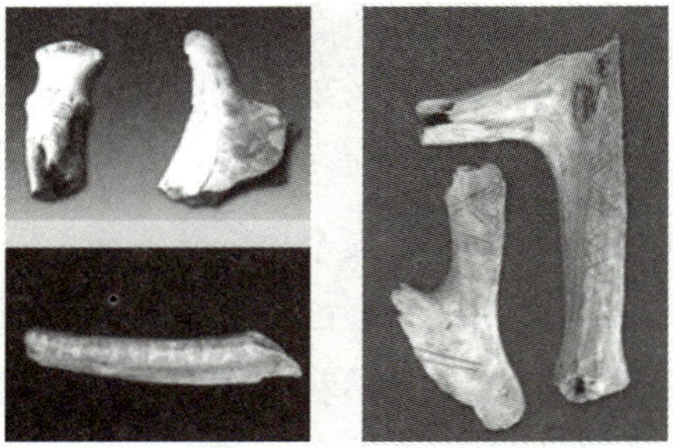

在江苏省海安县青墩遗址的重大考古发现中最具神秘色彩的是5000多年前的青墩古人在麋鹿角上留下的刻划符号。由于考古发掘报告迟至1983年才在《考古学报》上发表，立即引起易学界、数学界和语言文学家的高度重视，许多人认为神秘的刻画符号是中国最古老的文字和数字，比殷墟甲骨文还早2000多年。左上图为刻划纹、锥点纹麋鹿骨，左下及右图为角刻纹麋鹿角。

新石器时代，生产力有所发展，人类在进入这一时期之后，能使用的工具多了起来，人脑的智慧得到进一步开发，社会关系也日渐复杂，旧石器时代的计量、记录方法也有了新的发展。

考古发现，在新石器时代早期，已经有相当一部分刻划符号在一个较大的地域范围内被普遍采用，其中一部分作为计量、记录符号，其规范性和一致性较以往进步明显。到新石器时代中晚期，母系氏族社会经济高度发展，人们开始创造并广泛采用成套的刻划符号。现今考古发现最具代表性、较为完整的成套刻划符号，是西安半坡村人（距今6000年左右）与临潼姜寨村人所应用的刻划符号。

考古发现中最早的刻木记事类型文物是青海乐都柳湾马厂类型墓葬（距今4500～3500）遗址中的骨片，这些相对而言易于保存的骨片是新石器时代中期的产物，距今有4000多年的历史。这些骨片上的刻记大体上有一定规格，缺口大都刻在骨片中部的两边，出土的四十片骨片上，所刻下的缺口数量都在一至三之间。类似的刻骨在西宁朱家寨考古发掘中也曾有过，都是为记数与记事所用，这些发现都证实了中国历史上的“刻木为契”传说。

刻木记事在我国史书中多有记载。《隋书——突厥传》记载了北方突厥人刻木记事的情况，《旧唐书——西南夷传》也记载了当时我国南方边远地带一些少数民族采用刻木记事的事实。在中国近代，云南的独龙族、怒族、基诺族、布朗族、佤族和景颇族都曾用过刻木或刻竹记事方法，他们其中的一部分人用于记数、记事的木片或竹片，与柳湾出土刻骨类同。如独龙族用刻木的办法登记借贷账目，凡借钱于人，按所借钱数的多少，在木版上刻上

距今约3000年的夏家店上层文化考古发现的内蒙古赤峰松山区阴河水系的蚌壳上的刻划文字符号。在特征上，夏家店上层文化的陶器技巧已经明显纯熟，随葬戈、矛、镞、饰牌青铜器常常于墓葬品中发现，因此视为青铜时代的晚期。

相应的缺口；归还多少，便削去多少缺口。此外，四川木里县的摩梭人进行刻木记数、记事所采用的刻划符号看起来同我国新石器时代的仰韶人、柳湾人的数字符号及刻写方法如出一辙。

绘图计量、记录法是在旧石器时代中晚期人们所应用的直观绘图记事法的基础上产生的，这种方法的历史性进步在于，为了计量、记录的简便易行与易懂便认，将复杂具体事物的形象抽象为简明扼要的图画符号，并最终以图画符号表现经济事项的数量关系，显示计量、记录的结果。

旧石器时代的猎人的绘画都是非常具体的。然而，到旧石器时代后期，猎人已经开始改变旧日习惯化的写画方法，他们只想尽可能用少许几笔，就能表示出可被认识为一头野牛的主要特征来，比如，用一对牛角代指一头完整的野牛。当然，这种绘图计量、记录方法也经历了一个漫长的历史渐进过程，与图画文字接近的抽象绘图记数、记事法主要产生、应用于新石器时代。人类所创造的萌芽形态的文字，相当大一部分起始于绘画，在经历了直观绘图记事阶段之后，便因陆续采用抽象的图画符号，从而形成更进一步的象形符号，而这种象形符号便为后世象形文字的产生奠定了基础。

在原始社会末期，人类原始的会计计量、记录方法的发展有了质的飞跃。结绳计量、记录法是原始人通过结绳记数的方式对经济事项进行计量、记录的一种方法，它是人类会计起源的重要标志之一。

史书上有大量关于中国古代结绳记事、记数法应用的事实记载。《唐会要》记载：吐蕃人“无文字，刻木结绳为约”，即是说吐蕃人在文字发明之前通过刻木记事和结绳记事方法订立契约。宋代大儒朱熹也在文中记有类似的史实，“结绳者，溪峒各蛮，犹各有之。又有刻板者，凡年月日时，以及人民粮草之属，刻板为记，都不相乱。”此外，在宋代，“鞑靼人调动军马，或结绳为约，或刻木为契”，其结绳刻木之法达到应用自如状态。明清时代顾炎武关于“遵义军俗以射猎伐山为业，凡交易，刻木为书契，结绳以为数”的文字也说明了遵义地区以打猎为生的原住居民借助结绳记数、记事方法记录日常交易货物数量的事实。

从以上史书记载的情形可见，结绳与刻木记事、记数之法从远古时期就开始被人们所用，并已形成为一种具有通用价值的传统方法。近百余年，我国的一些少数民族依旧采用结绳计量、记录法。

坚守的执着

唐代诗人贾岛，有一天边走边吟《题李凝幽居》的诗，诗中第四句“僧推月下门”的那个“推”字，又欲锤炼为一个“敲”字，他边走边吟，“推”“敲”未定，在驴背上还不时做着手势。恰巧韩愈乘大轿而来，贾岛毫无觉察，两手还做“推”“敲”之势。韩愈问明原因，为他酌定了个“敲”字。“敲”字好在哪里呢？既是“月下”，李凝的幽居并非虚掩，“敲”可唤出主人，“推”则没有用处；“推”不会发出声响，“敲”门声响亮，又富于一种音乐美。

鲁迅在《惯于长夜过春时》这首律诗中，原来的五、六两句是“眼看朋辈成新鬼，怒向刀边觅小诗。”写好后，鲁迅觉得“眼看”“刀边”等词语不能准确地表达自己当时的思想感情，便将“眼看”改成了“忍看”，将“刀边”改成了“刀丛”。“眼看”比较消极、无奈，“忍看”是不忍看的意思，蕴含着鲁迅对国民党反动派的刻骨仇恨和对革命先烈的深深悼念之情；“刀边”改为“刀丛”，更能展示当时的黑暗现实。可见，语言的锤炼与荒芜，其境界大不相同。

如此奇妙的文字，不禁诱人探觅其隐秘的渊源。

寻根溯源，四大发明中的活字印刷术对文字的推广产生了重大影响，刻字用的雕刻刀使汉字形体产生了深刻变化，一种横细竖粗、醒目易读的印刷字体浮出历史地表，后世称为宋体。当时所刻记的字体有肥瘦两种，肥的仿颜柳，瘦的仿欧虞。到了明代隆庆、万历年间，又从宋体演变为笔画横细竖粗、字形方正的明体。原来那时民间流行一种横划很细而竖划特别粗壮、字形扁扁的洪武体，像职官的衔牌、灯笼、告示、私人的地界勒石、祠堂里的神主牌等都采用这种字体。以后，一些刻书工人在模仿洪武体刻书的过程中创造出一种非颜非欧的肤廓体。特别是由于这种字体的笔形横平竖直，雕刻起来的确感到容易，它与篆、隶、真、草四体有所不同，别具一格，读起来清新悦目，因此被日益广泛地使用，成为16世纪以来直到今天非常流行的主要印刷字体，仍称宋体，也叫铅字体。

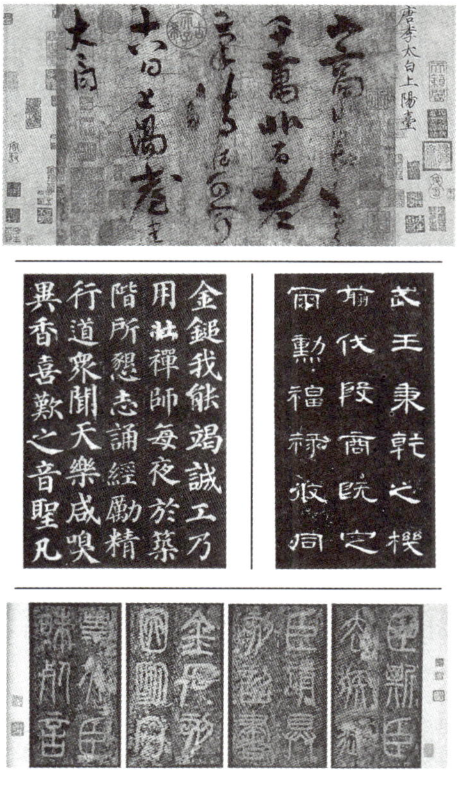

汉字几千年的演变过程中，演变出的不同字体各具趣味。图中展示的四幅作品中，上为唐代诗人李白书自咏四言诗《上阳台帖》（草书），也是其唯一传世的书法真迹，现藏于北京故宫博物院。中左为全称《大唐西京千福寺多宝塔感应碑》拓本（颜楷），天宝十一年（752）四月廿日建，岑勋撰文，颜真卿书丹，徐浩题额，史华刻字，现藏于西安碑林博物馆。中右为《曹全碑》（隶书），汉中平二年（公元185）建，明万历初合阳县莘里村出土，1956年入藏西安碑林博物馆。下为《泰山刻石》明拓本（小篆），前半部系公元前219年秦始皇东巡泰山时所刻，相传为李斯所书；后半部为秦二世胡亥即位第一年（公元前209年）刻，明拓本藏于北京故宫博物院。

汉语在各个历史时期所形成的各种字体，篆书古朴典雅，隶书静中有动，草书风驰电掣，楷书工整秀丽，行书易识好写，风格多样，个性各异。

汉字的演变是从象形的图画到线条的符号和适应毛笔书写的笔画以及便于雕刻的印刷字体，它的演进历史为我们进行中文字体设计提供了丰富的灵感。在文字设计中，如能充分发挥汉字各种字体的特点及风采，运用巧妙，构思独到，定能设计出精美的作品来。

自秦始皇统一，中国文字才逐渐走上了发展的道路。各个时代的中国文字都有着与众不同独特的民族、民风的内涵，中国的文字史里处处蕴含着中华儿女的智慧与勤劳。与国人对于英语投入的巨大热情相比，我们对于汉语的美所知甚少了。

“汉字画”就是剖展汉文字在视觉上、字意、字义里的以及字源等等因素方面而创作的画。“汉字画”在很大程度上是借鉴于版画、钢笔画、木刻、篆刻、剪纸、装饰画的技法，及构图和设计的构思观念。如：在“汉字画”中，大多数是通过变形、夸张、整合后的图形平面的“白”或“黑”。这均是篆刻、木刻、剪纸以及设计中常用的技法。而用笔均是采用钢笔画的笔法，如：排线、曲线、螺旋线、波丝线、井字线、十字线、浪花线、点列线等。其视觉效果给人一种黑白装饰性的版画视觉效果。

文字是国家的灵魂，为了了解祖国文字的变迁、祖国的历史、祖国的灵魂，有识之士喊出了“保卫国语，维护中文”的最强声。这并非惊诧之音。

捍卫母语，纯洁汉语，是全社会的共同责任。

汉语是华夏文化的主筋，是文明古国的根脉。如果我们自己对母语都不看重、不爱护，怎能期望外人尊重、向往呢？爱护母语，就是爱我中华；维护汉语，就是维护文明古国的文化底蕴。这是提升我国民族自信和文化自信的内在要求，也是打造文化软实力的战略需要。

形而上的文字

人们常常会觉得，汉字，尤其是古代汉字，就像是一幅画。实际上，最基本的汉字就是由图画演变来的，有很大的象形特点。是不是所有的汉字都这么神奇？所有的汉字都像图画吗？其实，象形字只是汉字的基础，千千万万的汉字都是依托它们而产生的。

“道生一，一生二，二生三，三生万物。”意思是无穷的事物都是由几个简单的元素构成的。汉字也是这样，最初只有一些简单的字。再由它们组成复杂的字。汉字也就由少变多，源源不绝了。

如果说汉字是画，会计就是描绘经济活动的抽象画。凡是有投入与产出或成本与效益比较的活动就可以称为经济活动，在这里经济被作为一种分析方法即分析成本与效益关系的方法。人们所从事的劳动被称为经济活动．一切经济活动的总和便构成一个城镇、一个国家、乃至一个世界的经济体制，这种经济体制是人们供求关系的总和。

会计赖以产生和依存的物质基础，也是人类社会的生产实践活动——这时，我们可把这些活动称为经济活动。如果脱离“社会”这一概念，则经济和会计均无从谈起。就好比如果没有实际生活为比较，抽象画也同样失去了意义。

渔网结出了账本

伏羲氏是我国父系氏族时代初期活动在淮河流域一带的一个部落里的首领。他所领导的部落生活地域濒临淮河，水域宽广，渔业相当发达。根据考古发现的陶、石网坠分析，那时凡是大一些的渔网，通常采用石质网坠，由于负荷较重，网上绳结相应要大一些；而凡是小一些的渔网，一般则采用陶质网坠，因负荷较轻，网上绳结相应要小一些。

人们正是在终年累月的结网捕鱼生涯中，从中领悟到结绳可以记事记数的道理。这种分析与历史书记载上的结绳记事所产生的年代、地域具有一致性。至于如何结绳记事、记数，后世史书中也有较为具体一些的记载。《周易正义》中讲“事大，大结其绳；事小，小结其绳，结之多少，随物众寡”，即要记录重要的事情，便在绳子上打一个较大的绳结，如果记录不重要的事情，则在绳子上打一个较小的绳结，绳结的多少依据所要记录事情的多少而定。

与远古时代一脉相承的结绳计量、记录法，在近代、现代社会边远地带少数民族中坚持实行的这种情况表明，结绳计量、记录法是人类在史前时期所创造出来的帮助人们记忆的一种特殊方法，它的简便易行使它得到广泛应用，并在世界上落后的经济区域里一直被递延继承下来。结绳已表现出后世账簿记录的原理，它大体上明确了表现某种“账目”的几个要素，如记录对象、应记数量、数量发生变化之后的表现方式，以及在这一“账目”结束之时的最终结果。正是从这一点出发，会计史学家认为结绳计量、记录法不仅是人类在史前阶段具有创造性的成果之一，而且也是其后人类会计思想、会计实践演进与发展之基础。同时，由于结绳记事、记数方法又同时具备了数学、统计及文字表意等功能，所以也被认为是数学、统计及文字的起源。

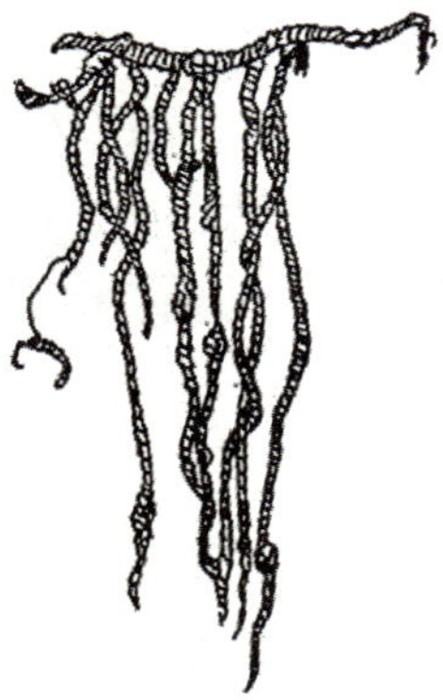

结绳记事，世界各地的不同民族皆有之。中国一直到宋朝以后，南方仍有用结绳记事的。南美洲的秘鲁，尤其著名。有的民族，利用绳子的颜色和结法，还可以精确地记下一些事情来。图为秘鲁印加人用的结绳记事的图形，称为奇普（quipu），后文会详细介绍。

原始社会末期，随着父系氏族社会经济的进一步发展，人们在生产实践中逐渐感到简单刻记与“结绳记数”方法已不能适应社会经济发展的需要，便逐步摸索创造出一种新的方法来代替它们，这便是“书契”记录方法。它上承刻契记数，下接简册记事。由简单刻记和“结绳记事”发展到“书契”记录方法，是我国古代记账方法发展初期一个质的飞跃。

“上古结绳而治，后世圣人，易之以书契”。所谓“书契”，刘熙在《释名》一书中称：“书，庶也，记庶物也。亦言著也，著之简纸永不灭也”。“契，刻也，刻识其数也”。“书”的基本含义是指将人们要表达的事物记录在相应的载体之上；“契”字上部分左边为“丰”，代表刻划在载体之上的数字或事物的形状，右边为“刀”，代表刻划的工具，所以“契”的基本含义便是运用坚硬的工具在载体之上进行刻划，通过刻划来记录数量和事物。原始社会末期的“书契”并非只涉及经济这一个方面，但中外学者迄今所发现的人类最早的“书契”文物却是一张账单，直到公元前3000年前后，“才开始发现账单、契约和符号表以外的文献”。

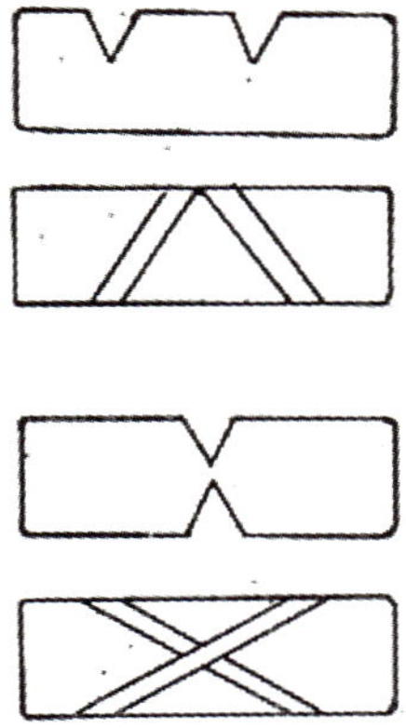

关于古代契刻的情况，《列子·说符》里记载着这样一个故事：有一个宋国人，在路上拾到一个别人遗失的契”，回到家中便把契藏了起来，并偷偷地数契上刻的齿数，以为这些齿代表的钱数不少，非常高兴，情不自禁地对邻居说：“我很快就要发财了。”这段故事说明古代的契上刻的是数目，主要用来作债务的凭证。图为在甘肃省西宁县周家寨出土的仰韶期遗址的骨契图形。

会计史学研究者认为，作为经济类“书契”记录方法，是由文字、数字、实物计量单位三要素构成的一种为社会所公认的通用记录方法，具有三个基本特征：第一，必须是用文字记载的。这些文字可以是原始数码，或是象形文字，也可以是甲骨文字等，不通过文字记录就不能称之为书；第二，必须是以刻记为主要特征。即用契刀将文字刻在龟甲兽骨或竹木之上。非刻记方式不能称之为契；第三，作为书契在记录时必须遵守相应的记录规则。无论是记数，还是记事均应如此，收藏保管也和以往不同，不能随心所欲。

书契记录方法萌芽于传说中的黄帝时代，经尧、舜、禹，直到夏代初期。在这个时期，农业、畜牧业生产的发展已达到前所未有的水平，剩余粮食的数量已相当可观，畜禽饲养不仅数量大而且品种多；制陶手工业有了新的发展，金属冶炼事业也已经出现；农业、畜牧业与手工业的分工进一步扩大；这一切导致交换关系也复杂起来，不仅有了各个氏族部落之间的交换，而且还有家族之间，以至于各个生产者之间的交换；不仅有临近地区生产者之间的交换，而且还发生了远距离交换的情况。古书中“祝融作市”以及“北用禺氏之玉，南贵江汉之珠”等记录都从侧面反映了当时交换关系发生的情况。

原始社会末期社会经济的这些显著变化，对经济事项的计量与记录提出了较高的要求。“结绳记事”与简单刻记一般只能反映经济事项的静态、比较简单的经济事项，而不易反映动态的、比较复杂的经济事项。社会经济向纵深发展，原有的计量、记录方法却已经远远落后于时代的需要，必然引起计量及记录方面的革命，这些原始的记数办法便自然而然地易位于新的经济核算方法。

一到十：没那么简单

由于结绳记事和契刻记事的不足，人们不得不采用一些其他的、譬如文字、图画的方法来帮助记忆、表达思想，绘画导致了文字的产生。

关于仓颉造字，除了上文所述的寓言传说，史书上还有这样一个近似于神话的传说。黄帝统一华夏之后，感到用结绳的方法记事远远满足不了要求，就命史官仓颉想办法解决这一难题。有一天，仓颉正在思索之时，天上飞来一只凤凰，嘴里衔着的一片树叶正好掉落在他面前，上面有个明显的兽蹄印，但仓颉却辨认不出是什么野兽的蹄印，就向猎人请教。猎人说：“这是貔貅的蹄印，与别的兽类的蹄印不一样，别的野兽的蹄印，我一看也知道。”仓颉听了猎人的话大受启发。他想，万事万物都有自己的特征，如能抓住事物的特征画出图像，大家都能认识，这不就是字吗？从此，仓颉便注意仔细观察各种事物的特征，譬如日、月、星、云、山、河、湖、海以及各种飞禽走兽、应用器物，并按其特征，画出图形，造出许多象形字来。这样日积月累，时间长了，仓颉造的字也就多了。仓颉把他造的这些象形字献给黄帝，黄帝非常高兴，让仓颉把这些字传授给九州酋长，于是，这些象形字便开始应用起来。

上述传说虽不足为据，但其内涵却不无道理，这就是文字从图画中来，最早出现的文字是图画文字。唐兰先生在《中国文字学》中说：“文字的产生，本是很自然的，几万年前旧石器时代的人类，已经有很好的绘画，这些画大抵是动物和人像，这是文字的前驱。”随着时间的推移，这样的图画越来越多，画得也就不那么逼真了。这样的图画逐渐向文字方向偏移，最终导致文字从图画中分离出来。这样，图画就分了家，分成原有的逼真的图画和变成文字符号的图画文字。图画文字进一步发展为象形文字，便有了原始的文字。

中国古代有“隶首作算数”的传说。《世本》《后汉书》《晋书》《唐六典》《数术记遗》及《五经算术》中皆有相关的文字记载。传说中隶首被黄帝指派负责部落里经济计量与记录方面的事宜。当旧有的计量方法在实践中感到越来越不适用的时候，隶首遵照黄帝的要求，从长期的生活实践中归纳了从一到十数码字的造形，并且总结出运用这些数码进行简单运算的方法。这些数码和方法最后被黄帝肯定下来，并加以推广运用。

事实上，人类数字的起源与人们的双手十指有着密切的关系。结绳之法只能起记数、记事的作用，一般不能起计算的作用，因此，在当时要对结绳记事的结果进行计算就得靠双手十指。所以李约瑟讲：“如果手指算法可以说是计算工具的话，那么，它无疑是最早的一种。”我国的“结绳记事”与双手十指作为计量工具的运算是分不开的。司马迁在《史记》中写道：“数始于一，终于十，成于三”，较为科学地总结了我国数字创始的经过。

在“结绳记事”时代，人们最初只是有了多与少的概念，如绳结大表示事情大，绳结多就表示东西多。而多少的比较就要依靠双手十指的计算。

开始根据手指把“少”之中的起始单位确定为一，然后再用一来组合，逐渐有了二、三的概念。总之，凭靠双手十指的帮助，经过相当长的一段时间，人们才把从一到十的概念和象形字体建立起来。至于数字塑造的全过程，我们放在下一节讲述。

此后，人们仍然是凭靠双手十指，逐步学会运用数码进行加减运算。就这样我国祖先不仅靠双手建筑了全部数学知识的基础——古老的数的概念，而且靠着双手建筑了我国会计计算记录的基础——古老的数的概念及计算方法。20 世纪 30 年代初郭沫若在《甲骨文字研究》一书中，通过对甲骨书契中数码字的考证、研究，也得出“数生于手”的科学结论，从而进一步证实了这个问题。

从数到量的晋级

单一的数码及其表现方法只能表现某种经济事物的数量，却不能反映该种经济事物的性质。所以，对于具有会计意义的“书契”来讲，数的概念、数据记录及计量单位都是缺一不可的要素。在一笔经济记录中，数据记录反映事物量的方面，而计量单位则是反映事物质的方面，故每一笔正确的经济记录都是对客观事物质和量的反映。根据史书记载，我国祖先在创造数码及运算方法的同时，也考虑到解决度量衡及计量单位方面的问题。我国度量衡与实物计量单位的起源出自“黄钟秬黍”的传说，古代史家大都把“黄钟”说成衡量万物的标准，长短、轻重、宽阔，以及容量皆依据“黄钟”而定。《礼记·月令》《史记·律书》《汉书·律历志》《后汉书·律历志》《通典》《宋书·律历志》以及《清会典》均遵循黄钟之说。

传说的“黄钟”也产生于黄帝时代，是用竹子做的一种吹奏乐器，长约九寸，模样类似现在的笛子。起初仅作为确定音律的乐器使用，后来黄帝才把它作为量度事物的基本标准。“秬黍”是当时黄河流域普遍种植的一种粮食作物，在“黄钟”与“秬黍”之间存在着一种相互度量的关系。

《汉书》的记载比较全面地概括了黄钟与秬黍之间互相量度的关系，大体是以黄钟之管，秬黍量之，派生出度量衡及实物计量单位。《汉书．律历志》讲：“度者，分、寸、尺、丈、引也……本起黄钟之长。”黄钟的长度相当于中等的秬黍九十粒，一粒为一分，十分为一寸，其余尺、丈、引均依此规律以十进位。“量者，龠、合、升、斗、斛也……本起黄钟之龠。”黄钟的容积相当于中等的秬黍一千二百粒，其容积为一龠（龠即后来之勺）。十龠为一合，其余升、斗及斛也按十进位。“权者，铢、两、斤、钧、石也……本起黄钟之重。”而重量单位同样也是以黄钟所容纳秬黍的重量为基础加以推演而成的。寸尺、合升、斤两等实物度量单位，自我国古代沿用至今。

度量衡发展到今日，已发展成为系统完善的度量衡学。度量衡学（Metrology）是一门量度的科学。度量衡学包括所有理论和实际的量度方法，是重量及其测量的科学。图为一位科学家站在一台微角分（百万分之一角分，或1/3600度的百万分之一）试验台。

大汶口文化的年代大约在公元前4040～前2240年，延续时间约2000年。在晚期文化遗址发现了一种与后来的甲骨文相接近的文字。

这些文字有的是会意字，有的则是象形文字，它们与甲骨文中的象形文字有类似之处。联系黄帝时代的仓颉造字、隶首作算数和黄钟秬黍的传说，我们可以推论：在我国原始社会末期已经出现了专门用于记录经济“账目”的“书契”。采用刻划方式所形成的“书契”，源于以往的简单刻记与刻符记事，采用刻契的方法，是与原始人当时具体的生产、生活环境分不开的。在那个时代，大自然所提供的与可供选择的书写物是坚硬的石块泥板、竹木，是陶器、龟甲与兽骨，这些书写物的坚硬度使得只有采取刻划的方法才能达到记录成功的目标。

在“书契”的创造过程中，人们一直在数码与文字创造并使其有机结合方面摸索、前进。“书契”是有规则记录的萌芽形态。它已是一种初步具有通识性的记录，它所记载的信息已不限于记录者自己使用，而同时要便于相关者使用。对于它的刻划已有了一定的方法，其中的数码与相关文字的排列已形成了一定的顺序，同时，“书契”中的数字也不再是孤立的，它通常与计量单位相配合，从而把对某一事项的记录与另一事项的记录区别开来。此外，“书契”的规则还表现在制作与保管方面，人们在制作“书契”时也已经注意到要使它们能够在相当长的时间内可以保存下来，并且安排了收藏它们的处所，使对它们的保管与对财物的保管一致起来。

“契”有“刀刻”的义，古代用刀笔刻字于甲骨，故文字有“书契”的名称。有学者认为，中华文字的起源与演进并不是一条单纯的主线。甲骨文原来专指殷墟所出卜辞等，但近年来各地发现了不少周人有文字的甲骨。图为岐山县周原凤雏建筑出土的西周甲骨。

数字、运算方法以及实物计量单位一出现便结合在我国萌芽状态的“书契”之中，清晰地表现了我国会计萌芽阶段的形态。经济类“书契”是文字、数码和实物计量单位的结合，它与后来夏、商时代出现的文字叙述式会计记录已较为接近，是我国会计由原始计量记录时代，向文明时代记账法演进的一个过渡形态。

中国古代会计记录方法的发展在经历了原始计量记录方法阶段之后，伴随着文字的出现，开始进入到文字叙述式会计记录方法阶段，并已体现出我国单式记账法的基本特征。这个阶段，人们对账目的记录还没有形成统一的规定，只能采用一般的行文方式把每笔账目的基本情节记录下来，用字较多，语句冗长，叙事力尽其详而不顾及简练，因此会计史研究者将其称为叙述式会计记录。文字叙述式会计记录法，是世界各国都曾运用过的一种方法。

中国数，中国文

数，源自生产及生活中的计算。古代，人们曾以竹条、树棍、果品等作为计数的工具。以发生学的角度观之，与今日儿童的计数没有本质性的差别。

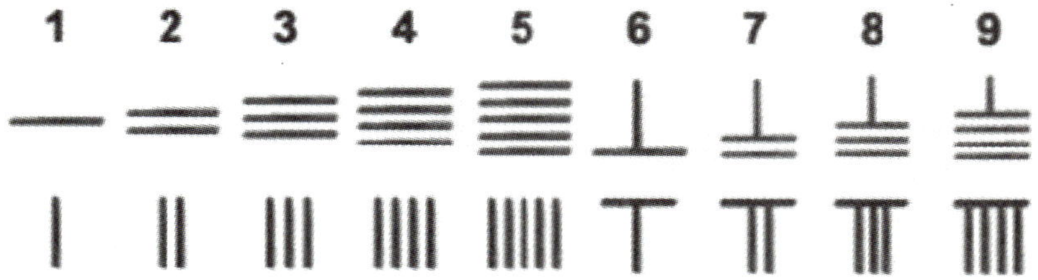

公元前100年左右的春秋时代，中国人开始使用“算筹”来计算。“算筹”是一块画有方格的算板和一束粗细相同的竹枝或树枝等，排出不同数码进行计算。当时的人能够把十进制值制贯穿于“算筹”之中，把“算筹”作纵横排列，根据中国古代算筹记数的规则，个位用纵排，十位用横排，百位再用纵排……这样纵横交替排列，就可以表示出任意的自然数，同时还懂得用空位表示零，使位值完备。图为“算筹”的横纵两种排法。

指上的智慧

然而，上古时代，先民们用来辅助计数，向他人表示数量，最直观而实用者，非手指计数莫属。郭沫若说：“数生于手，古文一二三四作一二三三，此手指之象形也。”事实上，五、六、七、八、九、十也源自手势语言。

中国古代计数对世界文化的贡献，首推“十进位制”，即“逢十进一”和“退一当十”的进位计算法。这种计数方法，其根源当是建立在十指表述和象形摹写之上。我们不妨回望一下人类的十个手指，连同人腿上的汗毛，如何在原始的计数以及数字表达中发挥的重要作用，从中体味中国会计数字的渊远文化。

顺便提一句，既然趣味在此，不如额外加上一遭，就用吉庆典礼上的常用的数字吉利话作为下面的小标题吧。

一帆风顺

一画为“一”，这是一个象形字。古文字中的“一”字，乃是一根手指伸出，即右手食指伸出的象形摹写。现今楷书的“一”字，与古文字一脉相承。

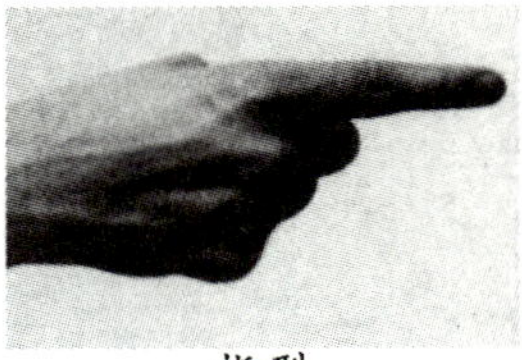

指型

甲骨文　金文　小篆　楷体

上古时代表示“一”的手指指型及汉字“一”的演变过程。

“一”来源于右手食指伸出，就是说，“一”乃所有数字的初始，同时是单纯的唯一。因而“一”又有同一、原道、第一之义。“一”，《玉篇》释为：“一者数之始也。”这是说，一是最小的整数，是万事万物量的基始。《说文解字》则释为：“一，惟始太始，道立于一。造分天地，化成万物。”故《老子》曰：“昔之得一者，天得一以清，地得一以宁，侯王得一以为天下”。《管子·形势》：“异趣而同归，古今一也。”所有事物合起来是一个整体，“九九归一”。“一”又是抽象意义上的最大。因此，“一”又引申为归一、整体之义。如《礼记·杂记下》：“一国之人皆若狂。”

“一”是最小的整数，因而又有数量小、少许的意思，如《庄子·徐无鬼》：“一闻人之过，终身不忘。”其中的“一”即作“少许”讲。由此又引申指动作的短暂、两种状况的接续，如“歇一歇再走、一到春天就刮风”等等。

大写“壹”的小篆写法。在现代汉语中，“壹”的释义只剩下“一”的大写一项，而其原本的含义已经消失。

“一”的大写为“壹”。“壹”字“从壶吉声”，本义为专一不二，源自一壶水的完整，因音同义近而假借为“一”的大写。《通俗编·数目》曰：“今官府文书，凡其记数，皆取声同而点画多者改用之。于是壹贰叁肆之类，本皆非数，借以为用，贵其不可改换为奸耳。”

二龙戏珠

“二”，这也是一个象形字。古文字中的“二”，乃是两根手指伸出，即右手食指和中指伸出，以手掌背对他人时的象形描述。从甲骨文始，金文、小篆、楷书均为上短下长，以两横构形。

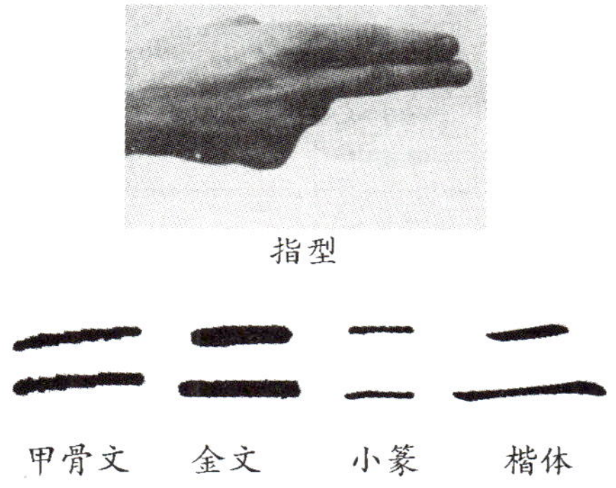

上古时代表示“二”的手指指型及汉字“二”的演变过程。

“二”的本义为数目字二，即两个。如成语典故中的“二桃杀三士、不二法门”等。又引申为第二，表示次一级的意思，如“二年级、二等货”等。又引申表示两样、两类，如“言无二价、二者必居其一”等。

《西游记》中有一段故事，讲的是唐太宗李世民病危，奄奄一息。大臣魏征知他的魂魄已到阴间，便托阴间旧友判官崔珏设法营救。当崔判官翻阅生死簿时，见到唐太宗的死期是贞观一十三年时，大吃一惊，如不设法窜改，李世民之魂便回不了阳间。他急中生智，便在一十三年的“一”上添加二画。后来阎王见生死簿上唐太宗名下还有二十年阳寿，便让李世民返本还阳了。小故事包含一个道理：小写数目字容易窜改。为弥补这一缺陷，西汉开始流行大写数目，到唐代的武则天执政时，官方正式规定，“壹、贰、叁、肆、伍、陆、柒、捌、玖、拾”为序数一至十的大写数字，后人称之为“会计体”。

“二”的大写为“贰”。现代汉语中，“贰”除用为“二”的大写外，还表示不专一，如“贰臣”，即指封建时代的前朝官员投降新朝又当了官的人。“二”与“两”在表示数目时意义相同，但用法有别。“两”除用在百、千、万、亿前，表示数目“二”以外的成双配对的事物，如“两个黄鹂鸣翠柳”等，“二”则表示一般的数目字。

三生有幸

“三”，介于二和四之间的整数。甲骨文的“三”字，来源于三个手指伸出，以右手手掌面对他人时的象形描摹。金文、小篆和楷书体的“三”字，由甲骨文一脉相承而来。

“三”的本义为数目字三。如《左传·庄公十年》：“一鼓作气，再而衰，三而竭。”成语典故中有“三顾茅庐、三纲五常、三榜定案、三人行必有我师”等。在古人看来，凡事不过三，因此“三”又表示多数、多次。如《诗·魏风·硕鼠》：“三岁贯汝，莫我肯顾。”再如成语中的“三思而行、三人市虎、三盈三虚、三令五申”等等，其中的“三”均为虚指，表示多数、多次的意思。

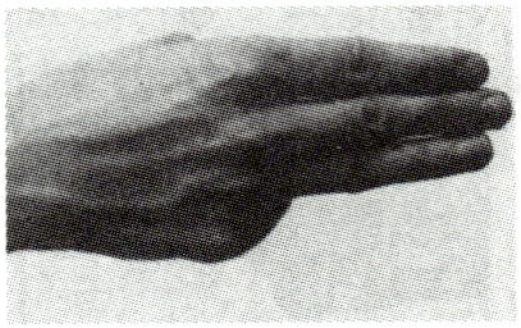

指型

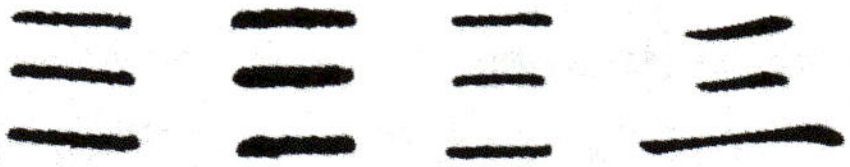

上古时代表示“三”的手指指型及汉字“三”的演变过程。

“三”字竖写后，成为汉字中的三撇符号“彡”，仍表示虚数的多次、多数。如“颜、修、龙、彪、杉、衫、彩、影”等，其中斜写的三撇均表示许多。

“三”的大写为“叁”，这是把古文中的“参”字下部的三撇拉平后，再造的孳乳字，也含有成双成对事物中搀杂加一的意思。

四时花开

“四”，介于三和五之间的整数。甲骨文作“亖”，以大拇指握屈掌心，其余四指并出，横立胸前的构形为物象本源。至春秋时期，金文的“四”字，重起炉灶：改为五指卷曲，大拇指藏于四指之内，拳头伸出面对他人时的图象为“四”。这就是说，方框为拳头的外部轮廓，中间的两坚为中指和无名指。金文中另一款的“四”字，框内下部的横曲线为四指关节的写意表述。小篆和楷书的“四”字，秉承金文，构形上没有什么变化。

“四”的本义为数目字四。如成语典故中的“四分五裂、四面楚歌、四海为家、四体不勤”等等。又表示序数第四，如《尚书·洪范》：“一曰水，二曰火，三曰木，四曰金，五曰土。”

“四”的大写为“肆”。“肆”的本义原为陈设，用作“四”的大写，乃是同音假借。清代朱骏声在《说文通训定声》中说："令官书数目一二三四作壹贰叁肆，所以防奸易也。"

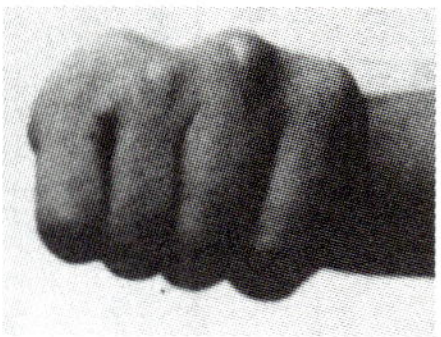
指型

上古时代表示"四"的手指指型及汉字"四"的演变过程。

五世其昌

"五"，也是一个象形字。甲骨、金文字中的"五"字，源自手掌向上，面向他人时的一只手掌。五指为画过于繁琐，因此，聪明甚至有些早熟的殷商先民，以手掌作"五"的上下边框，把上部的四指和掌心分割为两半，且以交叉的"×"表示。即上部三角表示四指，下部三角为掌心和大拇指，上下相合即为右手手背的整体出示。"五"源自手掌的整体轮廓描述。

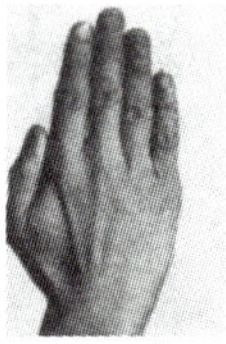
指型

上古时代表示"五"的手指指型及汉字"五"的演变过程。

甲骨文中另一款有多出一竖的"五"字，可能是对中指的摹写，也可能是表示伸出之义。小篆的"五"字秉承金文，形体美观，对称中有变化，将左边的斜竖变为曲线下延。楷书在隶变过程中，又将这条曲线演变为"横折竖"，这就是今日的"五"。

"五"的本义为数目字五。成语典故中有"五内俱焚、五世其昌、五体投地、五十步笑百步"等。其中的"五"均表示数字五。

"五"的大写为"伍"，但"伍"的本义是一个表示团体的量词，即五人组成的集体，特指古代的一种兵民组织。如晁错《募民徙塞下疏》："使五家为伍，伍有长。""伍"用作五的大写，乃是音同义近的假借。

六合同春

“六”，数词，五加一的和。甲、金文中的“六”字也来自手势语言。如图所示，这是伸直拇指和小指，卷曲其余三指，手臂向下所表示出的手语。“六”乃是对这一手语作出的象形描绘：上部的三角形“∧”表示手腕和手背，下部的两撇表示分头伸出的拇指和小指。小篆的“六”字承接金文，但为了形体的美观圆润，却失去了象形的韵味。楷书在隶变的过程中，又将表示手背的曲线演变为一横，写作“六”。

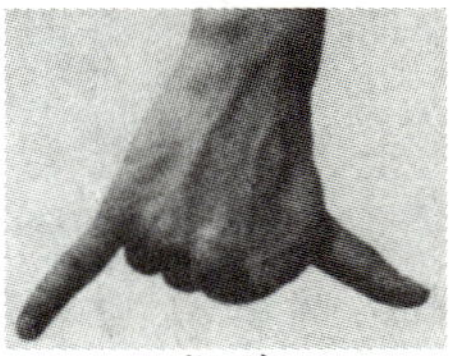

指型

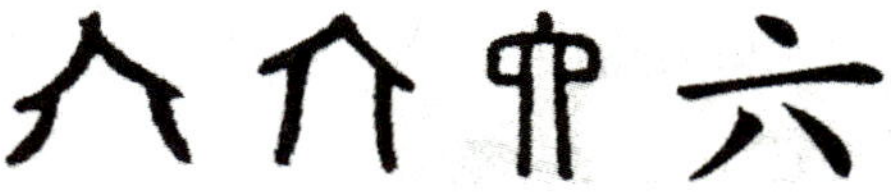

甲骨文　金文　小篆　楷体

上古时代表示“六”的手指指型及汉字“六”的演变过程。

“六”的本义为数目字六，如“六畜兴旺”中的六畜，即马、牛、羊、猪、狗、鸡。“六书”则指古人归纳出来的两类六种造字方法，即象形、指事、会意以及形声、转注、假借。“六亲”则指父子、兄弟、姑姊、甥舅、婚媾（妻的亲属）、娅亚（夫的亲属）所包含的亲属关系，也可解释为父、母、兄、弟、妻、子这六种亲属关系。“六根清净”则来自佛家学说，认为修行佛法的人达到“眼、耳、鼻、舌、身、意”这六根于“色、声、香、味、触、法”六境不染时，即为“六根清净”。

“六”，《说文解字》训为：“从入从八”的会意字。“六”的大写为“陆”，本义为夯土堆积而成的高台。

七巧玲珑

“七”，介于六和八之间的整数。甲骨文的“七”字也源自手势语的象形描绘：三指卷曲，食指前伸，大拇指伸直后抱拳于胸前，即形成横长竖短的“十”字，当然，这一摹写把手腕也包含在内。金文的“七”字秉承甲文：横画为长，表示食指和手臂形成的直线；竖画为短，乃表示大拇指和手背根部形成的竖线。小篆为了美观圆润，也为了与“十”相区别，楷书在隶变过程中演变为“七”。

“七”的本义为数目字七，如“七窍流血、七上八落”等。又表示序数第七，如白居易《长恨歌》：“七月七日长生殿，夜半无人私语时。”

“七”的大写为柒，“柒”乃是“漆”字的异体字，“漆”本指漆树，也指漆树的胶汁，“柒”因音同而假借，遂成为“七”大写时的专字。

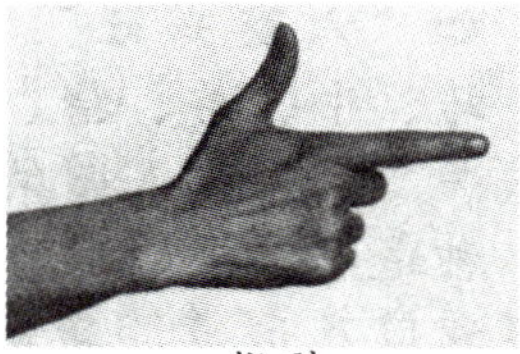

指型

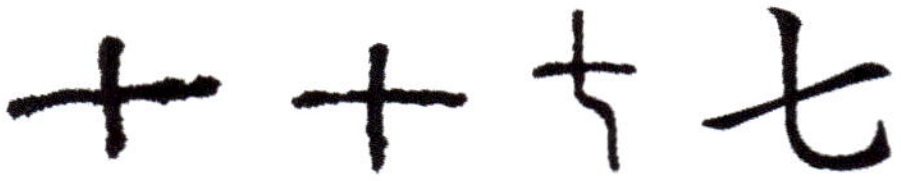

甲骨文　金文　小篆　楷体

上古时代表示“七”的手指指型及汉字“七”的演变过程。

八星报喜

“八”，《说文解字》释为：“八，别也，象分别相背之形。”实际上，甲、金文字中的“八”，也源自手势语言。把拇指和食指分开，便构成了“八”的撇捺相背之形。不过，古人表述“八”时，是手臂下伸，虎口向下或向着他人，不同于今人的虎口向上。小篆的“八”字秉承篆体的圆润通则，将撇和捺都表述为曲线；楷书将其校正，写作“八”，与手势语言更为接近。

自古以来，民间便有“七上八下”、“七上八落”之说。有人认为“七上八下”来自十五个吊桶打水。实际上，“七上八下”、“七上八落”乃“七”与“八”两种手势语的反转位移。

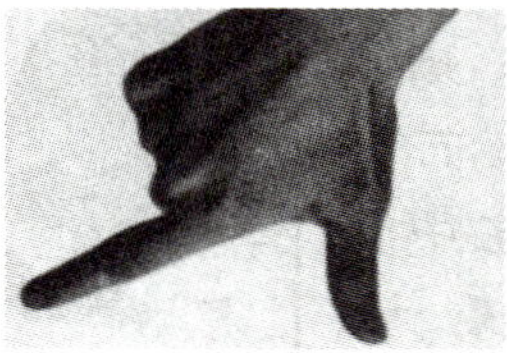

指型

甲骨文　金文　小篆　楷体

上古时代表示“八”的手指指型及汉字“八”的演变过程。

“八”的本义为数目字八，如“八仙过海、八国联军、八股文章”等等。其中的“八”均表示数目字八。“八”也可引申指各个方面，如“四面八方、四通八达、八方神圣”等；亦可泛指很多，如“离这儿有八丈远、八竿子打不着”等等。

“八”的大写为“捌”。“捌”字是一个再造字。古汉语中，八、别古音相近，“八”字的构形为撇捺分叉，像分别相背之形。因此，后人从许慎的释文出发，用“别”为声旁，添加提手旁，新造“捌”为“八”的大写。

“八”也是汉字中的抽象字符，如“半、公、只、分”等。“八”在其中表示分开或伸出之义。

九天揽月

“九”，这是“一至十”序数中唯一一个会意字。甲骨文的“九”字，看似一体，但实为两个字符组成：上部的乃手的象形，下部则是食指弯曲如钩，其余四指卷曲的手形描写。区别只在于古人是手臂向下，将手形面向他人。今人则是手臂向上，将弯曲的食指朝向自我。

金文的“九”字，基本结构未变，只是下部的卷曲食指有所变形，这乃是为了适应汉字的方块形状所作出的变化。小篆和楷书缘此而写作“九”。

“九”的本义为数目字九。《史记·驺衍列传》：“中国之外，有赤县神州者九。”成语典故中的“九儒十丐、九九归一”等等，其中的“九”均用作本义。受“道家”学派“满而倾覆、九九归一”思想的影响，在中国人的数字观念中，“九”为最大，“九”为最多。因此，诸如“九牛一毛、九死一生”中的“九”都泛指其“多”；诸如“九五之尊、九霄凌云、九重天”中的“九”，都指最大或事物的极至；甚至故宫中的房屋，也以九千九百九十九间半为最高限数。

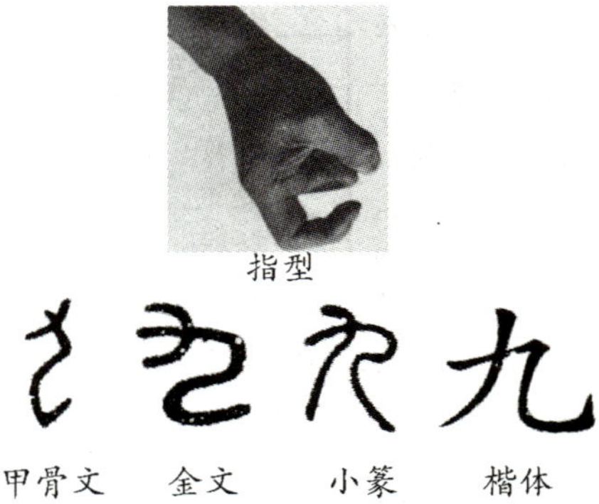

上古时代表示“九”的手指指型及汉字“九”的演变过程。

“九”的大写为“玖”。“玖”原本指次于玉的黑色美石，唐代女皇武则天执政后，因音同而假借为“九”的大写。

十全十美

“十”的本义为壹拾，乃是比九大一的整数。甲骨文的“十”字为一竖画，这乃是拳头握紧，小臂向上，以拳头和小臂形成竖直线的象形描述。金文的“十”字仍为一竖画，只是在中间增加了一个圆点，强调壹拾之义。小篆的“十”字，为了演变成方块汉字，将金文中的圆点讹变为一横，形成了竖长横短的“十”字。楷书缘此写作“十”。

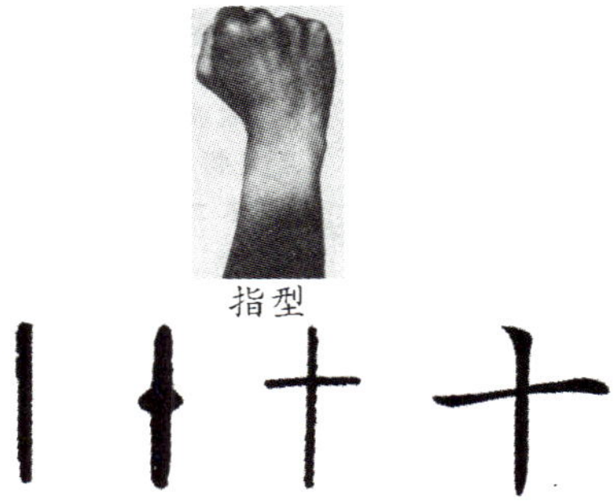

上古时代表示“十”的手指指型及汉字“十”的演变过程。

“十”的本义为数目字十，如生儿育女时的“十月怀胎”，封建王朝颁定的“十恶不赦”等。“十”代表着双手手指的全部，因而，又引申表示完满具足的意思，如“十足、十分、十全十美”等等。古代又指十倍，如《孙子·谋攻》：“用兵之法，十则围之，五则攻之，倍则分之。”

“十”的大写为“拾”。“拾”的本义为以手扶助完成性交，引申为捡起来。

“十”字也是汉字中的一个构字符号，通常用一竖表示直出直下。如古文字中的“古、直、卑、博”等。它们构形中的“十”均由一竖演化而来。

百年好合

“百”，这是一个会意字。甲骨文的“百”为“白”字的加画衍生字，并借了“白”字的读音。“白”字的物象取源，来自大拇指的指甲盖。上古先民风餐露宿，十指黎黑、甲缝垢生，指甲盖的白色十分凸显，就像黑人的牙齿一样显明。因而，古人以指甲盖的图形表示“白”的意思。

如图所示，甲骨文的“百”字，乃是在“白”的内里再套加一个“八”（表示进入）形符号，其构形源自大拇指插入食指和中指之间用这一特殊手势表示“数字”这一概念。上方添加一横画表示一百，即“十个十”。金文的“百”与甲骨文构形相似，只是下部的椭圆变为圆底方形。小篆和楷书一脉相承，写作“百”。

“百”甲骨文卜辞中的数量词的创意可能来自竖起大拇指表示很多，很大，词义为数目字一百。《说文解字》释为：“百，十十也。”如“十百千万、一百零二”等。“百”也用来形容事物的很多或全部，如“百家争鸣、百废俱兴、百战不殆、百无聊赖、一了百了”等等。

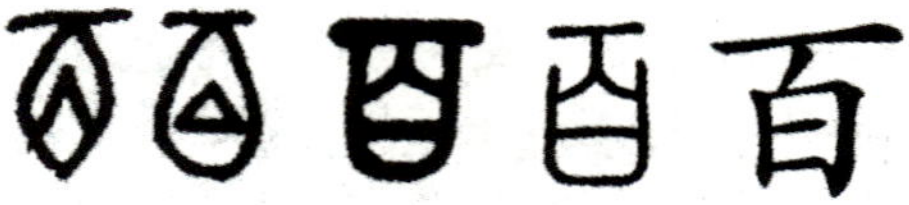

汉字“百”的演变过程。

千金一诺

“千”，这是一个指事字。甲骨文的“千”字，乃是在侧立人形的腿上加一短画，以小腿上的汗毛来强调“千”之数。因为“千”这一概念无法用具体事物来表述，故用人腿上数以千记的汗毛假借表示数字“千”。金文、小篆和楷书的“千”字与甲骨文构形基本相同，仅仅是“人”形逐渐演变，到楷书时，人形已是有踪无影。

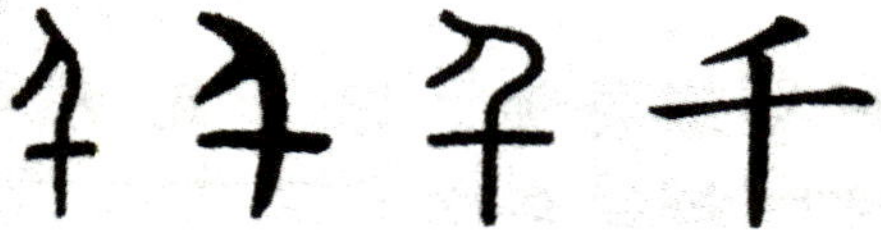

汉字“千”的演变过程。

“千”，数词，上古时代由人腿上数不清的汗毛假借表示很多，由于十进位制的需要，而假借表义为十个一百。如“一千零一夜、二千三百万人口”等。汉语中，常常引申用来表示“多”，如千军万马、千言万语、千疮百孔”等。其中的“千”均为虚指，表示很多的意思。

“千”的大写为“仟”，这是在千的旁边另增“亻”旁，表示数字一千的大写。古文中，“仟”字又用来特指千人之长，如《史记·陈涉世家》：“摄足行伍之间，俯仰仟佰之中。”其中的仟佰即“千人之长、百人之长”，原本用来指称军队中统兵的官员。

“千”也是“纤”的初字，“纤”乃是“千”的转注本义字，因为腿上的汗毛本是纤细之物。

万里鹏程

“万”是“萬”的简体字，这是一个象形造字，假借表义的汉字。甲骨文的“万”字，像一只大螯曲尾的蝎子图像。金文的“萬”字承接甲文，表示用手（又）拨打捉拿。小篆的“萬”字与金文构形相似，只是下部的以手捉拿之形发生讹变。楷书缘此写作“萬”，汉字简化时规范为“万”。

汉字“万”的演变过程。

蝎是一种喜欢群居的动物，尤其是在交尾孵化时期，更是密密麻麻，成百上千地聚集在一起。至今，在黄河沿岸的黄土缝隙中，仍能看到这种情景。大概正是由于这种量的群聚，加上质（毒性让人产生恐惧性夸大）的作用。上古先民假借“万”为数字单位，又另造“虿”（蠆）专指蝎子。《广韵》释为：“十千为万。”

计数是思维能力发展的重要标志，在世界范围内，古代社会只有印第安人和中国人达到以“万”为计数的单位，可见殷商时代中国人计数能力的超绝。

夏、商、西周三代时期，数字符号逐渐规范。公元前 14 至 11 世纪的殷墟甲骨文卜辞中有许多数字。除有 13 个记数单字（一二三四五六七八九十百千万）外，十、百、千、万的倍数一般用合文表示。如图中数字从左至右依次为 200、300、400、4000、6000、800。甲骨文用 9 个数字与 4 个位置值符号，可以表示大到成万的任何自然数。甲骨文数字是十进制，已有位置值制萌芽。

“万”在中国传统的数词中是最大的一个，如“四万万同胞”，“亿”则是现代人后造的数词。因而，“万”在古代极言其多，如“万物、万言书、万象更新”等。“万”又用作副词，表示程度的高深或极至，如“万恶不赦、万全之策、万不得已”等等。“万岁”一词，原为祝颂、欢呼之语，自秦代起专称皇帝。

阿拉伯数字的长征

自从人类张开眼睛，便发觉自己已被抛入“数”的宇宙，并迫于世事的需要而向大自然学习数字的意义。人体结构仿佛意味着人天生具有计数的智慧：1个肚脐，上下四肢，20根指头、9个奇妙的孔窍①，让人与他身处的大宇宙交流信息与生命的力量。这里面已经生气勃勃，包含了数字的一切种子。然后，人类开始寻找、创造数字的形象。

阿拉伯数字传入西方，创意艺术家们就没有停止对数字进行艺术化发挥。图为一个小姑娘用身体组成的阿拉伯数字，全部在地面上完成。

① “九窍”即指人体的两眼、两耳、两鼻孔、口、前阴尿道和后阴肛门。

数字的起源

当数如同脐带，把知识和一切成就联系在一起的时候，生活中怎么能够不计数呢？从地球上第一次收割庄稼，到太空船登上月球，无一不是靠计算完成的。太阳、月亮、星辰，这些生命节奏中的主宰，首先启发人在小树上刻痕迹，在石头上画线条。从那以后，春去秋来，草木更新，动物繁衍，产生了日历——第一本必要的“账目”。

简·塞尔维埃（Jean Servier）在《人与看不见的世界》一书中说：“天上的七星吸引了全世界各族人民的注意力。他们在很长的时间里，就是根据七星的出没规律，调整农业耕作的季节。”动物是狩猎和驯养的对象，却教会了人排列和堆积小卵石的本领，在青藤上打结的技艺。

秘鲁的牧民，至今依然使用绳结计算他们的羊群。古代印加人把打结的绳称为“奇普”（quipu 或 khipu）。这个东西和名称，自古有之。“奇普”是在一根大绳子上，并排着系上许多较细的、色彩不同的短绳。语言的一切含义，都由这些彩绳的颜色深浅和交错排列来表达。绳结的数目、绳结之间的距离，都代表要说的话。所以，“奇普”所能表达的意义很多，有史以来一直担负着账本、记事册甚至录音机的功能。在墓葬中，我们曾经发现很大很重的“奇普”，有的重达 4 公斤，放在死者身旁，在一个个绳结中保存了可以流传千古的想法。

奇普（quipu 或 khipu）是古代印加人的一种结绳记事的方法，用来计数或者记录历史。它是由许多颜色的绳结编成的。这种结绳记事方法已经失传，目前还没有人能够了解其全部含义。奇普这一书写体系应包括：所用材料的类型（棉线或毛线），绳索的缠绕方向和结的方向（向前或向后）等。利用奇普记录，印加统治者凭借广大的道路系统和政府体制就可以将食物、人力和原料从安第斯山脉的首都库斯本运送到其他众多下级城市。印加人的“奇普”属于“会意文字”。

从世界各地都存在结绳为文的事实来看，我们可以下这样的断言：这种表达方式，是人类发展到一定阶段时所共有的。中国古代的《老子》（第

80 章），曾经提到这种文字形式在古文化形成过程中所发挥的重要作用。据希罗多德说，波斯国王大流士为爱奥尼亚人造了一份日历，由一条打了 60 个绳结的皮带所做成。太平洋岛屿上某些部落的语言，至今仍以结绳为主要的构成要素。

北美洲印第安人使用的“汪彭斯”（wampums）也类似“奇普”，具有语言的功能。“汪彭斯”用一条长线，把几根排列整齐的短线串在一起，短线再系上染色的贝壳，贝壳上的颜色就是字：黑色表示危险，紫色表示敌意，红色的意思是战争，白色的意思是和平。

《美国东北印第安人季刊》中刊登了图中“汪彭斯”契约带子，展示的是用天然麻绳串连起来的单片“汪彭斯”的间隔、大小和排列形式。“汪彭斯”象征着首长之间的同盟。

还有，西非的黑人从前用“阿罗科斯”（arokos）来表达他们的思想。对他们来说，绳结和贝壳也是言语和数目的代表。6 个贝壳表示数字 6，也有吸引的意思。把一条系有 6 个贝壳的线送给一位少女，意味着向她求爱。8 个贝壳表示数字 8，也表示同意。

屈指计数应是人类固有的手势。撇开神秘的含义不谈，用手指拨动念珠，确是令人心平气和的动作。在世界各地，念珠都用于祈祷。先民的小石子后来放进盒子和框子，演变成算盘，从东方到西方，至今都还在使用。在东方国家，商人用它们计算的速度，跟今天最先进的计算机一样快。在西方国家，人们对数字的兴趣，最早便是由算盘引起的。我们一边玩弄装在椅背或围栏游戏床边的算盘，一边在心中形成个位数概念，并培养组成和拆散整数的思维方法。

孩子看了算珠的形状和颜色，不由心动去运算，就会说出一个个的数字和画出相应的符号。我们猜想，智人（homo sapiens）的情况大概与此相仿。智人是怎样开始说话的，我们所知不多。但是从那以后，他们有了要替所说的话标上相应符号的想法，这才使他们在岩壁上留下数字刻痕流传到今天。

法国传教士约瑟夫·弗朗西斯·拉菲托（Joseph Francois Lafitau）在 1724 年出版的《美洲野蛮人风俗与远古风俗之比较》（*Moeurs des Sauvages Ameriquains* ）一书中，用插图展示了“汪彭斯”在原始印第安人生活中的重要地位：部落集会时，部落委员会成员围成一个新月的形状，大酋长站在新月中间，“汪彭斯”摆在显著位置，用以作为全体部落委员会成员同心同德的象征。

数字的形象

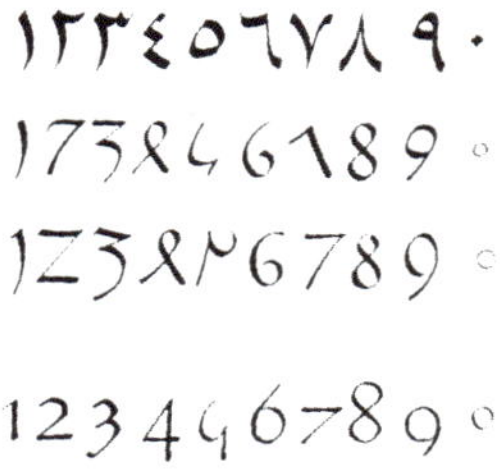

我们现在使用的阿拉伯数字，最早是印度人发明的。当时数字的形体和现在的不同，经过几百年的演变，有些数字才和现在的相似。起初只有 9 个数字，后来开始用“·”表示“零”，以后改用“0”表示。这些数字大约在 1200 年前传到阿拉伯，大约 800 年前又传到欧洲。欧洲人把这些数字叫做阿拉伯数字，以后又发展变化，大约 500 年前才变成像现在所使用的数字。图为阿拉伯数字的演变过程。

今天我们在书籍排印中使用阿拉伯数字——而非其他数字记号的习惯也是从印刷工那里学来的吗？看来似乎不像。但排版印刷是一门工艺，有自身的要求。印刷工的工作至少在我们所关心的领域，决不会只限于把手稿内容简单地重新编排一遍。

在比利时鲁汶（Louvain）1476 年的一件印刷品中，一些阿拉伯数字旁

博多尼（Bodoni，1740～1813）被称为出版印刷之王，他是一位多产的字体设计师，一位广为被他的时代所承认的印刷匠。在45年的职业生涯期间，他著书和进行字样设计，同时还担任着意大利帕尔马公爵出版社的发行印刷指导。他设计的字体被誉为现代（modern）主义风格最完美的体现。图上部为1788年博多尼设计的数字。图下部为18世纪英国的数字。

边有一个华丽的哥特字。两者如此并列，显得数字是一种“非官方的”、尚未规格化的产物，形态没有一定标准。数字形态中含有一种东方魅力，令人感受到一种异国情调，却未必都能形成一种固定的风格。要纳入西方字母世界，还必须使字形确定下来。

1842年，莱奥纳尔·霍勒（Leonard Holle）在德国乌尔姆（Ulm）印刷了希腊天文学家兼地理学家托勒密（Ptolemy）的《宇宙志》，字体很美，清晰质朴，说明思想上已经摆脱了中世纪的混乱骚动状态。数字的结构也十分精致，只有5还保留原始形式，而且实际上还颠倒了写；数字47中，4与7的比例仍很难协调。此外，由于上半行的位子不够，在分数中数字1几乎省略为一点。

接着，数字和字母开始趋于和谐。5和7原本还拉得很长，最后也按照其他数字的例子取得平衡。

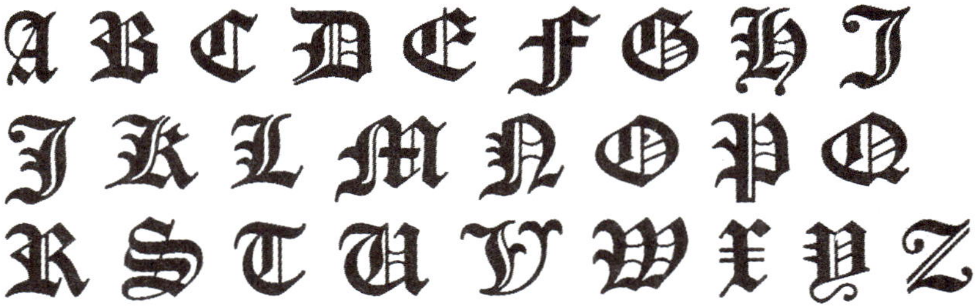

哥特式字体是一类印刷或手写字体，非常华丽，即“OLD ENGLISH TEXT”。哥特字是装饰性很强的字体，比较重视线条，花纹的变化也采用了植物做装饰。字体着重于线条的粗细，以及注意边角的设计。图为哥特式字体中的一种典型字体。

在那些难看的字体中，原本只有 7 和 9 伸出行列底线。而现在除了 1、2 和 0 以外，其余的数字都拒绝束缚在依照大写字母比例形成的框架中。3、5、7、9 这些数字是真正的埃尔泽菲尔字体，不受这条被认为是基座的底线拘束，而 6 则往上伸展。虽然一般认为 4 和 8 遵循大写字母的行列，其实也是出格的。说来也奇怪，从它们的比例来看，字里行间这些弯弯曲曲的线条使数字更接近小写字母了。这是因为数字和手写文字一样，永远是流动的，而且 6 和 9 还是越线的。

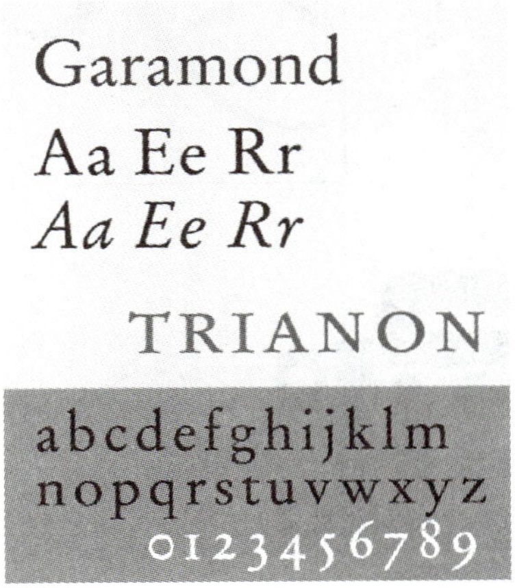

Garamond 是一类西文衬线字体的总称，也是旧衬线体的代表字体。这个名字源于法国的一位铅字铸造师克洛德·加拉蒙（Claude Garamond，1480 ~ 1561）。后来大部分被命名为 Garamond 的字体都是出自于另一位铅字铸造师——让·雅农（Jean Jannon）。Garamond 和现在字体的直接关系可以从 Sabon、Granjon 和 Adobe Garamond 的衬线字中看出来。图中 TRIANON 为切雅诺钢琴标识中运用的 Garamond 字体。

这些线条的总体效果，使这些数字宛如出自加拉蒙（Claude Garamond）之手。加拉蒙是铸字专家，受到弗兰西斯一世的赏封。他无疑是印刷字体最早和最伟大的创造者。

数字的游戏

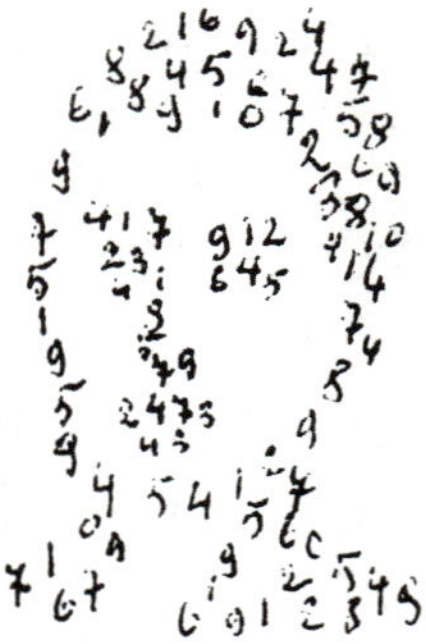

马格利特是比利时的超现实主义画家，画风带有明显的符号语言，如《戴黑帽的男人》。他影响了今日许多插画风格。图为马格里特的《数字逻辑》，远观为一男子头像。

法兰西喜剧院创建300周年（1680~1980）的纪念图案。法兰西喜剧院是法国最古老的国家剧院，已历300余年。剧院现坐落在巴黎黎塞留街与圣·奥诺雷街拐角处。

荷兰设计师和版画家沃克曼（Hendrik Nicolaas Werkman，1882~1945），于1923~1926年创作了自己的前卫杂志《下一个电话》（The Next Call），内容包括拼贴实验字体、印版和其他印刷材料。他还使用喷码和冲压实现独特的效果。他通过此杂志在整个欧洲与其他前卫艺术家和设计师进行交流。图为沃克曼运用数字和字母完成的前卫设计作品。

人们热衷于把数字变化成为有趣的形状。图为0～9十个数字的变体组合图案。

从那以后，数字的比例介于大写字母和小写字母之间。我们进入了一个美妙的自由时期。人文主义提倡回归古典主义，但没有阻碍感性的解放。尽管排版设备笨重不堪，描字工人还是懂得让字母不但保留手写文字的温暖，还具备唯有精湛工艺才能达到的玲珑剔透。

拥抱会计文明

文字的发明是人类进入文明社会的重要标志。我国汉字发展到商代后期已基本成熟，商代文字的进步对我国会计学的发展有巨大的促进作用。这一时期的经济发达，手工业中制陶、制骨、琢石、编织、冶铸各业兴盛，闻名于世的青铜文化让今人惊叹。商代社会生产的发达程度，为会计发展打下了坚实的基础。

种子在萌芽

“厚税负以实鹿台之钱，而盈锯桥之粟，益收狗马奇物，充仞宫室，益广沙丘苑台，取野兽蜚鸟置其中，慢于鬼神，大聚乐戏于沙丘，以酒为池，以肉为林……”商纣王的荒淫无道通过文字的记录会留下痕迹我们暂且不提，针对日常大量的经济活动如贡献、狩猎收入和祭祀、战事、生产支出等，进行认真详细地计算和记录，借以了解、掌握经济收支和管理经济活动过程，可见商代人计算记录方法便日渐复杂，会计得到了重要的进展。

提到会计与文字，商代是绝对不容错过的一个时期。根据出土的甲骨文资料研判，商代数字、文字体系非常成熟，遗存的商代文字主要以龟甲、兽骨为载体，以刻刀为工具，以契刻为手段，形成契刻文字，就是甲骨文。“会计”的“会”字就早先见于商代甲骨文。

甲骨文堪称最伟大的发明，有些笔法至今依然沿用。它的数字体系避免了古埃及数字、古罗马数字采用的累积制、古巴比伦数字采用以十和六十为底的双重进位制、古希腊数字采用字母表示方法等缺陷，因此其具有旺盛的生命力。《说文解字》称，“假借者，本无其字，依声托事，令、长是也”，甲骨文中的舞、莫等均如是。在出土的数以千计的甲骨文文字中，用于计算和记录所需的数字体系与文字体系都已经成熟，而且数字与文字的结合具有较固定的排列格式，这为经济记录确立统一的形式创造了有利的条件。

在甲骨文字中，一至十的数码已经形成，并建立、采用十进位制。在这一系统中，确定了以固定而统一的符号分别表示个位、十位、百位、千位、万位等位置，各位值之间进位关系明确，人们已经广泛利用这一数字系统进行日常的数字计算。

甲骨：活着的历史

“商人尚鬼”，对鬼神充满着敬畏，他们不仅认为神鬼充满在他们周围，而且认为在这些神鬼之中，他们的祖先在其中占有主导地位，保护着他们的子孙后代。因此，商代统治者要进行某项活动，或在生活中碰到一些疑难不解的问题时，他们就要占卜问神，听取神的旨意。甲骨文便是商代王室占卜问事时所刻录在龟甲和兽骨（如牛的肩胛骨）之上的卜辞。根据商代文字的发展水平，人类最初对经济收支事项的反映主要采用文字叙述式的记录方式。在我国商代的甲骨卜辞中，不仅记载有各种实物的收支数量，而且记有这些经济事项发生的时间、地点及内容；不仅有了实物计量单位的记载，而且还有了货币计量单位的记录。

用牲是商朝“官厅会计”中一项较大的支出，而狩猎收获物则是“官厅会计”中的一项收入。从实际内容考察，商代的甲骨卜辞中已明确地表现了当时会计记录的实际方法。

商代对经济事项的记录，采用的是文字叙述式的“会计”记录方法。

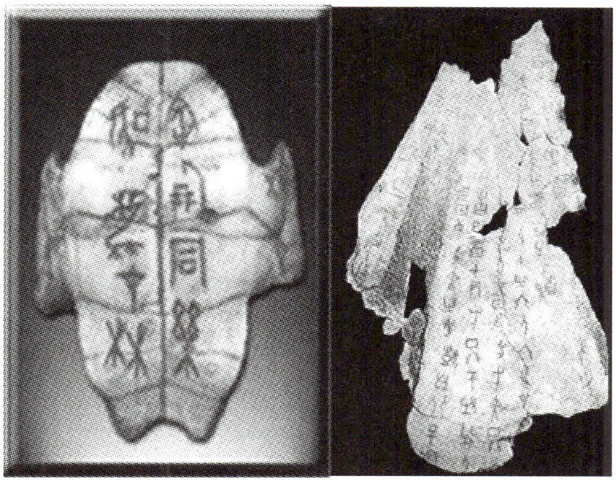

殷墟甲骨文是现今所见中国最早的具有完备体系的文字，殷墟甲骨刻辞是现今所见中国最早的时王记实文辞，因而成为语言文字学、历史学、民族学、天文学、气象学、农学、医学、历史地理学、考古学等多种学科的重要原始资料。殷墟甲骨的发现是近代学术史上最重要的发现之一。

每笔记录的基本内容大体一致，但在形式上又不拘一格，内容陈述的先后并无统一规定，只求从文字上阐述清楚。这种记录方法是在原始公社末期“书契”萌芽阶段的基础上生长起来的，是我国进入文明时代之后，第一阶段记账方法的基本形态。

这种“会计”记录方法，对经济事项的内容反映已比较完整。卜辞记录了经济事项发生的月、日，有些地方还记有年份及某王统治时期。商代历法为阴阳合历，大月三十天，小月二十九天，每年十二个月，闰月称为“十三月”，与现在的农历基本相同。当时采用“干支记日”方式，几乎每一片殷商甲骨都刻有干支记日。甲骨文中的辛巳、甲辰、丁亥、丙申等，一般表示用牲的日期或时辰。用牲支出的品种及数量，小到一只羊、一头豕，大到上百只、上百头；少则一个品种，多则三五个品种，均一一记录，不相混淆，因而对经济事项基本内容部分的反映十分清楚，这是当时“会计”记录方法进步的主要表现。根据郭沫若等人对甲骨文的研究，在商代甲骨文字中，反映事物数量变化的从一到十的数码字已建立完备，这些基本数码已成为我国会计核算的基础；在以上数码创建完备的基础上，甲骨文中数目的位值制也得以建立，在甲骨文中一、十、百、千、万均有专门的表示符号。不少甲骨卜辞中还记录了用牲的地点。根据这种记录推而广之，当时对其他支出项目的记录，也大体采用这样的记录方式。

在叙述式的会计记录中，已经显露出以行为动词表示经济活动的性质及记录方向的基本取向。在商代，由于卜卦的巫师故弄玄虚，以至于产生出许多奇怪的习俗。如用牲之法就颇多：或置于俎中蒸熟陈列；或当场生宰供献；或以火焚烧；或悬于空中吊死；或沉于水中淹死；或埋于土中窒息而死，等等。每次祭祀，各取所需，甲骨卜辞中“卯”字表示支解之意，“伐”字指用利器刺死。虽然这些动词主要是表示用牲之法，但在客观上也反映了每笔经济记录的性质及“会计”记录的方向。同样，对于经济收入，每一笔记录都包含有经济事项发生的时间，收获物的种类、数量，而且大多用“获”字表示收入或取得。此外，还记载有捕获的方法，如“毕获鹿”的“毕”即是说明采用一种网猎的办法。这一史实特点反映出当会计记录还处于文字叙述式记录阶段的时候，由于经济发展水平和文化水平的限制，人们还不可能固定地以某种动词作为记录的符号，而只能根据生产、生活及战争中的一些动作，仿造出一些具有动词意义的词加以表示。在甲骨卜辞中，经济收入与用牲支出的记录形式和方法大体一致，但也有一些不同之处：有关用牲支出方面的记录，支出的数目在前，实物种类在后；而有关收入方面的记录，则是收入的实物种类记在前，收获的数目列在后。尤其是数目字的运用灵活多变，不像用牲支出那样死板。这些可以说明卜辞和记事刻辞中有关收入的记录比较客观实际，能够比较客观地反映我国商代文字叙述式“会计”记录方法的全貌。

商代的会计对每笔经济事项的记录，采用文字叙述式的记录方法，反映经济事项的基本内容。以不固定的行为动词，表现经济事项的性质和记录方向。通过基本运算，以象形中式数码与实物或贝币计量单位相结合，反映经济收支事项的数量变化。同时，对每笔收支事项，按照时间发生的先后顺序，流水式地在“简册”上进行登记。以自然类别确定每笔经济事项在简册中的位置。每笔记录仅反映经济事项的一个方面，而不同时反映相关联的另外一个方面。这三个特点构成了我国“单式记账法”的最初形态。

鼎上的乾坤

西周尚未摆脱文字叙述式的记录方法，但从内容表述方面看，已比商代有所简化。这时一个比较突出的进步是：在经济事项的记录中，表示经济事项性质行为动词的运用已比较固定。

在《周礼》一书中，所有贡赋的征收统称为“入”，而各种费用的开支则统称为“出”。“入”与“出”这两个动词成为当时人们处理经济收支事项，谈论王朝经济的口头俗语。如《周礼·天官》中有“听出入，以要会”、“乘其财用出入”、“日入其成，月入其要”、“凡其出入”、“以法授之，其出入亦如之”、“掌邦币之出入”、“以周知入出百物”、“使入于职币”、“掌邦之赋入”，“掌邦之赋出”、“财入之数”，“财用之出”，等等。在《周礼》一书中亦有“量入以为出”之说。总的来讲，“入”与“出”的运用已围绕着会计部门对王朝经济收支事项进行处理，进行日常的会计核算。这些都表明当时用行为动词反映经济事项的性质与记录方向已比较固定地取用“出”、“入”二字了。尽管在文字叙述式的记录中，“入”与“出”在其中所处的位置尚不固定，尚未醒目地冠于每笔经济事项的开头，但无论其在前、在后，还是居于其中，“入”与“出”始终成为反映经济事项收支关系的落脚点。所以，有学者认为，自西周时代起，以“入”、“出”作为一对比较固定的会计记录符号，为我国会计“记账符号”的发展创立了良好的开端。

西周时代的官厅会计核算中以“入”、“出”作为会计记录符号，这从青铜器物铭文中可以找到证据。如《麦彝》中的“（侯）出入”、《颂鼎》中的“目出，反入”等。另外，从《周礼》和礼器铭文中还可以发现“受”与“用”两个动词在经济事项记录中得到运用的情形。“受”字与后来的“收”字有很大关系，“收受”常常在一起连用，一直到汉代“收受”二字还并用。“入”、“出”作为官厅会计的“记账符号”渊源于西周，这对符号的影响极其深远，从西周直到中华民国时期，沿用数千年之久，它是我国官厅会计所通用的“记账符号”。

西周宜侯夨簋，江苏省丹徒县出土，高15.7厘米，簋内底有铭文120余字，大意为周康王册封夨为宜侯，赏赐他鬯酒（一种香酒）、铜器、弓箭和土田、山川、奴隶等。作器者夨原为虞侯，改封为宜侯。宜这个地方，可能就在铜器出土地丹徒县一带。宜侯夨簋铭文是关于西周实行分封的重要史料。

关于当时会计籍书登记的方法及内容，也可以借助青铜器物铭文加以分析推断。在《宜侯夨簋》铭文中详细记载了虞侯夨改封为宜侯时的赏赐，这次赏赐的东西很多，有珍宝、武器，还有许多土地。文中依次排列，从侧面反映了西周时代在会计籍书中流水式的登记方式。从青铜器铭文中可以看出西周时会计记录的一般情形，用字和叙事都比甲骨文要简明扼要一些。

简策文成为主流

春秋战国时期（公元前 770 ~ 前 221）我国从奴隶社会转变为封建社会，生产力的发展促进了经济的发展，人们逐渐明晰会计的含义，并最终确立了“会计”的命名。

春秋战国时代是我国古代会计记录方法的变革时代，是从文字叙述式的会计记录转变到定式简明会计记录的过渡时期。所谓定式简明会计记录，就是运用一种既比较科学又比较简要的记录方法所进行的会计记录。这种会计记录的特点在于，一是能够简明扼要地反映会计对象，二是已初步有了一定的会计记录格式但仍然保留着单式和序时流水式的记录方法。

在这个时代，文字的革命和数学的发展，以及计算工具——算筹的运用，为会计登记方法上的进步创造了条件。简策文已成为文字的主流，尤其到战国时代文字较之以前已有了明显的简化，并大致趋于规则，已经能够从根本上摆脱原始文字的象形字体。这些变化为会计籍书的登记提供了方便。那时候，一支竹简一般刻写一列，一列少则刻有七八个字，多则刻有二三十个字，一笔经济收支记录一般可用一支竹简刻录完毕，多则刻写两支竹简。文字的简化，记录方式、方法的简便，使经济收支记录从烦琐之中摆脱出来。对于经济收支事项的记录，从总体上讲可以达到系统和细致，从个体上讲则可以达到简明扼要，一

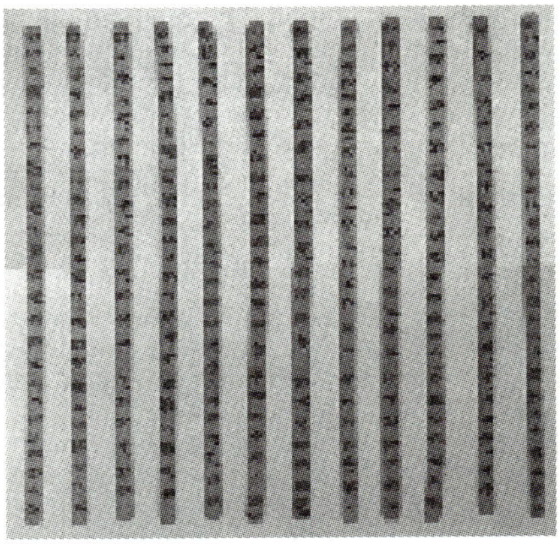

简策文，中国早期的书籍形式之一。在造纸技术发明以前，中国古代书籍主要是用墨写在竹木简上。人们将竹木劈成狭长的细条，经过刮削整治后在上面写字，单独的竹木片叫做“简”，若干简编连起来就叫做“策”（亦写作“册”），这是现在称 1 本书为 1 册书的起源。简策在中国使用起源很早。

目了然。

在春秋战国时代的官厅会计核算中，以“入”、“出”作为记账符号已基本成为定式。在官厅的文书中经常能够见到这样的俗语，《左传》中就有“尽出之”、“谷出不过籍”、“量入修赋”，以及“入币财”等说法。《管子》一书中也有“凡出入……”、“财之所出”等说法。秦国的法律条文中凡涉及经济事项，对“入”、“出”的运用更加直截了当，干脆明确。如《睡虎地秦墓竹简·金布律》中有“入钱”、“出钱”，《效律》中有“入禾”、“出禾”，清楚地表明了每笔经济事项的性质。

根据对相关秦简的深入分析，发现秦简中每笔经济事项记录的基本内容以及各构成部分在会计记录中所处的位置，一般有以下两种模式：①经济事项发生的时间→会计记录符号→会计对象的名称→数量（金额）及计量单位；②会计记录符号→会计对象的名称→数量（金额）及计量单位→经济事项发生的时间。也就是说，这时作为会计记录符号的“入”、“出”，其位置一般已摆在每笔经济事项的前面，这是会计记录方法规则化的突出表现，也是这个时期会计记录方法方面的突出进步。会计记录符号置于每笔经济事项的前列，其优点在于：它能够突出地反映每笔经济收支事项的性质，使人一目了然地看出每笔经济事项在会计记录中的方向；它使得会计的书面记录清晰划一，是会计记录规则化的重要前提，它便于经济事项的分类计算和汇总考核，有利于提高会计核算的速度。

上述史实表明，在战国时代，以秦为首的封建国家，已开始进入到我国古代“记账方法”的第三阶段——定式简明会计记录方法阶段。

文字定型，会计崛起

从秦代起，中国古代“记账方法”的发展正式进入定式简明会计记录阶段。单式会计记录法由繁化简，由粗到精，具有一定规格，成为一种独立的会计记录方法，经历了一段相当长的历史时期。在战国时代之前，人们主要采用文字叙述式的会计记录方法，此时单式会计记录法的眉目尚不清晰，还处于粗放烦琐的阶段。从战国时代起开始进行简化，定式简明的会计记录已初有眉目，但尚未成为人们普遍一致的行为。到了秦代，定式简明会计记录的眉目进一步清晰，并开始在全国范围内成为比较统一运用的方法。

单式会计记录法在西汉已成定式，记录格式较为固定划一。从“居延汉简”等文物中保留下来的会计记录可以看出，当时官方对会计记录的格式，可能已作出了统一规定。在不同的地方，不同的财计部门和不同的会计人员所记录的会计账簿中，所用的会计符号、记录的内容、在每笔会计记录中各部分的摆列顺序，以及整个会计账簿记录的组合规定，基本上是一致的。

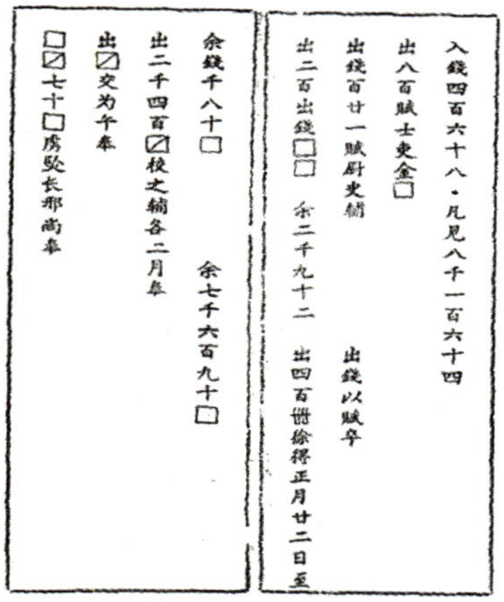

（九八〇A）　（九八〇B）

“九八〇A”和“九八〇B”是“居延汉简”中同一支竹简的正反两面，其文字内容源于中国科学院考古研究所编辑的《居延汉简甲编》释文。它比较全面地反映了当时会计账簿登记方法的全貌，表现了西汉官厅会计账簿记录的实际情况，是汉简中难得的典型实例。

唐代是我国单式记账法发展的完善时期。它比较全面地总结了以前单式记账法的基本特点，并在原有的基础上加以发挥，使之趋于完善。唐代官厅仍然以“入”、“出”作为记账符号，但对记账符号的具体运用，已能够根据会计事项的具体内容而较灵活地加以掌握。或明确地将对应符号冠于每笔经济事项的首位，或加以省略而在对经济事项内容的摘要中加以明确。在记账中已自由处理，不拘于一格。

在唐代的官厅会计核算中，既突出了每笔经济事项记录的特点，又进一步在内容陈述上进行了精简。其重点，一是会计对象；二是对象的会计量。为了防止他人通过篡改会计记录数码达到贪污、盗窃资财的目的，唐代的会计记录普遍使用了一套会计体数码字，即中式数码字的繁写体。

在唐代，一般性质的账簿的会计记录通常采用中文数码字记录，而相对较为重要的账簿的会计记录则必须采用会计体数码字予以记录。会计体数码字的创制，有着漫长的历史，如“壹”字，早在战国时代鲁人毛亨的《诗序》中就已出现，“贰”字在《孟子》一书中已有运用。不过，根据现有史料考察，在会计核算中运用一整套会计体数码字，是从唐代才开始的。

唐代天宝年间交河郡郡坊草料账是反映交河郡郡坊马匹草料开支情况的

流水账簿。在这份历史文物中，全部账目以草料领用时间先后为序，发生一笔，记录一笔（原文为从右至左竖式排列，为方便读者理解，此处改成了横式排列——笔者注）。

“十六日，郡坊帖马三匹，食麦一斗八升，付健儿丁光。”

“十七日，郡坊帖天山马三匹，送米升干判官王进朝到，食麦一斗五升，付天山管王兴。”

……

秦代出现的定式简明会计记录方法经过两汉、唐宋的发展、演进，到明代已达到比较完善的地步，其完善程度，与现在的单式收付会计记录已没有多少差别。随着民间经济的发展，明代中叶单式记账法开始了向复式记账法的过渡。

明代官厅会计的核算中，较以往更多地吸收了民间会计中的一些较好的做法，这使明代官厅会计方法有了较大的改善。在我国民间会计中，以商业会计为代表所运用的传统记账方法是收付（收支）记账法。它的会计记录较为整齐划一，对于同类账目的汇总简便易行，其会计报告的编制也一目了然，这些一直为官厅会计所不及。明代官办企业在会计核算中开始吸收民间记账方法中的长处，使官厅与民间所用记账方法逐渐结合在一起。自此，我国民间会计所运用的收付（收支）记账法便逐步渗透到官厅会计之中。

从“三脚账”到“四脚账”

自明中叶以后，社会经济发生了一系列变化，新的生产方式、经营方式的产生，客观上要求改变旧有的经营管理方式和会计核算方法，建立新的经营管理制度和新式会计核算方法与其相适应，“三脚账”应运而生①。

清代会计记账方法的发展，一方面表现为官厅会计之单式记账法的日趋完善，另一方面则表现为民间会计之中国复式簿记账法的进一步发展。

清代官厅的会计方法，受民间的影响颇深。当时，在官厅财计部门的会计核算中，出现了“入出记账法”与“收付记账法”并存、并用的局面，

① 关于“三脚账”究竟起源于何时这一问题，在我国学术界有着不同见解。会计史学家郭道扬教授倾向于“三脚账”产生于明代这一说法。本文赞同这一观点。

便是最好的说明。

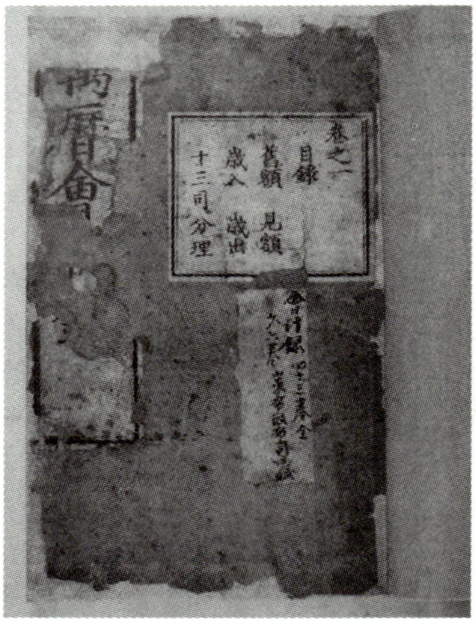

明代《万历会计录·卷之一》封面残页。《万历会计录》初于隆庆六年（1572）七月由户部尚书王国光与侍部李幼滋等编辑，费时逾年，国光致仕时于万历四年（1576）二月二十六日进呈，此为《会计录》之蓝本，是一部极重要的财政典籍。

清代官厅会计中“入出记账法”的基本内容，主要包括以下四个方面：

其一，统一以“入”、“出”作为会计记录符号。一切财政收入，统一称为“入”，而一切财政支出则统称为“出”。以“入”、“出”作为符号直接明确会计记录的性质。

其二，入出记账法把国家的财政收支活动划分为三类，即财政收入、财政支出与财政结余。在总清账的分类核算中，按三类确定核算项目，并依次在账簿中确定记账地位，进行分户核算。而汇总年度财政收支详细情况的“奏销报告”在编制时也始终与总清账保持一致，方向不变，内容不变，计算方法不变。

其三，运用入出记账法所作的单式会计记录，直观感强，入、出账目的表现形式是“上入、下出”，简单明了，每笔账目的含义与其在账簿中所处地位相一致。

其四，“入出记账法”对于账目的组合一律采用“四柱”的格式，对国家财政收支活动过程及其结果的反映则统一运用四柱法。

中国固有复式簿记账法的发展，经历了从单式簿记方法向“三脚账”过渡，再从“三脚账”发展到“龙门账”[①]，最后由“龙门账”进化为“四脚账”的历史演变过程。

同“龙门账”一样，“四脚账”也把会计报告称为红账、红册、彩册和彩账等。根据盈亏计算的要求及平衡账目的需要，“四脚账”的会计报告编制有“彩项结册”和“存除结册”两种。结册编制作为一定时期企业经营活动过程及其结果的集中反映和系统总结，是“四脚账”账务处理的落

① 关于“龙门账”的介绍，参见本书“散文的意蕴”篇目中“会计史里的公司”一节。

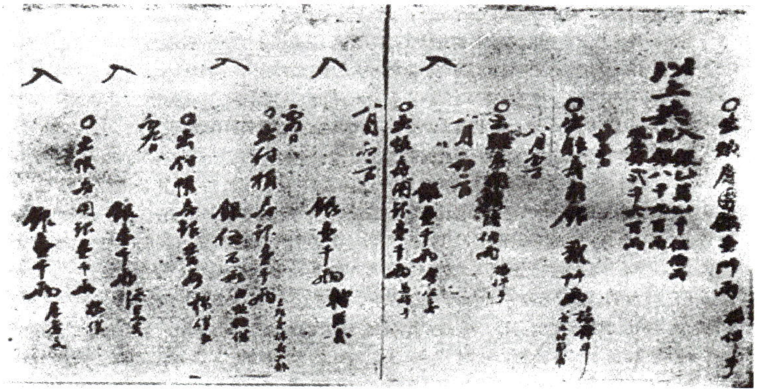

清代运用入出记账法所作的会计记录，见于故宫博物院所藏清档：《内务府·财务类》。图为同治九年六月内务府会计司所设“银簿”中的会计记录，较好地表现了当时官厅会计中运用入出记账法处理账目的基本格式及其规则。这册银簿，以记账位置的高低区别入出账目，以此体现“上入、下出”的记账规则；入出账目以时序为准，交替进行记录，每日分别小结入、出之数，进行结算，并单独列示结算数额；对数码和计量单位的运用也有规定，如为确保对现银的控制，做到安全可靠，规定采用会计体数码进行记录，统一折合白银进行计算，分毫不能省略。据此可见，“银簿”中所作会计记录，已是规则划一的定式简明会计记录。

脚点。

综上所述，“四脚账”的账簿组织基本上实现了证、账、表三位一体，对内、对外反映兼顾，对现金与往来转账业务的考核并重，从而克服了传统中式簿记所存在的“重信用而不重证据，重对外而不重对内，重现金而不重转账，重主观而不重客观”等问题。

“四脚账”所编会计报告为结册或红账。结册分为两种，一为“彩项结册”，用于反映企业的经营活动过程及其结果，其性质相当于西式簿记的“损益计算书”；一为“存除结册”，反映企业资本来源与资本占用状况，其性质相当于西式簿记的“资产负债表”。两种“结册”的基本格式与“总簿”相同，分为上下两格，上格列示一切来账，下格列示一切去账。“四脚账”实行账账、账册一贯到底的账项记录原则，由流水簿到总簿，由总簿到结册，其记账内容不变、记账方位不变，各类账目之间的结算关系也不变。原来属于来账者，转记于总簿仍属于来账，汇编于结册依然属于来账；原来属于去账者，抄录于总簿仍属于去账，汇编于结册依然属于去账。

“彩项结册”的来方，与销货总簿的来方，以及杂项总簿中其他收入一项的记录方向完全一致；其去方所列内容，与杂项总簿的去方完全一致。具体而言，“彩项结册”的来方分项列示本期发生的全部收益，其资料来源于：由“销货总簿”（或货总簿）转来的各大类商品的销售毛利和由杂项总簿转来的其他收入。“彩项结册”的去方分项列示本期发生的各项支出和财产损失，其资料来源于：由杂项总簿费用集转来的各项费用、由杂项总簿税金集（或损益集）转来的税金、由杂项总簿损益集（或财产损失集）转来的财产损失和由杂项总簿损益集转来的其他支出等。以下是韦福布庄填制的“彩项结册”。

兹将韦福布庄光绪甲申年荷月初一至廿九日一月来各货采兑盈利列示于左	
收 白布集实得利来银	付 职工薪酬去银
收 绸缎集实得利来银	付 搬运力资去银
收 其他收入来银	付 税金去银
	付 损失去银
共三条银	共四条银
以上对除后实得利来银壹佰叁拾捌两	

韦福布庄的“彩项结册”

“四脚账”的盈亏计算所运用的公式：红利（亏损）=毛利－（费用+税金+损失），已与现代商业会计利润（亏损）计算所运用的公式基本相同。这一公式较为明确地表现了商业企业利润的构成，为了解企业的经营活动情况带来了便利。

“存除结册”的上格又称为“天方”，下格又称为“地方”。天方所列内容与交关总簿的来方和杂项总簿中资本一项的记录方向相一致；地方所列内容则与交关总簿（债权部分）和进货总簿（存货部分），以及杂项总簿（包括现金部分、财产部分等）的去方记录完全一致。具体来讲，“天方”所列内容为资本（或股本）、各项负债和本期利润，其资料来源于：由杂项总簿资本集（或股本集）抄录的资本、由交关总簿抄录而来的各项负债（按人名或行号列示）和由“彩项结册”抄录而来的本期利润等；“地方”所列内容为各项资产、债权等，其资料来源于：由货总（或进货总簿）抄录而来的各货集的结存金额、由交关总簿中抄录而来的各项债权（按人名或行号列示，包括在钱庄的存款）、由杂项总簿现金集（或银清簿中本期结余额）抄录的库存现金余额、由杂项总簿中各财产集抄录而来的各项财产的结存额和如发生亏损时由“彩项结册”抄录而来的亏损数额等。以下是韦福布庄填制的“存除结册”。

兹将韦福布庄光绪甲申年荷月初一至廿九日一月来
各号在欠、存货与盈余列示于左

来账		去账	
布庄资本结在来银	贰	白布集结存去银	玖
北方印染场结在来银	贰仟捌	花布集结存去银	贰仟捌佰捌
福山印染场结在来银	壹仟贰	绸缎集结存去银	捌
本期实得利来银	壹佰	旺发钱庄结存去银	壹仟伍佰叁
		本庄钱柜结存去银	陆佰伍拾
共四条银	陆仟柒佰	共五条银	陆仟柒佰陆拾

天地符合

韦福布庄“存除结册”

“彩项结册”和“存除结册”两种结册的编制，是日常会计核算的归宿，也是对企业一定时期经营活动情况的总结，更是对决算期间全部账目核算的检验。两种会计报告编制所要达到的目的不同，前者服务于盈亏的计算，后者用于平衡账目，以达到勾稽账目之目的。

两种会计报告之间又存在着有机的联系，前者是后者的基础，后者的平衡对于前者起着验证作用。“盈亏”是两者之间建立起有机联系的砝码。如果当期盈利，则将盈利加入“天方”平账，天地当符合；如果当期亏损，则将亏损加入“地方”平账，天地亦当符合。如天、地两方不合，表明盈亏计算有误，则需查明原因，最终达到天、地相合。反之，如果盈亏计算无误，而天、地仍然不合，则表明存、该账目日常核算有误，亦需查明，达到天、地符合。

作为具有中式会计特色的一种较为科学的平账方法，“四脚账”所采用的“天地合”平账法是世界会计发展史上多种用于勾稽账目的平账方法之一。这种平账法是在“存除结册”上进行的，它根据“存”（全部资产）与“该”（负债 + 资本 + 本期收益）之间所存在的抵补关系建立平衡关系，在原理上与西式簿记所编制的“贷借对照表”殊途同归。所以，会计学界一度称其为中式的“来去对照表”或“收付对照表”。

由此观之，“四脚账”是在“三脚账”、“龙门账”的基础上建立起来的一种复式记账法，它在结账与平账方面继承了传统“四柱结算法”的基本原理，突出地表现了中式会计的特色；同时，这种记账法的基本原理已与西式复式簿记方法相同，尤其是在成本结转、盈亏计算、结册编制，以及平账原理的运用等方面，其做法与西式复式簿记方法有着异曲同工之妙。所以，我国会计学界将其称为“中国固有的比较成熟的复式账法”。尽管与借贷复式簿记相比，其账簿组织建设不够严密，会计核算项目的设置不够科学，账户体系不够健全，账页和结册的格式过于简略，对会计凭证的运用还停留在比较低级的阶段，但是从中式会计的历史发展进程考察，它是继“龙门账”后我国会计发展的又一重大转变，把中式会计推向了一个新的发展阶段，书写了中国近代会计发展史上的闪光一页。

结语：借文字之力，塑公允永恒

“会”和“计”两字缀合成词，最初有两种连缀方式，一种方式为将“会”置于“计”前，组合成“会计”，如《管子·四时》：“三政曰：效会计，毋发山川之藏。”另一种方式为将“计”置于“会”前，组合成“计会”，如《六韬·龙韬·王翼》：“法算二人，主计会三军营壁、粮食、财用出入。”

会计的生命离不开文字。文字的力量，让你穿越时空，用自己的心灵去感悟，去感受会计那些人、那些事。文字可以唤醒人，拯救人，净化人。

文坛巨匠鲁迅先生，早期学的是医学，公费去日本，以非常优异的成绩毕业。学成归国后，他发现，拯救一个人的肉体，不一定能拯救这个人的灵魂，就算把一个人的身体治疗好了，这个人的思想和灵魂可能还是病态的。于是，他毅然弃医从文，以文字为伴，以文字的力量去挽救、拯救人的灵魂。

他知道，医生医病，文字医国。

鲁迅是一个带着奇妙的美意进入汉语世界的人，他远采汉唐之韵，近得民间之梦，旁及域外之魂，以写实而通幽玄，因战斗而获柔情，在无望中得自由，于不宽恕中取快意……一卷鲁迅全集在手，乃天地间之大快活。随其吟之舞之，入文字之化境。

这，就是文字的力量，可以穿越时间和空间，给人的灵魂以力量。在灵魂的国度里，不分国籍，不分种族，不分时间，不分空间。只有灵魂与灵魂的对话，思想与思想的碰撞，文字与文字的交锋。我想，文字的这种伟大力量和深远影响，还找不出第二个替代物。

文字，改变了世界、时代和会计行业，结绳记事与工作底稿握手，算盘与计算机相拥。会计的世界因为文字而变得系统而专业，丰富而奇妙。

散文的意蕴

【题记】散文“形散而神聚”，会计“繁复而一统”。

散文是什么？“物有本末，事有终始，知所先后，则近道矣。”一如会计人问：会计是什么？问与被问，从无终结，从未见其起始。

没有标准答案。散文信手写来，合于心意，合于情思，合于喜悦和悲伤；可以爱，可以恨，可以怨，可以怒，可以赋，可以兴。

正如会计，不必争拗渊源流派，埋头做下去。账是账，表是表，附注是附注。分录有依据，分析有来源，财报也有支撑。

散文姓“散”？会计姓“会”？不然。散文“形散而神聚”，一如会计的交易和事项“繁杂而一统”。

散文可以是田畦边儿童指尖上一星尘土，也可以是史册中古人为之厮杀的九鼎宝器。

可以是农夫梦里的天堂，也可以是战士时时拂拭的刀刃。

可以是烟霞如画的旅途山水，也可以是家长里短的柴米油盐。

可以是炽热的拥抱，也可以是淡然如细雨缈云的一瞥。

散文是思想，是往事，是世间波澜。正如会计，以文字为载体，记往事，记得失，记千回百转。

它们的共同之处，就是笔下的意蕴。

以散文抒写真实的会计人生，怎能不是一种快事？有人说，我以财会散文见长，用优美的文字来描述职业感悟，发表专业见解。剑走偏锋，与常人有异的笔端，是一个对会计职业始终充满了激情，是一个把会计当作情人的会计人。

会计似乎是一个让人感受枯燥的职业，一个远离激情的职业。但是，有了散文的会计，又何止是枯燥的数字和文字？散文之于我不啻浴春风之清新、之轻快、之和煦。激情、专业、随和、亲切。与散文同行的日子，我体会的是一种净化灵魂的慰藉，一种向往高尚的欢愉。

世界有多大

“散文是泥土上的云朵，也是鸟喙上的草芥。”它寻常到触手可及、随处可见，却又能高到令人仰视、难以攀越。它可以饱含体贴、忠诚、冥想、疑惑，如同爱情一样温暖亲热，也可以像战争的创伤那样刻骨铭心。或许它是一种存在，或许它是一种生命，人类和万物所具有的它都有，而人类无法祈望的轻灵、飞越、神秘和漫长的情感，也可以承载。

散文是整个世界。散文的笔触可以上下钩沉，从几千年前的祭礼到几千年后的飞船，从星星上的光芒到深海底部的细沙。会计，终极上是散文，形散而神聚。

大散文

散文，可以有多大？大到穿透历史。

上古，人类发明文字，学会记录历史，便学会了撰写散文。数千年来，诸子百家以论说散文评点世界与人生，史官以历史散文记事件，西汉的《史记》是传记散文；东汉则有书、记、碑、铭、论、序等，都是单篇散文。

到了唐宋，山水游记、寓言、传记、杂文，洋洋洒洒，有唐宋八大家。明朝先有“七子”，后有“唐宋派”，桐城派则是清朝的事情，姚鼐把散文分为 13 类：论辩、序跋、奏议、书说、赠序、诏令、传状、碑志、杂说、箴铭、颂赞、辞赋、哀奠。

时间步入现代，散文有杂文、短评、小品、随笔、速写、特写、游记、通讯、书信、日记、回忆录等。

散文有多大？大到包罗万象。

古时史书，是历史散文，写过政治、军事、外交、言论，还有天道、鬼神、灾祥、占卜，充溢着战争和智慧、游说和辩论；论说散文，则写成了儒家、墨家、道家、法家。各种“赋”，在两汉曾赢得皇帝赞赏。

可以抒情，可以叙述，可以写景，可以阐述智慧哲理。有个人情怀的深刻抒发，也有时代、社会的敏锐话题。贾平凹说：“散文是大而化之的，散文是大可随便的，散文就是一切的文章。”散文，可以讨论生活、环保、生死、贫富、城乡、古今，乃至科学与艺术。这些，涵盖了个人、家庭、社会、人生、人性、思想、文化和文明。贾平凹的散文，说书说话，说人说事，说生说死，谈奉承、请客、花钱，谈房子、打扮、玩牌，无可不说；专门刊登散文的杂志上，有信件、日记、序跋、导演阐述、碑文、诊断书、鉴定书、演讲稿等，甚至笔记，甚至留言。

散文之大，于斯可证。试问，还有比散文更丰富、更灵活的文体吗？

20 世纪 90 年代，散文空前繁荣。写情感，写行走，写废墟，写个性追求，写人格力量；或者笔力千钧，风格各异，异彩纷呈；或者幽默、深刻、睿智；或者理性、思辨、悲怆、激越，别出心裁，恬淡自然。有现实的关怀与忧思，有历史的追思与遐想。至诚、至深、至大、至美。

大会计

从散文中把视线移开，投入到会计的视野。

会计之大，也能穿透历史。

自从发明了数字，哪怕只能结绳记事，也就有了会计。据考证，记账这件事，在公元前 4000 年左右就开始了。在中国，史书记载，大禹时代就有了“会计”，到了周朝，官厅会计已经很有成绩，与此相关的内部控制、预算和审计程序方面，周朝在当年的世界范围内，都是领先的，司会、司书等职务责任分明。秦朝，以每年的十月至次年九月作为一个会计年度，并且有分类账的概念，有专业的会计人员，还有专门的法律，规定了会计记账错误该如何处罚。汉朝的明细账，详细记载销售时间、销售商品的数量、名称、单价、金额等，记账符号有了入、出、收、付、受、用、取等。

“账”在唐代十分流行。人们不再用木牍、竹简这些笨重的玩艺，开始在长方形的纸上书写一笔又一笔的账目，如流水不断。定期卷成一卷，妥为收藏。唐宋时代，已经有了《元和国计簿》、《太和国计簿》、《会计录》等会计专著，创立了“四柱结算法”，其中的四柱平衡关系形成了会计上的方程式。在宋代，建立了我国会计史上第一个独立的政府会计组织——“三司会计司”，以总核天下财赋收入。宋代的会计凭证，可分为收入与支出两类，皆有正副两联，凭证和账簿都作为重要档案一起由专吏负责长期保存。

明代，典型的会计著作是《万历会计录》，按旧额、见额、岁入、岁出汇录了人户、田粮、军饷、俸禄及各种税收和交通运输等统计资料，编排井然有序，数据先后可循。明末，中国又出现了一种新的记账法——“龙门账法”，将全部账目划分为进、缴、存、该四大类。清代，在“龙门账”的基础上设计发明了“四脚账法”。明清时的账簿，通常为蓝布封面，粘贴红纸标签，用毛笔书写“流水账”、“誊清账”等字样，另书“日积月累”、“堆金积玉”于封面，以示吉祥。流水账的格式为“腰格通天条账”，誊清账的格式采用“腰格斗方账”。

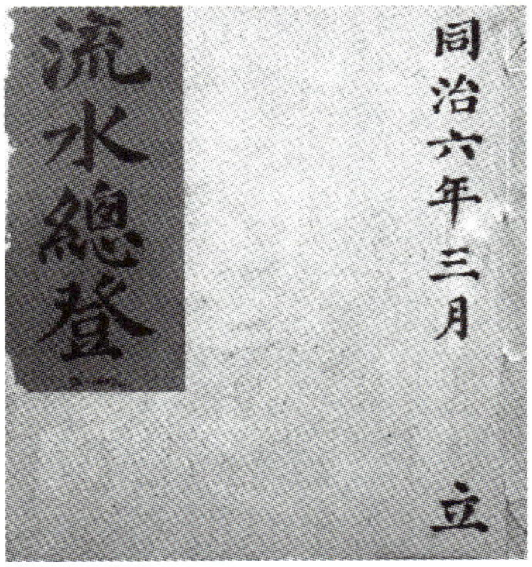

清代同治六年三月浙江三善堂吴记总号的“流水总登”。

会计之大，也大到包罗万象。

要检查原始单据，要制作记账凭证，要登记账簿，要结账，要制作财务报告，要提供财务分析，这都是会计；要盘点，要清查资产，要计算成本，要编报预算，这也是会计。

在中国，有超过1400万人持有会计证。

一位会计，可以兼做几家小公司的账目；而一家大公司，会计人员占据一座办公楼，每年的凭证账簿用卡车运送。有的公司，专门提供会计服务，有几千名会计人员，服务几万家企业。个体商店的店主，可能很想要一位能干的会计替他计算盈亏；跨国并购的业务，少不了财务顾问一起设计方案。会计的考试和技能培训，已经有了境外上市企业；开发财务系统的软件公司，激烈竞争，有了不少巨头。至于会计相关的学会、协会，早已星罗棋布。

一些不持有会计证的人，也在从事会计工作。笑容可掬的前台服务员，给顾客开发票、收现金，这是会计的前端；家庭主妇仔细记录日常收支情况，也算是出纳工作；公司职员在办公系统中输入差旅报销信息，这是会计处理链条中的一步。过去，一把算盘，一摞账页，曾经是会计人的全部家当；如今，会计人的工作条件大大改善，有了强大的服务器，连接海内外的网上报账系统，以及时时值守的 IT 专家。

会计是管理者的利器。高管们面对会计数据，殚精竭虑思考如何提高盈利。会计又是投资人的素材，大大小小股东，面对新鲜的财报，冥思苦想如何决策才能赚取更多的利益。会计又是普通人的证据，曾有村民上访，只为弄清村办企业会计报表上的数据为什么变化，村长是否清白。

会计是国家大事。如何做会计，有会计法，有会计准则；会计法需要人大常委会通过，会计准则由财政部负责制定。一国的会计规则，直接影响资本市场的稳定，一国的公司要去他国资本市场融资，首先就要调整自己的会计数据，以遵从他国规定的会计准则，无论这种调整有多复杂。

“天下未乱计先乱，天下欲治计乃治。”会计之大，大到事关天下。国计民生的所有信息，莫不与会计数据有关，国家决策和治理问题，常常就是个会计问题。

散文是一切的文章，世界有多大，散文就有多大；同样，会计是一切的数字，世界有多大，会计就有多大。用散文，可以书写整个世界，无论江海还是细流；而会计，本来就详细记录一切，不遗漏任何枝叶。

阅读历史散文，如同隔窗窥探古人的谈话。如果能阅读那时的账簿，看一笔笔的粮草、白银出入，岂不更贴近史实？

周国芳（1931～　）的版画作品《工地女会计》。周国芳的作品以强烈的生活气息而广受称道，在他创作的众多版画作品中，至今他仍认为最好的当属他在大学期间创作的《工地女会计》，在社会上引起了强烈的反响。

身为会计的散文家——兰姆

我们同时谈论会计和散文，必然会提起查尔斯·兰姆（Charles Lamb，1775～1834），他十几岁就去工作，在著名的东印度公司做了三十多年会计，直到五十岁退休。和古今中外的绝大多数会计一样，兰姆的主要杰作是厚厚的账本。业余时间和退休之后，他写过诗歌，写过剧本，是重要的文论家，是数得着的书信作家，还和姐姐玛利合作写了迄今仍颇为流行的《莎士比亚戏剧故事集》（“Tales from Shakespeare”，1807），然而他最著名也是最好的作品是《伊利亚随笔》（“Essays of Elia”，1823）、《伊利亚随笔续》（“Last Essays of Elia”，1833），这是他从1820年起，在杂志上发表的六十八篇文章的合集。在写这些随笔之前的1818年，兰姆已经把自己的作品收入一本文集，大有自我总结、就此收山之意，若不是《伦敦杂志》在1820年约他随意写些文章，恐怕这些报刊文学的杰作、为英国文学史增色不少的随笔，就不会有了。兰姆的才华无可争议，他为报刊写作而获得世界性的文学声誉，颇有些会计职业特点：在为他人努力服务的基础上，能够最好地展现自我价值。

美国学者鲁宾斯坦博士在《英国文学的伟大传统》一书中提到：“兰姆是十九世纪资本主义社会中职员、教员、会计、雇佣文人等‘中下层白领工人’的代言人。这些人比上不足、比下有余，稍有苦中作乐的余暇，但在短暂的欢乐中又透出生活的艰辛。”兰姆幼年学习成绩不错，但因口吃不能升读大学，青年时失去父母，为了照顾经常要进疯人院的姐姐，终身未婚，这在任何时代都是艰辛的生活，但兰姆并未以自身的艰苦经历作为说教资本向读者说教、励志，而是以幽默不羁的文章，向读者展示，如何以乐观明快的态度，压倒生活中的愁绪，坚强而欢乐地生活下去。

诙谐尽说寻常事

查尔斯·兰姆生活的时代，英国有许多大事，工业革命，美国独立，合并爱尔兰，击败拿破仑，英国国际地位的跃升等等都是值得大书特书的，但兰姆的笔触却没有描写这些。兰姆任职英国东印度公司的年代，这家名动全球的公司也有不少大事，比如英国国会废除了东印度公司对印度的贸易独占权，允许任何英国商人自由进入印度市场，兰姆的随笔也没有写这些。在兰姆之前，培根（Francis Bacon）早已有随笔（Essays，1625），把蒙田创立的这一文学形式移植到英国来，以深刻见解谈论宗教、爱情、死亡、真理，也谈论读书、友谊、旅行、娱乐，近两百年后的兰姆，将随笔继续发扬光大，所写却不以深刻为目的，只以诙谐丰富的语言，写日常市井琐事而不是田园风光，行文浪漫幽默而少有抽象哲理。兰姆的好友威廉·海仕力特（William Hazlitt，1778～1830）也是优秀的散文作家，是激进的民主派，著有《拿破仑传》，但兰姆的作品里却只是洋溢着伦敦的街道和人群。

兰姆的幽默，渗透在语言的骨子里。“瞧他那正在烤着的样儿——他在那里乖乖接受着的好像并不是什么火燎燎的灼热，而是一种使他神清气爽的暖和气儿。看他在那串绳上一圈又一圈地转得多么均匀！现在，他烤好了。看，在这种幼小之年，他还是很重感情的，他那一双漂亮的眼睛哭得红通通的——像光闪闪的果冻——像亮晶晶的星星。”（《论烤猪》）这篇随笔耗费不少篇幅讲述了一个基本无法考证的“中国故事”，然后就以这种语言描述烤猪的制作，并大肆赞扬其美味，通篇如此，没有加入任何对贫富差异的反思，更没有先天下之忧。

又如：“我，身为光棍汉，曾经花了不少工夫记录下那些已婚男女的毛病，为的是看一看他们所说的我由于坚持独身而失去的至高无上的快乐到底是怎么一回事——这，对我来说，也是一种安慰。”“假如一个人碰见他认识的一位容貌不美、衣着朴素的姑娘，马上向人家贸然声明，因为她既不漂亮，钱也不多，所以没法儿娶她；那么，为了这个人的无礼，该拿脚踢他。”（《一个单身汉对于已婚男女言行无状之哀诉》）这样风格的叙述随处可见。

兰姆的幽默，俯拾即是。在《三十五年前的基督慈幼学校》里，作者以兰姆校友的口吻，细致述说“老兰”（就是兰姆）当年在学校里“享受一种叫人眼红的特权”，不仅可以随意回家，还总能吃到令人羡慕的美食。而《牛津度假记》里，文中口口声声说牛津，实际上作者写的是在剑桥大学度假的印象。这叫“a matter－of－lie”，兰姆的常用手法。

兰姆的幽默还超出了文章。1823年，兰姆不想继续写随笔，就在《伦

查尔斯·兰姆（Charles Lamb，1775～1834），英国散文家，出生于英国伦敦。他的作品继承了艾迪生、斯蒂尔等英国第一代随笔作家的优良传统，但相对于他之前的作家来说，兰姆的作品人文关怀更深更广，幽默更精微。

敦杂志》上，以“某友人”的名义发表一篇《故伊利亚君行述》，说伊利亚去世了，朋友们也纷纷发表“挽诗”、“悼文”。以这种独特的方式终结一个笔名的写作生涯未尝不可，但后来，“伊利亚”继续撰写、发表随笔，《伦敦杂志》又否认了他的“死讯”！两百年后的今天，也罕有人能作出这样幽默的恶作剧了。

“像查尔斯·兰姆这样一位作家的力量就在于他坦然运用极其平凡的生活素材，而最简单的生活经历经他的手点染，就像神仙故事中发生的事情那样，一下子变得妙趣横生、放出异彩！”（《随笔作家的艺术》，亚瑟·克里斯托夫·本森（1862～1925））。

会计史里的公司

查尔斯·兰姆十几岁就去谋生了，他的第一家雇主是著名的南海公司。兰姆1791年9月进入南海公司，1792年2月离开，只做了很短的时间，周薪半个畿尼，一共赚到十二镑一先令六便士，是否临时填补空缺已经无从考证。然后他加入东印度公司，直到五十岁退休。兰姆是会计，这两家公司，在会计史上都留下了不灭的印记。

南海公司成立于1711年，在1720年发生了著名的南海泡沫事件（South Sea Bubble），1853年股份被赎回或者转为国债，公司结束所有经营。1721年，查尔斯·斯奈尔（Charles Snell）受英国议会特别委员会委托，检查南海公司的分公司“索布里奇商社”的会计账目。经过查询和审核，查尔斯·斯奈尔提交了一份对索布里奇商社的会计账簿进行检查的意见，指出公司存在舞弊行为、会计记录严重不实等诸多问题，但没有对公司为何编制这种虚假的会计记录表明更多看法。查尔斯·斯奈尔以“会计师”的名义对索布里奇商社会计账簿的检查意见——“查账报告书”，就是有史以来公认的第一份外部审计报告，这是英国议会历史上首次委托民间第三方独立会计师进行核数调查，此事为注册会计师行业的诞生注入了催化剂。我们沿用至今的“泡沫经济”这一专业术语就是源于南海泡沫事件，用来形容经济过热而收缩的现象。

在兰姆的散文集《伊利亚随笔》中，兰姆以“伊利亚”为笔名，从日常作息、家长里短切入，将平生感念娓娓道来；随笔主题既与兰姆本人的独特经历水乳交融，又浸淫于广阔深挚的人道主义氛围；文风含蓄迂回之余，亦不失情真意切，纤毫毕现地展示了英式随笔的至高境界。

兰姆任职于南海公司时，泡沫事件早已成为历史印记，他无缘现场目睹当时的疯狂。“伊利亚”这个笔名本是南海公司一名意大利老职员名字，兰姆后来说，本想择日去和这位老朋友笑谈冒用他名字的趣事，不料获悉这位真正的伊利亚已于11个月前因病去世。可见兰姆和南海公司前同事的联系保持了很久，并且他也确实有这样的机会，因为兰姆的哥哥约翰也在南海公司任职，一直没有离开，后来还晋升为会计师。兰姆很可能就是在南海公司实习了此前学到的会计知识，为进入东印度公司积累了一些经验。

《伊利亚随笔》的第一篇《南海公司回忆》，是兰姆在45岁发表的，那时，南海泡沫事件已经过去了100年。他写道：“往年，这里是一家公司——熙熙攘攘的商业活动中心。那是，大批商人为赢利的欲望所鼓舞，纷纷来到这里——如今，这里仍然进行着某些交易活动，可是过去的那种热火朝天劲儿再也没有了。现在，这里仍然可以看到雄伟的柱廊，阔大的楼梯，办公室宽敞得如同宫殿里的豪华大厅——其中却是空空如也，要不然，稀稀落落地只有一两个小职员；在那神圣不可侵犯的会议室，只能看到小差役和看门老头的尊容——室内的桃花心木的长条桌案已被虫蛀，那烫金的台布颜色业已暗淡，桌子上其大无比的银制墨水壶也早已干涸，再有到了某些隆重的日子，董事们才到这里庄严就座——宣布某项股息作废……”“那次鼎鼎大名的骗局像气泡一般破灭时，这一切财富都一下子荡光散尽了！”

南海泡沫事件（South Sea Bubble）是英国在1720年春天到秋天之间发生的一次经济泡沫，它与密西西比泡沫事件及郁金香狂热并称欧洲早期的三大经济泡沫，经济泡沫一语即源于南海泡沫事件。关于南海泡沫事件的详细介绍，参见本书“历史的追光”篇目中“世界第一个注册会计师”一节。

当年南海公司的欺骗行为暴露前，股价飙升，从1月的每股128英镑上升到7月份的每股1000英镑以上。投资者疯狂买入，当中不乏上流社会人士，连国王也禁不住诱惑，认购了价值10万英镑的股票，著名的物理学家牛顿也投入了2万英镑。牛顿在事后说，“我可以计算天体运行的轨道，却无法计算人性的疯狂”。而诗人亚历山大·蒲柏（Alexander Pope，1688～1744）则说：

终于，腐败像汹涌的洪水，
淹没一切；贪婪徐徐卷来，
像阴霾的雾霭弥漫，遮蔽日光。
政客和民族斗士纷纷沉溺于股市，
贵族夫人和仆役领班一样分得红利，
法官当上了掮客，主教啃食起庶民，
君主为了几个便士玩弄手中的纸牌；

不列颠帝国陷入钱币的污秽之中。

100年后，兰姆这样凭吊它：

“这就是南海公司。至少，这就是四十年前我所知的那个南海公司——一座壮观的遗址。从那时以来，它又有了什么变化，我可就没有机会亲自验证了。我想，时间总不能使它焕然一新吧。风也无法使得一潭死水掀起波澜。到如今，那水面上的污垢只能积得更厚。当年，靠着啃吃公司里那些陈年分类账、日记账把自己养肥的那一批蠹虫，自然早已停止了劫掠活动，而由一代又一代更为伶俐的子孙接替着它们，在那单式、复式的账册上造成了纤细的回纹花样。一层层新的灰尘积聚在旧的积尘之上（这叫做污垢的异期复孕！），它们很少受到触动，只是偶有好事者的手指进来，想要探究一下安妮女王时代的簿记到底是什么格式；再不然，也有人怀着并不那么神圣的好奇心，企图揭出那次骗案的一些秘密——它那巨大的规模，让我们当代那些侵吞公款的小人物回顾起来只觉得惊佩不已、望尘莫及，就像现今搞阴谋的人想起沃斯克那一回超人的大阴谋脸上所流露的表情一样。

“在那场骗局中崩散的南海公司，愿你的灵魂安息！辉煌的建筑，如今，在你那墙垣之上，留下来的只有寂静和荒凉！”

英国东印度公司成立于1600年末，于1858年解散，它是商业和政治的具有时代特色的产物，它是西方第一家股份公司，它是印度的行政管理和英国公务员制度的原型。1657年9月，东印度公司发布新章程，允许签发永久性的股份，作为未来所有航海冒险活动的一种联合投资，每年结算利润而不是每次冒险活动结束时结算利润。而在此之前的1601～1617年间，东印度公司主办了113次航海贸易活动，每次航行后都进行清算，平均每两个月就要清算一次！其会计人员的繁忙可想而知。迄今仍在应用的基础概念——持续经营和会计分期，从此诞生。这引起会计的巨大变化，对建立按年提供财务报告、划分流动资产和固定资产、流动负债和长期负债，起到极大的推动作用。1661年，东印度公司的总裁声明：将永久性投资资本理论引入企业，对股东进行分配时，从利润中支付股息，而不是分割资产和利润，这一做法，现代公司仍在使用。

兰姆在英国东印度公司做会计的三十多年里，该公司早期的惊人利润和海上霸权的争夺也已过去，他所看见的，是一家几乎控制整个印度但因巨额战争费用而濒临经济崩溃的庞大帝国。一位会计，对此可以观察，可以描述，但无法以他兢兢业业的勤奋改变公司的任何历史进程。他在书信里提及：“三十年来，我为那些市侩们干活，可是我的脖子始终不肯向那个轭套屈服。你不知道，一天一天，每天从上午十点到下午四点的整个宝贵时间，我不能休息，不能间断，像被关禁闭似的只能在那四堵墙里呼吸，得不到一点安慰；这叫人多么烦闷……唉，但愿在我从办公桌走到坟墓之前，能够有一两年自己支配的时间！办公桌和坟墓是一样的，区别仅仅在于你坐在办公桌前的时候是一件外加的机器。”这种生活，是对一位普通公司职员的真实写照，也可以看作是步入暮年的英国东印度公司的侧影和对未来命运的惨淡预言。

今天，持续经营已然是基本会计概念，每个初学会计的人，无论采用何种教材，都会学到它。然而具体到单个企业，其持续经营总是有尽头的。东印度公司在会计史上的印记深入会计学的骨髓，这家公司本身也持续经营了两百多年，直到繁华落尽。古往今来，又有哪个公司，能够真正永续经营呢？

想起山西，想起明清晋商发明的中式复式记账法——“龙门账”，也想起晋商文化。晋商使用股份制的形式创建商号，要远早于西方，大概萌芽于明代，大兴于清代，距今足足有 300 余年。明清晋商的商号，无论是小规模商号还是集团规模的商号，所有的摊销分配都是以持续经营假设为条件的，这与现代会计出奇地一致。

那年我去山西，看见著名的日升昌票号。它在平遥，占地 1600 余平方米，有大小建筑 21 座，在当时，它曾执我国银行之牛耳，曾树起我国金融发展史上第一个里程碑。拾阶而上，步入它那沉重厚实的黑漆大门之后，便被这里面精雅的屋宇和森严的高墙所撼动。细细观察，感觉到这里的每间房屋、每堵厚墙虽经百年风风雨雨的洗刷，处处已蒙上了斑斑驳驳的历史风尘，但其当年雄风展示的风骨犹存，竟使人没有一点破败和潦倒的感觉，于其每片砖瓦、每块木石之间无不涌动着当年的虎虎生气。

紧傍大门内过道的两侧，是设置办理业务的柜房，左侧办理存取汇兑等业务手续，右侧收支实物银两。光看右侧柜房柜台上那个躺放着的天平，就可以想到日升昌“十万银子压底、十万银子流动、十万银子库存”那种往日的辉煌，可以去体悟当年这里汇集的南来北往的商贾巨富，他们携带着金钱，携带着风险，携带着骄傲，也携带着九州的风俗和方言，在这里涌动出了一个南来北往的经济血脉。

现今的日升昌票号已被历史的烟云浸没了往日的辉煌，演化成游人凭吊历史的景观，但它作为我国金融史上一尊不朽的丰碑，虽已成为祭奠，但仍在启迪着现实。我移步于这座风尘斑驳的院落中，仿佛感到这里的一切都在向人讲述着它的功成垂败，它的是是非非。

兰姆笔下的会计

出身平民的兰姆热爱平凡的人间生活。他在给华兹华斯的信里说："那人群，那尘土、泥浆，那照在屋子和人行道上的阳光，图片店，旧书店，在书摊上讨价还价的牧师，咖啡店，厨房里飘出来的汤味，演哑剧的人——伦敦本身是一大哑剧，一大化装舞会——所有这一切都深入我心，滋养了我，怎样也不会叫我厌腻。这些景物给我一种神奇感，使我夜行于拥挤的街道，站在河滨的人群里，由于感到有这样丰富的生活而流下泪来。"平凡人间的会计工作是琐碎的、繁重的，这并不妨碍兰姆以幽默的笔触描写日常的会计工作和不起眼的会计人物。在会计岗位上，兰姆坚持工作了三十多年，他在会计方面并没有杰出的理论和卓越的名声传世，反倒是他文学作品中对会计工作和会计人物的描述，盎然成趣，流传至今。

在《南海公司回忆》里，兰姆说：

"某位已故会计师的幽灵，耳轮上似乎还影影绰绰夹着一支鹅毛笔，从我身边轻轻走过，像他生前一样拘谨古板。

"存放在你橱架内的那些废弃无用的大账本，如今这些体质退化的小职员三个人也休想把它们挪动一下——它们上边那些古趣盎然的花体字，朱红色的装饰纹样，那些写得一丝不苟、带着一串串多余零头的三栏计数金额——还有，在账本开头那些充满宗教热情的话语，因为我们虔诚的祖先若不先把这些话念诵一番，绝不动笔记账、写提货单——而且，有些账簿使用了那么贵重的小牛皮做封面，简直使人感到自己正在打开一部'精本图书'——这一切，令人看了不唯赏心悦目，而且受到教益。对于这些往昔的陈迹，我可以欣然观赏。

"那时候的出纳员是一位叫埃文斯的威尔士人。一看此人的脸色，就知道他有点儿他们贵同乡的那种火爆脾气，可是在根本上他倒是一位可敬的聪明人。他往自己头发上撒了发粉，让它卷起来，自始至终留着我年轻时候在漫画里见过、大家称为'花花公子'式的发型——他就是那种公子哥儿的最后一个代表。……他在清点现金的时候，手指头老是打颤，好像生怕周围的人都要来偷他的公款。

"当时那位会计师约翰·蒂普却完全是另外一种人。……他认为'会计师乃是天下最最了不起的人物，而他自己又是天下最最了不起的会计师'……人生的天职就在于注销股息单。为了结算出公司全年账目中的收支差额，他得在年底日日夜夜工作，花掉整整一个月的时间，虽然与上年的差额相比，那出入之数也不过仅有二十五镑一先令六便士而已。……不管把他放到现在或是过去的最最生意兴隆的公司里，处理错综复杂的账目他都是一把好手。但是，对于一个真正的会计师来说，进款数目多少是无关紧要的。小小的零头和在它前边的成千上万巨款对他都是同等重要。"

在《古瓷器》里，兰姆又是这样描述家庭理财：

"到年终收支相抵才是一件大大高兴的事。——过去，每年到了十二月三十一日的晚上，咱们就算账，绞尽脑汁寻找超支的原因——碰上了糊涂账，你就耷拉着脸，做出一副苦相，竭力想弄清楚：咱们这笔账上为啥花那么多钱，在那笔账上又为啥没有花这么多钱——明年说什么也不能再花这么多钱——可是算过来算过去，只看见咱们那一点儿小家当不断减少——尽管如此，你还是制定着这种方针、计划，那种折中方案；大谈着此后何种开支可以削减，何种用度可以免掉。"

这些幽默而切实的描述，放在如今也依然适用。疑神疑鬼的出纳，谨慎自负、年末疯狂加班的会计师，稀里糊涂的家庭收支账目，存在于世界的每个角落，几百年来从未消失过。

兰姆的文学写作大部分是在繁重枯燥的工作之余完成的。他在《牛津度假记》中，这样叙述本职工作和业余爱好的结合，"公司里的一员——一个为办公桌而献身的人——一个头发剪得短短、过着刻板生活的书记员——他靠着一管鹅毛笔来维持生计"，在手工记账的年代，所有的会计都需要手握笔尖纤细的笔，伏案工作，不是吗？"我偏偏要费心思去考虑那些蓝靛、棉纱、生丝、印花或者不印花的布匹”，核算存货以及存货成本，的确是会计的天职啊。在如此的工作中，兰姆说，“在办公时间内你还可以往那些多余的表格、无用的大包装纸上写下你那些十四行诗、讽刺小诗，甚至小品文的构思——这么一来，账房里的边角下料便在某种意义上自然而然地成了培养作家的有益材料”。本职工作和业余爱好的对比如此之大：“我这支鹅毛笔整个上午陷在数字、号码堆里，像马儿在杂沓密集的车马群中艰难前进，一旦得到解放，在午夜挥笔成文，犹如马儿脱缰，在开满鲜花的草地上奔腾、撒欢儿”。由此可见，业余的写作爱好，不仅为兰姆赢得了文学声誉，也是他劳累工作的放松方式。

兰姆随笔的会计隐喻

兰姆生活的年代，晚于卢卡·帕乔利（Luca Pacioli）发表《算术、几何、比与比例概要》近三百年，复式记账法已经近于完备状态，注册会计师行业已有萌芽，持续经营和会计分期理念也已普及。兰姆的散文属于浪漫主义流派，在其中，除了直接描述会计事件、会计人物的文章，我们不难发现还有许多文字与会计概念颇有相通之处，或者说，具有丰富的会计意境。

兰姆在《两种人》中，对借钱人的深入描画，酷似会计主体这一会计中的基本概念：“再看一看向你借钱者的那种满不在乎、泰然自若的样子：那红扑扑的腮帮子，那妙不可言的听天由命的态度，简直像田野里的百合花一样无忧无虑！他对钱财何等鄙视，简直把金钱——尤其是你我的金钱——看得好似粪土一般！在‘你’、‘我’之间的那些陈腐界限，被他爽爽气气一下子打破！或者说，他把别人认为相互对立的两个人用语（在这里指的是‘你的’和‘我的’）大而化之，变成一个明白易懂的形容代词（在这里指的是“我的”）。这是多么高尚的语言简化 ——这又多么酷似原始的财产共用——至少说，那种原则的一半（‘你的就是我的’）被他付诸实行了。”

在这篇文章中，他甚至将借贷这一现金流的跨期实现行为的本质，以及借贷过程中出借方所面对的风险用非常诙谐的语言表达出来：“啊，既然命中注定要把钱借给人家，就痛痛快快拿出来吧——你舍弃了一笔世俗的小钱，却得到许诺：有朝一日会在天上得到好报。千万不可一身二任，既做拉撒路，又做太富士，弄得生前破财受穷，身后又遭悭吝之报，那才叫愚不可及。既然威风凛凛的大人物来了，你就该笑容满面、主动出迎，漂漂亮亮作出牺牲。”

由于每年年底都要制作年终账目——在今天被叫做年报的财务报告，兰姆在他的另一篇文章《除夕随想》里，流露出了对会计分期这一基本假设的观点，他写道：“在一切钟声当中（钟声是最接近天堂的音乐），最为庄严动人的是那种用隆隆的响声送走了旧的一年的钟声。每次听见它，我都禁不住要全神贯注，把过去十个月里所发生的种种事务的影子统统集合起来，一一回顾，想一想在那一段悔之无及的时间里，自己做过哪些事，遭过哪些事，完成了什么，忽略了什么。这时，我才开始明白过去那一年的价值，好像对于一个刚刚死去的人那样。”会计总是要面临会计分期的问题，会计分期，是指将一个企业持续经营的生产经营活动划分为若干连续的、长短相同的期间。在会计分期假设下，会计核算应划分会计期间，分期结算账目和编制财务报告。为什么要进行会计分期假设呢？兰姆非常巧妙地回答了这个问题，如果没有这一假设，我们判断一个企业的经营情况，评判管理层的经营成果，只能等到公司清算的时候才能进行——“好像对于一个刚刚死去的人那样”。正是因为我们不能等到公司倒闭或者由于其他原因不再经营的时候，才对公司的价值和管理层的经营成果进行评判，我们才需要把企业原本连续的生产经营活动所跨越的时间，进行人为地划分，划分为若干连续的、长短相同的会计期间。

他在《两种人》这篇小品文中将人分成两种：“人类，根据我自己归纳出来的最可靠的理论，可以分为截然不同的两种人，即：借人家东西的人和借给人家东西的人。其他的分类方法，像哥特族，克尔特族，白种人，黑种人，红种人，都不得要领，统统应该纳入这两种根本类别。大地上的一切居民，‘帕提亚人，玛代人，以拦人’，无不集合在这两大类里，不属于这一类，便属于那一类。”

这段话显然是把现代会计基石——复式记账法中最基本、最常用的两个概念“借”与“贷”运用到了对人的划分当中。复式记账是相对于“单式记账”而言的，它的理论基础是会计恒等式，即“资产 = 负债 + 所有者权益”、“利润 = 收入 - 费用”，通过复式记账法，每笔交易都被记录下了对等式两端的双重影响，体现了各个会计要素之间相互联系、相互依存、各自独立，并且以不同的具体形式存在着的这一事实。对每项经济业务都以相等的金额在两个或两个以上的相互联系的账户中进行记录（即作双重记录，这也是这一记账法被称为“复式”的由来）；各账户之间客观上存在对应关系，对账户记录的结果可以进行试算平衡。复式记账法较好地体现了资金运动的内在规律，能够全面地、系统地反映资金增减变动的来龙去脉及经营成果，并有助于检查账户处理和保证账簿记录结果的正确性。现代会计离不开复式记账法，它“令商业变得不可操纵，使商业活动变得更诚实”。

兰姆和玛丽合写的《莎士比亚戏剧故事集》（我国解放前的中译本曾叫做《莎氏乐府本事》），原是为英国儿童写的通俗读物，现已成为全世界莎剧初学者必读的入门书。

这就是查尔斯·兰姆，一个蜚声全球的英国散文家，一个幽默风趣的英国绅士，一个平凡伟大的会计人。他给我们留下的，不仅仅是家喻户晓的《莎氏乐府本事》，也不仅仅是成就了他散文家地位的《伊利亚随笔》和《伊利亚随笔续集》，他还给我们留下了南海公司和东印度公司账房里的那些“大账本”，那是他毕生的心血。据说，东印度公司的档案存放于伦敦大英图书馆，大部分文件向公众免费开放。

也许有一天，我会专门寻觅兰姆先生的印记，细心查找兰姆先生手写的账本，与他三十多年的会计生涯对谈。

真实：共同的灵魂

1929 年 8 月我国著名散文家梁遇春为上海北新出版其译注的《小品文选》写的序中，他如此定义小品文：“小品文是用轻松的文笔，随随便便地来谈人生，因为好像只是茶余酒后，炉旁床侧的随便谈话，并没有俨然地排出冠冕堂皇的神气，所以这些漫话絮语很能够分明地将作者的性格烘托出来。小品文的妙处也全在于我们能够从一个具有美妙的性格的作者眼睛里去看一看人生。”

散文的真实

梁遇春是我国著名的散文家，师从叶公超等名师。其散文风格另辟蹊径，兼有中西方文化特色。在26年的人生中撰写多篇著作，被誉为“中国的伊利亚”。

小品文的妙处在于我们能够从一个“具有美妙性格的作者”的角度去观察人生，观察世界，会计小品文的妙处在于我们能够从一个“具有美妙性格的作者”的视角去观察会计行业和会计行为。散文做到极致，就可以被称为“散文家”了，梁遇春就是一个知名的散文家，可惜他不是会计，不然我们又多了一个“会计散文家”。梁遇春在其短暂的27年的生命中为我们留下了近30本译著和收录在《春醪集》（1930年）和《泪与笑》（1934年）这两本散文集中的37篇小品文。其散文风格另辟蹊径，独具一格，兼有中西方文化特色，在现代散文史上自有其不可替代的地位。他甚为推崇英国文学家查尔斯·兰姆（Charles Lamb，1775～1834）的小品文风，并将其融汇到自己的作品中去，郁达夫将其誉为“中国的伊利亚”（伊利亚为查尔斯·兰姆晚年的笔名）。

非常幸运，在散文界如此重要的“伊利亚”是一名会计！文学家兼会计人的查尔斯·兰姆的“小品文”（Essay），给会计同行的生活增添了不少情趣。

兰姆的散文曾被很多文学名家大力推荐，有人甚至认为他是一段历史时间内英国散文的代表人物。用散文这种形式来表达个人的感情，最早始于16世纪法国的蒙田（Montaigne），他是法国16世纪散文大家，公认的近世小品文鼻祖，“我想在这本书里描写这个简单普通的真我，不用人言，说假话，弄巧计，因为我所写的是我自己。我的毛病要纤毫毕露地说出来，习惯允许我能够坦白说到那里，我就写这自然的我到那地步。”蒙田在他小品文集（Essays）序上写道，“我自己是我作品的基础。”

这种散文形式在17世纪由培根首次引入英国，后经18世纪的阿狄生、斯梯尔等期刊文学主创人的进一步发展，到 19 世纪兰姆等作家的笔下更趋丰富和完善。沃尔特·佩斯在他写的《兰姆评传》中写道："对于兰姆，正像对于蒙田一样，在那些表面意图掩盖之下，写作的真实动机乃是想要描绘自己的画像。"他的文章里十分之八九是说他自己，他老实地、亲信地告诉我们他怎么样不能了解音乐，他的常识是何等的缺乏，他多么怕死，怕鬼，甚至于他怎样怕自己会做贼偷公司的钱，也毫不掩饰地说出。他谈自己七零八杂的事情所以能够这么娓娓动听，那是靠着他能够在说闲话时节，将他的全性格透露出来，使我们看见真正的兰姆。谁不愿意听别人心中流露出的真话，何况讲的人又是个和蔼可亲温文忠厚的兰姆。兰姆的散文都是从一个普通人的角度出发，或直接或隐晦地抒发兰姆自己的真情实感。也正是在这种对自我感受进行描绘的体裁中，兰姆才淋漓尽致地展现出了他的写作才华，也在这样的写作才华中让我们感受到了一个会计人的独特魅力。

真实是如此重要，可如何令笔下的散文做到真实？

真实，是真情、真知。贾平凹说，不可以为写作而写作，文章只是一种载体，必须有悟有感，"以真情真知展示作者的人格意向"。"散文失去真情，散文就消失了。它不靠故事来吸引人，不靠典型的人物形象来打动人，它就靠的是情绪的感染和思想的启示。"浮艳虚伪，或许能以新奇辞藻和与众不同的扭曲获得短暂喝彩，但那绝不是好散文。

真实，是真话。没有真话的世界是可怕的，巴金说："无情的时间对盗名欺世的假话是不会宽容的"，"哪怕是给铺上千万朵鲜花，谎言也不会变成真理"。随波逐流的观点、不顾事实的描述，无论辅以多么优美的句子、多么绚烂的语言，即便渲染到作者自己把梦想当成了梦游，只要不是真话，就绝不是好散文。

而会计和会计人，离开了真实性，一无所有。

会计的真实

会计是有用的学问。无论是三口之家的家庭簿记，还是跨国公司厚达几百页的财报，它们之所以有用，根本原因，在于它们是真实的。如果离开真实，会计非但没有了灵魂，连外衣都会破旧到不堪入目。

会计的真实，是平和的善意。不为一时的美丽而透支未来，也不为表面的惬意而隐瞒问题。这种真实，类同于散文的真实：不夸张，不缩小，不编造，不伪饰，不以龌龊的小手段去取悦任何读者。容易么？不容易，但这是会计的灵魂。

会计的真实，是恒久的敬业。如同写散文需要深厚的功力和底蕴，会计也不是一时心血来潮的成绩，好会计，需要长年累月，一丝不苟的积累，从小处着手，往大处着眼，罗马不能一日建成，好会计也不是一日做成。

会计的真实，是高超的专业。如同写散文，要写的好，先要尽量多读前人作品，以求深度觉悟和领会，再时常练习、提高，而不是取几篇好的文章就照猫画虎。会计也是如此，只会机械地作几笔账是不行的，会计不是坐在办公室等记账材料，好会计必须走出去，走到各业务环节中，去领悟纷繁复杂的经济业务中所蕴含的会计精髓。

会计的真实，是坚强的独立。真实的散文，必然会有部分读者毫不喜欢；而注册会计师，常常面临着如何让客户认可其出具的鉴证报告的问题。此时，诚实地表达自己的专业判断，正直地恪守道德标准，威武不屈、富贵不淫、挫折不馁、诱惑不移！无论外部环境存在多少规范盲区和信号失真，不抱怨、不懈怠，始终守护心中那份坚持。

这些年，会计信息失真，曾被广泛讨论，深加鞑伐，因为它助长了不少丑行，误导了投资者与债权人，也破坏了市场环境。这与散文界曾有的那些矫揉造作的文字一样，有利益驱动，有诱惑牵引，有其生存的环境。

努力是我们的唯一。无论散文还是会计，真实的和美好的，都不是与生俱来、历久不变，都需要有人去努力维护，以言论，以行动。

我一向把人文会计的首倡和践行当做自己的宿命。面对当代会计迷失方向的隐忧，我呼吁回归朴素的立场，回归常识，回归简单的真实，回归业余者的心态，注重“好用的会计”而非“好看的会计”，突破日渐僵化的“学院文体”，倡导个性化的独立写作。

外面的世界很精彩，会计的现实很无奈。繁杂的业务让太多会计人习惯了喧嚣嘈杂，难以静心思考，难以聆听来自内心的声音，难以评估精神、价值、美学等攸关人生、攸关存在、攸关未来的人文意义。

生活，就是一篇散文，有时平淡，有时激烈；有时舒缓，有时壮阔。而会计，恰恰以期间的形式，为这些生活散文作序、作结。它看似无形，却无时不在，无处不有。想让你的散文更深邃、更雅致吗？学会计做会计，学学其中时而分类、时而综合；一边叠加、一边减值；忽焉过去、念兹未来的智慧吧。

结语：会计人的散文，散文的会计人

回望写作逆旅，我对外发表文字近600万言，冠之以人文会计，多以散文体破茧而出。这些年，我一直在做两件事，一是用执业获得生活的基础，一是用写作获得生存的理由。我也一直在寻找志同道合之士，注意搜寻同行中有趣的人、有故事的人、有思想的人，每每找到笔力雄健、思想犀利的会计同行，都会感到欣慰。

在这些既追求专业和职业，又追求人生情趣的会计同行身上，我看到了会计强大的感染力和生命力。会计信息是有生命的，它的生命力蕴藏在企业公布的财务报告里，蕴藏在管理层决策使用的成本信息中，蕴藏在每一个决策模型里，更蕴藏在每一个会计人身上。会计不仅是信息的提供者，更是契约关系的守护者。会计人还有一个更大的梦想在前方等着，要想实现这梦想，就要从更广阔的视角观察，用更广泛的途径发声，向更广袤的领域辐射。

不能就会计论会计，那样只会把会计局限在“计算”层面，让会计迷失于日常的繁复之中，不知不觉中偏离会计的初衷。从夏朝到现代，无论会计走到哪里，无论会计走了多远，会计人都应明白，会计的出发点是什么，会计从哪里来，要到哪里去？——这就是会计人的价值与使命。当会计遇到人文，人文融入会计，会计人的光荣与梦想必然绽放。人文会计，让会计发展与人文学科交汇，用人文理论阐释会计发展，用会计理论和实务的进步增强会计人对文化价值的依归，以此提升会计人对行业文化生命力的坚定信念。

你是否能说清心中的真正会计模样，你是否能说清会计究竟走向何方？

说得清楚的，常流于苍白；说不清楚的，可能内藏玄机。正所谓“道可道，非常道；名可名，非常名。”

会计不是一只筐，它有准则，不是什么匪夷所思的玩意儿都可以往里装；会计也不是庸碌的日子，一盘散沙到没有边界。会计可以是易写难工的高品位文字，是洋洋万言的大制作；会计也可以是轻描淡写的小故事。会计可以豪放到将巨额运作微缩为一笔分录，也可以细腻到连篇累牍只说细枝末节；会计也可以是逻辑性极强的文本，集约到丝丝入扣的分析与判断。会计可以只扫自家屋前雪，这是囿于会计主体概念；会计也可以专管他人瓦上霜，比如注册会计师。会计调整分录寥寥几笔，却可以“咫尺应须论万里”；会计交易事项鸿篇巨制，多年“堆金积玉”，终将“奔流到海不复还”。

但无论哪一种会计，都是最见个性的书写，一如散文是心灵敞开、须眉毕现的文字。总之，会计是一种袒露的文字，是真情的告白，是真实的披露，是真话的载体。

掀起多层面纱，我看文字——看真情、真性、真人；我看会计——看真事实、真规矩、真数据。

我做会计，用真情，求真实，说真话。

真情，会计的灵魂。没有真情积淀，满腔热忱，做会计是一种折磨、一种苦难。

真实，会计的生命。会计可以是技术，可以是艺术，但唯独不能是魔术。若是玩假的，还要会计何用？当然，会计的真实并非 1 + 1 = 2 那样唯一、那样可验证、那样天荒地老，会计的真实充满了职业判断，承载了诸多假设前提。

真话，会计的形象。你很难想象一个满嘴假话的人竟与会计有些瓜葛。尽管现实导向“真话不全说”，但会计人可以“假话全不说”。

会计不是供奉优雅弹弹烟灰的玻璃缸。会计不是装潢考究的礼品书。会计也不是只供自己咀嚼的口香糖，嚼过之后便吐掉或咽进粘连自己的肠液而自以为是春蚕吐丝。

散文的会计是绘画。那种宁静，那种清新，那种随季节变化的丰富而灵动的色彩、芬芳、气韵……也正是会计的秘密与真谛。

会计的散文是音乐。哪怕只是一段如歌的引子，或更短的“一分钟圆舞曲”，都一样透明、丰富，无法藏匿矫情。

左手会计，右手散文，人生若此，夫复何求?!

文化的自信

【题记】文化是基因根脉，不自卑、不自怜、不自弃，方能自觉、自信、自强。

在古代，中国经济社会发展一直走在世界前列，中国人对自己的文化传统、文化价值、文化影响一直充满自信和自豪。

近代以来的文化自卑既有历史原因，也有现实原因。从历史原因看，鸦片战争后，西方文化借“坚船利炮”侵袭中国传统文化，中国传统文化式微。在此情形下，“全盘西化”论乘虚而入。这种文化自卑在当下仍对人们的心理产生影响。从现实原因看，随着经济全球化深入发展，西方文化作为强势文化对国人的价值观念、思维方式、审美情趣等产生深刻影响，一些人对中国传统文化、对增强中华文化的国际影响力感到不自信，有的甚至恶意贬低自己的优秀传统文化。

基于此，重建包括会计在内的文化自信，既要探究中国传统文化的博大精深和开放包容，也要梳理中国传统文化的衍变历程，对其合理因素和内在价值给予科学的判断。

把握中国传统文化对会计的影响，既不是盲目自大，也不是鼓吹文化本位主义，而是要对中国传统文化保持应有的礼敬和自豪，在文化比较中坚定对自身文化生命力和发展前景的信念，形成文化自觉，摆脱文化自卑的心态，在中华文化对外交流中求同存异、共生互补，达到文化自强。

百年会计的主体性视角

辛亥革命距今逾百年矣。1911 之后的百年，是中国风云激荡、沧海桑田的百年，也是中国会计萌发、生长现代性的百年。回望会计百年的发展历程，不难发现：凡是中国会计主体性得以彰显、得到扬弃的时期，便是原创思想领地繁花似锦、满目葱茏的时期；反之，则是会计思想鹅行鸭步、一片萧瑟的时期。

我们该怎样寻找当代中国会计的创新思想坐标？我们该怎样不忘本来、吸收外来、谋划将来、继往开来，以维护国家、组织和公众利益？我们该怎样作出与大国地位相称、与经济崛起的大势相称、与中华文化影响力相称的贡献？这些撞击心灵的“世纪拷问”，不容我们稍有回避。

不忘本来，对接中华文化主体价值

辛亥革命以及民国的诞生，为引发中西文化差异的思辨创造了条件。这种思辨，逐步辐射到会计领域。

1915 年，陈独秀在他主编的《青年杂志》上发表《东西民族根本思想之差异》一文，明确指出“东洋民族”（指中华民族）和“西洋民族”在“根本思想”上的三大差异：“西洋民族以战争为本位，东洋民族以安息为本位”；“西洋民族以个人为本位，东洋民族以家族为本位”；“西洋民族以法治为本位，以实力为本位，东洋民族以感情为本位，以虚文为本位”。

此文一出，群起呼应，纷纷指陈中西文化的种种差异，其中，李大钊 1918 年发表的《东西文明根本之异点》一文，最为瞩目。他认为：“东西文明有根本不同之点，即东洋文明主静，西洋文明主动是也……一为自然的，一为人为的；一为安息的，一为战争的；一为消极的，一为积极的；一为依赖的，一为独立的；一为苟安的，一为突进的；一为因袭的，一为创造的；一为保守的，一为进步的；一为直觉的，一为理智的；一为空想的，一为体验的；一为艺术的，一为科学的；一为精神的，一为物质的；一为灵的，一为肉的；一为向天的，一为立地的；一为自然支配人间的，一为人间征服自然的。”

尽管两位先哲的表述不同，然而他们留下的思想遗产却弥足珍贵。东西方文化价值的差异是民族文化“主体性”的差异，文化的民族特性决定了“全盘西化”只能留下经久不息的负面回音。即使在会计发展上也是如此。

近代以来，西方列强的坚船利炮开启了一个前所未有的“西学东渐”变局。中国会计人开始为西方的先进所震惊，进而认为西方的文化也比我们自身的文化优越，于是内心深藏一种浓得化不开的自卑情结。甚至认为凡是西方的“洋玩艺儿”，都艳若桃李；凡是我国所固有的，皆视如敝屣。

然而，一位名叫陈焕章的留美博士，率先发出了“主体性”思辨的强音。

陈焕章（1880～1933），字重远，广东高要人，清末民初思想家，社会活动家，“孔教”徒。1911年获哥伦比亚大学哲学博士学位。1912年归国，模仿基督教建制在上海创“孔教会”。1930年在香港设“孔教学院”，自任院长。主要著作有：《孔门理财学》、《孔教论》等。

陈焕章，20世纪初赴美受到严格的专业训练，成为第一个在西方取得哲学（经济学）博士的中国人。然而他又是康有为的弟子，笃信今文经学的伦理观。他撰写的博士论文《孔门理财学》，坚持今文经学的“大一统”、“通三统”、“张三世”和“尊孔”学说，坚持并用孔历和公元纪年，从中国传统伦理思想中梳理出能与西方近代斯密、李嘉图、马尔萨斯等经济学思想契合的内容，编写了一部中国经济（理财）思想史，同时也是一部中西经济（理财）思想比较的煌煌巨著。《孔门理财学》体现出传统学者在面对西学冲击时的思维方式和立场选择，对于理解辛亥革命前后的理财思想传播，具有重大而深远的意义。

大名鼎鼎的凯恩斯为陈焕章这本博学而令人愉悦的《孔门理财学》评论：有一次，孔子感叹道：“庶矣哉！”冉有曰：“既庶矣，又何加焉？”曰：“富之。”曰：“既富矣，又何加焉？”曰：“教之。”在另一场合，孔子说“日省月试，既廪称事，所以劝百工也”，这实际上阐明了他的工资理论。还有，孔子不允许土地成为私人所有的对象。孔子认为取息没有错；因为资本是母亲，息是她的孩子。在关税事务方面，孔子是一位极端的贸易自由论者。

对于新兴的职业会计师而言，更有一些先贤大力高举“主体性”的旗帜。人们知道，注册会计师早期执业者是外国来华会计师，主要是应对甲午战争以后西方来华企业的商品输出及设厂经营需要。民国初期，谢霖先生看到美、日等国设立公共会计师为社会公众提供审计查账、会计咨询，遂于1918年6月上书北京政府农商、财政两部，建议发展我国注册会计师事业。农商部积极响应，委托谢霖起草《会计师章程草案》十条，并于同年9月颁行。农商部特将第一号会计师证书授予谢霖。

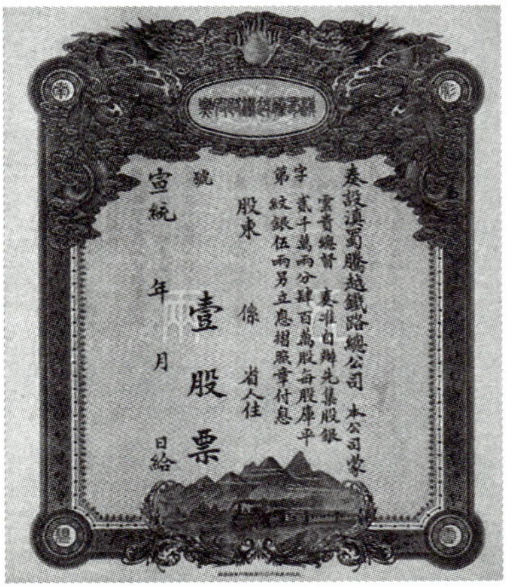

清末发行的“滇蜀腾越铁路股票”。

近代著名会计师徐永祚在《会计师制度之调查及研究》中说：“自近世经济发达，资本集中而后，个人企业改组而为公司，小资本经营扩充而为大规模组织，事业之范围日见宏大，财产之种类因之复杂。会计事务之处理乃大难。”这对于近代公司之兴起及其带来的会计问题论述十分清晰，所言之“难”，一在“繁”，二在“信”。与之相应，会计师的作用一在“去繁”，规范公司财务，提高资本效率；二在“立信”，证明财务信用，获取股东支持。上海会计师禹泽洪在《我对于会计专科学校之感想》中认为：“欲图实业之发展，贵乎资本之集中，欲集中资本，舍招股无二法门，欲使多数股东共生信仰，非采用新式会计不为功。欲云‘招股不难，昭股东之信仰则难也’，新式会计者，昭股东信仰之工具也，与其说提倡实业救国，不如说提倡会计救国。”

潘序伦进一步指出：“会计师制度，实为经济进化后之产物。际此商业勃兴，企业组织日益复杂之秋，举凡创设之设计，平时之检查，以及之清理，胥有赖于会计师为之整理擘画，以证明财界诸般之真相，以坚社会之信用，而供公众投资之参证。”（中国会计师业的过去与今后）

在这些职业会计师眼里，他们所从事的职业与原有账房存在根本性差异。“昔日通称管理会计之人曰管账（Book－keeper），一若会计事务除管账而无其他能事者然，然今则以管账为较易之事，其最有研究之价值者，则为会计之设计与检查。设计云者，创拟一定之法则，以为整理会计之准绳也。检查云者，查核会计之实际，以坚外界之信用也。”（徐永祚：会计师制度之调查及研究）

潘序伦认为：“会计师方诸于律师、医师，其相需之切，未为多让。而又处于超然地位，本其独立不倚之精神，证明金融界诸般之真相，以坚社会之信用，而供公众投资之参证，其影响所及，正不独直接利害关系人而止。”（会计师业概况）这种“超然之地位，独立之精神”成为会计师的首要职业道德。

正是由于有了这些民国会计师——他们的文化积累，他们的文明气度，才构成了中国会计的主体性底色，支撑起了短暂却恒久的本土传统。

任何一个国家包括会计在内的文化，都有其既有的传统、固有的根本。抛弃传统、丢掉根本，就等于割断了自己的精神血脉，就会丧失文化的特质。深厚的民族传统文化、丰富的会计思想文化，就是中国会计安身立命的根基，是我们在世界会计激荡中站稳脚跟的“定海神针”，必须始终不渝地坚持、千方百计地弘扬，使其惠及当代、恩泽后人。

吸收外来，赓续“中体西用”逻辑路线

不同类型的会计文化交流是不断进行的，互相融通是一种交流，互相冲突其实也是一种交流。两种会计文化的交流总是以一种文化作为主体吸收另一种文化中的营养成分，借以丰富和发展自己。也正因为如此，不同文化之间的交流，主体意识是不能没有的，否则就会“出主而入奴”，就会沦为其他文化的一种附庸。如果说一百年以前，我们注重中西方文化的差异有其合理性的话，那么今天我们更应当注重不同文化之间类型上的差异。只有意识到这种类型上的差异，我们才能够更主动地去寻找它们之间的互补性和融合性。

事实上，我们确立会计主体性的进程中，有着大量的吸收外来、中体西用的例证。

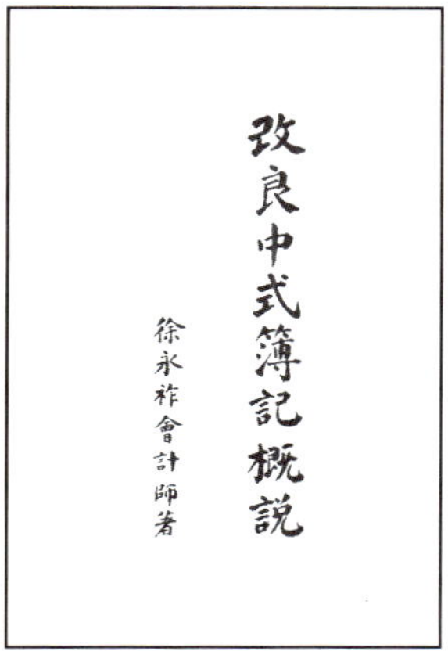

20世纪初，在中国的知识分子队伍中，比较普遍地存在着一种以救国救民为宗旨的改良和改革的思想。20年代末到30年代所掀起的一场改良与改革中式簿记或会计的运动，便是这种思想发展的结果。徐永祚先生是改良中式簿记派的代表人物。图为徐永祚的代表著作《改良中式簿记概说》原始发行版本封面。

我国近代早期的公司组织中，一部分企业仍然沿用了传统的上收下付的单式簿记，另一些企业则采用“四柱结算法”或清初发明的龙门账。1928年11月初，上海会计师公会应中华民国全国商联会之邀请，推举15位委员组织“改良中国簿记委员会”，共同参与编制商业应用的中西文簿记格式的工作。经一年多的调查之后，上海会计师公会在1930年10月10日召开会员大会，王雨生会计师向公会提出《整理全国会计制度意见书》。1931年6月12日，上海会计师公会正式将此提案上呈实业部，国民政府实业部接受上海会计师公会之呈请，开始征求推行新式簿记统一办法（上海会计师公会拟具全国会计制度意见书留备采择）。

与此同时，改良派与革命派的论争进入白热化状态。以徐永祚会计师为首的改良派认为，西式簿记不能为当时中国一般人所认识，中式簿记亦有合理之处。主张根据复式簿记原理，改良中式簿记，此说得到产业界及业界会计师的大力支持。以潘序伦为领衔的革命派（也有称呼为西化派）认为，西式会计在中国已有广泛应用，未来西式会计必将全面发展，改良之法只能适用一时，未与世界潮流相符，故应全盘应用西式簿记。通过这场优雅的论争，使会计学术得以辩明，会计师业务日益为社会公众所知晓。

此后，中西两种簿记在实际运用中一直并存，并没有完全相互取代。

具有中国特色的“增减记账法”的创立推广，无外乎是吸收外来、中体西用的又一例证。

1947年，梁润身在《公信会计月刊》发表题为“以增减分录法代替借贷分录法之商榷”（以下简称《商榷》），提出“此种以增减来进行分录财产增减过程之分录方法，著者名之谓增减分录法”。该刊第3期接着发表3篇讨论文章：一是梁士桢所撰“增减分录法可以代替借贷分录法吗”；二是刘华胜所撰“为增减分录法进一言”；三是梁润身续写的“以增减分录法代替借贷分录法之再商榷”。《公信会计月刊》主编在“编后记”中阐明：《商榷》一文发表后，“已引起读者正反之响应，梁上桢君之意见持反对论，刘华胜君主补充之意见，并有梁润身君之再商榷，编者特为并存，以供参考。为节省篇幅起见，此一问题将不予续刊”。由于过早结束了对增减分录法的讨论，使增减分录法不能得到更多的讨论，也失去付诸实践的机会。

1963 年，为了适应群众参与管理的强烈要求，我国会计战线掀起了改革记账方法的活动。梁润身提出的“增减分录法”在沉寂了 16 年后得以复活。

1964 年，商业部财会局在比较传统中式收付账与现金收付记账法后，设计出了一种新的记账方法——增减记账法。虽未脱离《商榷》所提出的增减分录法的基本原理，但是它紧密联系商业系统的实际，实现了从记账原理到凭证、账簿、报表设计的内在统一。1965 年 12 月，经充实完善后的增减记账法征得财政部同意，从 1966 年起在全国商业系统全面推行。

吸收外来，最忌讳的是“一边倒”的思维作祟。

新中国成立初期，我国全面引入苏联的会计理论和方法。这种“引入”首先是通过翻译大量教材完成的，其中，马卡洛夫的《簿记核算原理》影响最大，甚至奠定了我国计划经济时期会计学的思想基础。这本书认为，社会主义会计和资本主义会计有本质不同，而阶级性是会计属性的一个显著特征。于是，讨伐西方会计成为那个时代的主旋律。

改革开放后的一段时期内，我们形成了言必称美国的风气，评判学术价值的标准唯“美”是从。会计学界热衷于做“数据 + 模型 + 搅拌式结论”的论文，似乎只有这种论文才能被西方会计界认可，不然，“别人不带我们玩儿”。会计主体性缺失的后果，使学术研究变成圈内互为读者的“自娱自乐型”，变成一堆苍白数据下的“似是而非型”，变成抽离制度背景的“不着边际型”。我们所标榜和推崇的实证研究固然是以美国为代表的西方学界的主流，但在我国，如同西方经济学从未给经济崛起的“中国模式”作出过贡献一样，中国会计改革与发展的成果也是在没有实证研究参与的情况下取得的。

吸收外来，不仅需要有开放包容的胸怀，也需要有辩证取舍的态度，同时还需要有转化再造的能力。之所以强调开放包容，是因为我们处在一个开放的世界。每一个国家的会计思想都以各自的方式为世界会计平添内涵，这就构成了会计思想财富的全部。只有兼纳百家精华，融合各种文化之长，才能更好地促进本国会计的发展。如果自我封闭、排斥外来，就会失去发展的活力，甚至走向消亡。

一个文化自信的行业，一个秉承开放态度与包容胸怀的行业，是其生生不息的动力源泉。我们之所以强调辩证取舍的态度，是因为开放包容并不是要盲目崇外，学习借鉴更不是照抄照搬。文化的多样性也同时决定了会计形态的多元性，各美其美，美美与共。因此，我们要有分析、比较和鉴别，做到辩证取舍、择善而从。如果不加鉴别、良莠不分，甚至把糟粕和垃圾当宝贝加以引进，就会贻害无穷。

现实的挑战是，我们怎样在与强势文化交流中，保持一种清醒的会计主体意识，既汲取对方的营养，又不丧失我们自己的文化品格，维持我们在这个世界上的独立性？

答案只有一个：文化自信。

谋划将来，升级中国会计3.0系统

我们的文化自信，不仅来自于历史的辉煌，更来自于当今中国的蓬勃生机，来自于未来发展的光明前景。

文化自信，是一个国家、一个行业对自身文化价值的充分肯定，对自身文化生命力的坚定信念。只有对自身文化有坚定的信心，才能获得坚持坚守的从容。

树立会计主体意识，就是要葆有文化自信，强调以我为主、以传统为主，而不是去迎合时代、迎合现代人的思维惰性。

如果确定了主体意识，我们看问题的方法就会有一个彻底的改变。在没有主体意识的情况下，我们看待会计理论实务常常用一个非主体的视角，总是觉得这个不好，那个也不好。可如果我们是站在自己的主体立场上来看，就可以看到传统中有很多好的地方，就会发现财富原来就在自己这里。主体意识确立了，中国会计系统就会“升级换代”。

而失去了主体意识呢？不是盲目的自尊，就是盲目的自卑，看不清别人的优点在什么地方，自己究竟缺的是什么，这时候向别人学习，就会不管什么东西一股脑都拿回来，其中可能不乏垃圾。

未来十年乃至百年对于中国会计而言，关键在于认清、接受、顺应中国从单纯“与国际惯例接轨”转向适度推动规则演化的趋势。

这取决于“国际惯例”的两重性以及中国向历史常态回归的必然性。所谓“国际惯例”，有体现经济、社会发展客观要求的部分，是值得我们吸取的人类文明共同成果；也有只具备局部、暂时作用的部分，有些做法更是仅仅体现了某些发达国家内部利益集团的诉求，对发展中国家经济社会发展有着显著的负面影响，比如美国在公允价值准则领域的衔枚疾进就是如此。

对于这类“国际惯例”，我们该做的不是接轨，而是抵制。既然所谓“国际惯例”的相当一部分内容不过是大国意志的体现而已，那么，中国以其幅员、人口、经济规模、文化感召力而注定要在国际会计体系中发挥大国的作用，为会计的国际化增添更多的国际光彩。

毫无疑问，重构规则要求我们付出重大努力，因世事如逆水行舟，不进则退。中国会计需要结合本土实际和转型经济环境作出职业判断，进而影响国际相关准则的制定。比如收入确认、资产减值、递延税项、预计负债、债务重组、企业合并、公允价值计量、权益性交易等交易或事项，无法直接根据会计准则规定的相关量化标准确认和计量会计要素的金额。因此，未来中国会计应当从国际会计审计准则的学习者、参与者，过渡到国际相关准则的制定者、引导者。中国会计也只有通过推动重构规则，向世界展示自身有能力提出更公平合理而且可行的规则，才能持久提升在国际政治经济版图中的认可度与能见度。

重构规则不仅是中国会计利益所在，也是国际社会公利之所在。会计审计准则作为市场经济规则的重要组成部分，从来都表现出附着其上和隐含背后的利益。我国在会计审计准则国际趋同道路上所取得的巨大成绩，理应得到美、欧等经济体的对等回馈。我们不争取自己的利益，谁来争取？对于那些封堵、压制中国会计崛起的国家，对于那些逆国际准则趋同潮流而动、只为寻求单方利益的国家，会计审计界特别是民间会计审计领域应当持续发声，声援国家机构维护我方权益，防止相关利益流失。

刚刚过去的国际金融危机是对会计准则的压力测试。价值发现的困难，财务信息与业务实质的脱离，向后看的历史信息与向前看的风险信息不能衔接，会计周期不能反映流动性管理与经济周期的时线，等等，给站在百年会计节点的我们，提供了瞭望的方向。中国会计应当沿着简化会计准则和信息披露、坚持多种计量模式共存、提供多维度有用信息的道路，从目前运行的2.0系统升级为3.0系统。

继往开来，照亮中国会计创新思想

百年中国会计，历经九曲回肠的巨变，中西文化冲突与融合带来的刺激足够强烈，按说学术思想的原动力是不成问题的。但为什么看不到多少原创性思想呢？跟着英美当学徒，是一个根本性的原因。既然当学徒，就没有自己的东西，东西都是师傅的。以历史进步的眼光观察，只有到了中国完成现代化的重生再造，走到世界的前列，让师傅离休下岗，中国会计才可能真正出现大的气象。

会计审计毕竟跟自然科学不同，它具有很强的地方性、民族性，其普适的程度远远低于后者。你跟外面的师傅是能学到一些东西，解决共性的问题，但完全属于你自己的那部分，你是没有师傅的，你只能把自己当师傅。

如今的会计学者专家大多生于封、资、修被取缔的年代，四书五经没读过，读的净是《半夜鸡叫》之类，很难通晓什么“中体西用”。某些人只恨自己这“体”生得不对，总是抱怨体制不好、文化不好、人种不好、历史不好、地形地貌全都不好，散发出一种强烈的文化失败主义。对此，不妨以接力赛跑作比喻：前三棒的人都跑在别人的前面，你最后一棒跑在别人后面了，你说是前面人的责任，还是你的责任呢？

确立主体性会计，就是要做到文化自觉。不妄自尊大，也不妄自菲薄。现实的情况是，有时我们会自大，有时又自卑。只有主体意识树立起来了，才不会走这样的极端。因为一旦充盈了会计主体性，我们对自身会计文化的不足就会看得很清楚，对别人会计文化的长处自然也能看清楚，这样就能取长补短，使之恰如其分。

确立主体性会计，就是要破除官本位短视。如果判断学问好坏的标准就是看官做得多大，好像官越大预示着水平越高，那么，何来“独立之精神，自由之思想”催生的主体性呢？

确立主体性会计，就是要破除急功近利痼疾。应该承认，从高蹈的禁欲主义，到对利益的肯定承认，不仅是务实选择，也是一个进步。然而，正如水的底线是零度，低于零度就不成其为水一样，“实用主义”也应有其文明底线。实用主义大师杜威强调“道德是最终和最高目的”，而功利主义鼻祖边沁追求的也是最大多数人的善。很难想象，如果我们行业的人都信奉“有用即真理”、“有奶便是娘”，那这个行业将会是一种怎样的情景！

确立主体性会计，就是要清除学者专家头脑中的犬儒意识。鲁迅说，真的知识阶级是不顾利害的，如想到种种利害，就是假的，冒充的知识阶级。“他们（知识阶级）对于社会永不会满意的，所感受的永远是痛苦，所看到的永远是缺点，他们预备着将来的牺牲，社会也因为有了他们而热闹”。没有真正的知识分子，没有自由的、独立的、不顾利害的、敢于批评的、敢于承担责任的知识分子，中国会计永远不会出现大师，永远不会有真正的创新，不会有真的希望。

确立主体性会计，就是要大力浇灌创新性思想之花。学术界要告别拾人牙慧、人云亦云的研究，实务界要告别得过且过、照猫画虎的现状，从生机勃勃的中国模式出发，从世界会计发展的大势出发，以本土雄心和国际视野，向社会公众、向国际会计界呈现别开生面的主体性会计气象。

下一个百年，一定是终结西方会计独领风骚的百年，一定是中国会计在国际舞台扮演主角的百年。眼界有多宽，办法就有多少。一座山对一个生活在山中的山民来说，是永久的障碍；但对于一个远离它的人来说，则不过是一个山岗，很容易绕过。我们宁可站在远处看山岗，不要站在山中看远处。没有主体性，会计何以立足？没有创新思想，会计何以美丽？

一个民族特色、中国气派、时代精神的“中国会计梦”等待我们合力营造，让我们从主体性会计思想迷失中醒来！没有人能预测，在财富、文化、主体性等合力作用下，中国会计还有多少可以被开发的潜能。我们只知道，未来总在想象之外。

中国会计的“文化道路”

文化，文以化之。

文化既是推动经济发展的重要载体，又是社会文明进步的重要目标；既是凝聚人心的精神纽带，又是民生幸福的关键内容；既是一种关于世界观、价值观和荣辱观的集合，又是多元精神组合而成的统一命名。文化不仅是一种思想，更是一种生活方式，是一种处理和调节人与人关系的认识论和方法论。

一个行业的中兴，首先是文化的觉醒。哪里有文化求索，哪里就有新成效；哪里有文化求索，哪里就有新局面。中国会计领域近年来致力于文化建设的奋斗与探索，顺应了时代发展的新要求，顺应了会计人的新期待，顺应了会计领域的新突破，这才有了中国会计发展繁荣的明媚春天。

会计强国：必不可少的文化标志

面对新形势、新要求、新挑战，我们既要更加珍惜事业发展取得的来之不易的成绩，又要善于发现和正视目前存在的不足和差距，更要更加珍惜和把握前所未有的大好机遇，以更强烈的紧迫感、责任感和使命感，更加科学地制定下一轮推动中国会计行业实现跨越发展的目标。这个目标应该如何制定呢？是否可以这样提出：到 2020 年，把我国从会计大国建成会计强国。

伟大的事业需要伟大的目标，伟大的目标需要伟大的文化。从会计大国迈向会计强国，意味着中国会计将在经济、政治、文化、社会等方面展现更大的影响力，呈现更大的创造力。尽管会计强国有多维标志，但文化标志无疑是其中最重要的部分。

文化是人类基于自觉意识的灵感迸发、情感表达、观念创新，人类生存的世界处处都烙上了文化的印记，文化也成为人类区别于其他动物的重要标志。文化始终以一种无形的力量深刻地影响着有形的存在，它滋养人类、涵养社会、促进经济发展，其意义和作用是那样永恒。社会发展进步到现阶段，文化对会计产业和会计事业的影响比以往任何时候都更加广泛而深刻，文化越来越成为一个行业核心竞争力的重要源泉，成为其凝聚力、创造力的重要因素，成为经济社会发展的重要支撑。那种认为文化不过是“文”、“话”，看不见文化对人的感化陶冶、激励凝聚的重要意义，是简单的；那种认为文化不过是形而上、虚而空，认不清文化对经济社会发展的引领、带动的重要作用，是片面的；那种认为文化不过是经济的附属、产业的点缀，却看不到文化能够自主发展、创造财富的重要地位，则是短视的。

塑造会计文化，不仅要焕发震撼心灵、满足需求的精神力量，而且要创造激发人与社会和谐发展的物质力量。一个国家的兴盛强大离不开文化，一个民族的传承延续离不开文化，一个行业的发展进步同样离不开文化。我们不能不清醒地认识到：在全球化迅猛发展的当下，特别是西方世界试图以思想文化“一统天下”的背景下，一个拥有1200万会计人和30万注册会计师行业从业人员的会计大国，如果不能坚守中华民族的优秀传统文化，不能构建以社会主义核心价值体系为根本的当代先进文化，不能形成中国会计文化软实力，实现会计强国的战略目标就只能成为一句空话。这样的认识，对会计人而言应是一种“自意识”而不是“被认同”，并且是对文化本真意义和内在含义的深刻认识、深度认同，这才是高度文化自觉。

怎样理解会计文化的特征和作用呢？

会计文化具有凝聚性。会计文化是会计人在长期社会实践中形成的价值观和行为方式，拥有强大凝聚力和向心力。

会计文化具有动态性。有什么样的经济政治社会形态，就必然有什么样的会计文化；会计文化也只有顺应时代的发展要求，不断丰富和调整其形式和内容，才能与时俱进，保持其旺盛的生命力。

会计文化具有传播性。一国或一地区的会计文化伴随着这个国家或地区的经济、政治、文化影响力，向其他国家和地区辐射、渗透和延伸，并被吸收、借鉴和融合，形成相似或相同的会计文化体系。

会计文化具有价值取向性。在我国，一是为了有效提高会计产业和会计事业在围绕主题主线、服务经济社会发展中的地位和作用；二是为了有效提高会计人的职业道德水平和专业本领；三是为了有效提高会计人贡献智慧、汇聚合力的精气神。

尽管，当前会计文化的发展与制度建设相比还显得滞后，与中国会计在经济政治社会版图中的地位相比还存在不足，与会计强国的战略目标相比还明显弱化，但是，中国会计旨在文化立业、文化兴业、文化强业的铿锵足音无论什么也阻挡不住了！

国际比较：描绘会计文化的坐标

也许，中国会计文化可以从国际比较坐标中找到更清晰的方位。

由于民族性格、观念习俗、思维结构、经济社会发展水平的差异，不同国家和地区产生了不同的会计文化，以美国、俄罗斯为例——

一是强调职业主义。在权力距离较小和个人主义程度高的社会文化环境下，美国会计文化推崇个人的专业判断和行业自律，倾向于较少的政府干预。强调专业导向，较少依赖法规，政府在会计管理上的作用有限，由会计职业团体或独立机构制定准则或标准。

二是偏重灵活性。会计准则制定和实施强调灵活性和可选择性，会计人对会计差异的容忍度较高，在会计实务上有较大的选择空间。

三是倾向激进主义。强调信息透明，充分披露；偏向乐观，对会计要素的确认和计量较激进。

俄罗斯的会计文化发人深思。20 世纪俄国最重要的思想家别尔嘉耶夫写道："俄罗斯民族是最两极化的民族，它是对立面的融合……在俄罗斯人身上可以发现矛盾的特征：专制主义和无政府主义；倾向暴力和善良人道；信守宗教和追求真理；民族主义和全人类主义；奴隶主义和造反行动，等等。"一方面，俄罗斯人处于东西两种文化冲突之中，灵魂受到触动，情感世界丰富，造就了令人赞叹的文学艺术；另一方面，缺少法制观念，喜欢走极端。

俄独立后实行的即刻与西方接轨的"休克疗法"便是极端化的证明。1998 年 3 月 6 日，俄政府发布第 283 号令《关于批准转向国际会计准则的会计改革项目》，确立会计改革的目标是与国际准则一致。2005 年又宣布，将暂时停止实施所有接纳的国际会计准则。如此反复不能不说是其文化双重性的结果。

俄文化比较崇尚集体精神，与崇尚个人占有和个人利益的美英不同。俄会计目标之一是为了满足统计部门的需要，为国家税收服务。这与美国财务概念框架中将投资者和信贷者的信息放在最显要地位的会计目标形成了鲜明对比。

俄仍属于一个权力距离较大的国家，财务会计信息在很大程度上是为了顺应权力部门的需要。俄会计准则主要由官方——联邦财政部制定。而民间会计组织——俄罗斯会计准则委员会处于从属地位。

俄会计准则要求披露的会计信息较少。一方面，由于俄资本市场不发达，上市公司只有数百家，投资者并不需要像资本市场较发达国家那样多的会计信息来决策。另一方面，俄偏向集体主义的文化观念，更倾向于企业内部管理层或员工利益最大化而非外部投资者，更倾向于控制信息而非向社会公众披露信息。

美俄会计文化的不同坐标，为我国开辟会计文化道路提供了可以不忘本来、吸收外来的参照系。但，中国会计文化没有榜样。

中华文明：留给会计文化的印记

中华传统文化是一个古老的文化，是一个覆盖面、影响面巨大的文化。与一些变成了博物馆文化与观光奇景的文化不同，它历经曲折，回应了严峻的挑战，走出了落后于世界潮流的阴影，如今成为一个能够与世界主流文化与现代文化、先进文化相交流、相对话、互补互通、与时俱进的活的文化。

中华文化是一个泛道德主义文化。它强调人伦关系，强调和谐与秩序的理想，主张克制无限竞争与不断膨胀的欲望，强调人生而有之的伦理义务（而不是权利），强调敬天与天人合一。今天看来，它对于回应恶性竞争、欲望膨胀、生存压力与飞速发展中的浮躁心理等“现代病”，是有重要启迪意义。

同时，中国文化又是一种君子以自强不息的文化。它强调勤俭，强调刻苦与奋斗，强调精神价值与气节，唾弃一味享受与无所事事。它较易与迅猛发展的现代性接轨，它接受发展是硬道理的思路，而较少那种不求上进、消极懒惰的人生态度。

文化是一个国家的精神旗帜。五千年文脉涵养出泱泱中华——先秦诸子、汉唐气象、宋明风韵……然而，走入近代，中国的大门被西方的坚船利炮敲开之日，也是古老的中华文化迎来全球化挑战之时。在中华民族寻求复兴的漫漫征程上，振兴包括会计文化在内的中华文化，成为一代代中华儿女的历史使命。

中华文化留给中国会计怎样的文化印记呢？

一是崇尚集体主义。中华文化崇尚集体主义，人们之间相互依赖，团结合作，在个人利益与集体利益相矛盾时，将集体利益放在首位。因此，财务会计首先为了满足机构、政府等信息需要。

二是权力距离大。我国集权程度较高，等级结构严密，下级服从上级。因此，财务会计偏好整体的统一而非个体的灵活与主动。首先要体现“大一统”格局。

三是倾向中庸思维。中庸文化崇尚关系融洽、为人谦恭、同情弱势，崇尚“和为贵”，注重通过温和方式调节职工与企业、职工与社会的关系与矛盾。因此，即使在竞争激烈的市场经济条件下，财务会计仍要求向职工提供社会保险、住房公积金等福利。

四是偏好稳健性。从历史上国人信奉的“有备无患”等观念，到今日国人远高于他国的高储蓄，均从不同侧面表明偏好稳健而非乐观的文化特征。因此，我国会计准则规范会计要素的确认、计量、报告的方法时，一般以体现稳健原则为出发点。

五是偏向保密性。中华文化是一个含蓄、神秘、约束较多的形态，保密甚于透明。因此，体现在会计信息披露上，会计准则中要求披露的事项较少。

任何一种会计文化选择，都离不开文明土壤。中国会计文化是与中华文明紧密联系、深切呼应的。“一个只能出口电视机而不是思想观念的国家，成不了世界大国。”撒切尔夫人对我国的刺耳断言，重重敲击着包括会计人在内的中华儿女的心头：话语权的彰显、主动权的体现，不能只是物质财富的剧增、经济格局的重塑，而是包括会计文化在内的中华文化的弘扬！

文化自觉自信：中国会计之脱胎换骨

18 世纪，欧洲文明发现了遥远东方“异质”的中国。当时的书籍，留下了西方对孔子的想象。在很长时期内，东方文化只是异国情调的装饰物，尘封在西方的历史记忆中。

几个世纪过去，纽约时代广场上“至圣先师”为原型的孔子动画，与无数普通的中国人一起，构成了中国在新世纪的文化图景，为世界重新书写对中华文化的印象。

1870 年所拍记账算账的场景照片。

费孝通先生曾经精辟指出："社会问题起于文化失调"。他认为，文化本是人类的生活方法，所以文化失调就在社会中每个人的生活上引起了相似的裂痕，反映于每个人心理上的就是相似的烦闷和不安，这种内心的不安逼迫大家寻求解脱，于是就产生了所谓的社会问题。导致当今社会问题的直接原因在于核心价值观——人生价值观的扭曲畸变，即当代人文化的迷失。费孝通先生主张以"文化自觉"作为解决社会问题的方法和途径。

文化乃制度之母，一种社会制度的形成、巩固和发展，需要有相应的文化为其提供指导。当文化的主体步入一个"等价交换"成为普适方法时代，一个"利益至上"成为普适价值时代，社会诚信与道德责任就会沦丧，所有的监管与峻法就会形同虚设，人性丑陋与社会丑恶就会并驾齐驱——这便是当代社会问题的症结与根源。

一个行业、一个国家硬实力不行，可能一打就败；而如果软实力不行，可能不打自败。美国著名科学哲学家卡尔·波普尔说："假如世界被毁掉了，只要图书馆没有被毁掉，我们就可以把世界重新建设起来。"抗日战争时期，日军侵沪司令盐泽幸一在疯狂的侵华战争中刻意摧毁中国文化，他十分露骨地说："炸毁闸北几条街，一年半就可恢复，只有把商务印书馆、东方图书馆这个中国最重要的文化机关焚毁了，它则永远不能恢复。”他清楚，一个民族一旦失去对自己历史和文化的记忆，那就只配做奴隶了。文化软实力关乎民族兴衰和国家存亡，当迈步于会计文化自觉自信之路时，这是必须深刻认识的第一要义。

提升文化自觉，增强文化自信，是一个国家、一个行业对自身文化价值的充分肯定，对自身文化生命力的坚定信念。对自身文化软实力坚守的从容。

牢固树立会计文化自觉和文化自信，就是要葆有会计主体意识，强调以我为主、以传统为主，而不是去迎合时代、迎合现代人的思维惰性。

牢固树立会计文化自觉和文化自信，就是既不盲目自尊，更不盲目自卑，看清别人的优点在什么地方，自己究竟缺的是什么，向别人学习，绝不是不管什么都一股脑拿回来，甚至其中不乏垃圾。

牢固树立会计文化自觉和文化自信，就是要认清、接受、顺应中国从单纯“与国际惯例接轨”转向主动推进规则演化的趋势。对于那些体现经济社会发展客观要求的“国际惯例”，是值得我们吸取的人类文明共同成果；对于仅仅体现某些发达国家内部利益集团的诉求，对发展中国家经济社会发展有着负面影响的“国际惯例”，我们该做的不是接轨，而是抵制。

既然所谓“国际惯例”的相当一部分内容不过是大国意志的体现而已，那么，中国以其幅员、人口、经济规模、文化感召力而注定要在国际会计体系中发挥大国的作用，为会计的真正国际化增添更多的国际光彩。

重构规则不仅是中国会计利益所在，也是国际社会公利之所在。会计审计准则作为市场经济规则的重要组成部分，从来都表现出附着其上和隐含背后的利益。对此，我们不说，谁来说？我们不争取，谁来争取？

会计文化软实力的自信，最重要的应体现为对中国文化根的尊重和扬弃、对中国文化魂的坚守和创新、对外国文化枝的包容和借鉴。所谓中国文化的“根”，是指古代传统文化，以儒释道为主要内容。虽然中国古代传统文化难免有糟粕杂质，但其主体内容博大精深，其所包含的讲仁义、倡忠勇、敬孝悌、重民本、守诚信、崇正义、尚合和、求大同等思想，是中华民族生生不息、一以贯之的精神血脉。所谓中国文化的“魂”，是指植根于中国国情并开花结果的社会主义核心价值体系，这个魂，为我们辨是非、权利弊、明善恶、察优劣、分主次、导思潮、御谬误、扬正气、振精神、择战略、制规划、统全局，提供了强大的思想武器。所谓世界文化之“枝”，是指文化都有自身的优劣长短，我们理应有更宽阔的胸襟、更高远的目光，宽容差异、包容多样，善于兼收并蓄并创新超越。当迈步于会计文化自觉自信之路时，对“根”的尊重和扬弃、对“魂”的坚守和创新、对“枝”的包容和借鉴，是不可或缺的三个环节。

中国会计亟待脱胎换骨。制定国际规则的西方已经占领了制高点，而且仍然想重复经济全球化时代惯用的手段，将我们的文化影响压制到全球体系的最边缘。

中国会计亟待脱胎换骨。丰厚的文化资源和巨大的市场是我们的优势，但雄厚的资本与成熟的市场推广却是西方的强项。

中国会计亟待脱胎换骨。在会计文化的无形市场，与会计产业和会计事业同时而来的，还有意识形态的渗透、价值观念的侵入。

不自觉，不自信，无路可走！

上善若水：会计人的文化密码

一个文化自觉和文化自信的行业，必然站立者自觉和自信的人。

说到会计人的文化密码，或者说会计人的行为文化，可能最好的诠释是：上善若水。

“上善若水，水善利万物而不争”，意思是说最高境界的善行就像水的品性一样，泽被万物而不争名利。水的这种品质，被中国古代的圣贤视为最高的智慧和道德，是千百年来中国文人学士孜孜以求的境界。图为著名思想家、书法家范曾（1938～ ）于1985年创作的书法作品《上善若水》。

老子《道德经》中的话：“上善若水。水善利万物而不争，处众人之所恶，故几于道。居善地，心善渊，与善仁，言善信，正善治，事善能，动善时。夫唯不争，故无忧。”

其意是说：最善的人好像水一样。滋润万物，但从不与万物争高下，停留在众人忽视的地方，这样的品格才最接近道。最好的人，居处善于选择地方，心胸善于保持沉静，待人善于真诚、友爱和无私，说话善于恪守信用，为政善于恰当治理，处事善于发挥所长，行动善于把握时机。正因为有不争的美德，所以没有过失，也就没有怨咎。

表面上看，会计人的这一处世哲学有些消极，实际上，品读水的性格，能从中悟出深刻的哲理。

一曰守拙。水乃万物之源，却始终保持一种平常心态，不仅不张扬，反而哪儿低就往哪儿流，盛在什么容器就是什么形状，这的确是一种“无为”，但不是对“大我”的无为，而是对“小我”的无为。

二曰齐心。水的凝聚力极强，一旦融为一体，就荣辱与共，朝着共同的方向义无返顾地前进。汇聚而成江海，浩浩森森；乘风便起波涛，激浊扬清。

三曰坚韧。水至柔，却柔而有骨，信念执著追求不懈。遇到强硬时，会“以柔克刚”，滴水可以穿石。遇到阻力时，所谓“遇山山不转，水转；遇石石不转，水转”。婉转自如，迂回曲折。

四曰博大。“海纳百川，有容乃大”。水最有爱心，最具包容性、渗透力、亲和力，它通达而广济天下，奉献而不图回报。与土地结合便是土地的一部分，与生命结合便是生命的一部分，从不彰显自己。

五曰灵活。水不拘束、不呆板、不僵化、不偏执，有时细腻，有时粗犷，有时妩媚，有时奔放。夏为雨，冬为雪，化而生气，凝而成冰。因势而变，舒缓为溪，低吟浅唱；陡峭为瀑，虎啸龙吟；深而为潭，韬光养晦；浩瀚为海，高歌猛进。它因器而变，遇圆则圆，逢方则方，直如刻线，曲可盘龙，故曰“水无常形”。水因机而动，因动而活，因活而进，故有无限生机。

六曰透明。水无颜无色，晶莹剔透；光明磊落、堂堂正正。唯其透明，才能以水为镜，照出善恶美丑。人的修养若透明如水、心静如水，善莫大焉。

会计人似水。水的三态，一态一境界。

固态，体态晶莹，玲珑剔透，棱角分明，清幽高洁，含蓄内敛。不随波逐众，同浊合流。

液态，丰盈灵动，温存细致，涓涓而行，洗尽铅华，执著不惜。无形无状却滋养万物，无棱无角却润化生灵。

汽态，弃置凡尘，扶摇而上，凌空飘逸，遗世独立，妙韵无穷。无形无态却无处不在，不可感知却遍及天涯海角。

2500 年前，伟大的老子说："夫唯不争，故天下莫能与之争。"中国会计过去努力"争"过的梦想已经实现，正在"争"取的梦想正在成为现实。然而，会计人看上去的"不争"，尤其难得，为人所追求之至高境界。

中国会计人，你听到了水流的声音吗？

中国会计精神：支撑和延续会计人的血脉

文化诚然是一种"虚灵的真实"，但在文化激荡的语境下，会计文化必然要通过一系列规划和目标体现行业意志。

会计文化需要春风化雨、润物无声、滋润心田；会计文化需要找寻"回家"的路，在发展中传承、守护核心价值；会计文化需要硬实力平台上"力"的博弈，更需要转变文化的态度和对文化生态的涵养。会计行业要形成积极向上的精神追求和健康文明的生活方式，培育自尊自信、理性平和、进取有为的心态。

如果人们处处感受到，会计人的举手投足、一颦一笑、整体气质、为人处世、工作生活、价值观念、创造创新等，都蕴含着文化气息，饱含文化的味道，那么会计人就会赢得社会公众的文化敬重。

这也就有了概括、提炼"中国会计精神"的必要性。中国会计精神是会计文化凝结成精神标志语的集体共鸣，是迈向会计强国的心灵动力。我以为，中国会计精神可以提炼成"诚信、专业、境界、创新"八个字。

在一个"最美"和"最牛"泥沙俱下的转型社会，在一个"最好"与"最坏"交织呈现的复杂时代，我们面对更为深刻的价值选择，因此更需要时时拷问自己的内心：人生究竟是为了什么而出发？

"中国会计精神"是一代代会计人在会计理财实践中，积淀、传承、光大的宝贵精神财富，既呈现了我们中华民族的文化自觉与自信，又揭示了会计领域所独有的精神坐标或者核心价值。当一场场震惊世界的灾难——长江洪灾、非典疫情、汶川大地震等来临的时候，会计人的勤勉尽责、乐善好施让“中国会计精神”闪烁出夺目光彩；当一笔笔投资注入一个个民生工程、一个个重点领域和关键环节，“中国会计精神”昭示着：钱是怎么花的、花在哪里、花了多少、花的效果如何、该不该花？……

践行“中国会计精神”，贵在坚持、重在落实。要以文化如水、滋润万物、潜移默化的方式，强化价值内核，增进时代共识，用中国会计精神鼓舞斗志、引领风尚、凝聚力量、提升素质，构筑起会计人共有的精神家园。

践行“中国会计精神”，就是要让抱怨者努力去改变，让迷茫者尽力去探寻，让批判者勉力去建设。财政人清楚地明白：我们所守望和抵达的地方，就是中国会计；我们怎么样，会计便怎么样；我们是什么，会计就是什么；我们有光明，财政就不会变暗。

践行“中国会计精神”，就是要让信仰的天空更辽阔，让精神的画卷更绚烂，让心灵的追求更高远。财政人透彻地体悟：少一些自我中心的计算、少一些斤斤计较的短视、少一些患得患失的狭隘，在问“值不值”的同时，也问一问“该不该”；在计量“回报率”的同时，也计量心灵利润，这样才能拥有更强劲的动力、更珍贵的价值和更丰盈的人生。

让文化自觉自信之花光荣绽放，让“中国会计精神”之光璀璨闪耀——这是具有使命意识、责任意识、人文关爱和家国情怀的中国会计人，给这个民族、这个国家、这片土地、这项事业所贡献的心灵交汇和精神砥砺……

同心共筑中国梦，奋力锻造会计梦

2012 年 11 月 29 日，北京，国家博物馆。习近平总书记向世界庄重宣示“中国梦”——“实现中华民族伟大复兴，就是中华民族近代以来最伟大的梦想”。

2013 年 3 月 17 日，北京，人民大会堂。习近平主席深刻阐释“中国梦”——“实现中华民族伟大复兴的中国梦，就是要实现国家富强、民族振兴、人民幸福”。

中国，亿万中华儿女的“梦工场”。中国注册会计师，正在鼓满追梦的力量。

梦想为什么而存在？

党的十八大前夕，美国专栏作家托马斯·弗里德曼以《中国需要自己的梦想》为题专门撰文解读“中国梦”，寄望中国“将人民的致富憧憬与更可持续发展结合起来”。一时间，中国梦成为海内外舆论关注的热点话题。

党的第十八大，明确了中国今后一个时期的发展蓝图，即“两个一百年”目标：建党一百年，到2020年，国内生产总值和城乡居民人均收入在2010年的基础上翻一番，全面建成小康社会；建国一百年，到本世纪中叶，建成富强民主文明和谐的社会主义现代化国家，实现中华民族伟大复兴的中国梦。

我们要实现的是中国梦，而不是别的什么梦。中国做不起那种人均年消费28桶石油的“美国梦”，也不会做那种近代史上通过建立海外殖民地来实现富强的“欧洲梦”。“无端忽作太平梦，放眼昆仑绝顶来”。100多年前，在遭遇3000年未有之变局时，梁启超先生写下了对未来中国的梦想和期盼。

从“美丽中国”的表述，到“五位一体”的统筹，从全面建成小康社会，到中华民族伟大复兴——十八大描绘了实现中国梦的路线图。

国家富强、民族振兴、人民幸福，是20世纪以来无数仁人志士抛头颅、洒热血的内心宏愿，是一个个时代大潮的鲜明主题。无论是中国革命时期、建设年代还是改革开放的今天，归根到底就是为了实现这个总目标。这是170多年来不灭的火焰，这是60多年来不屈的理想，这是30多年来不竭的动力！

梦想为什么而存在？世界上没有哪个民族像中华民族这样，既有5000年文明从未中断的辉煌，又有近代积贫积弱的悲凉；既有四大发明的璀璨，又有奥运五环的酝酿；既有历久弥新的“家国情怀”，又有黑夜如磐的“亡国奴”创伤；既有改天换地的接续，又有“振兴中华”的铿锵……无论何时何地何种状况，中国梦都绵延不息。

英国学者安格斯·麦迪森在《世界经济千年史》中估算，中国从公元1000年开始，国内生产总值一直占到世界的1/5以上。然而，就是这样的“中华帝国”，却带着无言的屈辱进入近代史。

19世纪西方列强的坚船利炮，强加给中国的一系列不平等条约，使中国作为一个国家地位低下的同时，中国人和中华民族同样地位低下。落后的奋起，屈辱的抗争，激发出中华儿女愈挫愈奋的梦想抱负：梁启超的“少年中国”，孙中山的“振兴中华”，李大钊的“中华民族更生再造”，毛泽东的“环球同此凉热”的“太平世界”，周恩来的“为中华之崛起而读书”……中国梦，激励着中华民族的英雄前赴后继、上下求索。

从1918年6月第一位注册会计师谢霖先生上书建议设立“中国会计师制度”开始，会计强国梦便成为一代代中国会计人的夙愿与期盼，成为中国注册会计师专业报国、服务社会的追求与热望。

新中国成立60多年、改革开放30多年来，民族独立梦、两弹一星梦、奥运世博梦、航天航母梦……一个个梦想照进现实。当中国跃升为世界第二大经济体，当中国现象被国际称为“近年来最重要的全球变革”，深藏于中国人心中的民族复兴之梦，终于不再是梦中的图景，而是像东方地平线上喷薄欲出的朝阳，无可阻挡。

追梦的精神、道路和力量

同筑中国梦必须弘扬中国精神。上下五千年、扶摇九万里。中华文明之所以能够成为世界上唯一从未中断过的灿烂文明，其来有自。

鲁迅先生说，唯有民魂是值得宝贵的，唯有它发扬起来，中国人才有真进步。振奋的精神，高尚的品格，坚定的理想，是一个民族自立于世界民族之林的可靠保障。不然，即使在物质上强大起来，也会在精神上垮塌下去。

从“外争国权，内惩国贼”到“一寸山河一寸血，十万青年十万军”，以爱国主义为核心的民族精神熠熠闪光；从小岗村的手印到“深圳速度”，以改革创新为核心的时代精神放射光芒。从“团结起来，振兴中华”到“我们都是汶川人”，一个个爱国口号，使个人命运与民族命运血脉相连；从三农面貌焕然一新到战略性新兴产业，一次次改革创新浪潮激荡神州。

在通往中国梦的征程中，凝聚着全体国民的夙愿与探索，锻造着国家民族独特的气质与精神。

同筑中国梦必须坚持中国道路。“鞋子合不合脚，自己穿了才知道”。

民国初年，中国曾经并存200多个政党，却始终没有找到一条光明之路。从登上历史舞台那一刻起，共产党人勇敢担当起复兴使命，筚路蓝缕，一路追赶，改变了国家和民族的命运，走出了中国特色社会主义道路，迎来了中华民族伟大复兴前所未有的光明前景。

什么是中国梦？习近平总书记说：“中国梦”归根到底是人民的梦。他说，“实现中华民族伟大复兴的中国梦，就是要实现国家富强、民族振兴、人民幸福。”“中国梦是民族的梦，也是每个中国人的梦。”

从硝烟弥漫的革命年代，到激情燃烧的建设岁月，再到波澜壮阔的改革时期，在不断探索和接续奋斗中，中国形成和发展了中国特色社会主义道路。沿着这条道路，我们科学把握了改革开放30多年的伟大实践、新中国60多年的持续探索、近代中国170多年的历史经验、中华民族5000多年的文明传承，最终确立了坚持和发展中国特色社会主义的道路自信、理论自信、制度自信。

实现“中国梦”，对于中国特色社会主义道路的遵循，要有“三个自信”基础上的“三个自觉”：道路自觉、理论自觉、制度自觉。

同筑中国梦必须凝聚中国力量。家是最小的国，国是最大的家。在中国人心中，家国一体的中国梦，寄托着最深厚的情感。

国泰则民安，民富则国强。国和家、家与国的命运息息相关，是中华文明演进史中最为深刻的总结。在灾难与辉煌的二重变奏之中，国人的梦想从来离不开民族的境遇。

新中国“站起来”，改革开放“富起来”，新世纪“强起来”，正是国家民族的强盛，人民幸福有了坚实依托，个人梦想才有了广阔空间。创业梦、房产梦、汽车梦、宜居梦……个人梦想成为中国梦的组成要素，中国梦成为个人梦想的叠加总和。

“我是农民工，我的梦想是成为新市民”、“我是一名青年，我的梦想是成为一名注册会计师”……每一个个体梦想都是活生生的，只要不是不切实际，只要不是阶层固化，只要基于起点公平，所有的个人梦想都是美丽的，都是中国梦的重要组成部分。但是，个人梦想要与中国梦有机结合起来，国家好，民族好，大家才好。唯有全体中华儿女增进共识，凝心聚力，才能同享人生出彩的机会，同享梦想成真的机会，同享与祖国民族一起成长见证的机会。

实现中国梦，需要13亿人汇聚心往一处想、力往一处使的磅礴力量。注册会计师，作为市场经济的“啄木鸟”、公众利益的“守夜人”，有信心以“抓铁有印”的审计诚信引领商务诚信、社会诚信，有能力以“踏石留痕”的务实探索为中国梦的实现添加专业引擎、价值引擎。

梦想引领前行的脚步

一个国家的向心力、感召力，包括这个国家的“造梦”能力，以及国民自信谈论未来的“梦想力”。对梦想的追逐，记录着经济社会发展的脚步，印证着时代前行的足迹。

回望10年，中国办成办妥了一系列喜事难事，着力防止陷入“拉美陷阱”与“东亚困境”。这10年，上接百多年来中华民族伟大复兴的历史诉求，中继改革开放和现代化建设的迅猛势头，下启本世纪头20年的发展大局，实现了中国现代化历程的关键跨越。

中国梦，归根到底是人民的梦。13亿人民同心共筑中国梦，实现梦想的力量就无比强大。拥有梦想、成就梦想，既是世界文明的共同追求，也是回应人们对于美好生活的期盼。今天的中国，是一个孕育无数难题、但却越来越强盛的中国，是一个遭遇成长的烦恼、但始终奋发向上的中国，是一个背负沉重的历史包袱、但却充满发展激情的中国，是一个时时面对各种风险、但从来不乏变革勇气的中国。身处这样的国度，我们比历史上任何时期都更有信心全面建成小康社会，更有能力实现民族复兴的中国梦。

从会计大国迈向会计强国的会计梦，意味着中国注册会计师将在经济、政治、文化、社会、生态文明等各方面展现更大的影响力，传递更大的辐射力，蕴含更大的创造力。

回望10年，注册会计师行业从贯彻落实“以人为本”的科学发展观，到创新争优活动取得新成效，从加快推进领军人才培养工程，到全面实现审计准则国际趋同，从机构做强做大、新业务拓展，到信息化建设成绩斐然，从践行社会主义核心价值体系到昂首迈向社会审计强国，发展理念的变化带来实践的巨大跨越。在行业建设的关键时期，有力地回答了实现什么样的发展、怎样实现发展、以什么样的精神状态发展的时代命题，书写了中国注册会计师顽强奋斗、艰苦奋斗、不懈奋斗的壮丽篇章。

有梦想才有目标，有希冀才会奋斗。不论是国家民族，还是个人家庭，梦想都是保持生机、激发活力的源泉。梦想就是信念，梦想就是力量，这是人们经受磨砺后奋起的慨叹，也是民族历经沧桑后屹立的写照。放眼过去的30多年、60多年，乃至近代以来的170多年，引领无数中华儿女“为有牺牲多壮志，敢叫日月换新天”的强大动力，正是对梦想的追求，对使命的担当。

正是对中国梦的不懈奋斗，神州大地沧海变桑田。100年前国人只能幻想奥运会，100年后世界走进鸟巢。60年前中国不能生产一辆汽车，如今跃居第二大汽车之国。30年前中国没有一公里高速公路，今天中国高速里程位居世界第二。我们用30多年的时间减少了6亿贫困人口，用10年时间编织起世界上最大的社会保障网。在这一梦想的接力奋斗中，亿万人民生活实现了从温饱不足到总体小康的历史性跨越、正向全面小康大踏步迈进。

功崇惟志，业广惟勤。中国梦渐行渐近的步伐，来自2.6亿农民工劳动致富的热望，来自中国注册会计师心系国运的竭诚贡献……更好的教育、更稳定的工作、更满意的收入、更可靠的社会保障、更高水平的医疗卫生服务、更舒适的居住条件、更优美的环境……人民对于美好生活的向往，正是中国梦最富生命力的构成。有了每个人的追梦之旅，才有国家社会的不断前行，才能让更多人敢于做梦、勇于追梦、努力圆梦。

历史和现实充分证明，越是接近梦想，前进的路途越是艰辛。我们面临着发展方式的转变、改革深水区的挑战、激流险滩的跋涉，在走向复兴的关键节点上，唯有充分发挥中国特色社会主义的国家优势，大力发扬“抓铁有痕、踏石留印”的实干精神，激荡人心的中国梦，才能越来越近。

展望未来，中国梦的最终实现，依然面临诸多不稳定和不确定性。我们清醒地看到，今天的中国还有 1.28 亿人口处在贫困线以下，创新驱动能力与发达国家之间仍存差距，城乡二元结构、社会公平、腐败易发多发等问题亟待解决；就业、医疗、住房、养老……每个人都可能经历追梦的曲折与纠结；注册会计师行业的一些合伙人不忙专业、忙社交、忙应酬、忙关系，中国梦和会计梦的绽放还需付出更多辛劳。

危机是改革的契机，挑战是成功的砺石。只要我们善于抓住机遇，勇于开拓进取，敢于迎难而上，后发优势就会转化为比较优势，注册会计师行业的诚信之春才能真正来临。

如果我们细心观察北京长安街，就会发现，东是建国门、西是复兴门，从东到西，复兴梦想一路奔腾。两个一百年目标，已是“望得见桅杆尖头了”的航船，是“已见光芒四射喷薄而出”的朝日，是“躁动于母腹中的一个婴儿”。

在中国梦的雄壮交响中，始终有会计梦令人鼓舞、催人奋进的旋律。中国梦的磅礴乐章，始终激励着中国注册会计师的追梦之旅。

注册会计师脚下的道路，是科学发展之路，是创新驱动之路，是接续奋斗之路，是共筑诚信之路。这条道路，深深植根于中国注册会计师的文化传统，把行业意志、注册会计师意愿和中华民族伟大复兴的“中国梦”有机统一起来。

每一个中国注册会计师，都是“梦之队”的一员，都是中国梦的亲历者、参与者、见证者。每一个注册会计师的专业贡献，定能为实现中国梦凝聚更多的正能量。为此，我们不能懈怠、不能抱怨，只有坚持、只有守望。

同心共筑中国梦，铮铮会计再出发！

结语：我有一个会计梦

有人问我，为什么做了会计？

我没有直接回答，而是引用了登山家回答“为什么登山“的答案，因为，“山在那里”。

我不仅做了会计，心中还拥有一个梦想。

我有一个会计梦。中国会计应当沿着简化会计准则和信息披露、坚持多种计量模式共存、提供多维度有用信息的道路，从目前运行的2.0系统升级为3.0版。刚刚过去的国际金融危机是对会计准则的压力测试。价值发现的困难，财务信息与业务实质的脱离，向后看的历史信息与向前看的风险信息不能衔接，会计周期不能反映流动性管理与经济周期的时线，等等，给我们提供了可以瞭望的方向。

我有一个会计梦。中国会计要从国际会计准则的学习者、参与者，过渡到国际相关准则的制定者、引导者。会计准则作为市场经济规则的重要组成部分，从来都表现出附着其上和隐含背后的利益。我国在会计准则国际趋同道路上所取得的巨大成绩，理应得到美、欧等经济体的对等回馈。我们不说，谁说？我们不争取自己的利益，谁争取？我们只有通过推动重构规则，向世界展示自身有能力提出更公平合理、更切实可行的规则，才能持续提升在国际政治经济版图中的认可度与能见度。

我有一个会计梦。期待会计创新性思想之花次第绽放，期待学术界告别拾人牙慧、人云亦云的研究，期待实务界告别得过且过、照猫画虎的现状，从生机勃勃的中国模式出发，从世界会计发展的大势出发，以本土雄心和国际视野，向社会公众、向国际会计界呈现别开生面的主体性会计气象。

我有一个会计梦。西谚说，注册会计师是公众利益的看门狗。中国特色的看门狗呢？我说，注册会计师别做默不做声的狗，别做打断了脊梁骨的狗，别做狗眼看人低的狗，别做为了一块骨头互咬的狗，别做翻脸就像翻门帘子的狗。“狗粮”可以少，忠诚不能少！

我有一个会计梦。每一个财经青年都在择业时准备或打算进入这个行列，即使不能做到终身；每一个会计人的付出都不是一次性费用，而是资本化的回声；每一个致力于会计审计领域的人都更有尊严，不会为“五斗米折腰”；每一个“爱惜自己羽毛”的会计人都不再委屈，不再吃亏……

我有一个会计梦。即使会计审计界没有思想家，我们要有思想者。纵然没有思想者，我们也必须“思想着”！

我有一个会计梦。“因为山在那里”，当会计人走上去发现，山那边，是一片鲜花灿烂的平原。

参考文献

中文文献

[1] 徐永祚：《会计师制度之调查及研究》，徐永祚会计师事务所1923年。

[2] 顾准：《银行会计》，商务印书馆1935年版。

[3] 潘序伦："中国会计师业的过去与今后"，《会计期刊》，1938年第2期。

[4] [明] 施耐庵：《水浒》，人民文学出版社1952年版。

[5] [明] 兰陵笑笑生：《金瓶梅词话，线装版》，文学古籍刊行社1957年版。

[6] [德] M. Luther 著，杨懋春译：《路德选集（下册）》，香港：金陵神学院及基督教文艺出版社1959年版。

[7] [清] 吴乘权等：《纲鉴易知录》，中华书局1960年版。

[8] [明末清初] 王夫之：《尚书引义》，中华书局1962年版。

[9] [东汉] 班固：《汉书，点校本二十五史》，中华书局1962年版。

[10] [古希腊] 亚里士多德著，罗念生译《诗学》，人民文学出版社1962年版。

[11] [俄/前苏联] 列宁：《唯物主义和经验批判主义》，人民出版社1964年版。

[12] [明] 罗贯中：《三国演义》，人民文学出版社1973年版。

[13] [清] 曹雪芹：《脂砚斋重评石头记，红楼梦》，人民文学出版社1974年版。

[14] [德] 马克思：《资本论》，人民出版社1976年版。

[15] [北宋] 张载：《张载集》，中华书局1978年版。

[16] [意] 列奥纳多·达·芬奇，著，戴勉，编译，朱龙华，校：《芬奇论绘画》，人民美术出版社1979年版。

[17] [俄/前苏联] 列宁：《列宁全集，第18卷》，商务印书馆1980年版。

[18] 杨伯峻译注：《论语译注》（繁体），中华书局1980年版。

[19] [清] 阮元主持校刻：《周易》（十三经注疏本），中华书局，影印本1980年版。

[20] [清] 阮元主持校刻：《论语》（十三经注疏本），中华书局，影印本1980年版。

[21] 杨伯峻译注：《孟子译注》（繁体），中华书局1980年版。

[22] [清] 阮元主持校刻：《孟子》（十三经注疏本），中华书局，影印本1980年版。

[23] [清] 阮元主持校刻：《尚书》（十三经注疏本），中华书局，影印本1980年版。

[24] [清] 阮元主持校刻：《周礼》（十三经注疏本），中华书局，影印本1980年版。

[25] [清] 阮元主持校刻：《礼记》（十三经注疏本），中华书局，影印本1980年版。

[26] [英] 沃尔芙著，[日] 片冈义雄，[日] 片冈泰彦译：《沃尔芙会计史》，[日] 法政大学出版局，1980年版。

[27] 王朝闻：《美学概论》，人民出版社1981年版。

[28] 郭道扬：《中国会计史稿》（上册），中国财政经济出版社1982年版。

[29] 法学教材编辑部《外国法制史》组编：《外国法制史资料选编》（上），北京

大学出版社 1982 年版。

[30] 毛泽东著，中共中央文献研究室编《毛泽东书信选集》，人民出版社 1983 年版。

[31] 梁启雄译注：《荀子简释》，中华书局 1983 年版。

[32] 钱学森、刘再复：《文艺学・美学与现代科学》，中国社会科学出版社 1985 年版。

[33] 潇荷："拜占廷帝国的会计（二）"，《武汉财会》，1985 年第 6 期。

[34] 巴金：《巴金随想录》，人民文学出版社 1986 年版。

[35] 杨春时：《系统美学》，中国文联出版公司 1987 年版。

[36] [英] Charles Lamb 著，刘炳善译：《伊利亚随笔选》，生活・读书・新知三联书店 1987 年版。

[37] [美] Chatfield M 著，文硕等译：《会计思想史》，中国商业出版社 1989 年版。

[38] [唐] 房玄龄注：《管子》，上海古籍出版社 1989 年版。

[39] [埃] 散伊德・萨比格著，马坚译：《伊斯兰教法》（第 1 版），法律出版社 1990 年版。

[40] [东汉] 王充著、黄晖校释：《论衡校释》，中华书局 1990 年版。

[41] 王双、王文治：《货殖列传与经商艺术》，广西人民出版社 1992 年版。

[42] 王曾才：《世界通史》，[台北] 三民书局 1993 年版。

[43] 闵军："贾平凹的散文理论"，《泰安师专学报》1994 年第 1 期，第 87－91 页。

[44] 李鼎文：《孙子兵法与现代经济运筹》，江苏人民出版社 1995 年版。

[45] 王绍曾、罗青：《宗教与中国传统文化》，山东教育出版社 1996 年版。

[46] [明] 汪道昆：《太函集，四库全书存目丛书（集部）：第 117 册》，齐鲁书社 1997 年版。

[47] 梁遇春：《查理斯・兰姆评传》，天津人民出版社 1998 年版。

[48] 王佐良：《英国散文的流变》，商务印书馆 1998 年版。

[49] 葛家澍、刘峰：《中国会计大典——会计理论》，中国财政经济出版社 1998 年版。

[50] [葡] 费尔南多・佩索阿著，韩少功译：《惶然录》，上海文艺出版社 1999 年版。

[51] [美] Justo L. González 著，吴秀兰、罗丽芳译：《信仰与财富》，校园出版社 2000 年版。

[52] 何成轩：《儒学南传史》，北京大学出版社 2000 年版。

[53] 刘放桐等：《新编现代西方哲学》，人民出版社 2000 年版。

[54] 刘炳善：《译事随笔》，中国电影出版社 2000 年版。

[55] [北宋] 周敦颐著，徐洪兴译注：《导读・周子通书》，上海古籍出版社 2000 年版。

[56] 李心合："儒家伦理与现代企业理财"，《会计研究》，2001 年第 6 期。

[57] 赵敦华：《西方哲学简史》，北京大学出版社 2001 年版。

[58] 李心合："会计制度的信誉基础"，《会计研究》，2002 年第 4 期。

[59] [北齐] 颜之推：《颜氏家训》，中州古籍出版社 2003 年版。

[60] 赵丽芬：《管理理论与实务》，清华大学出版社 2004 年版。

[61] 傅元略："价值管理的新方法：基于价值流的战略管理会计"，《会计研究》，2004 年第 6 期。

[62] 陈文华："卢卡・帕乔利如何成就现代会计之父——卢卡・帕乔利诞辰 560 周年纪念"，《会计之友》，2005 年第 8 期。

[63] 陈文华："黄庭坚、辛弃疾会计诗词赏析"，《会计之友》，2005 年第 3 期。
[64] 赵鑫珊：《科学艺术哲学断想》，文汇出版社 2005 年版。
[65] 胡适：《先秦名学史》，安徽教育出版社 2006 年版。
[66] 王国轩译注：《大学中庸》，中华书局 2006 年版。
[67] 冯友兰：《中国哲学简史》，天津社会科学院出版社 2007 年版。
[68] 柯匹、科恩、张建军：《逻辑学导论（第 11 版）》，中国人民大学出版社 2007 年版。
[69] 康均："中国古代记账方法的发展——史前时期的原始计量、记录方法"，《财会学习》，2007 年第 2 期。
[70] 罗银胜：《潘序伦传》，上海人民出版社 2007 年版。
[71] 郭道扬：《会计史研究：历史·现时·未来》（第 3 卷），中国财政经济出版社 2008 年版。
[72] 房西苑：《资本的游戏》，机械工业出版社 2008 年版。
[73] 朱义明："西汉社会黄老思想兴衰的政治经济视角分析，《中南大学学报》（社会科学版），2009 年第 6 期。
[74] 崔亮："现代会计美学研究——研究历程、研究价值与研究框架构想"，《现代会计》，2009 年第 4 期，第 4－9 页。
[75] [加] William R. Scott 著，陈汉文译：《财务会计理论》，机械工业出版社 2010 年版。
[76] 胡秀莉："低碳经济对企业会计的影响"，《中国证券期货》，2010 年第 12 期，第 53 页。
[77] 郑紫云："战略管理会计基本内容体系研究"，《金融经济》，2010 年第 2 期，第 122－124 页。
[78] 伊新军："浅谈战略管理会计及其在我国的应用"，《中国市场》，2010 年第 13 期，第 45－46 页。
[79] [美] Patrick Hurley 著，陈波，宋文淦，熊立文译：《简明逻辑学导论（第 10 版）》，世界图书出版公司 2010 年版。
[80] [美] Charles T. Horngren，[美] Walter T. Harrison Jr.，[美] M. Suzanne Oliver 著，刘俊勇译：《会计学（第 8 版）》，中国人民大学出版社 2010 年版。
[81] 顾准：《顾准文集》，立信会计出版社 2010。
[82] 冉明东："中国古代寺院会计"，《会计之友》，2010 年第 3 期。
[83] 赵丽生："关于我国会计美学研究的若干思考"，《会计之友》（中旬刊），2010 年第 1 期，第 117－125 页。
[84] [美] Donald Palmer 著，杨洋，曹洪洋译：《西方哲学导论》，上海社会科学院出版社 2011 年版。
[85] [美] Robert Paul Wolff 著，黄小洲，张云涛译：《哲学是什么》，重庆大学出版社 2011 年版。
[86] 刘静："会计人员职业道德修养问题探讨"，《改革与开放》，2011 年第 4 期，第 120 页。
[87] 商思争："信仰·理性·会计·职业——从《新教伦理与资本主义精神》《鲁宾逊漂流记》与《肖申克的救赎》视角探讨会计职业精神"，《财会通讯》，2011 年第 24 期，第 36－39，161 页。
[88] 中国注册会计师协会：《会计》，中国财政经济出版社 2011 年版。
[89] 冯娅："论低碳经济时代下低碳会计发展之路"，《财会通讯》，2011 年第 13 期，第 143－144 页。
[90] [美] Bernard M. Patten 著，黄煜文译：《身边的逻辑学》，中信出版社 2011 年

版。
[91] 文硕：《西方会计史》，经济科学出版社 2013 年版。
[92] 滕永文："贾平凹 '大散文' 理论观谫论"，《文学教育》（下），2013 年第 6 期，第 14 – 16 页。
[93] 林毅夫：《新结构经济学》，北京大学出版社 2012 年版。
[94] 李稻葵：《乱世中的大国崛起：中国如何应对金融危机的世界》，中信出版社 2012 年版。
[95] 张连起：《数豆者说》，经济科学出版社 2001 年版。
[96] 张连起：《鸣哨笔记》，上海财经大学出版社 2004 年版。
[97] 张连起：《左数字右人文》，中国财政经济出版社 2006 年版。
[98] 张连起：《非常起发》，经济科学出版社 2008 年版。

外文文献

[1] Barry C Melancon. A New Accounting Culture. Journal of Accountancy. 2002.
[2] Cose, R. H. The Nature of the Finn. Ecnomica . 1937.
[3] D. R. Scott. The Basis for Accounting Principles. The Accounting Review. 1941.
[4] May, G . O . Financial accounting: A distillation of experience . The Macmillan Company . 1943.
[5] FASB. Qualitative Characteristics of Accounting Information. SFAC NO. 2 . 1980.
[6] Hofstede, G. The cultural context of accounting. Accounting and Culture: Plenary Session Papers and Discussants ' Comments from the 1986 Annual Meeting of the American Accounting Association . 1986.
[7] Schreuder, H. Practice and Culture: A European Perspective. Accounting and Culture: Plenary Session Papers and Discussants ' Comments from the 1986 Annual Meeting of the American Accounting Association . 1986.
[8] Gray, S. J. Towards a theory of cultural influence on the development of accounting systems internationally. Abacus . 1988.
[9] S. J. GRAY. Towards a Theory of Cultural Influence on the Development of Accounting Systems Internationally. Abacus . 1988.
[10] Bourdieu, Pierre. The Logic of Practice. 1990.
[11] Bourdieu. In OtherWords: Essays toward a Reflective Sociology. 1990.
[12] Vanbreda. Accounting Theory. 1992.
[13] Greg Tower. A Public Accounting Principles. The Accounting Review. 1993.
[14] IASC. Financial Instruments: Disclosure and Presentation. IAS No 32. 1995.
[15] Graves, F. O. , Flesher, D. L. , Jordan, R. E. Pictures and the bottom line: The television epistemology of U. S. annual reports. Accounting Organisations and Society . 1996.
[16] MeKinstry S. Designing the Annual Reports of Breton PLC from 1930 to 1994. Accounting Organisations and Society . 1996.
[17] Preston, A. M, Wright, C, Young, J. J. Imagining annual reports. Accounting Organisations and Society . 1996.
[18] Richard Mattessich. Academic Research in Accounting: The Last 50 years. Asia – Pacific Journal of Accounting . 1996.
[19] Steven M. H Wallman. The Future of Accounting and Financial Reporting. Accounting Horizons . 1996.
[20] Basu, S. The conservatism principles and asymmetric timeliness of earnings. Journal of Accountancy . 1997.

[21] Archie B Carroll. The Four Faces of Corporate Citizenship. Business and Society . 1998.

[22] Fombrun, C. Indices of Corporate Reputation: An Analysis of Media Rankings and Social Monitors' Ratings. Corporate Reputation Review . 1998.

[23] Michael C. Jensen, William H. Meckling. Theory of the Firm: Managerial Behavior, Agency costs and Ownership Structure. http: //papers, ssrn. com/sol3/papers. cfm? abstract id = 9404 . 1998.

[24] Jaggi, B. , and P. Y Low. Impact of culture, market forces, and legal system on financial disclosures. The International Journal of Accounting . 2000.

[25] JWG. Financial Instrument and Similar Items: Draft Standard and Basis for Concision. 2000.

[26] Dietrich, J. R. , M. S. Harris, K. A. Muller III. The reliability of investment property fair value estimatese. Journal of Accountancy . 2001.

[27] Robert W Holthausen, Ross L Watts. The relevance of the value – relevance literature for financial accounting standard setting. Journal of Accountancy . 2001.

[28] Schultz, J. J. , and T. J Lopez. The impact of national influence on accounting estimates: implications for international accounting standard – setters. The International Journal of Accounting . 2001.

[29] Choi, F. D, C. A. Frost, and G. K. Meek. International accounting. 2002.

[30] Courtis, J. K. Emerging sensitivity of accountants to the role of communication and perception engineering. Accounting Auditing Accountability Journal . 2002.

[31] Hooks J, D Coy, H Davey. The information gap in annual reports. Accounting, Auditing&Accountability Journal . 2002.

[32] Jane Davison. Communication and antithesis in corporate annual reports: a research note. Accounting Auditing Accountability Journal . 2002.

[33] lee H Radebaugh, Sidney J. Gray. International accounting & Multinational Enterprises. 2002.

[34] Patricia Stanton, John Stanton. Corporate annual reports: research perspectives used. Accounting Auditing Accountability Journal . 2002.

[35] Paul FWilliams. Accounting and the Moral Order: Justice, Accounting, and Legitimate Moral Authority. Accounting and the Public Interest . 2002.

[36] Richard A Bernardi, , David F. Bean, Kristen M. Weippert. Signaling gender diversity through annual report pictures. Accounting Auditing Accountability Journal . 2002.

[37] Robert White, Dallas Hason. Economic man and disciplinary boundaries: a case – study in corporate annual reports. Accounting Auditing Accountability Journal . 2002.

[38] Robin Sydserff. Developments in content analysis: a transitivity index and DICTION scores. Accounting Auditing Accountability Journal . 2002.

[39] Stella. Colour graphics and task complexity in multivariate decision making. Accounting Auditing Accountability Journal . 2002.

[40] Vivien Beattie, Michael John Jones. Measurement distortion of graphs in corporate reports: an experimental study. Accounting Auditing Accountability Journal . 2002.

[41] Zimmerman Zeitz. Beyond survival: Achieving new venture growth by building legitimacy. The Academy of Management Journal . 2002.

[42] Ray Ball, Ashok Robin, Joanna Shuang Wu. Incentives versus standards: properties of accounting income in four east Asian countries. Journal of Accountancy . 2003.

[43] Watts, R. Conservatism in Accounting Part I: Theory and Implications. Accounting

Horizons . 2003.

[44] Watts, Ross L. Conservatism in Accounting Part Ⅱ : Evidence and Research Opportunities. Accounting Horizons . 2003.

[45] Doupnik Timothy S. A Critical Review Of Tests Of Gray's Theory Of Cultural Relevance And Suggestions For Future Research. Journal of Accounting Literature . 2004.

[46] Beattie, V. Moving the financial accounting research front forward: the UK contribution. British Accounting Review . 2005.

[47] Deegan, C, B. Cooper, M. Shelly. An Investigation of TBL Report Assurance Statements: Australian Evidence. The Australian Accountant . 2005.

[48] Garham, J, C. HARVEY, S. RAJGOPAL. The Economic Implications of Corporate Financial Reporting. Journal of Accounting & Economics . 2005.

[49] O' Dwyer, B. , D. L. Owen. Assurance Statement Practice in Environmental, So cial and Sustainability Reporting: a Critical Evaluation. The British Accounting Review . 2005.

[50] Walter Masocha, Pauline Weetman. Rhetoric in standard setting: the case of the going – concern audit. Accounting Auditing Accountability Journal . 2005.

[51] Warren. Photography and voice in critical qualitative management research. Accounting Auditing Accountability Journal . 2005.

[52] Herrmann, Shahrokh M. Saudagaran, Wayne B. Thomas. The quality of fair value measures for property, plant, and equipmente. Accounting Forum. 2006.

[53] Williamr Scott. Financial Accounting Theory. 2006.

[54] Ali, A. , T. Chen, S. Radhakrishman. Corporate Disclosures by Family Firms. Journal of Accounting & Economics . 2007.

[55] Cooper, S. M, D. L. Owen. Corporate Social Reporting and Stakeholder Accountability: The Missing Link. Accounting Organizations and Society . 2007.

[56] Davison, J. , Skerratt, L. Words, Pictures and Intangibles in the Corporate Report. ICAS, Edinburgh . 2007.

[57] Jane Davison. Photographs and accountability: cracking the codes of an NGO. Accounting Auditing Accountability Journal . 2007.

[58] Stephen H Penman. Financial reporting quality: is fair value a plus or a minus – . Accounting and Business . 2007.

[59] LaFond, R, Watts, R. The information role of conservatism. The Accounting Review . 2008.

[60] Ronen, Joshua. To Fair Value or Not to Fair Value: A Broader Perspective. Abacus . 2008.

[61] Simnett, R, A. Vanstraelen, W. F. Chua. Assurance on Sustainability Reports: An International Comparison. The Accounting Review . 2009.

[62] Mary Barth, Daniel Taylor. In defense of fair value: Weighing the evidence on earnings management and asset securitizations. Journal of Accountancy . 2010.

[63] 陈焕章:《孔门理财学》, 英文版 . The Economic Principles of Confucius and His School 》, 岳麓书社 2005 年版。

[64] Jérôme Peignot, Du chiffre (réédition augmentée, Éd. Jacques Damase) . Essai. Publié une première fois en 1969 pour le compte de la Banque Le Crédit Lyonnais (Paris: Laurent Tisné) . 1982.

[65] Joseph François Lafitau, Mœurs des sauvages américains comparées aux mœurs des premiers temps , Paris, Saugrain l'aîné – Hochereau. 1724.